영재교육필독시리즈 5

Differentiation For Gifted and
Talented Students

영재를 위한 차별화 교육과정

Carol Ann Tomlinson 편저 · 이경화 · 고진영 · 성은현 · 한순미 공역

학지사

번역집필위원회

위 원 장 송인섭
부위원장 이신동   업무총괄 이정규

번역집필진(가나다 順)
강갑원, 강영심, 강현석, 고진영, 김미숙, 김정휘, 김정희, 김혜숙, 문은식,
박명순, 박은영, 박창언, 박춘성, 성은현, 성희진, 송영명, 송의열, 송인섭,
유효현, 이경화, 이민희, 이신동, 이정규, 이행은, 임 웅, 전명남, 전미란,
정정희, 최병연, 최지영, 최호성, 한기순, 한순미, 황윤세

Differentiation for Gifted and Talented Students

by Carol Ann Tomlinson

영재교육필독시리즈 번역을 통한 새로운 지평을 열며

한국영재교육학회 회장 송인섭

한국에서 영재교육에 대한 관심의 역사와 뿌리는 수십여 년에 걸쳐 많은 영재교육학자들과 다양한 영역의 학자들이 이론적 대화와 논쟁을 통해 발전시키고 이를 교육 현장에 접목시키려는 노력에서 찾을 수 있다. 학문의 수월성 추구라는 측면과 한 인간이 가진 학습력의 다양성에 적절성을 제공한다는 의미에서 영재교육은 항상 우리의 관심 안에서 생명력을 키워 왔다. 그런 가운데 1995년 5월 30일 교육개혁안의 발표로 교육에서 영재교육이 차지하는 비중이 점차 강조되고 크게 다루어짐으로서, 영재교육의 새로운 지평을 여는 계기가 되었다. 이에 대한 실천 방안으로 2001년 1월 21일에 공포된 '영재교육진흥법'은 영재교육을 이론과 실제에서 구체적으로 한국사회에 정착하게 만든 중요한 전환점으로 기억된다.

> 이 법은 교육기본법 제12조, 제19조 규정에 따라 재능이 뛰어난 사람을 조기에 발굴하여 타고난 잠재력을 개발할 수 있도록 능력과 소질에 맞는 교육을 실시함으로써 개인의 자아실현을 도모하고 국가사회발전에 기여함을 목적으로 한다(영재교육진흥법 제1조 목적).

'영재교육진흥법 제1조 목적'을 보면, 이제 한국에서도 영재교육을 구체적으로 시행하려는 의도를 엿볼 수 있다. 자아실현을 통한 개인의 성장을 도모함과 국가사회발전에 기여함을 목적으로 설정한 점은 영재교육의 기본 전제와 차이가 없다. 이제 국가적인 차원에서 영재교육의 가능성이 열린 것이다.

그러나 영재교육은 이상과 의지만으로 되는 것이 아니고 합리적이고 타당한 실제가 있어야만 한다. 따라서 앞으로 단순히 법적인 차원에서의 목적 제시가 아닌, 한 개인이 자아실현을 이루고 그 자아실현을 통하여 한국사회에 봉사하는 영재를 교육하는 실제가 이루어지는 구체적인 노력이 필요하다.

이를 계기로 영재의 판별, 독립적인 영재교육과정의 개발, 정규 공교육과정 내에 영재교육의 실제적인 도입, 영재교육을 활성화하기 위한 다양한 영재교육기관의 설립, 그리고 영재교육을 위한 전문 연구소 또는 대학 부설 영재교육센터의 설치와 운영의 문제 등이 현실화되면서, 영재교육은 교육현장에서 중요한 부분을 차지하게 되었다.

영재교육은 통합학문적인 특성과 종합적인 사고속에서 이론과 실제가 연계될 때만이 신뢰성과 타당성을 갖출 수 있다는 특성이 있어 다양한 분야 전공 학자들이 이 문제에 대하여 큰 관심을 가질 필요가 있다. 교육학 자체가 이론과 실제의 조화를 요구하듯이, 영재교육에 대한 접근도 다양하고 종합적인 사고가 요구된다는 것을 우리는 잘 인식하고 있다. 영재교육은 영재교육에 대한 철학과 인간에 대한 가정으로부터 출발하여 인간의 특성에 대한 합리적이고 충분한 근거 위에서 논의해야 할 것이다. 이러한 이유로 현재 한국의 영재교육은 인문, 사회, 과학 분야를 망라하는 다양한 학자들의 손을 거쳐 점차적으로 이론과 실제라는 측면에서 발전하는 과정에 있다고 볼 수 있다.

이러한 발전과정의 하나로, 2002년 영재교육에 관심 있는 학자들이 뜻을 모아 현재의 '한국영재교육학회'를 창립하였다. 창립 이후에 각종 학술대회 개최, 세미나 실시, 그리고 매월 영재교육에 대한 콜로키움 등의 다양한 모임의 진행을 통하여 영재교육에 대한 문제를 토론하고 연구하며 현장에 적용하려는 노력을 지속하고 이를 『영재와 영재교육』이라는 학술지로 출판하고 있다. 특히, 영재교육학회의 콜로키움은 전국에서 20~30명 내외의 학자가 매월 1회씩 만나 영재교육과 관련된 논문 및 다양한 주제에 대해 토론하고 있다. 이를 통하여 영재에 관한 우리의 사고를 발전시킬 뿐만 아니라, 한국 사회에 어떻게 영재교육을 정착시킬 것인가의 문제를 가지고 논의하여 왔다. 이러한 노력으로 본 학회의 연구결과를 공표하는 학술지인 『영재와 영재교육』이 한국학술진흥재단의 등재후보학술지로 인정받았다.

이에 더하여 본 학회는 2006년도에 콜로키움의 주제를 미국영재교육학회에서 펴낸 지난 50년간의 영재교육의 연구결과물인 『영재교육필독시리즈(essential readings in gifted education, 2004)』를 선택하여 연구하였다. 매월 콜로키움을 통해 본 시리즈를 공부하고 논의하면서, 쉽지 않은 작업이지만 한국 영재교육의 발전을 위하여 시리즈를 번역하기로 합의하였다. 본서는 한국의 영재교육 상황을 설명하기 위하여 한국의 영재교육을 '특별호'로 첨가시켰으며 이 작업은 송인섭과 한기순이 하였다. 본 번역 작업은 1년 반의 기간이 소요되었으며, 공사다망한 가운데 번역 작업에 자발적으로 참여한 영재교육학자들은 강갑원, 강영심, 강현석, 고진영, 김미숙, 김정휘, 김정희, 김혜숙, 문은식, 박명순, 박은영, 박창언, 박춘성, 성은현, 성희진, 송의열, 송영명, 유효현, 이경화, 이민희, 이신동, 이정규, 이행은, 임웅, 전명남, 전미란, 정정희, 최병연, 최지영, 최호성, 한순미, 황윤세다.

물론 공동 작업은 쉽지 않은 일이었다. 그러나 많은 연구자들이 바쁜 와중에도 본 시리즈를 번역하는 일에 시간을 집중 할애함으로써 기간 내에 완성하였다는 점은 우리 모두로 하여금 학문적 성취감을 갖게 하기에 충분하였다. '번역은 제2의 창조'라는 말이 있듯이 새로운 지식 창출은 쉽지 않은 작업이었으나, 번역자들은 정기적인 회의를 통해 용어를 통일하였으며 내용의 일관성과 상호 검증과정을 통해 가능한 한 원저자의 의도를 반영하도록 노력하였다. 마지막으로 번역자들은 전체 회의를 통해 시리즈의 용어 통일을 위한 활동을 하면서, 시리즈 출판 후의 작업으로 '영재교육용어사전(가칭)'을 편찬하기로 합의하는 등 뜨거운 관심과 학문적 노력으로 본 시리즈의 번역물이 세상에 그 탄생을 알리게 되었다.

본 시리즈에 대해서는 원문의 편저자가 자세히 제시하였듯이, 영재교육에서 다루어야 할 대부분의 문제를 다루고 있다. 영재성의 정의, 판별, 교육과정, 영재의 정서적인 문제, 그리고 영재교육의 공공정책에 이르기까지 다양한 영역을 다루고 있다는 측면을 보더라도 본 시리즈가 갖는 학문적 포괄성과 깊이를 충분히 이해할 수 있다. 나아가 결론 부분에서 '영재교육이 지속적으로 성장하기 위해서는 새로운 목소리가 들려야 하고 새로운 참여자가 있어야 할 것이며 위대한 기회가 우리 분야에 활용될 것'이라는 주장은 영재교육의 미래에 대한 도전의 가치를 시사하고 있다.

본 시리즈에 포함된 주옥같은 논문들은 영재교육 분야의 『Gifted Child Quarterly』 같은 중요한 저널에서 가장 많이 인용된 논문들로, 엄선되어 소개된 것이 특징이다. 본 시리즈가 영재교육의 역사와 현재 영재교육에 대한 논의를 통해 영재를 위한 최상의 교육적 경험들을 찾는 것처럼, 한국의 영재교육 연구자에게도 바람직한 정보를 제공할 것이다. 또한 본 번역진들은 영재교육필독시리즈가 영재교육을 공부하는 학도들의 관심을 불러일으킬 만한 논문들로 구성되었다는 점을 확인할 수 있었다. 다소 그 대답을 찾지 못한 영역을 기술한 학자들은 도입 부분에서 아직 남아 있는 질문들을 이해하는 데 출발점이 될 수 있을 것이다. 우리는 그러한 대답들을 여전히 찾고 있으며, 현재 계속되는 발전적인 질문을 하기 위해 좀 더 나은 준비를 할 필요가 있다. 이번 시리즈의 독창적인 논문들은 우리가 어떤 이슈들을 해결하는 데 도움을 주면서 쉽게 답이 나오지 않는 다른 의문들도 강조한다. 결국 이 논문들은 끊임없이 제기되는 의문에 대하여 새롭게 도전하도록 도와준다고 볼 수 있다.

영재교육과 관련하여 그 성격과 내용, 방법, 교사연수, 교육과정 개발, 국가의 지원 문제 등에 대한 연구가 부족한 시점에서, 본 시리즈의 출판으로 많은 문제가 나름대로 정리되고 한국의 영재교육에 새로운 방향을 제시하기를 바라는 마음이 깊다. 영재교육에 관심 있는 영재 학도들의 토론의 출발점이 되는 번역서의 역할을 기대한다. 작업에 참여한 역자들은 영재교육 문제를 이론적·실제적으로 생각하고 논의하는 과정에서 마침내 본 시리즈를 한국 사회에 내놓게 되었다.

한편, 이 시리즈의 출판은 좀 더 큰 다른 결실로 나아가기 위한 과정이라고 볼 수 있다. 우리는 영재교육의 순기능을 극대화하는 방향을 모색하는 연구를 계속하고자 한다. 또한 영재교육에 관한 논의를 한국적 상황에 적용할 수 있는 한국적 영재교육을 생각하고자 한다. 교육과 연구를 병행함으로써 이론 발전을 통하여 현장에서의 영재교육 활동과 접목하여 발전시켜 나갈 것이다. 지금까지의 영재교육은 이론적·실제적 측면보다는 무작위적인 활동을 통한 교육으로 많은 시간을 소모하고 있는 듯하다. 이 시리즈의 논문에서 대답되고 제기된 문제들은 우리가 영재교육 분야에서 진일보할 수 있도록 도움을 줄 것이다.

우리는 '이 시리즈를 읽는 사람들이 영재교육의 흥미로운 여행에 동참해 주기를 희망한다'는 본 시리즈 소개의 결론에 동의하면서, 한국 사회에서 관심 있는 많은 사람들이 본 시리즈를 통하여 영재교육에 대한 관심과 새로운 도전에 참여하기를 기대한다. 역자들은 이 분야에 관련된 이론 발전을 위해 계속 연구할 것을 약속하고자 한다.

본 작업이 완료되기까지는 학지사의 김진환 사장의 출판에 대한 철학과 기획 시리즈의 사회적 기능을 고려한 적극적 지원의 힘을 얻었다. 뿐만 아니라 학지사의 편집부 직원 모두에게 깊은 감사를 드린다.

2007년 12월
청파골 연구실에서

역자 서문

"영재는 평균 이상의 지능과 창의성, 긍정적 자아개념, 성취동기를 지니고 특수 영역에서 높은 잠재 능력을 지니므로, 전문가가 뛰어난 능력으로 훌륭한 성취를 할 것으로 판별한 아동이다. 또한 영재들은 자신과 사회의 발전에 기여할 수 있도록 정규 학교 프로그램 이상의 차별적인 교육 프로그램과 서비스를 필요로 하는 아동이다."

영재를 이와 같이 정의할 때, 영재를 위한 교육에서 무엇보다도 우선적으로 고려되어야 할 사항은 '차별화(differentiation)'의 문제다. 본 영재교육필독시리즈 제5권, 『영재를 위한 차별화 교육과정(Differentiation For Gifted and Talented Students)』은 버지니아 대학교의 Carol Ann Tomlinson이 편저자로, 차별화 교육과정에 관한 11개의 논문이 편집되어 수록되어 있다. 이 책에 수록된 11개 논문은 공통적으로 소위 '차별화(differentiation)' 교육과정과 수업이 무엇인지에 초점을 두고 있다. 각 논문들은 그 개념이 의미하는 것과 그것이 어떤 방향으로 적용될 때 어떤 일이 발생하는지의 문제를 증명하려고 한다.

이 책을 통해 우리는 영재교육 영역에서 차별화의 개념을 명료하게 할 수 있으며, 차별화 교육과정의 역사를 알 수 있고, 영재들의 독특한 학습 욕구에 적절하게 반응하는 방법으로 영재학습자를 가르치기 위한 수단이 무엇인지를 이해할 수 있을 것이다. 11개의 논문에 포함된 분명한 주제와 결론은 영재교육과 일반교육이 공동의 문제를 붙들고 있다는 점과, 영재교육 영역은 특별히 관심을 두는 몇 가지의 특수 영역이 있다는 점을 강조한다.

이 책의 도입인 「영재를 위한 차별화 교육과정 소개」에서는 전체 11개 논문에 대해 개괄한다. 제1장 「영재교육과 일반교육 간의 공유 영역: 의사소통, 협동, 협력을 지향하며」는 James Gallagher가 NAGC의 회장직에 있는 동안 구성된 전문위원회가 집필하였다. 전문위원회의 연구위원과 저자들은 일반교육과 영재교육 영역의 연계와 관련한 일반교사와 영재교사들의 태도를 조사하기 위하여 3단계의 인터뷰와 질적인 종합 과정을 거쳤다. 도시와 지방의 각 수준별로 50명의 일반교사와 영재교사의 인터뷰를 수행하였는데, 그 주요 주제로 교육의 두 국면 간에 의사소통, 협동, 협조가 긴급히 필요하다는 점을 기술한다. 제2장 「초등학교에서 변화의 선택에 미치는 학교 전체 심화모형의 효과」에서는 질적 방법과 양적 방법 모두를 이용하여 유치원에서 초등학교 6학년까지의 학생들 1,698명과 236명의 학부모, 그리고 1년에 걸쳐 학교전체 심화모형(SEM, Renzulli & Reis, 1985, 1997)을 적용한 학교의 교장 10명이 참여하여 그 영향에 관한 연구를 실시한 것이다.

제3장 「영재를 위한 교육과정 수정에 관한 교사역량 계발 효과」에서는 수업에서 교육과정 압축(Renzulli, Smith & Reis, 1982)을 사용한 20개 학교에서 2~6학년 담당 교사 훈련을 위한 세 가지 처치 조건의 영향을 연구하였다. 제4장 「영재를 위한 성공적인 교실수업에 대한 다면적 사례연구」에서는 고능력 학생들의 학습 욕구를 다루는 데 명성이 있는 지역의 다양한 측면을 포함한 10개 초등학교(도시 2, 시골 6, 교외 2) 학급을 연구대상으로 삼아 질적 방법을 통해 연구하였다. 제5장 「개방적 활동: 학습자 반응을 통한 차별화」에서는 평범하지 않은 방법으로 고능력 학생들을 위한 차별화에 접근하였다. 제6장 「교육과정 압축과 성취검사 점수: 연구결과의 시사점」에서는 수학, 국어, 과학, 사회 그리고 쓰기에서 교육과정 압축을 경험한 27개 지역의 2~5학년 학생 436명의 성취에 관하여 연구하였다. 제7장 「일반교사와 영재교사 간에 다리 놓기: 협력연구」는 일반교육을 받는 고능력 학생들의 이익을 위한 협동적 노력의 특성에 초점을 둔 289명의 심화전문가, 학급교사,

교장들을 대상으로 조사한 결과를 보고한 것이다.

또한 제8장「영재에게 적용하기 위한 일반교육 교실수업의 전환」은 일반교육을 실시하는 교실에서 영재학습자를 위한 차별화 교육과정으로 전환하기 위해 연구자들이 교사들을 지원하는 것을 다년간 실시한 연구 보고서다. 제9장「영재학생의 언어 교과학습에 관한 교육과정 연구」에서는 17개 지역의 46개 학교에서 공부하는 유치원에서 8학년(K-8)까지의 영재학생들에게 미치는 언어 교과 교육과정의 효과에 관한 준실험 연구결과를 보고하였다. 제10장「영재 및 학문적으로 다양한 학습자와 관련된 예비교사 훈련」은 미국의 남부, 남동부, mid-atlantic 지역의 3개 주에 있는 5개 대학에 소속된 70명의 초보교사와 그들의 협력교사에 관한 양적, 질적 연구다. 그리고 마지막 제11장「중등학교에서의 차별화 수업 결정: 학교 사례연구」는 차별화교육을 실시하도록 지정된 지역의 중등학교에서 실시한 질적 사례연구다.

이제 영재교육이 개인의 관심 영역을 넘어서서 사회적, 국가적 관심 영역이 됨에 따라 '한국영재교육학회'에서 이러한 영재교육필독시리즈를 번역하게 된 것은 매우 의미 있고 반가운 일이다. 본 역자들은 영재교육에서 영재교육과정, 특히 차별화 교육과정에 대한 연구와 공부가 필요하다는 점에 의견을 모으고 영재교육필독시리즈 제5권을 번역하게 되었다. 한국영재교육학회의 콜로키움과 학회 활동을 통해서, 공동연구를 위해서, 그리고 특별한 개인적 친분 등 공적, 사적으로 친밀한 네 사람이 공통 관심 주제를 가지고 함께 이야기 나누고 토론하며 번역서를 출간하게 되어 또 다른 의미를 가진다. 단, 이 책을 번역하면서 원 연구자들의 의도가 충분히 반영되도록 표현하였는지에 대해서는 염려가 된다. 이 점에 대해 영재교육과정에 관심이 있는 여러분들의 지적과 충고를 바란다.

이 책을 통해 영재 및 영재교육에 관심을 가지고 영재를 위한 차별화 교육과정을 구성하려는 연구자, 교사, 영재 프로그램 전문가 및 대학과 대학원에서 공부하는 학생들이 교육과정 연구를 위한 지식과 새로운 아이디어를 구할 수 있기를 기대한다.

영재를 위한 차별화 교육과정

영재교육필독시리즈 출판을 흔쾌히 허락해 주신 (주)학지사 김진환 사장님과 정영석 차장님을 비롯한 편집부 직원들에게 감사드린다.

2007년 12월
역자들을 대신하여 이경화 씀

목 차

영재교육필독시리즈 소개

Sally M. Reis

　영재교육에 대한 지난 50년간의 연구 업적은 과소평가할 수 없을 만큼 수
행되었다. 영재교육 분야는 더욱 강력하고 가시적으로 나타나고 있다. 미국
의 많은 주의 교육위원회 정책이나 입장은 영재교육에 더욱 많이 지원하는
방향으로 수립되고 있으며, 영재교육에 대한 특별한 요구를 특별 법안으로
지원하고 있다. 영재에 대한 연구 분야의 성장은 일정하지 않았지만, 연구
자들은 영재를 교육하는 데 국가 이익에 대한 다양한 관점과 영재교육의 책
임에 대하여 논의하였다(Gallagher, 1979; Renzulli, 1980; Tannenbaum,
1983). Gallagher는 역사적인 전통 속에서 영재를 위한 특별 프로그램의 지
원과 냉담의 논쟁을 평등주의에서 수반된 신념과 귀족적 엘리트의 싸움으
로 묘사하였다. Tannenbaum은 영재에 대한 관심이 최고조였던 두 시점을
1957년 스푸트니크 충격[1] 이후의 5년과 1970년대 후반의 5년이라고 제시하
면서, 혜택받지 못한 장애인에 대한 교육에 여론의 집중이 최고조였던 시기
의 중간 지점에서 영재교육은 오히려 도태되었다고 하였다. "영재에 대한
관심의 순환적 특징은 미국 교육사에서 특이한 것이다. 그 어떤 특별한 아
동 집단도 교육자와 아마추어에게 그처럼 강하게 환영받고 또 거부당하는
것을 반복한 적이 없었다."(Tannenbaum, 1983, p. 16) 최근 미국 정부에서 영

---

1) 역자 주: 옛 소련이 세계 최초로 인공위성인 스푸트니크(1957년 10월 4일 발사)를 발사하자,
　과학을 비롯하여 우월주의에 빠져 있던 미국은 이를 'Sputnik Shock' 라 하면서, 교육과 과학
　을 포함한 모든 분야에서 국가 부흥운동을 대대적으로 전개함.

재교육 분야를 주도한 결과, 교육과정의 실험화와 표준화에 대한 우려가 증가하면서 영재교육이 다시 후퇴하는 것으로 나타난 것처럼, Tannenbaum의 말대로 영재교육의 순환적 본질이 어느 정도 맞아떨어지는 것이 우려된다. 영재교육의 태만한 상태에 대한 그의 묘사는 최근의 영재교육 상황을 잘 설명하고 있다. 영재교육에 대한 관심이 최고조였던 1980년대 말에는 영재교육 프로그램이 융성하였고, 초·중등 영재교육 프로그램을 위한 시스템과 15가지 모형이 개발되어 책으로 소개되었다(Renzulli, 1986). 1998년 Jacob Javits의 영재학생 교육법(Gifted and Talented Students Education Act)이 통과된 후 국립영재연구소가 설립되었다. 그리고 12개 프로그램이 '과소대표(underrepresentation)' 집단과 성공적인 실험에 관련된 영역에서 통합적인 지식으로 추가되었다. 그러나 1990년대에는 영재를 위한 프로그램이 축소되거나 삭제되기 시작하였고, 1990년대 후반에는 미국의 절반이 넘는 주가 경기침체와 악화된 예산 압박으로 영재교육을 더욱 축소하였다.

심지어 영재교육의 필요성이 더욱 증가하고 있음에도 불구하고, 제한적 서비스 제공에 대한 우려는 계속 제기되었다. 미국에서 가장 재능이 뛰어난 학생의 교육에 대한 두 번째 연방보고서(Ross, 1933)인 『국가 수월성−발전하는 미국의 재능에 대한 사례(National Excellence: A Case for Developing America's Talent)』는 영재에 대한 관심의 부재를 '심각한 위기(a quiet crisis)'라고 지적하였다. "수년간 영특한 학생의 요구에 단발적인 관심이 있었으나, 영재 중 대부분은 학교에서 자신의 능력 이하의 공부를 하며 지내고 있다. 학교의 신념은 경제적이고 문화적인 배경에서 탁월한 영재보다 모든 학생의 잠재력을 계발해야 한다는 쪽으로 바뀌었다. 따라서 영재는 덜 도전적이고 덜 성취적인 학생이 되었다."(p. 5) 또한 보고서는 미국의 영재가 엄격하지 않은 교육과정에서 별로 읽고 싶지 않은 책을 읽으며, 직업이나 중등교육 졸업 이후를 위한 진로 준비가 다른 많은 선진 국가의 재능이 뛰어난 학생보다 덜 되고 있다는 사실을 지적하였다. 특히 경제적으로 취약하거나 소수집단의 영재는 무시되고, 대부분이 어떠한 개입 없이는 그들의 탁월한 잠재력을 알아차리지 못할 것이라고 보고서는 지적하였다.

　영재교육 분야의 진보를 축하하는 이 기념비적인 영재교육필독시리즈는 학자들이 『Gifted Child Quarterly』와 같은 영재교육 분야의 주요 저널에서 가장 많이 언급한 주옥 같은 논문들을 소개하고 있다. 우리는 영재교육의 과거를 존중하고 현재 우리가 직면한 도전을 인정하며, 영재를 위해 최상의 교육 경험을 찾는 것같이 미래사회를 위한 희망적인 안내문을 제공해 주는 사색적이고 흥미를 불러일으킬 만한 논문으로 영재교육필독시리즈를 구성하였다. 엄격한 검토 후 출판된 영향력 있는 논문들은 영재교육 분야에서 자주 인용되고 중요하게 여겨지기 때문에 선택되었다. 시리즈의 논문들은 우리가 영재교육에 대해 중요한 내용을 배우고 있다는 것을 보여 주고 있다. 우리의 지식은 여러 분야에 걸쳐 확장되고 진보된 것이 무엇인지에 대해 합의를 이끌어 내고 있다. 다소 분리된 영역을 기술한 학자들은 도입 부분에서 아직 남아 있는 질문을 이해하는 데 도움이 된다고 설명하였다. 그러한 대답을 여전히 찾으면서도, 현재 우리는 발전적인 질문을 계속하기 위해 좀 더 나은 준비를 하고 있다. 이번 시리즈의 독창적인 논문들은 어떤 쟁점을 해결하는 데 도움을 주며, 쉽게 답이 나오지 않는 다른 질문도 강조한다. 결국 이 논문은 끊임없이 제기되는 질문에 새롭게 도전하도록 도와준다. 예를 들면, Carol Tomlinson은 영재교육 분야의 상이한 교육과정은 영재교육 분야에서 계속 파생되는 문제라고 하였다.

　초기 영재교육 분야의 문제들은 시간이 지남에 따라 해결되어 점차 체계적 지식의 일부로 포함되었다. 예를 들면, 학교와 가정 모두 높은 잠재력을 지닌 개인의 영재성을 육성하는 데 도움이 될 수 있다는 점과, 학교 내부와 외부의 교육 서비스의 연계는 영재성이 발달할 가장 훌륭한 학창시절을 제공해 줄 수 있다는 것이 널리 인정되고 있다. Linda Brody가 도입부에서 지적한 것처럼, 이미 30년 전에 제기된 집단편성과 속진 문제에 대해 논쟁을 벌이는 것은 현재로서는 불필요하다. 예를 들면, 영재학생들에게 적절한 교육 기회를 제공하기 위해 집단편성, 심화, 속진 모두 필요하다는 사실에 일반적으로 동의하고 있다. 이러한 과거의 논쟁들은 영재교육 분야를 발전시키는 데 도움은 되었으나, 사변적이고 상호 관련되는 작업이 아직 남아 있다. 이번 시리즈는 각 장의 편저자가 배워야 할 것을 모으고, 미래에 대해 흥미를 불러일으키는 질문을 끄집어냈다. 이러한 질문은 영재교육 분야에 고민할 기회를 많이 주고, 다음 세대의 학자들에게 연구할 기회를 충분히 제공한다. 서론에는 이번 시리즈에서 강조하는 내용을 간략하게 소개하고자 한다.

제1권 영재성의 정의와 개념

제1권에서는 Robert Sternberg가 영재성의 정의, 아동기와 청소년기에 보이는 재능의 종류에 대한 독창적인 논문들을 소개하고 있다. 일반적으로 가장 널리 사용되는 영재성의 정의는 교육학자들이 제안한 정의가 담긴 미국 연방법의 정의다. 예를 들면, Marland 보고서(Marland, 1972)는 미국의 많은 주나 학회에서 채택되었다.

주나 지역의 수준에 따라 영재성의 정의에 대한 선택은 주요 정책의 결정 사항이었고 지금도 여전히 그러하다. 정책결정이 종종 실제적 절차나 혹은 영재성 정의나 판별에 관한 연구결과와 무관하거나 부분적으로만 관련이 있다는 점은 흥미롭다. 정책과 실제에서 차이가 발생하는 것은 아마도 많은 변인이 있기 때문일 것이다. 불행하게도, 연방법에 따른 영재성의 정의는 포괄적이지만 모호하여 이 정의로 인해 발생하는 문제들이 해당 분야의 전문가들에 의해 밝혀졌다. 최근 영재 프로그램의 현황에 대한 연방정부 보고서인 『국가 수월성』(Ross, 1993)에서는 신경과학과 인지심리학에서의 새로운 통찰력에 토대를 두고 새로운 연방법에 따른 정의를 제안하고 있다. '천부적으로 타고난다(gifted)'라는 조건은 발달하는 능력보다 성숙을 내포하고 있다. 그 결과 재능 발달을 강조한 새로운 정의인 "현재의 지식과 사고를 반영한다."(p. 26)라고 한 아동에 대한 최근 연구결과와는 논쟁이 되고 있다. 영재에 대한 기술은 다음과 같다.

영재는 일반 아이들과 그들의 나이, 경험 또는 환경과 비교했을 때 뛰어난 탁월한 재능수행을 지니거나 매우 높은 수준의 성취를 할 수 있는 잠재력을 보여 주는 아동이다. 이런 아동은 지적, 창의적 분야, 그리고 예술 분야에서 높은 성취력을 나타내고, 비범한 리더십을 지니며, 특정 학문 영역에서 탁월하다. 그들은 학교에서 일반적으로 제공되지 않는 서비스나 활동을 필요로 한다. 우수한 재능은 모든 문화적 집단, 모든 경제 계층, 그리고 인간 노력의 모든 분야에서 아동기나 청소년기에 나타난다(p. 26).

공정한 판별 시스템은 각 학생의 차이점을 인정하고 다른 조건에서 성장한 학생들에 대해서도 드러나는 재능뿐만 아니라 잠재력을 확인시켜 줄 수 있는 다양하고 복잡한 평가방법을 사용한다. Sternberg는 책의 서두에서, 사람이 나쁜 습관을 가지고 있듯이 학문 분야도 나쁜 습관이 있다는 것을 인정하며, "많은 영재 분야의 나쁜 습관은 영재가 무엇인지에 대한 정확한 개념도 없이 영재성에 관한 연구를 하거나, 더 심한 경우는 아동이 영재인지 아닌지 판별하는 것이다."라고 설명하였다. Sternberg는 영재성과 재능의 본질, 영재성 연구방법, 영재성의 전통적 개념을 확장한다면 얼마나 달성할 수 있을까? 다시 말해, 영재성과 재능 사이에 차이점이 존재하는가? 유용한 평가방법의 타당성은 어떠한가, 그리고 아마도 가장 중요한 것으로 우리가 얼마나 영재성과 재능을 계발할 수 있는지에 대해 의문을 가져 봄으로써 영재성의 정의에 대한 중요 논문에서 주요 주제를 요약할 수 있었다. Sternberg는 논문을 기고한 많은 학자가 폭넓게 동의한 요점을 간결하게 정리하였다. 영재성은 단순히 높은 지능(IQ)보다 더 많은 것을 포함하고, 인지적 · 비인지적 요소를 포함하며, 뛰어난 성과를 실현할 잠재력을 계발할 환경이 있어야 하고, 영재성은 한 가지가 아니라고 하였다. 나아가 우리가 영재성을 개념화하는 방법은 재능을 계발할 기회가 있는 사람에게 큰 영향을 미치고, 독자에게 교육자로서의 책임을 상기시켜 준다고 경고하였다. 또한 영재교육 분야에서 가장 비판적 질문 중 하나는 천부적으로 뛰어난 사람은 그들의 지식을 세상에 이롭게 사용하는가, 아니면 해롭게 사용하는가다.

제2권 영재판별의 동향

제2권에서는 Renzulli가 영재교육 분야의 연구자가 현재 직면한 가장 비판적인 질문인 어떻게, 언제, 왜 영재를 판별해야 하는지에 대하여 기술하고 있다. 그는 영재성의 개념이 매우 보수적이고 제한된 관점에서 좀 더 융통성 있고 다차원적인 접근까지의 연속된 범위를 따라서 존재한다고 생각한다. 따라서 판별의 첫 단계부터 의문을 가져야 한다. 무엇을 위한 판별인가? 왜 보다 어릴 때 판별해야 하는가? 예를 들어, 미술 프로그램이 재능 있는 예술가를 위해 개발되었다면, 그 결과로써의 판별 시스템은 반드시 미술 영역에서 증명되거나 잠재적인 재능을 가진 아동을 판별할 수 있는 구조여야 한다는 것이다.

Renzulli는 도입 부분에서 판별에 대한 중요한 논문들과 최근의 합의를 요약하였다. 예를 들면, 대부분의 연구자들이 언급하였듯이 지능검사나 다른 인지능력검사들은 대부분 언어적이고 분석적인 기술을 통해 아동의 잠재력의 범위에 대한 정보를 제공한다. 그러나 그것은 우리가 누구를 판별해야 하는지 알아야 할 필요가 있는 모든 정보를 다 설명해 주지는 않는다. 그런데 연구자는 판별 과정에서 인지능력검사를 빼야 한다고 주장하지 않는다. 오히려 대부분의 연구자 (a) 다른 잠재력의 척도들이 판별에 사용되어야 하고, (b) 이러한 척도들은 특별 서비스를 받을 학생을 최종 결정할 때 똑같이 고려해야 하며, (c) 마지막 분석 단계에서 신중한 결정을 내리려면 점수를 매기거나 도구를 사용할 것이 아니라 식견이 있는 전문가의 사려 깊은 판단을 믿어야 한다고 생각한다.

판별에 대한 중요한 논문들의 저자들이 제시한 또 다른 쟁점은 다음과 같다. (a) 수렴적이고 확산적인 사고(Guilford, 1967; Torrance, 1984), (b) 침해주의(entrenchment)와 비침해주의(non-entrenchment)(Sternberg, 1982), (c) 학교 중심의 영재성 대 창의적이고 생산적인 영재성의 차이(Renzuilli, 1982; Renzulli & Delcourt, 1986)다. 학교 중심의 영재성을 정의하는 것은 창의적이고 생산적인 영재성의 잠재력을 가진 아동을 정의하는 것보다 더 쉽다. Renzulli는 영재학생 판별에 대한 발전은 계속되어 왔으며, 특히 지난 25년 동안 인간의 잠재력과 영재성의 개념에 대한 새로운 이론을 고려한 평준화의 문제, 정책, 그리고 실제에 대한 새로운 접근법이 연구되고 있다고 믿는다. 그러나 그는 판별 기법에 대한 끊임없는 연구가 여전히 필요하고, 역사적으로 재능 있는 영재가 다른 이들처럼 항상 측정되지 않는 어떤 특성이 있다는 것을 마음속에 지니는 것이 중요하다고 하였다. 우리는 지금까지 설명하기 어려운 것을 위한 연구를 계속해야 할 필요가 있다. 영재성은 문화적으로나 상황적으로 모든 인간 행동에 고착된다는 것을 깨달아야 하며, 무엇보다 우리가 아직 설명하지 못하는 것의 가치를 매겨야 할 필요가 있다.

제3권 영재교육에서 집단편성과 속진
제4권 영재 교육과정 연구
제5권 영재를 위한 차별화 교육과정

제3, 4, 5권에는 영재 프로그램의 교육과정과 집단편성에 대한 쟁점에 대해 설명하였다. 아마도 이 영역에서 가장 유망한 기법의 일부가 영재에게 실시되고 있을 것이다. 집단편성의 다양한 유형은 영재에게 진보된 교육과정에서 다른 영재와 함께 공부할 기회를 주는 것처럼, 집단편성과 교육과정은 서로 상호작용한다. 수업상의 집단편성과 능력별 집단편성에 대해서 일반적으로 알려진 것처럼 학생을 집단편성하는 방법을 다루는 것이 아니라, 가장 큰 차이를 만드는 집단 내에서 무엇이 일어나는지를 다루는 것이다.

너무도 많은 학교에서, 영재를 위한 교육과정과 수업이 학교에 있는 동안 약간만 다르게 이루어지며 최소한의 기회를 주고 있다. 때때로 방과 후 심화 프로그램 또는 토요일 프로그램이 종합적인 학교 프로그램을 운영하고 있는 박물관, 과학 센터 또는 현지 대학을 통해 제공된다. 또한 학업적으로 매우 재능 있는 학생은 나라를 불문하고 수업을 지루해하고 비동기적, 비도전적으로 수업에 참여한다. 미국에서 빈번하게 사용된 교육방법인 속진은 종종 교사나 행정관료에 따라 시간적인 문제, 월반에 대한 사회적 영향, 그리고 기타 부분에 대한 염려를 포함한 다양한 이유를 들어 부적절한 방법으로 저지되었다. 속진의 다양한 형태-유치원이나 초등학교를 1년 먼저 들어가는 조숙한 아이, 월반, 대학 조기입학 등-는 대부분의 학교에서 일반적으로 사용하지 않는다.

불행하게도, 대안적인 집단편성 전략은 학교 구조의 개편을 의미한다. 그리고 일정, 재정 문제, 근본적으로 변화를 지연시키는 학교 때문에 교육적 변화를 일으키는 데 어려움이 있어서 아마도 매우 늦게 이루어질 것이다. 이렇게 지연되면서, 영재학생은 그들 연령의 동료보다 훨씬 앞서서 더 빠르게 배울 수 있고 더 복잡한 사물을 살필 수 있는 기본적인 기능과 언어 능력에 기초한 특별한 교육을 받지 못하는 것이다. 뛰어난 학생에게는 적절한 페이스, 풍부하고 도전적인 수업, 일반 학급에서 가르치는 것보다 상당히 다양한 교육과정이 필요하지만, 학업적으로 뛰어난 학생이 학교에서 오히려 종종 뒤처져 있다.

Linda Brody는 교육 목적에 맞게 학생을 집단편성하는 가장 좋은 방법을 소개하였다. 연령에 맞춘 전형적인 교육 프로그램이 그 교육과정을 이미 성취하고 인지능력을 지닌 영재의 욕구를 충족시켜 줄 수 있는가에 대하여 염려하였다. 집단편성에 대한 논문은 첫째, 개인의 학습 욕구를 충족시키는 데 교육과정이 갖추어야 할 융통성의 중요성, 둘째, 교육 집단으로 학생을 선정할 때 융통성 있는 교육자의 필요성, 셋째, 필요하다면 집단을 변경해야 할 필요성을 강조한다. 서론에는 영재를 일반학생과 같이 집단편성시키는 것에 대한 논쟁을 싣고 있다. 그리고 소수의 사람이 다른 학습 욕구를 지닌 학생을 위해 차별화된 교육을 허용하는 도구로 속진학습과 집단편성을 이용하고자 하는 요구에 찬성하지 않는다. 좀 더 진보된 교육 프로그램이 발달된 인지능력과 성취 수준을 다르게 하기 위한 방법으로써 이용될 때, 그러한 방법은 모든 학생에게 적절한 교육의 목표를 달성하도록 도와줄 수 있다.

VanTassel-Baska는 영재를 위한 교육과정의 가치와 타당한 요인을 강조하는 중요한 아이디어와 교육과정의 발달, 영재를 위한 교육과정의 구분, 그러한 교육과정의 연구에 기초한 효과와 관련된 교육법을 설명함으로써 영재교육과정에 대한 중요한 논문을 소개하고 있다. 또한 독자에게 교육과정의 균형에 대하여 Harry Passow의 염려와 불균형이 존재한다고 암시하였다. 연구결과를 보면, 영재의 정의적 발달은 특별한 교육과정을 통해서 일어난다고 암시하기 때문이다. 게다가 교육과정을 내면화하려는 노력은 예술 및 외국어 분야에서는 일어나지 않는다. 교육과정의 균형 있는 적용과 인정을 통해서 우리는 Passow가 생각했던 인문학의 개인 유형을 만들 수 있다. VanTassel-Baska는 균형을 맞추기 위해 교육과정의 선택뿐 아니라 다양한 영재의 사회정서적 발달을 위한 요구를 제시하였다.

Carol Tomlinson은 지난 13년 동안 유일하게 영재교육 분야의 차별에 대한 비판적인 논문을 소개하면서, 최근 논문이 '영재교육 분야에서 파생된 쟁점, 그리고 계속되어 재경험되는 쟁점'이라고 하였다. 그녀는 영재교육에서 중요한 것 중의 하나가 교육과정의 차별화를 다룬 주제라고 하였다. 인류학에서 유추한 대로, Tomlinson은 '통합파(lumpers)'는 문화가 공통적으로 무엇을 공유하는지에 대해 더 큰 관심을 가지는 것에 비해, '분열파(splitters)'는 문화 사이의 차이점에 초점을 맞춘다고 말하였다. 통합파는 혼합 능력 구조 안에서 다양한 집단에게 어떤 공통된 문제와 해결방법이 존재하는지를 질문한다. 반면, 분열파는 혼합 능력 구조 안에서 능력이 높은 학생에게 어떤 일이 일어나는지에 대해 물어본다. Tomlinson의 논문에서 주목할 만한 특징은 일반교육과 영재교육의 교육방법을 잘 설명하면서 두 교육과정의 결합을 제시하고 있다는 것이다.

제6권 문화적으로 다양하고 소외된 영재학생
제7권 장애영재와 특수영재
제8권 사회적 · 정서적 문제, 미성취, 상담

　영재 프로그램에 참여하는 아동의 대부분은 우리 사회에서 다수 문화를 대표하는 학생이다. 그러나 경제적으로 어렵고 장애가 있으며 다른 문화적 배경을 지닌 소수의 학생은 영재 프로그램에 실제보다 적게 참여하는데, 이에 대하여 약간의 의혹이 존재한다. 의혹이 드는 첫 번째 이유는 영재의 판별에 사용되는 쓸모없고 부적절한 판별과 선발 절차가 이들의 추천 및 최종 배치를 제한할지도 모른다는 점이다. 이 시리즈에 요약된 연구는 영재 프로그램에서 전통적으로 혜택을 적게 받은 집단에 대해 다음의 몇 가지 요소가 고려된다면 좀 더 많은 영재가 출현할 수 있을 것이라고 지적한다. 고려될 요소란 영재성의 새로운 구인, 문화적이고 상황적인 가변성, 더욱 다양하고 확실한 평가방법 사용, 성취에 기초한 판별, 더욱 풍부하고 다양한 학습기회를 통한 판별의 기회다.

　Alexinia Baldwin은 『Gifted Child Quarterly』에서 지난 50년간 영재교육에 대한 대화와 토론을 진행시켜 온 주요 관심사로, 영재 프로그램에서 문화적으로 다양하면서 영재교육의 혜택이 부족했던 집단에 대해 논의하였다. 이에 대한 3개의 주요 주제는 판별과 선발, 프로그래밍, 위원의 임무와 개발이다. 판별과 선발이라는 첫 번째 주제에서, 영재성은 광범위하면서 많은 판별기법을 통해 표현될 수 있다는 것을 확실하게 하기 위한 교육자의 노력은 아킬레스건과 같음을 지적하고 있다. Baldwin은 판별을 위한 선택을 확장한 Renzulli와 Hartman(1971), Baldwin(1977)의 호의적인 초기 연구를 인용하면서, 해야 할 것이 아직도 많이 남아 있다고 경고하였다. 두 번째 주제인 프로그래밍은 다양한 문화를 가진 학생의 능력을 알아보지만, 그들을 일괄적으로 설계된 프로그램 안에 있으라고 종종 강요한다. 세 번째 주제에서 그녀는 영재교육 프로그램을 담당하는 교사의 다양성뿐만 아니라, 이론을 만들고 그런 관심을 설명하며 조사하는 연구자의 태도나 마음가짐에 대해 관심을 표명하였다.

Susan Baum은 "영재는 일반 사람에 비해 더욱 건강하고 대중적이고 순응적이다."라고 제안한 Terman의 초기 연구를 요약하면서, 영재의 개별적인 특별한 요구에 대해 역사적 근원을 밝히고 있다. 더 중요한 것은 영재가 별다른 도움 없이 모든 영역에서 높은 수준의 성과를 낼 수 있을 것이라고 간주되어 왔다는 것이다. Baum은 영재에 대한 고정관념의 특징에 따라 특별한 요구를 지닌 영재가 특정 집단이 될 수 있는 가능성을 감소시켰다고 하였다. Baum은 이번 시리즈의 중요한 논문에서 영재가 위기에 직면하고 있으며 그들의 가능성을 실현하는 데 방해되는 장애물을 극복하기 위한 전략을 제안하였다. 논문은 세 개의 학생 집단에 초점을 맞추었다. (1) 학습장애와 주의력장애로 위기에 처한 중복–장애(twice-exceptional), (2) 계발되고 성취할 수 있는 능력을 사회적으로나 감정적으로 억제하는 성(gender) 문제에 직면한 영재, (3) 경제적으로 빈곤하고 학교에서 탈락할 위기에 놓인 학생이다. Baum은 이러한 아동 집단이 발달하는 데 하나 또는 그 이상의 장애의 영향을 받는다는 것을 연구하였다. 가장 큰 장애는 판별방법, 프로그램 설계의 결함, 적절한 사회적, 정서적 지원의 부족 등이다. 그녀는 이러한 비판을 통해 미래의 영재교육이 나아갈 방향에 대해 사려 깊은 질문을 던지고 있다.

Sidney Moon은 사회적, 정서적인 쟁점을 설명해 주는 영재학회의 프로젝트 팀이 기고한 영재의 사회적, 정서적 발달과 영재 상담에 대하여 중요한 논문을 소개하였다. 첫 번째 프로젝트는 2000년도에 '사회적, 정서적 문제를 위한 특별연구회(Social and Emotional Issues Task Force)'가 연구하였으며, 2002년에 연구결과를 『영재아동의 사회적, 정서적 발달: 우리는 무엇을 아는가?(The Social and Emotional Development of Gifted Children: What do we know?)』를 출판함으로써 마무리되었다. 이 부분에서는 영재의 사회적, 정서적 발달에 관한 문헌연구를 하였다(Neihart, Reis, Robinson, & Moon,

2002). Moon은 사회적, 정서적 발달과 상담 분야의 중요한 연구가 최근 영재교육 분야의 사회적, 정서적인 쟁점에 대한 연구의 장단점을 잘 설명해 준다고 믿는다. 논문은 영재의 잠재력을 계발하는 데 실패한 미성취 영재 집단 등의 특수영재 집단에 대하여 연구자의 관심을 증대시켰다. 또한 방해 전략과 좀 더 철저한 개입에 따라서, 이러한 학생에 대해 좀 더 경험적 연구를 요구하였다. 그녀는 비록 좋은 영재 상담 모형이 발전되어 왔지만, 아시아계 미국인, 아프리카계 미국인, 특수 아동과 같이 특수한 경우의 영재에 대하여 상담의 중재와 효과를 결정하기 위해 정확하게 평가될 필요가 있다고 하였다. 또한 Moon은 영재교육 분야의 연구자는 사회심리학, 상담심리학, 가족치료학, 정신의학과 같은 정서 분야의 연구자와 협력해야 한다고 주장한다. 이는 해당 분야의 전문가 집단에게 영재를 가장 효과적으로 중재하는 것을 배우기 위해서이며, 모든 영재가 최상의 사회적, 정서적, 개인적 발달을 할 수 있도록 도와줄 수 있는 좀 더 나은 방법을 배우기 위해서다.

제9권 예술·음악 영재학생
제10권 창의성과 영재성

Enid Zimmerman은 음악, 무용, 시각예술, 공간적·신체적 표현 예술 분야의 재능이 있는 학생에 대한 논문을 고찰하고, 시각과 행위 예술 분야의 재능 발달에 관한 책을 소개하고 있다. 논문에 나타난 주제는 (1) 예술 재능 발달에서 천성 대 양육에 관련된 문제에 관심을 보이는 부모, 학생, 교사의 인식, (2) 예술 재능이 있는 학생의 결정 경험에 관한 연구, (3) 다양한 환경 속에서 예술 재능이 있는 학생을 판별하는 학교와 공동체 구성원 간의 협동, (4) 교사가 예술 재능이 있는 학생을 격려하는 것에 관련된 리더십에 관한 쟁점이다. 이는 모두 어느 정도 예술 재능이 있는 학생의 교육에 관한 교사, 학부모, 학생과 관계되어 있다. 그리고 도시, 교외, 시골 등 다양한 환경에 놓여 있는 예술 재능 학생의 판별에 관한 논의도 포함되어 있다. Zimmerman

은 이러한 특별한 분야에서 교육 기회, 교육환경의 영향, 예술 재능이 있는 학생의 발달에 영향을 미치는 교사의 역할에 대한 연구가 필요하다고 하였다. 판별 기준과 검사도구의 영향, 시각과 행위 예술에 재능이 있는 학생의 교육 관계는 앞으로 연구가 매우 필요한 분야다. 예술 재능이 있는 학생의 교육에 관한 세계적이고 대중적인 문화의 영향과 비교 문화적 관계뿐만 아니라 학생의 환경, 성격, 성 지향성, 기법 개발, 그리고 인지적 · 정의적 능력에 관한 연구도 필요하다. 이 책에서 그녀가 소개하고 있는 사례연구는 이러한 관점에 대한 연구의 필요성을 제기하고 있다.

Donald Treffinger는 창의성과 관련된 개념적이며 이론적인 연구를 살펴보려는 연구자들이 공통적인 관심과 노력을 기울이고 있는 다음의 5가지 주요 주제, (1) **정의**(어떻게 영재성, 재능, 창의성을 정의하는가?), (2) **특성**(영재성과 창의성의 특성), (3) **정당성**(왜 창의성이 교육에서 중요한가?), (4) 창의성의 **평가**, (5) 창의성의 **계발**에 대해 논의하였다. 창의성 연구의 초창기에 Treffinger는 훈련이나 교육에 따라 창의성이 계발되는 것이 가능한지에 대해서 상당한 논의가 있어 왔다고 하였다. 그는 지난 50년 동안 교육자들이 창의성의 계발이 가능하다(Torrance, 1987)는 것을 배워 왔으며, '어떤 방법이 가장 최선이며, 누구를 위하여, 어떤 환경에서?'와 같은 질문을 통해 이러한 연구 분야를 확장시켜 왔다고 언급하였다. Treffinger는 효과적인 교수법을 통해 창의성을 발달시키고, 어떤 방법이 가장 큰 영향을 줄 수 있는지 탐구하려고 노력한 교육자의 연구를 요약하였다.

제11권 영재교육 프로그램 평가
제12권 영재교육의 공공정책

Carolyn Callahan은 적어도 지난 30년간 영재교육 분야의 전문가가 간과하였던 중요한 요소가 평가자와 참여자 간에 큰 역할을 한다는 평가에 대하여 비중 있는 논문을 소개하고 있다. 그녀는 평가에 관한 연구를 구분하였는데, 그중에서도 영재교육 프로그램의 평가에 관한 연구는 다음의 4가지 범주로 구분하였다. (1) 이론과 실제적인 지침 제공, (2) 평가의 구체적인 프로그램, (3) 평가 과정을 둘러싼 쟁점, (4) 평가 과정에 관한 새로운 연구 제안이다. Callahan은 연구자에 따라 평가 작업이 이미 수행되고 있으며, 재능아를 위한 프로그램의 효율성 증가에 평가가 중요한 공헌을 한다고 하였다.

James Gallagher는 가장 도전적인 질문이 증가하고 있는 공공정책을 소개하면서 전투 준비를 해야 한다고 하였다. Gallagher는 영재교육의 한 분야로, 영재교육의 강력한 개입을 통해 합의를 이끌어 내고, 우리가 어떻게 엘리트주의라는 비난에 대응할 것인지를 생각해야 한다고 제안하였다. 그는 영재교육 분야가 일반교사와 재능 교육 전문가의 개발을 지원하는 추가적인 목표에 노력을 더 기울여야 한다고 하였다. 그리고 부족한 자원을 획득하기 위한 공공의 싸움에 실패한 것은 이미 20년 전에 1990년을 전망하며 Renzulli(1980)가 던진 질문인 "영재아동의 연구동향이 2010년에도 계속 이어질 것인가?"를 다시금 생각하게 한다고 하였다.

결 론

영재교육 분야에 대한 고찰과 최근 수십 년 동안의 독창적인 논문에서 우리는 무엇을 배울 수 있는가? 첫째, 앞으로 영재교육을 계속하여 발전시켜야 하는 우리는 논문이 쓰였던 시기와 과거를 존중해야 한다. 우물에서 물을 마실 때 우물을 판 사람에게 감사해야 한다는 속담처럼, 선행연구가 영재교육 분야를 성장시키는 씨앗임을 알아야 한다. 둘째, 우리의 시리즈 연구가 영재교육 분야에서 매우 신나는 연구이며 새로운 방향 제시와 공통된 핵심 주제임을 알아야 한다. 마지막으로, 우리는 영재에 대한 연구에서 완전히 마무리된 연구결과물이란 없으며, 논문마다 제기한 독특한 요구를 어떻게 최선을 다해 만족시킬 수 있는지를 연구함으로써 미래를 포용해야 한다. 이

시리즈에서 보고된 논문은 앞으로 연구할 기회가 풍부하다는 것을 의미한다. 그러나 아직도 많은 질문이 남아 있다. 미래의 연구는 종단연구뿐만 아니라 양적, 질적인 연구에 기초해야 하고, 단지 수박 겉핥기만 해 온 연구를 탐구할 필요가 있는 쟁점과 많은 변수를 고려하여 완성시켜야 한다. 다양한 학생 중 영재를 판별해 내는 보다 포괄적인 프로그램을 개발하는 연구가 더욱 필요하다. 이것이 이루어질 때, 미래의 영재교육의 교사와 연구원은 교육자, 공동체, 가정에서 포용할 수 있는 답변을 찾을 것이고, 훈련된 교사는 학급에서 영재의 영재성을 보다 효과적으로 발달시킬 수 있을 것이다.

또한 우리는 일반적인 교육 분야가 어떻게 연구되고 있는지를 주의 깊게 고려해 볼 필요가 있다. 연구기법이 발전하고 새로운 기회가 우리에게 유용하게 찾아올 것이다. 이제 모든 학생이 새로운 교육과정을 시작하기 전에 교과과정을 먼저 평가할 수 있게 될 것이다. 그리고 이제는 학생이 많은 학점을 선취득했을 때, 그들을 자신의 학년 수준에 유지시키려는 문제는 사라질 것이다. 왜냐하면 우리는 새로운 기법으로 학생의 능력을 정확히 판별할 수 있기 때문이다. 새로운 기법으로 학생이 이미 알고 있는 것이 무엇인지를 더 잘 판별하게 되면, 학생의 강점과 흥미에 기초한 핵심적인 교육과정뿐만 아니라 다양한 기회에 도전하도록 격려하는 것이 꼭 필요하다. 이러한 특별한 영재 집단에 관심을 갖는 부모, 교육자, 전문가는 영재의 독특한 요구를 충족시켜 주기 위하여 정치적으로 적극적일 필요가 있으며, 연구자는 영재의 건강한 사회적, 정서적 성장을 위한 기회뿐만 아니라 재능 계발의 효과를 증명할 수 있는 실험연구를 수행해야 한다.

어떤 분야가 지속적으로 성장하려면 새로운 주장이 나타나야 하며 새로운 참여자가 있어야 한다. 위대한 기회는 우리 분야에서 활용될 수 있다. 우리가 지속적으로 영재를 위한 주장을 할 때, 우리는 변화하는 교육개혁의 움직임에서 중요한 역할을 해낼 수 있는 것이다. 우리는 영재와 심화 프로그램을 유지하기 위해 싸우는 한편, 모든 학생을 위해 그들이 더 도전적인 기회를 성취할 수 있도록 계속 연구할 것이다. 우리는 지속적으로 선행학습을

영재를 위한 차별화 교육과정

통한 차별화, 개별 교육과정의 기회, 발전된 교육과정과 개인별 지원 기회를 지지할 것이다. 이 시리즈의 논문에서 대답하고 제기한 질문은 우리가 영재교육 분야에서 진일보할 수 있도록 도움을 줄 것이다. 우리는 이 시리즈의 독자가 영재교육의 흥미로운 여행에 동참해 주기를 희망한다.

참고문헌

Baldwin, A.Y. (1977). Tests do underpredict: A case study. *Phi Delta Kappan, 58*, 620-621.

Gallagher, J. J. (1979). Issues in education for the gifted. In A. H. Passow (Ed.), *The gifted and the talented: Their education and development* (pp. 28-44). Chicago: University of Chicago Press.

Guilford, J. E. (1967). *The nature of human intelligence.* New York: McGraw-Hill.

Marland, S. P., Jr. (1972). *Education of the gifted and talented: Vol. 1. Report to the Congress of the United States by the U.S. Commissioner of Education.* Washington, DC: U.S. Government Printing Office.

Neihart, M., Reis, S., Robinson, N., & Moon, S. M. (Eds.). (2002). *The social and emotional development of gifted children: What do we know?* Waco, TX: Prufrock.

Renzulli, J. S. (1978). What makes giftedness? Reexamining a definition. *Phi Delta Kappan, 60*(5), 180-184.

Renzulli, J. S. (1980). Will the gifted child movement be alive and well in 1990? *Gifted Child Quarterly, 24*(1), 3-9. [**See Vol. 12.**]

Renzulli, J. S. (1982). Dear Mr. and Mrs. Copernicus: We regret to inform you... *Gifted Child Quarterly, 26*(1), 11-14. [**See Vol. 2.**]

Renzulli, J. S. (Ed.). (1986). *Systems and models for developing programs for the gifted and talented.* Mansfield Center, CT: Creative Learning Press.

Renzulli, J. S., & Delcourt, M. A. B. (1986). The legacy and logic of research on the identification of gifted persons. *Gifted Child Quarterly, 30*(1), 20-23. **[See Vol. 2.]**

Renzulli, J. S., & Hartman, R. (1971). Scale for rating behavioral characteristics of superior students. *Exceptional Children, 38,* 243-248.

Ross, P. (1993). *National excellence: A case for developing America's talent.* Washington, DC: U.S. Department of Education, Government Printing Office.

Sternberg, R. J. (1982). Nonentrenchment in the assessment of intellectual giftedness. *Gifted Child Quarterly, 26*(2), 63-67. **[See Vol. 2.]**

Tannenbaum, A. J. (1983). *Gifted children: Psychological and educational perspectives.* New York: Macmillan.

Torrance, E. P. (1984). The role of creativity in identification of the gifted and talented. *Gifted Child Quarterly, 28*(4), 153-156. **[See Vols. 2 and 10.]**

Torrance, E. P. (1987). Recent trends in teaching children and adults to think creatively. In S. G. Isaksen, (Ed.), *Frontiers of creativity research: Beyond the basics* (pp. 204-215). Buffalo, NY: Bearly Limited.

영재를 위한 차별화 교육과정 소개

Carol Ann Tomlinson(Virginia University)

이 책에 수록된 11편의 논문은 양적, 질적 그리고 담화체 보고서이며, 각 논문들은 어느 정도 연관성이 있다. 논문에서 다룬 내용은 구체적인 모형들, 일반적인 교육과정 안내, 특별한 수업전략, 다양한 흥미집단, 예비교사와 현직교사, 교사 특성, 학습자 반응, 학생의 성취, 교사의 변화 등이다. 덧붙여, 이 책에 수록된 논문들은 지난 13년간 출판된 논문으로 범위를 한정하였다. 단, 영재교육과정과 관련된 주제로 비교적 최근에 출판된 논문으로 편집하였으나, 초점이 집중되었거나 완전히 구조화된 것은 아니다. 그럼에도 불구하고 일련의 논문들은 영재교육 분야에서의 이슈를 제기하고 지속적으로 이를 시험하고 있다.

읽기를 위한 준거 마련

연대순으로 볼 때 중간 정도에 속하는 한 논문은 준거를 마련하는 데 유용한 방법을 제시한다. 「영재교육과 일반교육 간의 공유영역: 의사소통, 협동, 협력을 지향하며」(Tomlinson et al., 1996)라는 제목의 보고서는 James Gallagher가 NAGC의 회장직에 있는 동안 구성된 전문위원회가 작성하였었다. 전문위원회의 연구위원과 저자들은 일반교육과 영재교육 영역에 관련된 일반교사와 영재교사의 태도를 조사하기 위하여 3단계의 인터뷰와 질적인 종합 과정을 거쳤다. 도시와 지방의 각 수준별로 50명의 일반교사 및 영재교사와 인터뷰를 수행하였는데, 주요 주제는 교육의 두 국면 간에 의사소통, 협동, 협력이 시급히 이루어져야 한다는 점이었다.

응답자들은 의사소통을 향상시키고 협동을 증가시키며 협력 관계를 유지하는 것에서 오는 잠재적 이점을 강조하면서도, 자신의 관점을 나타내며 경계해야 할 점들을 드러내었다. 그들은 일반교육과 영재교육이 많은 공동의 목표를 공유해야 하지만 동일한 임무와 메시지는 없다는 점도 언급했다. 응답자들의 반응에서 나타난 것처럼 영재교육 영역이 교육의 광범위한 영역과 제휴하지 않는다면 성공할 수 없을 것이며, 또한 특유의 고유 권리를 무시한다면 성공을 기대하기 어렵다는 것이다.

이 책에 수록된 논문을 살펴볼 때 도움이 되는 한 방법은 영재교육의 독특한 사명을 더욱 강조하는 차별화 교육과정이라는 주제에 대한 몇몇 접근이다. 그 외에는 일반교육과 영재교육이 공유하는 목표, 이슈, 사명 등에 더 강조점을 두고 보도록 한다. 인류학에서 유추하는 것같이, Tomlinson과 동료들(1996)은 일반적으로 공유하는 문화에 관심을 둔 사람을 통합주의자(lumpers)라고 한다면, 문화들 간의 차이에 초점을 두는 영역은 분리주의자(splitters)라고 한다는 점을 상기시켰다. 그러한 유추는 이 책의 논문들에 초점을 집중시키는 두 번째 방법을 제공하는데, 분리주의자로서 활동하는 경우는 혼합 능력 교실에서 능력이 우수한 학생을 위해 무슨 일을 할 것인가에 관한 의문을 제기하고, 한편 통합주의자로서 활동하는 경우는 혼합 능력 교실의 다양한 학생들을 위한 공통적인 이슈와 해결책들은 무엇인지에 관해 의문을 가진다.

논문들의 전반적인 메시지는 이 두 가지의 관점을 상호 보완적으로 해석할 수 있다는 것이다. 첫째는 특유한 사명이나 세분화된 접근에서 지식이나 통찰을 구할 수 있다는 것이며, 둘째는 공유된 사명이나 통합적인 접근으로

영재를 위한 차별화 교육과정

부터도 지식이나 통찰을 얻을 수 있다는 것이다. 그러나 영재교육과 일반교육 간에 불가피하거나 바람직한 공유의 영역, 즉 학생이 어쩔 수 없이 참여하거나 두 집단 모두에게 이점을 주기 위해 활동하는 영역에서 지적되는 다양한 부분들은 여러 가지 측면에서 매우 다르다.

연구의 공통점

이 책에 수록된 11개 논문은 공통적으로 소위 '차별화(differentiation)' 교육과정과 수업이 무엇인지에 초점을 두고 있다. 각 논문들은 그 개념이 의미하는 것과 그것이 어느 방향으로 적용될 때 어떤 일이 발생하는지의 문제를 증명하려고 한다.

몇몇 연구들은 문헌 고찰을 한 연구로, 저자들은 영재교육 영역에서 차별화 개념의 오랜 역사를 요약하면서, Virgil Ward(1961), Renzulli (1977), Harry Passow(1982), Maker(1982), VanTassel-Baska(1985), Tannenbaum(1986) 등의 영재교육 학자들이 정의한 개념들을 상기시키고 있다. 이와 같이 저자들은 영재의 독특한 학습 욕구에 적절하게 반응하는 방법으로 가르치기 위한 수단이 무엇인지 조언한다. 이러한 노선의 연구는 영재교육의 특유성에 초점을 둔 차별화이거나 분리주의자의 관점에 초점을 두고 준거를 구성한 것이다.

최근 들어서 '차별화'라는 용어는 광범위한 학생에게 적용되고 있으며, 그러한 맥락에서 교사는 학문적으로 다양한 학생들의 다양한 요구에 효과적으로 반응할 수 있는 방법을 포함시킬 수 있게 되었다. 그러나 능력이 우수하나 학습 상태가 고급 수준인 학생을 제한하지는 않았다(Tomlinson, 1999, 2001). 이러한 연구는(제2 외국어 학습, 문화적 다양성, 문식성, 그리고 특수교육과 같은 특별 영역과 마찬가지로) 일반교육과 영재교육 간에 공통된 관점으로 차별화에 초점을 두는 준거를 마련하거나 통합주의자의 관점을 취한다.

11개 논문의 분명한 주제와 결론은 영재교육과 일반교육이 공동의 문제를 가지고 있으며, 영재교육 영역에서는 특별히 관심을 두는 몇 가지 특수 영역이 있다는 점을 강조한다.

영재교육의 관점에 따른 조망

이 책의 11개 논문이 다양한 방향에서 영재교육과 일반교육을 연계시키고 있지만, 그중 8개의 논문은 영재로 판별된 학생 혹은 영재로 판별되지는 않았으나 능력 수준이 높은 학생의 학습 욕구에 관해 특별히 강조하면서 안내를 제공하거나 연구결과를 보고하였다. 논문의 출판 순서에 따라 이 8개 논문에 실린 각 연구의 주요 결과와 방법을 강조하기 위해 간략한 개요를 제시하려고 한다.

초등학교에서 변화의 선택에 미치는 학교전체 심화모형의 효과(Olenchak & Renzulli, 1989) 이 연구는 질적 방법과 양적 방법을 모두 이용하여, 유치원에서 초등학교 6학년까지 1,698명의 학생과 236명의 학부모 그리고 1년 동안 학교전체 심화모형(SEM, Renzulli & Reis, 1985, 1997)을 적용한 10개 학교의 교장들이 참여하여 이 모형의 영향을 알아본 것이다. 연구자들이 효과 검정을 위하여 통제집단을 구성하지는 않았지만, SEM 적용 학교 연구에서의 결과를 볼 때 학생의 창의적인 산출이 증가하고, 영재학생의 교육에 대한 일반학생 집단과 학부모 그리고 학급교사의 태도가 향상되었다. 그리고 교실에서 심화와 흥미 기반의 활동량이 증가되었고, 학급교사와 영재교육 전문가 간의 협조 관계가 증진되었다.

영재를 위한 교육과정 수정에 관한 교사역량 계발 효과(Reis & Westberg, 1994) 이 연구에서는 수업에서 교육과정 압축(Renzulli, Smith & Reis, 1982)을 사용한 20개 학교의 2~6학년 담당 교사를 훈련하기 위한 세

영재를 위한 차별화 교육과정

가지 처치 조건의 영향을 연구하였다. 처치집단 1은 압축된 책과 논문 및 비디오 훈련 방식을 사용하였으며, 처치집단 2는 압축된 두 시간의 집단 시뮬레이션과 함께 동일한 자료를 사용하였다. 처치집단 3은 훈련 자료, 시뮬레이션, 지역 조언 서비스 그리고 6~10시간의 동료 코칭을 함께 사용하였다.

연구자들은 양적 방법을 사용하여 교사가 교실에서 영재학생의 요구에 부응하는 교육과정과 수업 실제를 수정하는 정도, 향후 압축의 사용에 관한 교사의 결정, 그리고 학생을 위한 계획을 세우는 데 이용하는 압축 형태를 사용하는 교사의 질 등에 미칠 수 있는 처치의 영향을 살펴보았다. 처치 3의 교사는 영재를 위하여 교육과정을 삭제하는 양이 두 집단과 비교하여 볼 때 현격하게 차이가 나타났다. 세 집단에 포함된 교사의 거의 절반 정도가 압축을 계속 사용할 것이라는 의사를 밝혔으며, 그 의도에서는 세 집단 간에 통계적 차이가 나타나지 않았다. 압축 형태의 질적인 측면에서는 성공적인 처치 집단이 훨씬 좋았지만, 압축 형태의 질에 대해 세 집단의 교사를 평가한 것에서는 통계적 차이가 유의미하게 나타나지 않았다. 선행연구의 경우와 마찬가지로 교사는 학생을 위한 이점이 있어야 하기 때문에 실제로 변화시키는 문제에 대해서는 다소 저항을 보이기도 하였다.

영재를 위한 성공적인 교실수업에 대한 다면적 사례연구(Westberg & Archambault, 1997)   이 연구는 능력이 우수한 학생의 학습 욕구를 다룰 때 지역의 다양한 측면을 포함하여 이름이 난 10개 초등학교(도시 2, 시골 6, 교외 2)의 학급을 대상으로 질적 방법을 통해 연구한 것이다. 교사의 전반적인 특징을 살펴보면 다음과 같다. (1) 영재학생 관련 교육을 받아 지식이 있음, (2) 기꺼이 변화를 수용함, (3) 동료와 협동함, (4) 학생의 개인차를 인식하고, 이를 반영하여 학생의 개별지도를 계획함, (5) 지원적인 리더, (6) 자율적이며 지원적인 감각이 있음 등이다.

개방적 활동: 학습자 반응을 통한 차별화(Hertzog, 1998)   이 연구에서는 평범하지 않은 방법으로 고능력 학생을 위한 차별화에 접근하였다.

연구자들은 차별화가 일어날 수 있는지, 아니면 교육과정 수정 때문이 아니라 같은 교육과정에 대한 학생의 다양한 반응으로 일어난 차별화인지에 대한 질문을 제기하였다. 즉, 과제에 대한 개방성은 고능력 학습자들을 위해서는 효과적일 수 있는데, 이는 그 학생이 높은 수준의 흥미를 가지고 활동할 수 있게 하며, 더 편안하고 더 적절한 자료를 제공해 줄 수 있기 때문이 아닌가 하는 질문이었다.

이 연구에는 3, 4학년의 3개 이질 집단이 포함되었다. 연구자는 관찰을 통한 묘사와 교사 및 학생과의 면담을 통해 궁극적으로 33가지의 개방적 활동에 대한 반응을 시험함으로써 질적 자료 분석을 하였다. 연구자는 고능력 학생은 깊이 있는 과제에 반응하고, 높은 수준의 기술을 사용하며, 교사가 추상적이거나 좀 더 복잡한 과제를 제시하는 것이 아니라 학습자 자신의 학습 선호에 따라 안내받기 때문에 차별화가 발생하는 것이라고 결론지었다. 또한 Hertzog는 개방성은 종종 능력, 잠재적인 의문 유발 등을 통해 집단을 구분하도록 유도한다고 보았다. 더 나아가 그녀는 높은 능력의 학습자는 선택을 격려할 때보다는 편안하게 선택하게 하는 경우에 개방성을 더 발휘할 수 있다고 했다.

교육과정 압축과 성취검사 점수: 연구결과의 시사점(Reis et al., 1998) 이 연구는 수학, 국어, 과학, 사회 그리고 쓰기에서 교육과정 압축을 경험한 27개 지역의 2~5학년 학생 436명의 성취에 관한 연구다. 압축 교육과정을 경험한 학생의 성취를 압축 교육과정에 참여하지 않은 통제집단의 학생의 성취와 비교하였다. 가능한 천장효과를 피하기 위하여 수준을 배제한 아이오와 기초기능검사(Iowa Test of Basic Skills: ITBS)가 사용되었다.

연구자들은 통계적 처치를 통해 압축 교육과정에 참여한 학생과 교실수업의 전 과정을 이수한 통제집단 학생을 비교했을 때, ITBS 점수에서 통계적으로 유의미한 차이가 나타나지 않았음을 발견하였다. 이는 학생이 압축을 통해 전체 과정 내용의 40~50% 정도를 제거한 경우에 국한되는 예다.

영재를 위한 차별화 교육과정

연구자들은 이러한 결과를 통해서 수업의 전 과정 중 일부를 줄이면 학생의 성취가 낮아질 것이라고 염려하는 교사에게 안정감을 줄 수 있다고 결론지었다.

일반교사와 영재교사 간에 다리 놓기: 협력연구(Purcell & Leppien, 1998) 이 연구는 일반학급에서 교육을 받는 영재를 돕기 위해서 289명의 심화전문가, 학급교사, 교장을 대상으로 협력에 초점을 두고 조사한 결과를 보고한 것이다. 연구자들은 질적 접근을 통해서 협력수업을 하는 일반교사와 심화전문가들 각자가 서로에게 거는 기대에 관해 조사하였다. 교사와 심화전문가 모두 전문가 협력을 위해 초기 촉매 역할을 하는 사람으로서의 주요 역할을 해야 한다고 강조하였다. 한편 교사는 전문가들에게 풍부한 자원을 이용해 교실 요인을 다양하게 해 주고, 지속적이고 효과적으로 그리고 공감을 가지고 의사소통을 해 줄 것을 기대하였다. 그리고 심화전문가들은 교사에게 융통성을 가지고, 학생의 요구를 어떻게 점검하는지에 대해 알고, 그에 따라 교육과정을 적정하게 조절하며, 학생 간의 차이를 확인하는 한편, 창의성에 관심을 보이고 호기심이 뛰어난 아이들로 이끌어 줄 것을 기대하였다. 연구자들은 심화전문가는 교사가 전달할 수 있는 그 이상을 기대하며, 교사의 기여 측면에서 더욱 전문적인 성장을 하도록 지원할 필요가 있으며, 협력적 관계 형성에서 자신들의 존재에 대해서조차도 기대를 가지고 있다는 결론을 내렸다. 이러한 결과들은 성공적인 협력 관계를 시작함과 유지함에서 시사점을 준다.

영재에게 적용하기 위한 일반교육 교실수업의 전환(Johnsen et al., 2002) 이 논문은 일반교육을 실시하는 교실에서 공부하는 영재학생을 위해 교사들이 차별화 교육과정으로 전환하는 데 연구자들이 지원하는 것을 다년간 연구한 결과 보고서다. 이 연구에는 6개 지역의 교사 74명이 참여하였다. 교사 심화훈련에는 전환을 위해 교사 자신이 선정한 목표에 중점을 둔 주제의 다양성을 반영한 22개 단원과 이러한 목표를 지지하는 교사계발

과정이 포함되어 있다. 또한 멘터 교사는 교사들을 지원한다. 또한 행정관과 지역 관계자도 대표자로서 이 훈련에 참여한다. 관찰자가 수업내용의 구조화와 시간과 진도의 활용, 평가의 활용, 환경 적응 그리고 학생 선호에 대한 주의 등과 관련된 교사의 수업 전환을 체계적으로 관찰할 수 있도록 설계된 교실 관찰 척도는 시간의 경과에 따른 교사 변화를 추적하는 데 매우 중요하다. 양적 분석은 관찰 척도에서 획득된 자료를 분석하기 위해 사용되었다. 질적 자료 분석을 지원하는 컴퓨터는 경향을 밝혀내고, 전 지역의 현장 기록으로부터 교실 관찰 기록, 그리고 6개 지역에서의 인터뷰를 통해서 그 양식을 찾아내기 위해 도입되었다.

이 프로젝트에 참여한 거의 모든 교사는 2년간의 프로젝트 기간에 걸쳐 관찰 가능할 정도로 수업방식에서 변화를 보였다. 대부분의 변화는 교사가 수업에서의 핵심적인 준거의 틀을 유지하도록 허용하는 보존적인 것이었으며, 의미 있는 변화를 요구하는 변형적 변화는 아니었다. 일반적으로 교사는 내용 영역, 평가, 사례에서의 변화를 요구하기보다는 환경 및 학생의 선호와 관련된 측면에서 변화시키기를 더 원했다. 그럼에도 불구하고 전 연구에 걸쳐 참여 교사 74명 중 66명의 교사가 한 가지 이상의 영역에서는 전환적 변화를 실시하였다.

수업에서 교사의 전환을 촉진하는 데 높은 비율을 차지하는 중요한 요인으로 제기된 것은 참여자들과 리더들 간의 긍정적인 태도, 명확한 전망을 보여 주는 프로젝트의 목표, 변화를 위한 목표를 자유롭게 선정하는 것, 멘터, 동료, 리더로부터의 지원, 그리고 프로젝트가 학생에게 긍정적인 효과를 준다는 점 등이었다.

영재학생의 언어교과 학습에 관한 교육과정 연구(VanTassel-Baska et al., 2002) 이 논문에서는 17개 지역의 46개 학교에서 공부하는 유치원에서 8학년(K~8)까지의 영재에게 미치는 William and Mary 언어 교과 교육과정의 효과에 관한 준실험 연구결과를 보고하였다. 이 연구에 적용된 개

영재를 위한 차별화 교육과정

넘 기반 교육과정 단원(concept-based curriculum units)은 문학에서의 분석적이고 해석적인 기술, 설득력 있는 글쓰기, 언어적 역량, 그리고 구두 의사소통 기술, 언어에서의 추론 능력 등을 계발시킬 수 있도록 설계되었다. 연구자들은 실험집단과 비교집단에서의 효과, 성별, 학생의 다양한 능력에 미치는 처치 효과, 집단화 모형이 처치에 미치는 효과, 단일연령 집단과 혼합연령 집단에서의 효과, 그리고 사회경제적 수준의 상하에 따른 효과 등을 통계 처리를 통해 비교하였다. 처치의 영향력은 모든 조건에서 일반적으로 긍정적으로 나타났다. 즉, 학생에게 이 모형을 제공하는 것은 모든 학년, 성별, 경제적 수준과 모든 집단화 방법에 따라 효과적임이 입증된 것이다.

일반교육의 관점에 따른 조망

다음에 제시할 두 편의 논문은 일반교육 관점에서의 차별화 개념을 둘러싼 이슈들을 조사한 것이다. 이 두 연구는 어느 특정한 집단의 학습자와 이들에게 수반되는 요구에 초점을 두기보다는 일반적으로 학문적 다양성을 지닌 교사와 관련된 이슈들을 중심으로 하였다. 이러한 관점은 자연적으로 체계화될 수 있는 학습 요구에 접촉할 수 있는 기제 및 장벽을 시험하도록 권장한다. 이 두 연구의 개요를 제시한다.

영재 및 학문적으로 다양한 학습자와 관련된 예비교사 훈련 (Tomlinson et al., 1994) 이 논문은 미국의 남부, 남동부, 동부 지역의 3개 주에 있는 5개 대학에 소속된 70명의 초보교사와 그들의 협력교사에 관한 양적 · 질적 연구다. 이 연구의 일부에서 보고된 내용에 따르면, 초보교사는 학문적 다양성과 관련된 두 처치집단 중 한 집단에 참여하거나 통제집단에 참여하였다. 처치집단 1의 초보교사는 학문적 다양성에서의 차별화에 관한 종일 워크숍에 참여하였다. 그 워크숍은 참여자들을 위해 문제해결과 반영에 초점을 두고 계획되었으며, 학교에서 보통 실시하는 일일교사 개발 시간과 상응하는 것이었다. 처치집단 2의 초보교사는 같은 워크숍에 참여하였으나, 지도 과정에서 학습자들의 학문적으로 다양한 요구로 발생하는 문제를 해결하는 데 도움을 주는 코치가 할당되었다. 통제집단의 초보교사는 워크숍에 참여하지도 않았으며, 코치와 함께 활동하지도 않았다.

이 연구는 처치가 초보교사의 수업에 미치는 영향에 관한 의문을 해결하려고 하였으며, 태도와 협동교사 수업, 어떤 학생에게 차별화가 필요한지에 관해 예비교사는 어떻게 평가하는지, 그리고 예비교사가 학문적으로 다양한 집단의 요구 속에서 문제해결자로 어떻게 발전하는지 등을 밝혀내려고 하였다.

관찰과 인터뷰는 이 연구의 질적인 부분에서 자료 수집을 위한 1차 과정이었다. 자료는 주제의 발전과 중복되는 문제 때문에 분석되었다. 주제는 다음과 같이 다양하게 보고되었다. (1) 초보교사는 학생에게 차별성이 존재한다는 것을 인정하면서도 초기에는 이러한 차별성에 반응하는 것이 불가능하다고 믿었다. (2) 초보교사는 학생의 차별성에 대해 진단하고 반응하기 위한 준비를 제대로 하지 못하였다. (3) 초보교사는 일반적으로 차별성이 의미하는 것이 무엇인지, 이것을 교실 상황에서 어떻게 적용해야 할지 등에 관해 명확하게 인식하지 못하며, 전형적으로 학습자의 다양성에 접근할 수 있는 다양한 수업방법을 습득하지 못하고 있다. 또 이 연구에서 제시하는 사항은 젊은 교사가 학문적 다양성을 나타내는 것을 격려하는 다양한 일반적인 요소가 있다는 점이다. 여기에는 다음과 같은 점들이 포함된다. (1) 교실수업 운영의 불편함, (2) 지식 분배자로서의 교사, 그리고 교사가 분배하는 것에 대한 소비자로서의 학생이 강조하는 교수-학습의 관점, (3) 학생의 숙달 정도를 어떻게 평가하며, 이러한 평가결과를 수업 계획에 어떻게 연관시킬지에 관한 방법상의 약점, (4) 협동교사, 대학 감독관, 대학교수로부터의 강조점 부족과 학문적 다양성을 제시하기 위한 원리 구성 등의 부족이다.

중등학교에서의 차별화 수업 결정: 학교 사례연구(Tomlinson, 1995) 이 연구는 차별화 교육을 하도록 지정된 지역의 중등학교에서 실시한 질적 사례연구다. 이 사례연구에서는 팀 미팅(11시간), 교직원 미팅(4시간), 직원 개발 세션(34시간)에 참여하는 것뿐만 아니라 28시간의 인터뷰, 30시간의 교실 관찰 등을 포함하여 18개월에 걸친 연구로 확대되었다. 자료는 부호와 주제에 따라 분석되었다.

차별화에 대한 장벽에는 (1) 차별화 수업에 대한 정당성, (2) 정의의 명확성에 대한 요구 등이 있었다. 그리고 그 이전의 관점에서 교사가 생각할 때, 학생은 개별적인 수정 없이도 충분히 잘해 나갈 수 있다는 것이었다. 그러나 그 이후에는 교사가 이미 수업에서 적절하게 차별화시켰다고 믿었던 정도보다도 더 민감하게 차별화를 정의하려고 노력하였다. 그 외 초기의 장벽으로는 하향식 명령, 미리 정해진 교육과정 적용 범위의 강조, 유행되는 것을 내모는 주도권의 배제, 그리고 학교에서 시행되는 짧은 수업시간에 대해 좀 더 융통성 있게 시간을 이용하도록 하는 요구 등이 있었다.

교사가 초기의 장벽을 극복하고 차별화 수업에 대한 필요에 따라 변화하기 시작함으로써 (1) 수업에 접근하는 다양한 방법, (2) 학습의 촉진 혹은 행동 통제의 운영에 대한 정의, (3) 교사 중심 수업 대 학습자 중심 수업을 촉진시키는 방법 등과 같은 면에서 발전을 요구하게 되었다. 차별화의 개념을 조기에 받아들였던 교사는 학생에 관한 조사자가 되었고, 성장을 위해 불균형이 필요하다는 점에서 유기적 계획으로써의 수업을 수용하였으며, 새로운 신념에 따라 자신의 방식으로 수업을 실시하였다.

다양한 관점의 유용성

물론 제시된 연구들은 분리주의자 혹은 통합주의자의 관점에서 교육과정 차별화에 대해 연구하고 기술한 논문들이다. 그런데 다양한 일련의 기여들을 통하여 몇 가지 재미있는 유사성을 찾아볼 수 있다. 같은 주제를 실험하기 위해 다양한 관점을 이용함으로써 얻어진 관점들을 살펴보면 연구와 활동에 대해 몇 가지 흥미를 유발시킨다.

한 가지 연구 이상에서 적어도 네 가지 발견 사항이 있다. 첫째, 차별화에 대한 몇 가지 접근들은 광범위한 차별화를 향해 나아가는 효과적인 시발점을 제공할 수 있다. 그리고 그러한 접근들이 교사에게 핵심 교육과정을 포기하라고 요구하지 않는다면, 여러 가지 방향에서 수업적인 훈련을 증대시켜 나가지 않는다면, 그리고 변화의 본질에 관한 선택을 제공하거나 핵심적인 면에서 학생의 교육과정에서 요구된 변화를 하도록 교사를 면밀히 지도한다면, 교사는 이러한 접근을 보다 쉽게 수용할 수 있을 것이다. 이와 같은 예에서와 같이, 교사는 기본적인 교수방법이 크게 손상되지 않은 채 남아 있다면 변화에 크게 저항하지 않을 것이다. 이는 그들이 변화로부터 학습자를 위해 긍정적인 유익을 볼 수 있기 때문이거나 요구된 변화가 제거되는 것이 모호하게 생각되기 때문이다. 몇몇 연구에서 교사의 태도는 초기의 연구결과에서와 같이 더욱 긍정적인 방향으로, 더욱 점증적인 활동으로 옮겨 간다는 증거를 보였다. 따라서 태도에서의 광범위한 변화 초기의 성공에서 유발된다는 가능성을 믿게 되었다.

둘째, 수업에서의 변화에 좀 더 개방적인 교사들 사이에서는 몇 가지 보편적인 특성이 있었다. 이 특성이란 학생에 대해 탐구자가 되는 것이며, 동료들과 협력하려고 노력하고 지속적인 욕구를 지닌 학습자가 되는 것이다. 그리고 성장을 위한 긍정적 지표로써의 변화에 대한 모호성을 수용하는 것 등이다. 이와 같은 일련의 특성들은 후속 탐구를 위해 두 가지 가능성을 제시한다. 첫 번째로 그러한 교사와 좀 더 학문적으로 반응적인 교실에 대한 변화의 초기 단계에 자신들이 참여할 것에 대한 협조를 확인하는 방법을 개발하는 것이다. 그리고 두 번째로 많은 교사에게서 그러한 특성을 계발하도록 촉진시킬 수 있는 전문적인 발달적 연속선을 구성하는 것이다.

본 절에서 제시한 논문들을 통해서 어느 정도 중복되는 세 번째 발견점은 학문적으로 다양한 학생에게 더욱 반응적이 되려는 교사를 위해 지원 체계가 중요하다는 점이다. 학생들 중에는 고능력 학생이 포함되기는 하지만 이들에게 국한된 것은 아니다. 이러한 논문에서 제시하는 또 다른 증거의 하나는 대학교수의 지지가 교사로 하여금 변화를 격려한다는 점이며, 지지가 없으면 교사가 실망한다는 점이다. 이는 예비교사와 고참교사 모두에게 해당되는 사례이며, 더 효과적인 차별화 교실로 나아가도록 교사 그리고 교육 지도자로서 끊임없이 활동할 것을 요구한다. 그러한 연구들은 변화를 위한 지지가 신호적인 필요, 힘 혹은 그들의 발달에 서 다른 시기에 다른 교사를 위한 전문적인 효능감 등으로 다양화될 수 있음을 제시하였다. 교실에서 학문적 다양성에 직면하는 과정에 대해 또 다른 관점으로 교사를 재배치시키기 위한 지지의 형태와 역할을 연구하는 것도 흥미로운 작업이 될 것이다.

네 번째 발견점은 '영재교육공학(gifted education technology)'(Olenchak & Renzulli, 1989, p. 36)의 잠재성과 관련되어 있는데, 이 절에 제시된 여러 연구들에서 공유될 수 있는 것으로 학습자들을 넓게 배열할 수 있다는 이점을 준다. 여기 포함된 몇몇 연구들은 영재교육 영역과 종종 관련된 일반적이고 구체적인 접근을 적용하는 데서 오는 교사나 학생의 범위에 대한 잠재적 이점을 제시한다. 분명히 시간과 대상에 따른 적용이 가져오는 파급 효과를 실험하는 데 시간과 노력을 들일 만하다. 영재를 포함한 많은 학생의 학습을 강화시키기 위해 '영재교육공학'과 안내서를 사용함으로써, 실험 방법 중 가치 있는 것은 광범위한 영역의 교육자(교육과정 개발자, 내용 전문가, 교사 등)들을 위해 효과적으로 설계되고 적용되는 전문성 계발에 영향을 미칠 것이다.

본 절에 포함된 연구들은 초등학교 상황에서 넓게 수행되었으며, 중등학교와 고등학교 맥락에서 이루어진 연구는 적은 편이다. 따라서 중등학교 상황에서 차별화에 대한 구체적인 요구 확인, 효과적인 차별화를 지원하는 교사와 학생을 위한 성공적인 접근, 그리고 그러한 변화가 교사와 학생에게 미치는 영향 등에 대해 더 면밀한 실험을 수행할 필요가 있다.

연구에서 대답된 것은 아니지만 마지막 질문이 제기되었는데, 이는 비판적인 것으로 좀 더 효과적으로 차별화된 교실을 촉진시키기 위하여 통합주의자 대 분리주의자의 접근으로 다시 돌아가게 한다. 이 질문은 능력이 뛰어나고 다른 학문에 다양성을 나타내는 학습자의 요구를 드러낼 수 있는 체계적 변화 대 점증적 변화의 역할과 상당히 연관되어 있다. 이는 시간 경과에 따른 지속 정도, 교사의 태도와 수업에서 확대된 변화의 유도, 그리고 일반 교실에서 다양한 피험자들에게 긍정적 영향을 주는 양식의 산출 등에 관한 조사 혹은 역으로 이러한 초기 변화가 일시적인지 아니면 범위가 한정된 것인지 등에 대한 조사연구에서 지적된 것 같은 변화의 영향을 실험하는 데 유용하다. 일반교육이나 영재교육 어느 것에서도 해답을 얻지 못한 광범위한 질문의 하나는 교육과정의 질, 운영의 역할, 공동체 형성, 수업의 융통성 등과 관련된 이슈로써, 시간이 경과함에 따라 어떤 교실이 어떤 학습자에게 확고하게 효과를 나타내는지의 정도에 관한 것이다. 그리고 이어서 자연적인 교실과 교사의 전문적인 생활에서 주요 변화를 유발시키는 방법에 영향을 미치는 것은 무엇인가에 관한 것이다.

　　만일 능력이 뛰어난 학습자의 요구가 상당히 그리고 영속적으로 그러한 교실에서 드러날 수 있다면, 그러한 교실 내에서의 협동적 상호작용과 일반 교실에서의 기본적인 변화는 분명히 발생되어야만 한다. 이중 언어 학습자, 학습장애 학생, 다양한 문화적 배경의 학생, 그 외의 장애를 가진 학생이 같은 교실에서 시간이 지남에 따라 효과가 발생되기보다 그 이전에 그들에게도 같은 변화가 요구될 것이다. 영재교육 영역은 일반교실에서 모든 학습자를 위한 의미 있는 변화에 기여하고 이해할 수 있는 탐구를 지속적으로 해 줄 것을 요구한다.

　　또한 이는 영재교육이 능력이 탁월한 학습자들의 독특한 요구를 드러낼 사명을 가지고 있다는 사례가 된다. 만일 영재교육 영역이 이러한 특별한 요구를 주장하지 않는다면 그들은 관심 밖이 될 것이다.

　　따라서 우리는 『영재교육과 일반교육 간의 공유영역(Interface Between

영재를 위한 차별화 교육과정

Gifted Education and General Education, Tomlinson et al., 1996)』으로 되돌아
갈 수 있다. 이 책에 선정되어 수록된 논문들이 지닌 주목할 만한 특징이자
통합적인 특징은 향후 25년 이상의 시기에 걸쳐 핵심이 될 논쟁점을 부각시
키려고 시도하는 교육 실제의 두 영역 간의 연계라는 것이다. 학교 개혁 이
슈에 관한 일련의 제안점들은 Tomlinson과 동료들(1996)의 논문에서 제시
되었다. 그 제안점에는 (1) 모든 학생이 의미 있는 내용을 탐구할 수 있고,
비판적이고 창의적으로 생각할 수 있는 기회 제공과 가치 있는 산출에 참여
할 기회를 제공할 수 있는 교육적 환경 마련을 위한 작업과 지지, (2) 학생의
다양성을 적절하게 나타내도록 설계된 융통성 있는 교실에 흥미를 가지고
있는 다른 집단과 동맹을 형성하는 것 등이 포함되어 있다. 분명히 여기에
모아 놓은 논문들은 그러한 권고 사항들을 다룰 것이다. 이러한 사항들을
한곳에 모으는 것은 일반교육과 함께 그 자신의 독특한 사명을 드러내는 다
른 교육 전문가가 협력하여, 영재교육 영역이 지향할 방향에서 다음 단계로
나아가기 위한 촉매자로 기여할 수 있을 것이다.

📝 참고문헌

Hertzog, N. B. (1998). Open-ended activities: Differentiation through learner
    response. *Gifted Child Quarterly, 42*(4), 212-227. **[See Vol. 5, p. 77]**.
Johnsen, S. K., Haensly, P. A., Ryser, G. R., & Ford, R. F. (2002). Changing
    general education classroom practices to adapt for gifted students.
    Gifted Child Quarterly, 46(4), 45-63. **[See Vol. 5, p. 133]**.
Kaplan, S. (1974). *Providing programs for the gifted and talented: A
    handbook.* Ventura, CA: Office of the Ventura County Superintendent
    of Schools.
Maker. J. (1982). *Curriculum development for the gifted.* Rockville, MD:
    Aspen Systems Corporation.

Olenchak, F. R., & Renzulli, J. S. (1989). The effectiveness of the Schoolwide Enrichment Model on selected aspects of elementary school change. *Gifted Child Quarterly, 33*(1), 36-46. [See Vol. 5, p. 17].

Passow, H. (1982). *Differentiated curricula for the gifted/talented.* Ventura, CA: Office of the Ventura County Superintendent of Schools.

Purcell, J. H., & Leppien, J. H. (1998). Building bridges between general practitioners and educators of the gifted: A study of collaboration. *Gifted Child Quarterly, 42*(3), 172-181. [See Vol. 5, p. 117].

Reis, S. M., & Westberg, K. L. (1994). The impact of staff development on teachers' ability to modify curriculum for gifted and talented students. *Gifted Child Quarterly, 38*(3), 127-135. [See Vol. 5, p. 39].

Reis, S. M., Westberg, K. L., Kulikowich, J. M., & Purcell, J. H. (1998). Curriculum compacting and achievement test scores: What does the research say? *Gifted Child Quarterly, 42*(2), 123-129. [See Vol. 5, p. 105].

Renzulli, J. S. (1997). *The enrichment triad model: A gulde for developing defensible programs for the gifted and talented.* Mansfield Center, CT: Creative Learning Press.

Renzulli, J. S., & Reis, S. M. (1985). *The schoolwide enrichment model: A comprehensive plan for educational excellence.* Mansfield Center, CT: Creative Learning Press.

Renzulli, J. S., & Reis, S. M. (1997). *The schoolwide enrichment model: A comprehensive plan for educational excellence* (2nd ed.). Mansfield Center, CT: Creative Learning Press.

Renzulli, J. S., Smith, L., & Reis, S. M. (1982). Curriculum Compacting: An essential strategy for working with gifted students. *The Elementary School Journal, 82*(3), 185-194.

Tannenbaum, A. (1986). The enrichment model. In J. S. Renzulli (Ed.), *Systems and models for developing programs for the gifted and talented* (pp. 126-152). Mansfield Center, CT: Creative Learning Press.

Tomlinson, C. A. (1995). Deciding to differentiate instruction in middle school: One School's journey. *Gifted Child Quarterly, 39*(2), 77-87. [See Vol. 5, p. 209].

Tomlinson, C. A. (1999). *The differentiated classroom: Responding to the needs of all learners.* Alexandria, VA: Association for Supervision and Curriculum Development.

Tomlinson, C. A. (2001). *How to differentiated instruction in mixed-ability classrooms (2nd Edition).* Alexandria, VA: Association for Supervision and Curriculum Development.

Tomlinson, C. A., Coleman, M. R., Allan, S., Udall, A., & Landrum, M. (1996). Interface between gifted education and general education: Toward communication, cooperation, and collaboration. *Gifted Child Quarterly, 40*(3), 165-171. [See Vol. 5, p. 1].

Tomlinson, C. A., Tomchin, E. M., Callahan, C. M., Adams, C. M., Pizzat-Tinnin, P., Cunningham, C., Moore, B., Lutz, L., Roberson, C., Eiss, N., Landrum, M., Hunsaker, S., & Imbeau, M. (1994). Practices of preservice teachers related to gifted and other academically diverse learners. *Gifted Child Quarterly, 38*(3), 106-114. [See Vol. 5, p. 191].

VanTassel-Baska, J. (1985). Appropriate curriculum for the gifted. In J. Feldhusen (Ed.), *Toward excellence in gifted education* (pp. 175-189). Denver: Love.

VanTassel-Baska, J., Zuo, L., Avery, L., & Little, C. A. (2002). A curriculum study of gifted-student learning in the language arts. *Gifted Child Quarterly, 46*(1), 30-44. [See Vol. 5, p. 165].

Ward, V. (1961). *Education for the gifted: An axiomatic approach.* Columbus, OH: Charles E. Merrill Books.

Westberg, K. L., & Archambault, F. X. (1997). A multi-site case study of successful classroom practices for high ability students. *Gifted Child Quarterly, 41*(1), 42-51. [See Vol. 5, p. 59].

01

영재교육과 일반교육 간의 공유 영역: 의사소통, 협동, 협력을 지향하며[1]

Carol Ann Tomlinson(University of Virginia)
Mary Ruth Coleman(University of North Carolina at Chapel Hill)
Susan Allan(Grosse Pointe Michigan Public Schools)
Anne Udall(Charlotte Mecklenburg Public Schools)
Mary Landrum(University of Nebraska, Kearney)

영재교육은 평등과 수월성 목표에 관한 서로 다른 여러 입장들 간의 긴장 때문에 일반교육과는 다른 것으로 종종 보여 왔다. 그러나 최근에 영재교육과 일반교육 간의 공유 영역의 증가에 대해 양 진영의 교육자들로부터의 요구가 있어 왔다. 이 논문은 교육의 실제에서 두 교육의 연계에 대한 영재교육자들과 일반교육자들의 태도를 결정하기 위해, 그리고 양 진영 간의 의사소통과 협동, 협력 향상에 관련되어 양 진영 종사자에게 조언을 제공하기 위해 미국영재학회(National Association of Gifted Children: NAGC)가 위임한 프로젝트 팀이 수행한 연구로부터 몇 가지 발견점과 제안을 보고한다.

1) 편저자 주: Tomlinson, C. A., Coleman, M. R., Allan, S., Udall, A., & Landrum, M. (1996). In the public interest: Interface between gifted education and general education: Toward communication, cooperation and collaboration. *Gifted Child Quarterly*, *40*(3), 165-171. ⓒ 1996 National Association for Gifted Children. 필자 승인 후 재인쇄.

배 경

　현재의 교육환경이 학교개혁에 대한 중차대하고 지속적인 노력을 통해
현 상태를 유지하는 동안(과거에도 마찬가지로 자주 그러했지만), 대체로 (1) 일
반교육자는 영재교육을 엘리트주의로 보는 관점(Margolin, 1994; Oakes,
1985; Sapon-Shevin, 1995; Wheelock, 1992)을 갖고, (2) 영재교육자는 일반
교육을 높은 능력을 가진 학습자들의 요구에 민감하지 못하다고 보는 관점
(Council for Exceptional Children, 1994; Gallagher, 1991, 1992; Robinson,
1990; Rogers, 1991; Tomlinson, 1992, 1994)을 지님으로써 일반교육과 영재교
육 간에는 긴장이 있어 왔다.

　그러한 긴장에도 불구하고 많은 영재교육자는 영재학습자들이 반복 연
습과 기술, 교사 중심, 교과서 중심, 시험 위주의 개인 기록을 갖는 교실에서
고통받는다는 것과(Tomlinson & Callahan, 1992), 교육개혁 운동이 모든 학
생에 대해서처럼 영재학습자들을 위해서도 많은 혜택을 구체화하고 있다는
것을 주목해 왔다(Council for Exceptional Children, 1994; Dettmer, 1993;
Ford & Harris, 1993; Frank, 1992; Ross, 1993; Tomlinson & Callahan, 1992). 또
한 최근에는 영재교육에 대한 문헌에서도 영재교육과 일반교육 간에 관련
시킬 것에 대한 요구가 많음을 언급하고 있다(Council for Exceptional
Children, 1994; Hanninen, 1994; Treffinger, 1991; VanTassel-Baska, 1994). 그
럼에도 불구하고 그동안 양 진영의 종사자들이 서로 연계할 수 있는 방법을
검토하거나 그러한 관계가 발전될 수 있는 방향을 결정하려는 체계적인 시
도가 없었다.

　James Gallagher는 NAGC의 회장으로 재직하는 동안 영재교육 분야가
일반교육 분야와 보다 효과적으로 공유할 수 있는 방법들을 탐색하기 위해
NAGC 프로젝트 팀을 설치했다. 이 프로젝트 팀은 NAGC 위원회에서 양
진영 간의 공동 작업 증진을 권고하는 책임을 맡았다. 이 논문은 그 보고서

의 일반 메시지와 많은 구체적 권고 사항 모두가 국가 수준뿐 아니라 대학, 지역사회, 학교와 교실 수준에서도 마찬가지로 유용하다는 기대를 가지고, 영재교육과 일반교육 간의 공유 영역에 관한 NAGC 프로젝트 팀의 보고서 내용과 방법을 담고 있다.

방법: 프로젝트 팀이 이용한 과정

프로젝트 팀의 의장은 전형적인 위원회의 구조보다 더 많은 수의 참가자들의 참여를 장려하기 위해 여러 전문가들과 부모들의 생각을 구하는 3단계 자료 수집 과정을 고안하였다. 첫 번째 단계는 면접 프로토콜을 개발하고 자료 수집 및 분석 과정에 대한 윤곽을 잡는 세 명의 프로젝트 팀 조정위원들의 협동 작업이다. 프로젝트 팀 구성원들은 일반교육과 영재교육 양쪽에 오랜 전문적 경험이 있고, 공립학교 및 대학에서 일해 왔으며, 연구 경험도 갖고 있다. 이 참여자들은 또 그 과정의 2단계에서 면접자로 기여했다.

두 번째 단계에서는 조정위원회 구성원들 각자가 영재교육 분야에 크게 공헌하고 있는 두 사람과 일반교육 분야에 크게 기여하는 두 사람을 면접함으로써, 프로젝트 팀의 연구에 참여하도록 초청된 여러 지역의 교육자들을 접촉했다. 초청된 사람은 프로젝트에 대한 설명과 그들의 역할을 포함하는 인터뷰 자료와 반구조화된 인터뷰 프로토콜(Bogdan & Biklen, 1982), 면접 안내 책자(Bogdan & Biklen, 1982)와 프로젝트 팀 조정위원회에 자료를 보고하기 위한 절차에 대해 안내를 받았다(보조 자료는 요청에 따라 이용할 수 있다.).

면접자들은 인터뷰를 테이프에 녹음하였고 자신의 인터뷰에 대한 보고서와 각 인터뷰의 종합 보고서를 작성하였다(Bogdan & Biklen, 1982). 또 대략 50개의 인터뷰 내용을 받아 분석한 완전한 인터뷰 기록과 종합된 내용을 조정위원회에 제출하였다. 인터뷰는 애리조나, 캘리포니아, 조지아, 일리노이, 루이지애나, 미시간, 미주리, 뉴멕시코, 노스캐롤라이나, 사우스다코타,

텍사스, 버지니아, 워싱턴, 위스콘신에 있는 전문가들과 부모들을 대상으로 수행되었다. 인터뷰에 참여한 사람의 범주는 다음과 같다. 정규 교실 교사, 학교 수준의 영재교육 전문가, 지역 수준의 영재 프로그램 관리자, 주 수준의 영재교육 행정가, 주 수준의 일반교육 행정가, 대학 교수, 학교 교장, 부교장, 교육감, 부교육감, 학습과 평가 감독관, 연방 자금 제공 프로그램 관리자, 부모들이다. 프로젝트 팀의 목표는 전집에서 체계적으로 표집하는 것이 아니고 영재교육과 일반교육에 이해 관계가 있는 다양한 개인들로부터 광범위하게 아이디어를 듣는 것이다. 원래 설계 과정에서는 포함되지 않았던 다른 사람들도 프로젝트 팀 조정위원회의 구성원으로 가담하게 되었는데, 이들은 인터뷰 기록과 종합을 분석하고 내용 분석을 통해 반복되는 주제를 찾았으며(Lincoln & Guba, 1985), 그러한 주제들을 인터뷰에 있는 아이디어들의 흐름과 패턴을 찾아 묶는 방식으로 조직하였다(Miles & Huberman, 1984). 그 프로젝트에 대한 감사 기록도 있다(Lincoln & Guba, 1985).

프로젝트 팀의 세 번째 단계에서는 영재교육과 일반교육 양쪽에 광범위한 전문적 경험을 쌓은 공립학교 교육자가 소집한 위원회에서 보고서 초안을 검토하였다. 검토의 목적은 보고서의 내용과 형식을 검토하는 것이었다. 검토 위원회는 보고서 초안에 있는 많은 권고 사항들을 지지하였다. 그러나 보고서 초안이 영재교육과 일반교육 간 협력에 초점을 맞춘 데 대해서는 회의적이었으며, 구체적인 협력을 함의하지 않는 다른 방법의 공유 영역을 모색하고 강조하길 선호하였다. 초안 검토에 뒤이어, 위원회 의장은 검토위원회 보고서의 의도를 반영하여 초안을 수정하여, 승인을 위해 조정위원회의 구성원들과 프로젝트 팀의 연구를 위임받았던 NAGC 회장에게 제출하였다.

프로젝트 팀의 연구에 관여한 사람에게 영재교육과 일반교육 간 협력의 문제에 관해 다른 입장이 있을 수 있다는 것을 의심하지 않은 반면, 우리는 50개의 인터뷰가 흥미롭고 가치 있는 제안들일 뿐 아니라 현재의 주목할 만한 사고 경향을 분석했다고 생각한다.

영재를 위한 차별화 교육과정

보고서 내용에 대한 개관

영재교육자나 일반교육자가 똑같이 인터뷰를 통해 제시한 중요한 메시지는 양 진영 간에 의사소통, 협동, 협력이 긴급히 요구된다는 점이었다. 실제로 모든 면접대상자들은 공동 노력이 필요한 데 대한 합리적 근거를 이야기하였는데, 여기에는 협력할 때 필요한 유의 사항을 포함하였고, 협력으로 올 수 있는 장애에 주목하였으며, 또한 협력이 가져다주는 유익한 점들을 강조하였다. 그리고 협력을 증가시킬 수 있는 방법에 대한 구체적인 권고 사항도 제시하였다. 이 보고서는 다음의 형식을 따른다. 많은 경우에 면접대상자의 말은 인터뷰 기록의 분석을 통해 나온 일반화를 지지하거나 확충시키는 데 이용된다. 조정위원회와 검토위원회 위원들뿐 아니라 면접대상자가 협력하는 것은 동화의 형태가 아님을 이해하는 것에 주목해야 한다. 영재교육 진영의 사람은 보다 확대된 교육이 보전되어야 한다는 점에 대해 사명감 같은 것을 갖고 있음이 분명하였다. 그럼에도 불구하고 영재교육과 일반교육 간의 의사소통, 협동, 협력에 대해 영재교육자는 그들이 솔선하여 추구해야 할 목표라는 생각을 분명히 가지고 있었다. 이 논문에서 '협력'은 양 진영의 사명이 동일하지도 않으며 동일해서도 안 될 것으로 이해하면서, 양 진영 간의 상호 이해와 상호 조치를 지원하는 노력들을 의미하는 것으로 받아들여야 한다.

협력해야 할 이유

면접대상자들은 영재교육과 일반교육 간에 협력을 촉진시켜야 할 세 가지의 분명한 이유들을 제시하였다.

1) 양 진영 간의 협력은 모든 학생에게 유익하도록 평등과 수월성의 역할 균형을 맞출 수 있게 해 줄 것이다. 종종 일반교육은 교육에서의 평등

을 강조하는 반면 영재교육은 수월성에 초점을 맞춘다. 양 진영이 대화와 계획 수립과 계획 실행에서 차이를 드러낼 때, 그 결과는 영재로 판별된 학생과 영재가 아닌 학생이 '가진 자'와 '가지지 못한 자'라는 느낌을 갖는다는 점이다. 따라서 협력하면 모든 학생을 위해 재능을 발달시킨다는 아이디어를 촉진시킬 것이다. 그것은 일반교육에서 '모든 학생을 같이 취급해야 한다는 고정관념'을 깨뜨릴 것이며, '선택된 소수만이 아니라 모든 학생을 위한 질 높은 프로그램을 제공하기 위해' 영재교육에 보다 많은 학생을 포함시킬 것이다. 평등과 수월성을 혼합하고 균형을 맞추는 것은 많은 면접대상자들에게 협력해야 할 강력한 이유인 것으로 보인다. 평등은 영재들을 포함한 모든 학습자들을 위해 능력을 최대화할 기회와 관계가 있다. 수월성은 영재로 판명되지 않은 학생을 포함하여 모든 수준에서 영재성 계발과 관계가 있다. 미국의 교육(그리고 민주주의)은 학교(그리고 사회)에서의 수월성과 평등의 합법적 역할을 인지하고, 각 역할을 평가절하하기보다 균형을 맞추는 것에서 이익을 얻을 것이다.

  2) 양 진영 간의 협력은 실제로는 많은 동일 목표들을 공유한다는 생각을 강화할 것이다. 영재학생은 일반교실 상황에서 대부분의 시간을 보낸다. 건전한 정규교실로부터의 혜택은 영재들을 포함하여 모든 학생에게 학습의 토대를 견고히 할 수 있다. 그러므로 풍부한 학습 내용, 비판적이고 창의적인 사고에 대한 기대, 의미 있는 결과물의 개발, 질 높고 강도 높은 학업에 대한 기대는 양 진영 교육자가 공유하는 목표다(어떤 일반교육자는 비난이라기보다는 기회를 염두에 두면서 다음과 같이 말하였다. "일반교육을 개선시키는 것을 도울 수 없다면 영재교육을 개선시킬 기회를 갖지 못할 것이다. 왜냐하면 오늘 우리가 알고 있는 공립학교에는 내일이 없을 것이기 때문이다."). 이와 유사하게 영재학생은 학습자들의 발달 연속체상의 일부에 속하며 그들 모두는 공유된 요구뿐 아니라 특수한 욕구를 갖는다. 그러므로 '아동의 개별화된 요구를 만나는 것은 양 진영 교육자들의 공통된 철학'이다. 공유된 목표는

영재를 위한 차별화 교육과정

그 목표가 어떻게 규정되어야 하는가에 대한 일반교육자들과 영재교육자들 간의 분명한 불일치를 없애지는 못한다. 그러나 공유된 목표는 그러한 대화나 협력이 없을 때보다 더 광범위한 학생 집단에게 이로운 실행 전략을 개발하기 위한 중요한 기반을 제공한다.

3) 양 진영 간의 협력은 전체 학교 커뮤니티에 혜택이 되도록 일반교육자와 특수교육자의 장점을 극대화할 것이다. 일반교육자는 학교에서 중요한 역할을 하며 특수교육자들도 마찬가지다. 그들은 같은 역할을 하는 것이 아니며 지위나 인정을 받기 위해 경쟁해야 할 필요는 없다. 한 일반교육자는 다음과 같이 말하였다. "나는 교사로서 아동들을 위해 더 좋은 것들을 제공하고 싶다. 그러기 위해서는 더 좋은 훈련과 지원과 교수 전략들이 필요하다. 그리고 더 많은 자원과 자료들에 대해 아는 것과 영재교육과 더 잘 연계할 수 있는 것이 필요하다." 또 어떤 영재교육자는 다음과 같이 말하였다. "내 수업에서 영재학생이 받는 교육은 정규교실에서 받기는 어려우나 나 또한 영재들이 더 큰 환경의 일부일 필요가 있다는 것을 안다. 영재교육은 일반교육에 따라 생성되고 일반교육에 적용할 수 있는 아이디어들을 검증하고, 정련하고, 보급하기 위한 실험실로서의 역할을 해 왔고 계속 그 역할을 할 것이다. 일반교육자와 특수교육자는 교육이 성공하도록 특별한 기여를 하며, 공생 관계는 양 진영 교육자들과 아동들의 가능성을 향상시킬 것이다.

협력해야 할 전반적인 이유는 오케스트라를 비유하여 제시하는 것으로 보인다. 영재교육은 더 큰 집단의 한 부문이다. 완벽한 음악적 표현을 하려면 모든 파트가 자기 파트를 최상으로 연주할 때만 가능하다. 영재교육은 전체 오케스트라가 아니며, 이것 없이는 오케스트라가 전체를 이루지 못한다.

주의사항

많은 면접 대상자들은 협력할 것을 말하지만 주의사항도 제안한다. "우리(영재교육)는 일반교육과 보다 협력할 수 있다. …확실히 우리는 광범위하게 작용하는 전략들과 기법들을 공유해야 한다. 영재에게만 적용한 전략이 있었었으나 이제는 그것들을 모든 학생에게 적용하는 것이 중요하다는 것과 그것이 협력해야 할 지점이라는 것을 안다. 그러나 우리는 또한 영재학생의 독특한 욕구를 만날 수단들을 가져야 한다." "정규교실에서 특수한 요구를 가진 학생을 포함하는 것은 누군가가 우리는 다른 방식으로 그러한 요구를 맞추어야 한다고 주장할 때만 기회를 갖는다." "우리가 정체성을 잃으면, 우리는 주장할 기회도 잃게 된다."

한 면접대상자는 영재교육은 배타적일 때 잘못하게 되는 것이지 분리를 이해할 때가 아니라는 점을 제시하였다. 영재교육은 교육에서 다른 집단이 하지 못하는 매우 높은 수월성을 추구하는 데서 중요한 역할을 한다. 한 일반교육자는 "너의 생득권을 거부하지 마라."라고 주의를 주었다. "너는 너 자신이어야 한다." 한 영재교육자는 다음과 같이 말하였다. "우리의 직업은 모든 아이들이 최대한 멀리 갈 수 있도록 모든 재능을 점차 발달시키는 것이지만 우리는 일반적인 재능 발달의 맥락에서 극단적으로 높은 재능 발달의 모델이 되는 것을 지속시켜야 한다." 또 다른 사람은 이렇게 말하였다. "지능에 대한 견해는 확장되고 있으나 교실에서 각 지능별로 최고 수준인 학생이 여전히 있다. 우리는 정책적으로는 그렇게 하는 것이 널리 받아들여질 수 있는 것은 아니라 할지라도 그들을 위해 거기에 있어야 한다."

인류학자들은 때로는 통합주의자(문화의 공통점을 보는 사람)로, 그리고 때로는 분리주의자(문화의 차이점을 보는 사람)로 묘사된다. 현재 일반교육은 '통합주의자'의 역할을 하는 경향이 있다. 학생 간의 유사점은 실제이며 중요하다. 그러한 유사성은 영재교육이 모든 학생을 심화시키는 교수 기제를 촉진시키길 요청한다. 그럼에도 불구하고 영재교육자는 또한 '분리주의자'로서의 역할을 수행한다. "교육자는 모든 사람에게 적용시킬 단일한 방법 추구를 그만두어야 한다. 아이들의 다른 요구에 따른 적절한 조치가 필요하다. 영재교육은 모든 사람을 동일하게 다루는 것을 수용할 수 없다는 점을 우리에게 상기시켜야 한다. 즉, 한 사이즈의 옷이 모두에게 맞을 수는 없

영재를 위한 차별화 교육과정

다." "우리는 우세한 쪽으로, 단일 맞춤식의 교육에 굴복할 수 없다." "15초마다 온도 재는 것을 그쳐라. 하늘이 무너지고 있다고 말하지 마라. 일이 제대로 되게끔 두어라. 사물은 변하고 있고 그러한 변화를 지켜보는 것이 필요하다." "우리는 학생에게 남과 다른 것이 좋다고 말한다. 우리는 달라야 할 필요가 있을 때는 다를 수 있는 용기를 가져야 한다."

분명히, 영재교육은 교육의 실제에서 자주 간과했던 학습자 집단을 옹호하고 이들에게 기여하기 위해 존재한다. 높은 수월성의 목표를 분명히 하고 이를 옹호하는 것은 영재교육의 독특한 목소리가 없다면 크게 약화될 것이다. 공동의 노력은 그들이 자신의 역할들을 침범당하면 수용할 수 없다. 영재교육 진영은 전통이 지시하는 방향과 새로운 기회를 지향하는 양 방향에서 교육을 바라볼 수 있도록 주의해야 할 것이다.

협력상의 장애

과거에 일반교육과 영재교육 간에 협력을 방해했던 장애물은 분명 있었다. 앞에서 본 것같이 몇 가지는 암시적이고 몇 가지는 명시적이다. 장애물을 이해하지 못하면 협력을 진전시키지 못한다. 협력을 방해하는 세 가지의 장애물은 프로젝트 팀이 인터뷰한 참여자들에게 스며 있었다. 바로 일반교육자들과 영재교육자들 간에 상호 부정적인 태도와 고립주의, 자원의 부족이다.

인터뷰에서 관찰된 협력의 장애물 가운데 가장 주요했던 것은 영재교육자들과 일반교육자들의 관계에 스며 있는 불신이었다. 영재교육자는 정규교실에서 일어나는 일이 가치가 있는 것이 아니며 중요하지 않다는 가정의 영향을 자주 받는 것 같다. "영재교육자는 자주 '내가 가장 잘 안다'는 태도를 나타낸다." 일반교육자는 영재교육의 가치를 평가절하하는 것으로 보인다. 정규교실의 교사는 다음과 같이 말하였다. "나는 이 주제에 대해 말할 때면 회의주의자가 된다. 우리 학교에 있는 45명의 교사 중 약 44명은 영재교육이나 영재의 존재를 믿지 않는다고 말할 수 있다. 그것은 아주 분명하다. 사람은 적의로 가득 차 있다….”

동료들에 대한 상호 적대적인 태도와 더불어 학생에 대해서도 마찬가지로 적대적인 태도를 갖는다. “나는 영재교육자가 그들의 수업 속에만 영재성이 있다고 생각한다는 느낌을 받는다. 그것은 물론 진실이 아니다. 그러나 때때로 나는 영재교육자가 진실을 알고 싶어 한다고 생각하지 않는다.” “많은 교사는 영재에 대한 오해, 심지어 공포를 갖는다. 이런 종류의 부정적 반응은 영재에 대한 정보와 지식이 크게 부족한 데서 나온다.” 주 단위의 한 일반교육자는 다음과 같이 말하였다. “우리 중 많은 사람은 자신이 집중하고 흥미를 갖는 많은 캠프들에서 초래된 방어적 감정을 가지고 있습니다. 우리가 가장 주안점을 두어야 할 것은 바로 아동을 교육시키는 것입니다. 아이들은 그것 때문에 고통을 받습니다.”

불신의 장벽과 관련하여 일반교육과정과는 거리가 먼 프로그램들로부터 생기는 문제가 있다. 풀 아웃 프로그램(pullout program)은 장애물로 인용되지는 않으나 이것들은 정규 교육 프로그램과는 분리된 채 문제를 일으킨다. “나는 분리된 프로그램들이 협력을 지원해 주지 못한다는 점을 강조하고 싶어요.” 라고 정규 교육을 담당하는 한 교사가 말하였다. 다른 교사는 “풀 아웃 프로그램에서는 안내자일 뿐 주인이 되지 못해요.” 라고 말하였다. 또 다른 교사는 “이런 종류의 프로그램은 마음속에 ‘우리 아이들’이라는 틀 대신 ‘나의 아이, 너의 아이’라는 생각을 불어넣지요.”라고 말을 맺었다.

인터뷰에서 되풀이되는 협력의 세 번째 장애는 자원의 문제다. 시간과 돈의 부족은 일반교육자와 영재교육자의 명백한 관심사다. 어떤 영재교육자는 다음과 같이 말하였다. “나는 교사와 더 많이 협력하고 싶다. 문제는 시간이라고 생각한다. 나는 그들도 우리와 함께 더 많이 일하고 싶어 한다고 생각한다. 일주일에 단 몇 시간만 낼 수 있다고 하거나 다른 사람은 계획을 세울 만한 시간이 없다고 한다면 협력하여 일하는 관계를 발전시키는 것은 어렵다.” 한 교수는 이렇게 설명하였다. “교사가 고능력 학습자들의 욕구를

영재를 위한 차별화 교육과정

충족시키길 돕는 데 이용할 수 있는 자원은 너무 적다. 교사는 이에 압도당하고 중간 수준의 능력을 가진 학습자들을 가르치는 것으로 끝내게 된다."

협력의 이점

협력을 하는 데서의 모든 장애에도 불구하고 모든 면접대상자들은 일반교육자들과 영재교육자들의 협력 관계에서 나올 수 있는 교육, 교육자, 학습자에게 가져다주는 혜택에 집중하기를 선택하였다. 사실, 많은 사람이 협력이 장벽을 없애는 가장 좋은 방법이며 교육을 심화시키는 방법이라고 느낀 것이 분명하다.

협력이 가져다주는 혜택들은 세 가지 범주로 나누어 볼 수 있다.

1. 협력은 영재교육과 일반교육 간에 이해와 신뢰를 향상시킨다.
   - 의사소통을 촉진시킨다.
   - 영재학습자들에 대한 영재교육자들의 주인의식을 향상시킨다.
   - 영재로 확인되지 않은 학생에 대한 영재교육자들의 주인의식을 향상시킨다.
   - 영재를 위한 일반 학습기회와 특별 학습기회를 연결하도록 격려한다.
   - 양 집단의 교육자가 더 넓은 학습자 집단에 대해 보다 정확한 정보를 갖도록 돕는다.
   - 교육자가 '그들의 방법을 새로운 행위로 믿기보다는 새로운 신념으로 행동하도록' 돕는다.

2. 협력은 모든 교육자들의 전문 능력을 발달시키도록 지원한다.
   - 교육자들 간의 네트워킹을 격려한다.
   - 수업이 고립되어 있는 문제를 줄인다.
   - 긍정적인 학교 변화를 가속화시킬 수 있는 능력의 공유를 증진시킨다.

- 영재교육자가 과정의 기술을 공유하고 일반교육자가 내용 지식을 공유하게 함으로써 공유된 전문 기술을 향상시킨다.
- 전문적 성장을 위한 동료 코칭과 관찰을 향상시킨다.
- 도전할 만한 수업의 실제에 대해 상호 이익이 되는 연구와 평가를 격려할 수 있다.

3. 협력은 학생의 학습을 향상시킨다.
- 모든 학생을 위한 개별화와 차별화를 향상시킨다.
- 보다 많은 학생을 위해 내용과 산출에 대한 더 높은 수준의 사고와 기대를 촉진시킨다.
- 모든 학생이 재능을 계발할 수 있도록 촉진시킨다.
- 학교 프로그램들과 교육 서비스 등에서 계속성을 향상시킨다.
- 학생을 보다 융통성 있게 집단화하도록 촉진시킨다.
- 지역사회의 교육지원에 대해 한목소리를 내도록 촉진시킨다.

여러 면접대상자들은 협력이 영재교육에 가져다주는 구체적인 혜택들을 지적한다. 어떤 이는 "그것은 영재교육의 목소리를 강화시킨다. 영재교육 한 가지만으로는 전체 교육 분야에 영향력이 별로 없다."라고 말하였다. 또 다른 사람은 영재교사는 '슈퍼맨'으로 자주 인식되고 있고 '영재'라는 용어와 그들이 결부되는 것 때문에 접근하기 어려운 사람으로 인식된다고 이야기하였다. "영재교사가 정규교실에서 일하고 정규교실 교사와 함께 수업과 학생 지도에 따른 부담을 감수하면 우리는 '진정한' 교사가 될 것이며, 우리의 목소리는 다시금 인간적인 목소리를 낼 것이다." 협력을 통해 스스로를 일반교육자들에게 더 접근할 수 있게 함으로써 효과적인 협력을 다진 영재교육자는 일반교육자들과 영재학습자들에게 도움을 줄 수 있다. 어떤 교사는 다음과 같이 말하였다. "나는 도움이 필요하다… 좌절감을 느낀다… 다루어야 할 예외적 상황들이 너무도 많다." 또 다른 사람은 이렇게 말하였다.

"일반교육자는 모든 것들을 할 수 있다고 생각하지 못한다. 개혁주의자들이 그렇게 생각할 수 있을 때조차 그렇다."

협력 과정에서 해야 할 일

사실상 응답자들 모두는 영재교육이 국가, 주, 지역, 학교, 교실 수준에서의 협력을 해 나가는 데 중심 역할을 해 줄 것을 강조하였다. 면접대상자들은 영재교육과 일반교육의 협력을 지향하는 여러 가지 제안을 하였다. 몇 가지 권고 사항은 지역 수준의 교육자들이 가장 잘 실행할 수 있으며, 몇 가지는 NAGC와 국가 수준과 같은 조직(기구)이 잘 실행할 수 있을 것이다. "우리(영재교육)는 선도해 가야 한다. 우리는 크지 않고, (일반교육을 하는 사람 편에서 봤을 때) 중요하게 여겨지지도 않는다. 우리는 누군가가 다른 쪽 편에 있다면 그를 보기 위해 문을 두드려야 한다." 여기에서는 협력을 증진시키기 위한 제안들을 여섯 가지 범주로 나누어 제시한다.

1. 영재교육에 대한 인식을 증진시키기 위한 제안
   - 영재교육이 모든 학생을 위한 교육을 향상시키는 조치의 일부가 되도록 분명하고, 일관성 있고, 적극적인 공적 입장을 취하라.
   - 일반교육자가 영재아들을 받아들여 교육한 흥미 있는 예들을 접하라.
   - 지능에 대한 확장된 개념을 이용하여 다양한 능력 범위에 있는 학생의 재능 발달을 위한 자원으로써 영재교육에 초점을 맞추어라.
   - 효과적인 영재교육의 사례들을 담은 비디오테이프를 제작하여 널리 공유하라.
   - '보다 많은 교육자가 영재학습자들이 할 수 있는 것과 어떤 차이를 보이는지를 이해하도록 돕기 위해' 다양한 상황에서 일하는 영재교육자들을 접할 기회를 일반교육자들에게 제공하라.

- 교육에 대한 보다 넓은 조망을 통해 적극적인 교육자가 되도록 돕는 주제들에 대하여 영재교육자들에게 심화된 훈련을 제공하라.
- "필요를 위한 씨앗을 뿌려라." 일반교육자가 자신들과 특수교육자의 협력을 통해 영재학습자들의 특수한 요구를 효과적으로 이해하도록 도울 자료를 제작하고 대화하라.
- 공적인 관계와 의사소통 전문가들을 통해 영재교육자들에게 긍정적인 방법으로 그들을 비판하는 사람과 대응하는 방법과 동료들과 네트워크를 형성하는 방법 등에 대해 도움을 제공하라.
- 일반교육과의 상호작용에서 인내심을 가져라. "한 번에 조금씩 진전하는 것을 수용하라. 심하게 밀어붙이지 마라."
- 영재교육자가 일반교육의 전문 조직에서 적극적으로 남아 있도록 지원하라.

2. 수업의 실제와 교육 프로그램에 관한 제안
- 학생의 욕구와 흥미를 평가하는 방법 그리고 판별과 집단 구성에 집중하기보다는 적절한 수업을 설계하는 방법에 집중하라.
- 수행평가를 이용하여 리더십을 제공하라.
- 특별 프로그램과 수업보다 정규 수업에 더 많은 초점을 맞추라.
- 수업 전략이 높은 능력을 가진 학습자들에게 효과적으로 이용되도록 수정될 수 있는 방법들을 증명해 보이면서 차별화된 단원들을 넓게 공유하라.
- 교실에서 영재학습자들과 시간을 융통성 있게 사용하는 데 초점을 두어라.
- 학교에서 영재학습자들을 위해 필요하고 영재학습자들이 이용할 수 있는 서비스들을 강조하라.
- 정규교실에 있는 영재학습자들이 활용할 수 있도록 차별화된 규정과 수행 결과를 설정하길 주도하라.

- 정규교실에서 협력하여 판별할 것을 강조하라.
- 협력하여 계획하고 수업할 것을 강조하라.
- 일반교육자와 영재교육자가 역할을 바꿀 기회를 제공하라.
- 행정가가 협력이 가져올 이익을 이해하고 협력 구축을 위해 지원하 도록 적극적으로 행동하라.
- 보다 많은 상황에서 보다 많은 학생을 위해 개별화와 차별화를 이 야기하고 지원하기 위한 수단으로써 영재교육과 특수교육에 종사 하는 교육자들 간의 협력을 증진시켜라.
- 정규교실에서의 차별화된 수업과 융통성 있는 집단화의 특수 모형 을 개발하고 공유하라.
- 정규교실에 있는 영재학습자들을 잘 가르치는 일반교육 교사의 사 례를 발견하여 공유하라.
- 영재들을 위한 특별 수업과 학습 기회에서 모든 학생이 단일한 틀에 맞추어야 한다고 가정하기보다는 수업을 차별화하는 특수교육자가 되어라.

3. 사전 교육, 예비 과정, 현직 교육, 졸업 준비에 관한 제안
- 대학 수준의 영재교육자가 예비 과정(preservice courses)을 가르치 고, 사전 세미나에 참여하고, 교사를 위한 대학의 지도 주임으로 봉 사하길 자원하도록 격려하라. "우리는 학생 간의 차이를 다룰 준비 가 되어 있는 대학에서 나온 예비교사를 필요로 한다."
- 대학 수준의 영재교육자가 학업 수준이 다양한 교실들을 위해 차별 화된 수업 모형을 개발하여 가르치는 특수교육자들과 협력하도록 격려하라.
- 영재교육을 담당할 영재교육자들을 길러 내는 석사 수준의 프로그 램에서 협력 모형과 상담 모형, 수업 차별화 모형을 강조하라.
- 영재교육자가 정규교실에서의 다양한 수업 전략들을 모방하도록

준비시켜라.

- 영재교육자 및 일반교육자들과 더불어 높은 능력을 가진 학습자들과 관련된 주제에 관해 현장연구 프로젝트를 주도하라.
- 사전 교육 및 대학원 수준에 있는 소수 영재교사를 적극적으로 모집하고 지원하라.
- 일반교육자가 어떤 종류의 협력과 지원을 원하는지 찾아보고 그것을 제공할 준비가 되어 있는 영재교육자들을 도와라. "교실에 가까이 가라."

4. 정책적 제안

- 다른 전문가 그룹이 모이는 시간과 장소에서 NAGC 회의와 주 연합 회의 등의 회의 계획을 세우고, 회기, 연사, 실연을 공유하길 격려하라.
- 일반교육자들에게 주 연합이나 NAGC 회원이 되는 비용을 줄여 주거나 무료로 입회시키고, 양 집단의 구성원들 간의 파트너십을 촉진시키도록 설계된 협력에 대한 계획을 세워라.
- 국가의 표준적 조치에 관여하도록 하라.
- 주와 지역의 교육협회뿐 아니라 국립교육협회(National Education Association), 미국교사협의회(American Federation of Teachers)에서 영재교육을 위한 지원을 늘려라.
- 영재학교들을 대안 학교를 위한 새로운 요구로 연결시켜라.
- 정책적 조치와 정책 개발에 관하여 주 연합 및 NACG 회의 회기와 특별 워크숍을 유지하라. 영재교육자들의 네트워크를 위해 재정적 지원을 제공하라.
- 영재교육자와 다른 영재교육 옹호자들이 행정가, 학교운영위원회 위원, PTA, 정책 입안 집단과 직위를 갖는 것을 지원하라.
- 영재교육자가 주와 국가 수준의 일반교육 전문가 회의에 참석하는

것을 지원하라.

- 영재교육자가 일반교육자 및 일반교육 집단과 네트워크를 형성하기 위해 전문 기술을 사용하도록 격려하라.
- 대학 수준의 영재교육자가 일반교사를 교육하기 위한 책을 주문하고, 조사 연구하고, 책에 보완되어야 할 필요가 있는 개념들에 관해 출판사 측과 의사소통하는 것을 지원하라.
- 탁월성에 관심을 갖는 사업 및 경영자와 사업 관계를 설정하라.
- 영재학습자의 부모들이 정책적으로 미칠 영향이 긍정적 방향으로 나아가도록 부모 교육을 지원하라.

5. 학교개혁 문제에 관한 제안

- 모든 학생이 의미 있는 내용을 탐구하고, 비판적이고 창의적으로 사고하며, 가치 있는 산출물을 내는 데 참여할 기회를 갖는 교육환경을 옹호하고 그것을 위해 일하라.
- 학생의 다양성을 적절히 다루도록 설계된 융통성 있는 교실에 대해 흥미를 갖는 다른 집단과 협력하라.
- 영재교육자들에게 다양한 학생(학업상의 다양성, 인종의 다양성, 학습 양식의 다양성)을 이해하고 효과적으로 반응하는 방법과 동료들을 도울 방법을 가르치는 데 역점을 두어라.
- 공동체가 영재성을 판별하고 계발시키는 방법을 배우면서 소수자 공동체와 긴밀히 협조하여 일하라.
- 소수자 문제를 다른 문제로부터 분리하기보다는 제안된 논제에 통합시키기 위해 주 연합과 NAGC 회의에서 나온 제안들을 지원하라.
- 강조와 접근 측면에서 다문화적인 교육과정 개발을 지원하라.
- 학생 수가 적은 수업과 긴 시간의 수업을 하는 교사, 봉급이 증가된 교사, 수업의 질이 현저히 향상될 것 같은 조치를 취하는 교사와 협력하라.

- 학교의 일정을 협력적인 교사의 계획 수립과 공유된 수업을 수용할 수 있도록 맞추어라.
- 웹 기반 환경에서 영재학습자들을 지도하기 위한 광범위한 지침을 개발하라.

6. 연구 노력에 관한 제안
- 영재학습자들을 위한 수업에 대한 연구 기반을 강화하도록 하라.
- 영재학습자들의 수업에 영향을 미칠 영재학습자들, 그들의 다양성에 관해 교사에게 흥미로운 문제들을 이야기해 줄 현장연구를 제공하라.
- 영재성에 대한 교사 태도를 연구하고 수정하기 위해 장기간에 걸친 노력을 기울여라.
- 영재교육을 위한 평가도구와 교육자가 영재학습자를 이해하도록 도울 방법으로써 효과적인 질적 연구를 강조하라.
- 영재교육 저널에 보다 협력적으로 참여하도록 권유하라.
- 수업 문제를 논의하고 흥미로운 수업의 실제를 공유하도록 일반교육자들을 위한 자료들을 출판하라.

요 약

어떤 일반교육자는 다음과 같이 말하였다. "일반교육자는 개혁자들이 할 수 있다고 생각하더라도 그들 자신은 모든 것을 할 수 있다고 생각하지 않는다." 면접대상자들이 일치를 보인 점은 협력은 장점이 있고 시급한 일이라는 점이었으며, 영재교육자들과 일반교육자들 모두가 지적한 사항이었다. 우리는 한편에서는 다양성을 가리고, 다른 한편에서는 그것을 환영하는 정반대의 영향을 받는 역사의 한 시점에서 일하고 있다. 영재학습자들은 학교의 많은 다른 학습자들이 그러한 것처럼 후자의 입장에서 혜택을 볼 것이다. 영재교육은 다양성을 환영하는 방향을 지향하면서 긍정적인 기여를 할 수 있는 기회와 역사를 갖는다. 영재교육은 교육의 시류를 타고 도약하기 위해 영재교육이 존립해야 할 합리적 이유에 대한 짐을 벗어 버려서는 안 된다. 면접대상자들은 협력이 가져다주는 혜택이 협력의 길에 놓여 있는 장애물을 훨씬 능가한다는 것을 조심스럽게 인정하는 한목소리를 내었다.

🖼️ 참고문헌

Bogdan, R., & Biklen, S. (1982). *Qualitative research for education: An introduction to theory and methods.* Boston: Allyn & Bacon.

Council for Exceptional Children (1994). *Toward a common agenda: Linking gifted education and school reform.* Reston, VA: Council for Exceptional Children.

Dettmer, P. (1993). Gifted education: Window of opportunity. *Gifted Child Quarterly, 37,* 92-94.

Ford, D., & Harris, J. III. (1993). Educational reform and the focus on gifted African-American students. *Roeper Review, 15,* 200-204.

Frank, R. (1992, March). School restructuring: Impact on attitudes, advocacy, and educational opportunities for gifted and talented students. In *Challenges in gifted education. Developing potential and investing in knowledge for the 21st century.* Columbus, OH: Ohio State Department of Education.

Gallagher, J. (1991). Educational reform, values, and gifted students. *Gifted Child Quarterly, 35,* 12-19.

Gallagher, J. (1992, March). Gifted students and educational reform. In *Challenges in gifted education: Developing potential and investing in knowledge for the 21st century.* Columbus, OH: Ohio State Department of Education.

Hanninen, G. (1994). Blending gifted education and school reform. ERIC Digest #E525.

Lincoln, Y., & Guba, E. (1985). *Naturalistic inquiry.* Beverly Hills, CA: Sage.

Margolin, L. (1994). *Goodness personified: The emergence of gifted children.* New York: Aldine De Gruyter.

Miles, M., & Huberman, A. (1984). *Qualitative data analysis: A sourcebook of new methods.* Newbury Park, CA: Sage.

Oakes, J. (1985). *Keeping track: How Schools structure inequality.* New Haven, CT: Yale University Press.

Renzulli, J., & Reis, S. (1991). The reform movement and the quiet crisis in gifted education. *Gifted Child Quarterly. 35,* 26-35.

Robinson, A. (1990). Cooperation or exploitation? The argument against cooperative learning for talented students. *Journal for the Education of the Gifted, 14,* 9-27.

Rogers, K. (1991). *The relationship of grouping practices to the education of the gifted and talented learner.* Storrs, CT: National Research Center on the Gifted and Talented.

Ross, R. (1993). *National excellence: A case for developing America's talent.* Washington, DC: Office of Educational Research and Improvement.

Sapon-Shevin, M. (1995). Why gifted students belong in inclusive schools. *Educational Leadership, 52*(4), 64-70.

Tomlinson, C. (1991). Gifted education and the middle school movement: Two voices on teaching the academically talented. *Journal for the Education of the Gifted, 15,* 206-238.

Tomlinson, C. (1992). Gifted learners: The boomerang kids of middle school? *Roeper Review, 16,* 177-182.

Tomlinson, C., & Callahan, C. (1992). Contributions of gifted education to general education in a time of change. *Gifted Child Quarterly, 36,* 183-189.

Treffinger, D. (1991). School reform and gifted education: Opportunities and issues. *Gifted Child Quarterly, 35,* 6-11.

VanTassel-Baska, J. (1991). Gifted education in the balance: Buliding relationships with general education. *Gifted Child Quarterly, 35,* 20-25.

Wheelock, A. (1992). *Crossing the tracks: How "untracking" can save America's schools.* New York: The New Press.

02

초등학교에서 변화의 선택에 미치는 학교전체 심화모형의 효과[1]

F. Richard Olenchak(The University of Alabama)
Joseph S. Renzulli(The University of Connecticut)

본 연구에서는 12개 학교에서 1년에 걸쳐 진행된 학교전체 심화모형 적용에 대한 효과를 검증하였다. 연구대상은 1,698명의 초등학생과 236명의 교사, 120명의 학부모 그리고 10명의 교장이다. 연구결과, 학생과 교사에게서 긍정적인 변화가 나타났다. 학생의 창의적인 산출물들은 전형적인 학생의 창의적 산출물의 규준을 훨씬 능가하는 다양한 것이었다. 가장 주목할 만한 질적 자료 분석 결과는 일반학생과 교사의 영재교육에 대한 호의적인 태도, 학생 중심 심화활동과 교사와 영재교육 전문가 간의 협동 작업, 자기선택적인 흥미 활동의 증가와 부모 특별 프로그램에 대한 호의적인 태도 변화가 크게 증가하였다는 것이다.

도 입

영재에게 제공되는 프로그램이 전통적으로 규모가 작고 선택된 집단에

1) 편저자 주: Olenchak, F. R., & Renzulli, J. S. (1989). The effectiveness of the schoolwide enrichment model on selected aspects of elementary school change. *Gifted Child Quarterly*, *33*(1), 36-46. © 1989 National Association for Gifted Children. 필자 승인 후 재인쇄.

게만 제한되어 있음에도 불구하고, 최근 연구들은 판별과 프로그램 모두에서 좀 더 융통성 있는 접근을 시도하려는 경향이 나타나고 있다. 이러한 경향은 인간 능력의 본질에 대한 최근 연구결과(예, Sternberg, 1982; Gardner, 1983; Bloom, 1985)와 좀 더 많은 학생에게 성공적으로 적용할 수 있는 영재교육 프로그램 실현의 결과다(Renzulli, 1977; Reis & Renzulli, 1982; Shore & Tsiamis, 1985; Feldman, 1983; Birch, 1984). 특별 프로그램이나 정규 프로그램 간에 존재하는 '분리 조건'과 수행에 근거한 판별 과정에 대한 보다 큰 관심은 역사적으로 영재교육 분야에 비판을 가져온 몇 가지 문제들을 극복할 수 있는 접근 방법인 실험연구에 기여하였다.

이 연구의 목적은 학교전체 심화의 전반적인 과정에 몇 가지 영재교육 기술을 적용하기 위해 특별히 설계된 프로그램 모형의 효과를 실험하는 것이다. 실험적 처치로 도입된 모형은 학교전체 심화모형(SEM, Renzulli, & Reis, 1985)이며, 실험 설계에서 질적, 양적 변인들을 모두 사용하였다. 이 연구에서는 통제집단과 1년에 걸쳐서 SEM 프로그램에 참여한 실험집단 간의 차이를 비교하였다. 학습에 대한 학생의 태도, 수업에 대한 교사의 태도, 학생의 창의적 산출물의 질과 범위, 그리고 SEM의 적용 과정 등 특별한 변인들이 실험되었다. 이 연구의 전반적인 두 가지 목표는 (1) SEM 프로그램에 참여하는 학교 구성원들을 통하여 학교전체 변화에 대한 구체적인 양적 지표가 나타나는가를 알아보는 것, (2) 이 실험의 참여자들이 영재교육의 전체적인 개념에 대하여 좀 더 호의적인 태도를 갖게 되는지를 검증하는 것이다.

연구방법

연구대상, 장소 선택과 무선화

이 연구의 연구대상은 학년 수준이 고려된 일반적 분포 내의 대표 표집에 따라 표집된 11개 초등학교의 K~6학년까지 1,698명의 학생과 236명의 초

영재를 위한 차별화 교육과정

등교사, 그리고 120명의 학부모다. 프로그램 적용 과정의 질적 분석 자료도 학생, 교사, 학부모 그리고 10개 초등학교 교장으로부터 얻었다. 표집된 학생은 11개 참여 학교에 등록한 약 6,000여 명의 전체 학생 중 28%에 해당된다. 연구대상 학생은 전체 K-6 교실에서 수준에 따라 유층무선 표집하였고, 교사의 표집에서는 11개 학교의 모든 정규학급을 포함시켰다.

학교전체 심화모형(SEM)은 전체 학교 단원을 포함하고 있기 때문에, 같은 학교 건물 내에 통제집단을 둘 수 없었다. 따라서 통제집단이 SEM 처치라는 측면에서 영향받지 않도록 전체 대상 학교를 처치집단과 통제집단으로 각기 구분하여 할당하였다. 관련 지역에 대한 세부적인 인구통계학적 조사는 대상 학교를 선정하는 과정에서 유사성이 있는 학교를 택하여 선정하였다. 이 조사에는 학교에 대한 가장 최근의 재검토와 지역의 사회·경제적 수준과 관련한 미국 인구조사 자료, 학교 정원, 교직원의 교육 수준, 그리고 영재와 일반교육 프로그램을 통해 학생에게 제공된 교육과정을 포함하고

연구의 활용도

영재를 위해 사용 가능한 프로그램 선택을 조사하면서 학교의 교직원과 학부모는 그러한 프로그램이 다양한 참여 집단을 가질 수 있다는 충격을 고려해야 할 것이다. 지금까지는 활동 참여가 극히 제한되었던 일부 학생들을 위해 프로그램이 적절한 학습기회를 제공할 수 있는가? 프로그램이 교사에게는 부각되나 궁극적으로 학생에게는 극히 제한되어 제공되는 것은 아닌가? 학생, 교사, 교장, 학부모를 통해 SEM의 효과를 실험함에 따라 이 연구는 프로그램 조직화의 다양한 대안적 패턴들 중의 하나로써 연구 기반 접근을 검증하기 위한 기회를 학교에 제공한다. 연구결과는 SEM이 학생의 학습태도와 수업에 대한 교사의 태도를 향상시키는 데 적합하다는 것을 보여 준다. 아마도 좀 더 중요하게는, 학교전체가 영재교육에서 널리 행해지는 질적으로 높은 교수방법을 사용하는 것이 교직원으로부터 더 많은 협조와 지지를 얻어서 일반적인 교육의 질을 개선하고, 영재학생의 요구에 대한 고려를 보장하는 데 유효하다는 것이다.

있다. 조사 대상은 도시와 시외 모두에서 350~750명의 학생이 등록한 학교로 선정되었다.

이러한 인구통계학적 자료와 교육과정 정보에 대한 검토 후, 실험집단과 무작위로 선정된 지역의 여러 학교를 대상으로 한 통제집단이 참여하도록 권유하였다. 이 과정에서 주요 문제에 직면하게 되었다. 즉, 25개 이상의 학교를 통제 지역으로 정하였으나 대부분의 학교 행정가들이 이를 꺼려하였고, 연구자들의 노력에도 불구하고 모집단 전체 중에서 한 학교만이 통제집단 참여에 동의한 것이다. 게다가 학교 행정가들이 실험집단의 피험자를 제공하겠다는 의사를 밝힘에 따라서 프로그램 모형에 대한 실험에 참여하기를 지원한 30개 이상의 학교 중에서 10개 학교가 처치집단으로 무선 선정된 것이다. 적어도 표면적으로는 공평하지 않은 통제집단과 실험집단 간의 수적 차이는, 학교 구성원들이 이 실험의 통제집단으로서 참여하는 것을 꺼려하는 대신에 새로운 실험에 참여하려는 보편적인 열망의 결과다. 이러한 이유 때문에 우리는 실험집단들과 하나의 통제집단 간에 학습과 수업에 대한 학생과 교사의 태도에서의 위계적 회귀선 비교결과를 제시하지 못했으나, 이러한 분석결과는 연구자들이 의도한 대로 가능하였다.

전체 학교를 포괄하는 처치의 특성상 실험집단이나 통제집단에 실제로 동등한 조건으로 교사와 학생을 무선 할당하는 것은 불가능했기 때문에, 학교의 인구통계학적 측면과 교육과정의 특성 등은 가능한 비밀로 하여 학교의 안전을 보장하려고 노력하였다. 학년 수준, 교사의 교사 경력, 수업방식, 교실환경에 따라 학생 집단을 균등화하려는 노력의 일환으로 인구통계학적 자료에 대하여 특별히 고려하였다. 수집되고 분석된 인구통계학적 자료를 보강하고, 앞서 말한 변인들을 좀 더 명확히 하며, 부가 정보를 얻기 위해서 중앙 부서 행정가와의 심층 면접이 실시되었다.

영재를 위한 차별화 교육과정

실험처치

이 연구에 참여자로 선발되기 위해서 학교 교직원들은 SEM 시행 전에 심화 프로그램의 특수한 절차에 동의해야 했다(Renzeulli & Reis, 1985). 각 학교들은 최소한 반일 근무를 기본으로 심화 전담 교사를 둘 필요가 있다. 모든 학교를 대상으로 하여, 앞으로 실제 SEM을 적용할 것에 대한 확인으로 교육위원회와 행정가로부터 동의서를 받았다. 참여한 학교들은 수행에서나 잠재적인 측면에서나 하나 또는 그 이상의 영역에서 평균 이상의 능력을 가진 학생들로 판별되기를 기대하였다. 판별은 성취검사 점수, 교사 추천, 학생 흥미 그리고 그 모형에서 설명하는 다른 절차들에 근거하여 이루어졌다.

공간의 제약으로 SEM에 대해 상세하게 기술하기 어려워 [그림 2-1]에 주요 조직과 서비스 제공 요소들을 요약해 보았다. 이 요소들은 학생 서비스가 고려되는 실험처치에 중요하게 초점을 맞추어서 다음과 같이 구성하였다.

교육과정의 압축 기초기능 숙달을 보장하면서 적절한 심화나 속진 활동 시간을 제공하고, 정규 교육과정에서의 도전 수준을 상향화하며, 이미 숙달한 자료의 반복을 제거하기 위해 정규 교육과정을 수정하거나 능률화시킴

학생 강점의 평가 학생의 능력과 흥미 그리고 학습 양식에 대한 정보를 모으고 기록하는 체계적인 절차

1부 심화: 일반적 탐색 활동 경험과 활동은 학생에게 광범위하고 다양한 학문 분야, 시각적 행위 예술, 주제, 논점, 직업, 취미, 사람, 장소 그리고 정규 교육과정에서 통상적으로 다루어지지 않는 사건 등을 제공하도록 설계되었다.

2부 심화: 집단 훈련 활동 사고와 감정 과정의 발달을 촉진하는 목적으로 설계된 교수방법과 자료

3부 심화: 개별적(혹은 소집단 활동) 현실 문제의 조사 전문가처럼

생각하고 느끼고 활동함으로써 직접 연구자 역할을 가정하는 학습자의 조사 활동과 예술적인 작품

각 실험학교에서 전담 교사와 협동 작업을 하는 심화 팀은 다양한 분야의 일반적 심화활동을 조직하였다. 이러한 활동([그림 2-1]의 1부와 2부)은 일반 교육과정에서는 다루어지지 않은 자료와 이슈, 주제에 대한 탐구 과정과 체계적으로 조직화된 다양한 분야에 대한 훈련 기술을 포함하고 있다. 일반적 심화는 실험학교 학생 모두에게 1년 동안 제공되었다. 탐구활동의 일정(1부)이 개발되었으며, 학생은 모든 학교 행사, 학년 수준 또는 단일 학급, 학년을 교차하여 특별한 흥미를 중심으로 한 집단에 참여하였다. 훈련활동 과정은 2부 분류(Renzulli & Reis, 1985)로 불리는 범위와 순서적 접근을 이용하여 실험학교의 모든 교실에 조직되었다. 가능할 때마다 이러한 활동들은 정규 수업활동들과 통합되었다.

개별학생으로 할 것인지 혹은 소집단으로 할 것인지의 방법은 학생이 주어진 주제나 연구 영역(3부)과 관련하여 좀 더 발전적이고 스스로 선택한 추수연구에 참여할 것인지를 결정하는 것에 따라 제공된 특별한 활동에 대한 반응으로 결정되었다. 달리 말해서, '판별 상황'에 근거한 수행은 후속적인 프로그램 참여의 범위와 본질에 관한 의사결정을 위한 수단으로 사용되었다. 3부 심화에 참여하는 것은 자신이 스스로 선택한 관심 분야에 평균 이상의 능력을 보이고, 주제와 관련하여 창의성과 과제집착력을 보이는 학생에게 유용하다. 교사는 학생이 전문성을 연습하는 데 운용법(modus operandi) 방식을 사용하여 자신들의 주제를 수행하도록 격려하였다.

SEM의 모든 과정에 참여하는 데 부가적으로 능력이 높은 학생에게는 풀아웃(pull-out)과 영재집단 전담 교사가 제공하는 상급 수준의 속진 및 심화활동과 함께 정규 수업에서는 압축 교육과정이 제공되었다. 집단은 특별 주제와 연구 영역에 대한 유사한 흥미를 공유하는 학생이나 읽기, 수학에서 우수한 수준의 학생으로 구성된다. 실험학교는 다양한 계획 지침에 따라 주의

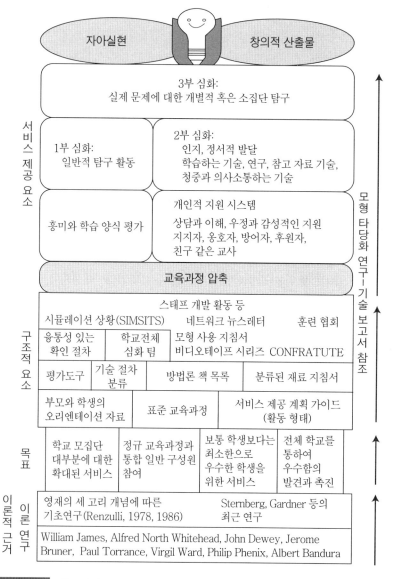

[그림 2-1] 학교전체 심화모형의 개관

깊은 기록과 함께 모형처치 적용과 관련된 연수교육에 참여하도록 하였다. 이러한 SEM의 지침서에 언급된 것같이, 모형의 구조와 형태를 제공하는 관리 도구의 역할을 하고, 처치에 일관성을 제공한다. 각 참여 학교는 이 실험

처치가 실시되는 학기 동안에 전 과정을 통해서 적용된 모든 구체적인 계획, 연수교육, 제공된 모든 서비스 활동에 대해 증명해야 한다.

연구 설계와 도구

연구의 첫째 부분은 위계적 중다회귀 분석을 통하여 학생과 교사의 태도 변화를 검증하는 것이었다. 학생 산출물에 대한 질적 분석은 실제로 3부 심화활동에서 기록된 수와 실제로 수행이 완성된 수를 비교하여 평균의 단순 계산을 통해 이루어졌다. 3부 심화학습에서 수행된 각 산물의 평균 순위는 분리된 두 명의 평가자의 개별적 순위에 따라 결정되었다. 집단 평균은 산출물 평가 도구 내용(아래에 기술된)에 따라 평균점수가 비교되었다. 평가자 간 내적 신뢰도 범위는 최소한 .75 수준은 유지되었다. 학생의 산출물에 대한 질적 평가는 「학생산출물 평가양식」(The Student Product Assessment Form, Reis, 1981)을 사용하여 이루어졌다. 이 도구는 다음과 같은 요인들의 존재 혹은 부재의 정도를 분석함으로써 산출물의 질적 수준을 조작적으로 정의한다.

1. 목적의 조기 진술
2. 문제에 초점 맞추기
3. 자원 수준
4. 자원의 다양성
5. 자원의 적절성
6. 논리, 순서, 전환
7. 활동 지향
8. 청중
9. 종합 평가
   A. 아이디어의 독창성
   B. 계획에 진술된 목표의 성취

영재를 위한 차별화 교육과정

C. 주제와 밀접한 연관성

D. 연령과 학년 수준 이상의 질적 수준

E. 세부적인 것에 대한 주의집중

F. 시간, 노력, 에너지

G. 독창적인 기여

도구의 신뢰도는 .96이고, 개별 문항에 대한 평가자 간 일치도는 86.4~ 100% 범위에 있다. 재검사 신뢰도($r = .96$)는 일 년 이상의 시간으로 설정되었는데, 이것은 독립적 평가자들이 두 평가 사이의 시간 동안에 학생의 산출물을 두 부분으로 나누어 평가하기 때문이었다.

SEM의 적용 과정을 검증하기 위하여 두 가지의 질적 분석 방법이 사용되었다. 인터뷰, 관찰, 기록으로부터 수집된 자료들은 자연사 연구방법론에 기초하여 중심 주제인 선택, 초점화, 간결화, 압축, 전환 등에 따라서 분류되었다. 두 번째로 이렇게 분류된 모든 중심 주제들은 영재교육 프로그램 개발 경험을 가진 연구자들이 분석하였다. 그 주제들은 프로그램 적용 과정에 포함되는 각 주제에 맞게 배열되었고, SEM 실행과 관련되어 검증되었다. 이러한 배열에 대해서 평가자 집단 95%의 동의가 있었다. 이러한 연구 과정은 연구자에게 수집된 자료뿐만 아니라 내용 전문가의 판단 모두에 근거하여 특수한 과정에 이러한 주제들을 배열하는 것에 대한 확신을 가능하게 하였다.

각 집단별로 개발된 네 종류의 면접지를 사용하여 학생, 교사, 교장 그리고 부모들을 통하여 질적 자료가 수집되었다. 이 면접지를 통해 검증된 요인들은 다음 장에서 논의될 것이다. 부가적으로, 심화활동 기록들은 실험학교 지역에서 무선 선정된 여섯 명의 교사가 기록하였고, 현장 기록은 관찰 과정의 한 부분으로 연구자가 기록하였다.[2]

---

2) 위에 언급된 작가로부터 사용 가능한 도구의 샘플 사본 요청

연구결과

학생의 창의적 산출물

이 연구의 주요한 측면은 실험학교에서 3부 심화학습(예, 실제 문제에 대한 개별적 혹은 소집단 활동)에서 나타난 학생의 창의적 산물을 질적으로 검증하는 데 집중되어 있다. 선행연구에서 영재 및 일반학생을 포함한 집단 비교를 통해 이 주제를 검증한 적이 있지만, 체계적으로 학교전체 심화모형을 실행한 학교에서는 그 효과가 검증된 적이 없었다.

각 실험학교에서는 3부 심화의 시도된 수와 실제 완성된 수에 대한 기록이 지속적으로 이루어졌다. 기록의 평균 계산은 삼부심화학습모형이 실행된 것으로부터 나타난 산출물의 평균수를 산출하였다. 왜냐하면 통제집단 학교는 산출물을 내는 학교전체 심화과정의 훈련을 받지 않았기 때문에 삼부심화학습모형의 창의적인 산물이 기대되지 않았기 때문이다. 〈표 2-1〉은 3부 심화에서의 시도된 연구와 완성된 수 간의 관련성을 제시하고 있다.

부가하여 완성된 삼부 심화 단계에서의 산출물 중에서 무선 표집된 20%는 학생 산출물 평가양식(The Student Product Assessment Form: SPAF, Renzulli & Reis, 1985a)을 이용하여 두 명의 객관적이고 독립적인 평가자들이 평가하기 위해서 제출되었다. 이러한 표본들은 실험처치 지역에 따라 유층화되고, 이를 통해 학교전체 심화모형이 처치된 각각의 학교는 이 표본을 통해 나타난 학생의 창의적 산출물의 비율이 정해진다.

평가를 위해 선정된 산출물 표본의 평균평정은 표본에 대한 각 평가자의 채점에 근거하여 계산되었다. 또한 평균평정은 평가자 간에 교차하여 계산되었다. 평가자 간 내적 신뢰도는 평가자 사이의 통계적으로 의미 있는 차이를 찾아내기 위해 사용된 재검사 신뢰도와 두 평가자 간의 일치 수준에서 계산되었다.

영재를 위한 차별화 교육과정

표 2-1 시도된 것 대 완성된 것

처치학교	3부 시도된 수	3부 완성된 수	퍼센트
1	16	12	75.00
2	33	26	78.79
3	25	22	88.00
4	61	43	70.49
5	25	19	76.00
6	24	17	70.83
7	34	24	70.59
8	28	17	60.71
9	24	16	66.67
10	27	20	74.08
수 =	297	216	
평균 =	29.70	21.60	73.12
표준편차 =	11.47	8.11	6.93

삼부심화학습모형이 적용된 10개의 학교에서는 영재 담당교사가 기록하였다. 삼부심화학습모형이 적용된 학교로부터 모아진 자료는 총 297개였다. 이 중에서 216개는 영재 담당교사와 학생이 완성한 것으로 간주되었다. 적용된 삼부심화학습모형 중 72.73%가 실제로 완성된 산출물로 결실을 나타냈다. 완성 비율은 이전의 삼부 심화연구(Reis, 1981)와 비교할 때 아주 높은 것이다. 각 실험처치학교에서 나타난 완성된 산출물 범위는 12~43이고, 평균은 21.6이다.

두 명의 독립적인 평가자들은 각 산출물을 평가하였다.[3] 삼부심화학습모형 평정의 결과를 이용한 내적 평가자 신뢰도는 .886으로 이 연구의 자료 수집과정에서 수립된 .75 규준을 훨씬 넘어서는 수준이다. 모든 삼부심화학습모형 산출물에 대한 두 평정자 간의 t검정 결과에서는 의미 있는 차이가 나타나지 않았다($p = .36$).

이러한 분석결과는 이전의 삼부심화학습모형 산출물에 대한 연구(Reis,

---

3) 위에 언급된 작가로부터 사용 가능한 자료 요청

1981)에 근거해서 보면, SEM이 처치된 학교의 학생이 개별적으로 그리고 소집단별로 많은 수의 산출물을 냈다는 것을 보여 주었다. 삼부심화학습모형 산출물의 질적 수준은 이전에 평균 이상의 능력과 창의성 그리고 과제집착력을 가진 학생의 산출물을 평가하는 데 사용된 SPAF를 실시하여 그 결과로 나타난 평균점수($M = 45$, $SD = 5.30$) 및 범위($0 \sim 80$)와 독립적인 평가자들의 점수를 비교함으로써 평가될 수 있다. 실험처치학교의 점수는 $48.25 \sim 65.01$ 사이에 분포되어 있다. 어떤 실험처치학교에 대해 평가자들이 평정한 가장 낮은 평균은 49.50이고, 삼부심화학습모형 산출물을 모두 평가한 평균은 53.21이다. 이런 결과들은 학생의 창의적 산출물이 이전에 시행된 SPAF에 근거한 평균 범위를 훨씬 능가한다는 것을 분명하게 보여 준다.

심화적용 단계

기술적 자료의 패턴을 확인하기 위한 질적인 연구기법은 심화적용 단계의 검토에 대한 반응에 따라 추진되었다. 이상적인 기술적 정보는 여러 가지 형태의 자료 원(data sources)으로부터 도출되어야만 그 결론이 받아들여질 수 있다. 이 연구절차는 단 한 가지의 자료 원에 근거를 두고 결론을 명확히 하는 긍정적인 대안을 제공한다. 학교 민족지학(Hirsch, 1981)을 위한 Dynneson-Bastian 모형은 기록, 관찰, 면접 등 다양한 형태의 결과에 대해서 삼각측량 비교분석을 사용하여 연구자들에게 세 개의 자료 원으로부터 나온 기술적인 자료의 수집과 분석에 대한 논리적 체계를 제공하였다. 이 연구절차는 부모, 교장, 교사, 학생에 대한 구체적인 면접 과정을 포함하고 있다. 면접을 보강하는 것은 교사의 활동 기록 재검토와 교사와 학생에 대한 관찰분석이었다. 면접, 관찰 그리고 범위에 초점을 둔 활동 기록 분석, 제공되는 서비스 구성 요소에 대한 적용의 본질, 문제들은 적용 과정(예, 학생과 교사가 요구한 시간, 사용 가능한 자원, 정규 프로그램과 특별 프로그램 교사 간의 협동)과 프로그램에 대한 일반적 태도 내에서 직면하게 되었다.

영재를 위한 차별화 교육과정

두 가지 분석 방법을 사용하여 원 자료(raw data)는 자연사 방법론의 귀납적, 연역적 방법론(Dobbert, 1984; Spradley, 1979, 1980)에 기초하여 중심 주제로 선택, 초점화, 간결화, 압축, 전환에 따라서 분류되었다. 사전·사후 면접, 관찰 자료는 내적 주제에 따라 분류되었다. 개별 주제들은 학교 리더로서의 교장, 학생의 창조적 산출물에 대한 격려자로서의 교사, 기본 기술을 기초한 압축 교육과정, 계발될 수 있는 영재행동, 학교 구성원 사이의 협동 작업, 부모와 지역사회, 그리고 창의적 산출물에서 학생 흥미의 중요성 등과 같은 복합적 주제의 형태로 결합된다. 이러한 절차가 한 번 이루어지면, 확인된 주제들은 SEM과 이에 대한 서비스 제공 요소에 정통한 4명의 전문가 집단이 검증한다. 전문가들은 학교전체 심화를 적용하는 과정과 관련된 주요 주제들의 특징과 일의 순서에 대해서 95% 정도 동의하였다. 교사, 학생 그리고 부모 면접 자료는 실험처치 전후에 각 범주에서 획득된 퍼센트 점수 비교하고, 반응을 기록하여서 나중에 검토되었다. 퍼센트 점수 간의 의미 있는 상관 수준을 보기 위하여 Garrett(1958)의 공식이 사용되었다. 이러한 절차로부터 나온 퍼센트 자료는 〈표 2-2, 2-3, 2-5〉에 제시되어 있다.

질적 분석결과

교사 면접지 문항들은 정규 교실 안에서 일어나는 활동의 본질과 그 안에서 학생이 결정한 주제를 탐구하기 위해 할당된 시간이 주어지는지에 집중되어 있다. SEM에서 기술된 심화의 개념에 근거해서 교사 면접 문항에는 교사가 연구 현장에 전문가로서 참여한 적이 있는지에 대한 것도 포함되어 있었다. 이러한 교사들의 참여는 전문성을 훈련받는 학생을 격려할 수 있다. 그래서 문항들은 이런 유형의 영재교육 절차가 좀 더 광범위한 학생 집단 안에서 영재의 출현을 촉진하는 수단으로써 실제로 정규 활동 안에 포함될 수 있을지에 맞추어져 있다.

사전·사후 교사 면접은 실험처치학교의 초등 전체 학년을 대표하는 25%

의 표본을 통하여 수행되었다. 이 교사 표본 집단은 모든 초등학년을 적절하게 대표하였고, 다양한 교사 경력(범위＝1~35년)을 가진 것으로 나타났다. 〈표 2-2〉는 심화 적용에 대한 12개의 중요한 개념에 관련된 교사의 변화된 지각과 이에 대한 통계적 차이를 나타내고 있다. 12개의 개념에서 매우 의미 있는 차이가 나타났다($p < .001$). 교사는 학생이 사전에 일상의 자습 과제를 완성할 필요 없이 교실에서 탐색 시간을 제공할 수 있었다고 보고하였다. 더욱이, 교사는 많은 교실들 사이에서 그들의 전문성을 공유하고, 자원 인사가 확보된 협동 작업의 중요성과 필요성에 대해 절실히 느끼기 시작하였다.

무선 표집된 120명의 학생에 대한 면접과 관찰은 10개의 실험학교에서 동등하게 각 12명씩의 학생을 대상으로 이루어졌다. 14개 문항으로 구성된 학생 면접 도구는 학생의 시각에서 본 학교 일과의 본질에 대한 내용인 흥미의 탐색을 위한 시간, 학교의 일과 내에서 어떻게 그런 수업 시간이 허용될

표 2-2 교사 면접: 사전-사후 비교($N=66$)

주 제	사전 %	사후 %	통계적 차이
교실 내에서 탐색활동을 제공할 수 있다	71	93.3	3.90*
학생은 탐색활동 전에 자습 과제를 완성하여야만 한다.	91.3	40.7	5.75*
영재교사는 교실 탐색활동을 촉진한다.	0	66.4	6.65*
탐색활동은 교육과정 압축이나 학습 센터를 통해 교실에서 이루어질 수 있다.	16	47	4.45*
더 많은 탐색활동을 위해서 학생에게 유일하게 제공할 수 있는 장소로 학교 도서관 이용	63.8	6	6.19*
영재 프로그램, 조력자, 그 외 자료들이 조화롭게 사용될 수 있는 자원으로 도서관 이용	0	94	9.55*
교실 내 심화학습을 위한 수단으로 지역사회 전문가 사용	31.9	88.7	6.19*
스스로 만들어진 자원 인사 계획	71.5	9.8	6.40
학년 수준과 교실 사이에 공유된 자원 인사	33.4	94.9	6.40*
영재교사를 통해 촉진된 자원 인사 계획	2.3	69.8	6.65*
영재교육에 대한 부정적 관점	84.6	18.8	6.65*
영재교육에 대한 긍정적 관점	15.4	81.2	6.65*

*$p < .001$

수 있는지의 시간, 심화활동에 대한 지식과 이것의 활용 가능성, 그리고 영재 프로그램에 대한 지식 등을 중점적으로 포함하고 있다. 교사와 마찬가지로 같은 학생에게 사전·사후 면접이 이루어졌다. 이 면접 결과는 〈표 2-3〉에 제시되어 있다. 사전, 사후 간에 의미 있는 차이를 보이는 문항은 14개 문항 중 13개였다($p < .001$). 실험처치 후에 학생은 정규수업을 제쳐 두고 흥미 영역에서 시간을 보낼 수 있고 교사의 지원과 함께 좀 더 많은 학교 시간을 가질 수 있었다고 말하였다. 일반학교 집단의 학생은 점점 그들이 영재교육에 포함되어 있다고 느끼고 있으며, 보다 적은 수의 학생들만이 영재교육은

표 2-3 학생 면접: 사전 – 사후 비교(N=120)

주 제	사전 %	사후 %	통계적 차이
일상의 학교 자료로부터 벗어나 학교 내에서 흥미로운 연구를 할 수 있는 시간을 가지는 것	39.2	84.2	7.38*
흥미 탐색 전에 일상의 자습 과제를 완성해야만 한다.	100	62.5	6.75*
교실 내에서 정규 수업시간 동안 흥미를 탐색할 수 있다.	44.2	57.3	3.95*
창의적 심화 시간의 수단으로 이해되는 교육과정의 압축	0	46	7.43*
최근에 흥미 있는 프로젝트를 하고 싶다.	78.3	50.8	5.80*
교사의 지지와 더불어 흥미 있는 프로젝트를 할 시간을 가질 수 있다.	8.4	94.2	10.16*
금년에 학교에서 이미 흥미 있는 프로젝트를 할 적절한 시간이 제공되었다.	0	71.6	9.30*
흥미 있는 분야의 영재교육이 포함되어 있다.	4.2	31.6	5.80*
교실 외에서 흥미 있는 작업을 하기 위한 적절한 시간을 가지고 있다.	33.3	84.2	7.83*
대부분 도서관에서 흥미 있는 분야에 대한 작업을 한다.	98.3	64.2	6.50*
영재 자료실을 통하여 흥미 분야의 작업을 한다.	3.6	36.7	6.30*
영재 프로그램에 대해서 들었다.	90.8	96.6	.85
영재 프로그램과 관계가 있다.	9.2	72.6	8.70*
영재 프로그램은 특별히 똑똑한 집단에 제한되어 있다고 생각한다.	89.6	14.8	9.49*

*$p < .001$

특수한 집단에 제한되어 있다고 생각하는 것으로 나타났다.

　10개의 실험학교에서 주요 면접지를 이용한 방법으로 교장에 대한 사전·사후면접이 이루어졌다. 연구결과, 교사와 학생과는 달리 교장은 지각에서 변화가 그리 두드러지지 않았다. 예를 들어, 많은 수의 교장은 영재교육에 대해 다음과 같은 관점을 갖고 있었다.

> "우리의 전체 학교 계획의 한 부분으로 영재뿐만 아니라 많은 학생이 이용 가능한 활동들은 중요하다… ."
> "전체 학교 수준의 상향화와 기본적 교육과정의 향상… 영재교육 발전은 각 학교에서 영재교육에 할당하는 시간과 영재교사의 특성에 달려 있다."
> "소수의 능력 있는 학생을 위한 프로그램부터 많은 학생을 포함해야 한다."
> "학교에서 보다 통합적인 부분이 되어 시작되어야 한다."

　비슷한 양상으로, 사후면접에서 나타난 학교전체 심화 프로그램에 대한 교장의 의견은 다음과 같다.

> "현재 많은 활동을 제공하고 있다. …매우 똑똑하고 동기화된 학생에게 그들의 관심 분야를 좀 더 심화시켜 나갈 수 있는 활동들을 제공하고 있다. …기초 수준을 넘어서려는 학생을 위한 활동을 제공하고, … 영재교육에 대한 긍정적 학교 풍토가 증가하면서 사실상 학교 내의 모든 학생의 자아개념은 향상되고 있다."
> "영재에게 제공하는 확장된 개념에 비해 느린 진행과… 영재교육에 대한 교사의 생각은 영재는 반드시 높은 성적을 가지지 않아도 된다는 것을 고려하면서 변화되어야 하고… 부모들은 영재교육을 선호하지만 느린 변화 속도에 실망한다."
> "학생이 성적과 학년에 상관없이 자신이 좋아하는 영역에서 질적으로 높은 수행이 가능하다는 것 때문에서라도 학교에서 느끼는 충격은 보다 클 것이다."

　SEM의 적용이 진행되는 1년 동안 교장의 확신은 좀 더 강해졌지만, 수업의 리더로서 학교 내에서의 교장의 역할은 면접 자료에서 분명하게 나타났

영재를 위한 차별화 교육과정

다. 교장은 학교전체 심화모형 적용을 추구하기 위하여 SEM 착수 초기에는 영재교육에 대한 긍정적인 관점을 표현했었다. 결과적으로 실험처치 프로젝트가 수행되기 시작함에 따라 교장은 자신의 그러한 관점들을 유지하는 것이 당연한 것이었다. 아마도 실험 기간 동안 교장의 관점이 부정적으로 변화되지 않았다는 사실이 가장 중요할 것이다. 〈표 2-4〉는 교장의 영재교육에 대한 사전·사후의 관점을 비교한 것이다.

또한 교장은 영재교사의 역할이나 심화에 관한 관점을 바꾸지 않았다. 전형적으로 이 집단에서는 '심화'를 '기본 교육과정을 넘어서는 뭔가 다르고 새로운 것' 또는 '학생의 관심 영역에 근거한 정규 교육과정을 넘어서는 창의성 확장'으로 설명하였다. 가을에서 봄까지의 면접에서, 이러한 정의들에 아주 적은 변화가 있었다. 가을의 사후면접 기간 동안에, 교장은 영재교사의 역할에 대하여 '프로젝트에 참여하기를 원하는 학생을 지원하며 학년 수준에 따라 기술적으로 수업을 진행하고 심화활동을 적용하는 한편, 그들을 돕기 위한 계획을 세움으로써 정규수업 교사에게 주요 자원으로서 활동하는 일' 또는 '교실을 모든 학생에게 보다 적절한 학습 공간으로 만들기 위해 노력하고, 심화활동을 원하는 학생의 요구를 충족시키는 것'으로 판단하고 있

표 2-4 교장 면접: 사전−사후 비교

주 제	사전 의견	사후 의견
영재 프로그램에 대한 관점	중요성, 많은 학생을 위한 활동들, 학교 내로 통합되기 시작	많은 학생에게 제공, 학생의 자아개념을 돕는다, 학교 프로그램의 주요 역할, 생각했던 것보다 더 통합되어 있음
심화에 대한 관점	기본 교육과정을 넘어 새롭고 다름, 기본 교수방법의 엄격함과 긴장으로부터 유쾌한 돌파	기초기능을 넘어 학생들의 관심에 근거한 창의성 확장, 학생이 관심을 갖는 것에 그들의 기초 기능을 적용할 수 있도록 기회 제공
영재교사의 역할	교수과정과 심화 수행을 계획하는 교실 내 중요자원으로서 교사의 역할	무엇인가 하기를 원하는 학생의 요구에 서비스를 제공하고, 모든 학생에게 좀 더 적합한 수업을 제공하기 위해 노력하는 교사에게 도움을 제공하는 것

었다. 사전·사후면접 동안 모든 교장은 영재교사는 학생을 격려하고, 활동을 계획하며, 자원을 공유하는 포럼으로서, 학교전체 심화 팀을 발전시키기 위하여 교실과 강력하게 연결되어 있어야 한다는 것을 강조하였다.

120명의 부모들 중에서 무선 표집된 10%의 부모에 대하여 사전, 사후 두 번에 걸쳐 면접이 이루어졌다. 12명의 부모는 10개 지역의 모든 부모들 중에서 무선 표집을 위하여 컴퓨터 프로그램으로 선정하였다. 세부적인 인구통계학적 정보에 대한 것은 무선 표집 과정에서 명확한 차이를 보이는 부모들에 대한 면접 가능성을 제거했다 하더라도, 가능하면 편견 없이 부모의 협조를 이끌어내기 위해서 의도적으로 인구통계학적 자료를 얻으려고 하지 않았다. 부모 면접지는 심화에 대한 이해, 영재교육에 대한 지식, 멘터와 인적 자원으로서와 교실에서 전문가로서의 자원 활동에 대한 내용들로 구성되어 있다. 〈표 2-5〉는 사전·사후면접에 대한 부모 반응의 의미 있는 변화를 제시하고 있다($p < .001$).

교사 기록들은 학교전체 심화의 적용 동안 정규 교실 내에서 이루어진 심화활동 유형에 대한 흥미 있는 자료를 제공했다. 이 기록들은 각 교사가 개인적으로 심화라고 확인하고 있는 활동의 특징을 추적하는 수단으로, 반구조화 형식을 사용하여 면접한 교사가 지속적으로 기록하였다. 기록 형식은 표에 있는 각 활동의 맥락 내에서 학생과 교사의 역할을 평가하도록 연구자가 승인한 것이다.

1986년 가을에서 1987년 5월까지, 교사가 열거한 심화활동 수는 SEM 적용의 초기(9~12월)에 극적으로 증가한 후 상대적으로 일정한 상태를 유지하고 있었으나, 교사와 학생의 역할은 크게 향상되었다. 초기 기록에서는 활동에서 교사가 중심이 되고 학생은 수동적인 경향이 있었으나, 그 이후 기록에서는 학생 중심의 능동적인 학생 활동이 나타나고 있었다. 학습 상황에서 적극적인 학생의 참여를 강조하는 SEM은 모든 실험학교에서 심화활동이 실제로 정규 교실의 프로그램 안으로 통합되고 있다는 점을 분명하게 제시하고 있다. 〈표 2-6〉은 매달 제공된 심화활동과 그 활동 내에서 학생과

영재를 위한 차별화 교육과정

표 2-5 부모 면접: 사전−사후 비교(N=120)

주 제	사전 %	사후 %	통계적 차이
심화는 교실 수준을 넘어서거나 똑똑한 학생을 위한 것이다.	95	55	6.93*
심화는 우리 학교의 모든 학생을 위한 활동들을 포함한다.	4.3	45	6.67*
나의 자녀는 정규 교실 내에서 심화학습을 위한 충분한 기회를 가진다.	19.2	81.6	8.70*
나의 자녀가 수업시간 동안 관심 분야를 연구할 수 있는 충분한 시간이 있다.	23.6	88.4	8.83*
영재 프로그램 혹은 그 프로그램의 의도를 전혀 이해하지 못한다.	52.5	29.2	5.25*
영재 프로그램은 어떤 학생에게만 매우 제한적인 것 같다.	34.2	26.6	3.10*
학교전체 심화모형에 대한 확장된 이해와 이것이 우리 자녀를 어떻게 도울 수 있는가.	13.3	44.2	6.10*
나의 자녀의 교실에는 특별한 자원 인사로 구성된 전문가를 포함하고 있다.	18.3	20.8	1.90
나의 전문성과 기술을 교실 내 학생과 공유하기 위해 자녀 교실을 방문하였다.	14.3	15	1.11

*$p < .001$

교사 역할의 특성을 제시하고 있다.

교사가 기록한 자료에 따르면, 심화활동은 각 실험학교의 기본 교육과정에는 보통 포함되지 않은 연구 영역과 정보에 대해 정통해져 가는 분명한 기회들을 학생에게 제공하는 것으로 나타났다. 기록된 활동 범위가 넓게 펼쳐져 있다 해도 기록에 나타난 몇 개의 예들은 교사가 자신의 프로그램 안으로 심화활동을 통합시켜 나가는 방식에 대한 실례들을 제시하고 있다.

한 실험학교의 1학년들은 새에 대한 교사의 이야기를 통해 조류학에 대해 잘 알게 되었다. 전문 분야에 대한 흥미를 증가시키기 위한 기회로써, 학생은 새의 사료 통을 만들고, 새들이 이 사료 통을 찾아오는 것을 관찰하면서, 결과적으로 새 기르기 실험에 대한 보고서를 작성하였다.

월	기록된 활동 숫자들	교사 중심 퍼센트	학생 중심 퍼센트
9	19	74	26
10	58	77	23
11	111	66	34
12	136	58	42
1	201	53	47
2	187	44	56
3	183	40	60
4	194	41	59
5	213	41	59
평균 =	144.67	54.89	45.11
표준편차 =	65.02	13.81	13.81

표 2-6 심화활동에 대한 교사 기록의 개요

이와 유사하게 또 다른 학교의 3학년 학생은 인디언 문화센터에서 연설자를 초대하여 미국 인디언 문화에 대한 강연을 들었다. 기본 교육과정에서는 인디언 평야에 대한 연구가 전부였지만, 인디언 문화 전문가의 강연은 인디언 연구 작업에 대한 학생의 흥미를 높이 불러일으켰다. 각 학생은 인디언과 관련된 특별한 흥미를 가지고 심층적인 연구를 하도록 격려되었다.

한 실험학교에서 초대된 강연자는 6학년 학생의 심화과정에 중요한 역할을 했다. 직업을 연구하고 있는 초대된 강연자들은 직업에 대한 그들의 지식을 공유하기 위해 방문하였다. 초대된 사람은 실제적 진로상담과 채용담당 전문가였다.

몇몇의 실험학교 교사가 학교전체 심화 모형을 적용하기 이전에 그들의 교실에서 몇 가지의 심화활동 수업을 진행하고 있는 것으로 나타났는데, 기록에서는 그러한 교사의 노력이 학생의 흥미를 촉진하는 것이라고 분명하게 제시하고 있다. 또한 기록에서는 교사가 심화활동을 통하여 학생의 적극적인 교실 참여를 증가시키려고 하였을 뿐만 아니라, 학생이 심화 주제 영역에서 연구를 지속시키기에 충분할 만큼 흥미를 갖도록 격려한다는 점에 대해 새로이 강조하고 있다는 증거들을 제시하였다.

논 의

본 연구결과에서 학교전체 심화 실험 참여로 학습에 대한 학생의 태도가 긍정적으로 향상되었다는 것이 나타났다. 연구에서 얻은 기술적 자료들은 학생이 다양한 학습기회를 갖게 되면서 점점 학교에 대해 긍정적이게 된다는 분명한 증거들을 제시하였다. 이것은 자신들이 참여하게 되면서 학교 과제의 특성을 결정하는 데 자신의 관심이 고려된다는 믿음 때문에 명확해졌다. 또한 연구결과에서는 실험 참여 후, 교사는 영재 전담 교사와 동료 교사와 빈번하게 계획을 공유하고, 영재교육에 대한 좀 더 긍정적인 관점을 발전시켜 나갔다는 것을 제시하였다. 아마도 더 중요한 것은 이러한 심화 실험에 참여한 결과가 수업에 대한 교사의 태도에 부정적인 작용을 하지는 않았다는 것이다. 학교 변화에 관한 연구들(Berman & McLaughlin, 1979; Fullan, 1982; Hord et al., 1987; Loucks, 1982; Louis & Kell, 1981; Sarason, 1982)은 교육의 광범위한 측면에 대해 교사의 태도 변화는 비교적 느리다는 것을 지적하였다. 이와 같은 교육의 광범위한 측면이란 직업으로써의 교직과 총체적 면에서의 학교를 모두 포함한다. 학교 변화에 대해 연구하는 동일한 일군의 연구자들은 교사가 새로운 교육과정, 교수방법과 직면할 때, 전형적으로 학교에서의 자신의 위치에 대해 부정적이게 된다는 의견을 제시하였다. 보통 이러한 부정적인 태도들은 새로운 교수방법이 학생에게 긍정적인 결과로 나타나기 시작하고 새로운 프로그램 적용에 대한 스트레스가 완화된 후 개선된다.

본 연구결과는 교사와 학생에게 다음과 같이 몇 가지 중요한 점을 제시하였다.

첫째, 학교에서 학교전체 심화가 적용됨에 따라, 학교 학습과정에 대한 학생의 태도는 긍정적으로 향상될 것이다. 대다수의 학교교육 비판에 대한 연구결과(National Commission on Excellence in Education, 1983)에 따르면,

그러한 학교에서는 불완전하게 준비된 졸업생을 거의 배출하지 않는다는 것으로, 본 연구결과에서도 이에 대한 가능성을 제시하고 있다. 본 연구는 학생의 학습에 대한 태도와 학생의 미래 성취와 직업 결정 간의 관계를 다루는 포괄적인 연구가 아니지만, 긍정적으로 향상된 학생의 태도는 학생의 학습에 양적 · 질적으로 영향을 줄 것이라는 논리적인 추론이 가능하다.

학생은 계속적으로 SEM에 대해 긍정적인 태도를 표현했다. 학생은 학교가 자신들의 개별적 요구에 정확하게 맞추어져서, 다른 곳에서는 경험할 수 없는 기회를 제공한다고 판단하였다. 아마도 더 크고 중요한 변화는 다음과 같이 학생들이 표현한 학교에 대한 태도 변화일 것이다.

1. 학교에서 개별적인 관심을 추구하는 것이 수용되고 격려된다는 일반적 느낌
2. 워크북을 수행하는 것이 다른 전통적인 교실에서는 과제로 끝나지만, 이 수업에서는 개인의 흥미를 토대로 한 주제 내에서 창의적 산출물과 훈련, 탐험을 위한 기회를 갖는 수단으로 지각된다는 것
3. 학교는 미래의 성공적인 성인이 되기 위해 필요한 기술을 획득하는 과정에서 좀 더 자신의 요구와 흥미를 조화시키려는 의지를 가지고 있다는 데 대한 신뢰

둘째, 학교전체 심화활동 체제의 적용은 교사의 수업에 대한 태도를 유지시키는 것 같다. 교사의 수업 태도에 영향을 주는 많은 변인들이 있지만, 본 실험연구의 결과를 보면 SEM 학교에서 가르치는 교사는 수업에 대해 열의가 식는 일이 더 이상 없을 것이라는 것이다. 학교 내에서 변화가 진행되면서, 이것은 더 이상 교사에게 색다르지 않으며, 특히 개편의 시작에서 적용 전에 계획하였던 것과 그 개편이 일치되지 않는다면 교사는 자신의 수업에 대해 열의를 덜 가지게 된다(Fullan, 1982). 그리고 교사의 실망감은 관리자로부터 그들에게 새로운 기대와 새로운 개편에 대한 압력이 주어졌을 때 갑

영재를 위한 차별화 교육과정

자기 나타난다. 본 연구에서는 SEM의 결과로 수업에 대한 교사의 태도가
덜 긍정적이 되었다는 어떠한 결과도 나타나지 않았다.

우수성은 우수성을 초래한다

전통적인 영재교육 활동이 제한된 수의 학생에게만 가능하도록 만들어
졌다는 생각을 가지고 있으면, 영재 프로그램 내의 우수성은 학교의 나머지
학생이 가진 우수성과는 상당히 분리되어 있다는 결론이 정당한 것으로 보
인다. 그러나 불행히도 분리라는 조건이 초래하는 부산물은 전체 학교 구성
원에 비해 작은 부분에 해당되는 영재에게 불균형적인 편애라는 생각 때문
에 영재교육에 지원하는 자원과 자금의 할당을 감축시키고, 일반교육에 관
여하는 많은 사람에게 영재교육에 대해 부정적인 태도를 가져오게 했다.

1962년 초 Ward는 효과적인 영재 프로그램은 전체 학교를 통하여 '우수
성의 발산'을 촉진하도록 도와야 할 것이라고 제안하였다(Ward, 1962). 그리
고 최근에 다수의 연구자들은 학교에서 더 많은 수의 학생에게 심화의 기회
를 제공할 수 있는 다양한 형태에 대해 제안하였다(Shore & Tsiamis, 1985;
Birch, 1984; Feldman, 1983; Renzulli, 1984). 연구들은 이러한 주장을 지지하
기 위한 방안으로 영재교육 공학을 좀 더 많은 집단에 확장시키려는 시도를
해 오고 있다(Reis, 1981; Delisle & Renzulli, 1982; Gubbins, 1982; Cooper,
1983). 본 연구에서는 이전에 많은 이론가와 연구자들(특히 Sternberg &
Davidson, 1986)이 추천하여 온 확장된 영재교육 개념과 이전의 연구결과들
을 좀 더 지지하는 연구결과를 확인할 수 있었다. 더 중요한 것은 본 연구가
영재교육공학이 교육적 우수성의 촉진과 전반적인 학교 진보에 작용할 수
있다는 역할을 명확하게 높여 놓았다는 것이다. 마지막으로 본 연구는 전통
적으로 영재교육과 일반교육 사이의 불화에 대한 해결책과 잠재력이 있는
학생에게 영재교육의 수업 기술을 적용한 활동 경험의 기회 제공에 기여했
다는 것이다.

📇 참고문헌

Berman, P., & McLaughlin, M. (1979). *An exploratory study of school district adaptations*. Santa Monica, CA: Rand Corporation.

Birch, J. W. (1984). Is any identification procedure necessary? *Gifted Child Quarterly, 28*(4), 157-161.

Bloom, B. S. (Ed.) (1985). *Developing talent in young people*. New York: Ballantine.

Cooper, C. R. (1983). *Administrators' attitudes towards gifted programs based on the Enrichment Triad/Revolving Door Identification Model: Case studies in decision-making*. Unpublished doctoral dissertation, The University of Connecticut.

Delisle, J. R., & Renzulli, J. S. (1982). The revolving door identification and programming model: Correlates of creative production. *Gifted Child Quarterly, 26*, 89-95.

Dobbert, M. L. (1984). *Ethnographic research: Theory and application for modern schools and societies*. Westport, CT: Praeger.

Feldman, D. H. (1983). Reconceptualizing excellence: Still a national priority. *Roeper Review, 6*(1), 2-4.

Fullan, M. (1982). *The meaning of educational change*. New York: Teachers College Press.

Gardner, H. (1983). *Frames of mind*. New York: Basic Books.

Garrett, H. E. (1958). *Statistics in psychology and education (5th Edition)*. New York: David McKay, Inc.

Gubbins, E. J. (1982). *Revolving door identification model: Characteristics of talent pool students*. Unpublished doctoral dissertation, The University of Connecticut.

Hirsch, L. T. (1981). *The learning place: An ethnographic study of an elementary school principal*. Unpublished doctoral dissertation, The University of Connecticut.

영재를 위한 차별화 교육과정

Hord, S. M., Rutherford, W. L., Huling-Austin, L., & Hall, G. E. (1987). *Taking charge of change*. Alexandria, VA: Association for Supervision and Curriculum Development.

Loucks, S. F. (1982). *People, practices, and policies: Discoveries from school improvement research*. Paper presented at tne joint annual meetiong of the Pennsylvania and New Jersey Educational Research Associations, Philadelphia.

Louis. K. S., & Kell, D. (1981). *The human factor in knowledge use: Field agent roles in education*. Cambridge, MA: ABT Associates.

National Commission on Excellence in Education. (1983). *A nation at risk: The imperative for educational reform*. Washington, DC: National Science Foundation.

Reis, S. M. (1981). *An analysis of the productivity of gifted students participating in programs using the revolving door identification model*. Unpublished doctoral dissertation, The University of Connecticut.

Reis, S. M., & Renzulli, J. S. (1982). Case for a broadened conception of giftedness. *Phi Delta Kappan, 63*(9), 619-620.

Renzulli, J. S. (1977) *The enrichment triad model: A guide for developing defensible programs for the gifted*. Mansfild Center, CT: Creative Learning Press.

Renzulli, J. S. (1984). Technical report on research studies relating to the Revolving Door Identification Model. Bureau of Educational Research, The University of Connecticut.

Renzulli, J. S., & Reis, S. M. (1985). *The schoolwide enrichment model: A Comprehensive plan for educational excellence*. Mansfield Center, CT: Creative Learning Press.

Renzulli, J. S., & Reis, S. M. (1985a). *Student product assessment form* (rev.). Mansfield Center, CT: Creative Learning Press.

Sarason, S. (1982). *The culture of the school and the problem of change* (2nd ed.). Boston: Allyn and Bacon.

Shore, B. M., & Tsiamis, A. (1985). Identification by provision: Limited field test of a radical alternative for identifying gifted students. In H. Collis (Chair), *Identification and guidance/counseling of highly gifted children*. Symposium conducted at the 6th World Conference on Gifted and Talented Children, Hamburg, West Germany.

Spradley, J. P. (1979). *The ethnographic interview*. New York: Holt, Rinehart and Winston.

Spradley, J. P. (1980). *Participant observation*. New York: Holt, Rinehart and Winston.

SPSS, Inc. (1986). *SPSS-X user's guide* (2nd ed.). New York: McGraw Hill.

Sternberg, R. J. (1982). Lies we live by: Misapplication of tests in identifying the gifted. *Gigted Child Quarterly, 26* (4), 157-161.

Sternberg, R. J., & Davidson, J. (1986). *Conceptions of giftedness*. New York: Cambridge University Press.

Ward, V. (1962). *The gifted student: A manual for program development*. A Report of the Southern Regional Project for Education of the Gifted.

영재를 위한 교육과정 수정에 관한 교사역량 계발 효과[1]

Sally M. Reis, Karen L. Westberg(The National Research Center
on the Gifted and Talented The University of Connecticut)

이 연구에서는 초등학교 교사에게 교육과정 압축 기법을 훈련시키는 세 수준의 교사역량 계발 훈련을 실시하였다. 전국의 20개 학군에서 무선 선정된 교사들이 세 가지 수준의 교사계발 프로그램을 받는 세 처치집단 중 한 곳에 각각 배치되었다. 교육과정 압축(교사가 사전에 완수한 교육과정을 제거하고 그 대신 더욱 도전적인 대안을 사용하는 것을 가능하도록 한 절차)에 대한 훈련을 받은 후, 교사는 자신이 선정한 능력이 높은 학생을 위하여 교과 내용의 42%와 54%를 제거할 수 있었다. 집중 훈련을 받은 처치집단 3의 교사는 가장 높은 비율의 압축 형태를 완수하였다. 이 연구에 참여한 교사의 대다수는 능력이 높은 학생을 위한 교육과정 수정 작업에 몰두하였으며, Guskey(1986)의 교사 변화 과정의 모형을 보강하였다.

코네티컷 대학의 국립영재연구소는 1990~1991학년도에 초등학교 교사가 정규 학급에서 영재에게 적합한 정규 교육과정을 수정하도록 설계된 기

---

1) 편저자 주: Reis, S. M., & Westberg, K. L. (1994). The impact of staff development on teachers' ability to modify curriculum for gifted and talented students. *Gifted Child Quarterly, 38*(3), 127-135. ⓒ 1994 National Association for Gifted Children. 필자 승인 후 재인쇄.

법을 적용할 수 있는 세 가지 수준의 교사 훈련에 대한 효과를 시험하는 연구를 수행하였다. 전국의 20개 학군에서 지역별로 교사가 무선 선정되었으며, 이들은 세 가지 다른 수준의 교사 훈련 집단에 배치되었다. 교사는 교사 훈련을 받은 후 학문적 성취가 뛰어나다고 스스로 선정한 학생에게 교육과정 압축 기법을 적용하였다.

문제의 진술

조사연구는 두 가지 다른 형태의 지식을 이용하였다. 첫 번째는 정규 교육과정 자료의 수준에 도전하는 것을 다루는 것이며, 두 번째는 영재를 위한 수업과 교육과정을 수정하는 교사의 의지와 능력을 포함한다.

많은 교육자는 영재학생이 당면하는 가장 큰 문제가 정규교실에서 해야 하는 교실활동이 도전감을 주지 못한다는 점이라는 것에 대해 논박할 것이다. 단, 교실수업에 들어갈 때 영재들에게 배당된 과제가 너무 쉽다는 것을 인식할 필요가 있다. 연구 문헌들도 이 점을 지지하고 있다. 예를 들어, 교육산출물정보교류연구소(Educational Products Information Exchanging Institute; 1980-1981)에서 수행한 연구에 따르면, 비영리 교육소비자기관은 학군 내에서 공부하는 4학년 학생의 60%가 학기가 시작되기도 전인 9월에 수학교과서 내용에 대한 시험에서 80% 이상의 점수를 획득했음을 보고하였다. 유사한 결과가 4학년과 10학년의 과학과목 시험과 10학년의 사회과목 시험에서도 보고되었다.

좀 더 최근 연구에서는 평균에 속하는 독자와 평균 이상의 독자들에 대해 다루고 있다. Taylor와 Frye(1988)는 평균과 평균 이상에 속하는 5학년과 6학년 학생의 78~88%가 초보 독자이지만 수업을 받기 이전에 이미 기초 이해 기술에 대한 사전검사를 통과할 수 있었다고 밝혔다. 평균 수준의 학생은 약 92%가 정확하였으며, 더 나은 학생은 이해 기술 사전검사에서 93%의

이 연구는 교육과정 압축이라고 불리는 수업 실제(teaching practice)의 적용에 따른 다양한 결과로 교사계발의 다양한 형태가 초래되는지를 확인하는 데 목적이 있다. 또한 이 연구에서는 훈련을 받은 다음에 이 수업을 실제 이용하는 교사의 태도를 조사한다. 집중 교사계발 훈련(연수 교육에 대한 비디오 촬영, 책, 시뮬레이션, 동료 코칭 등)을 받은 교사는 가장 높게 평가된 압축 형태를 완수하였으며, 다양한 형태의 지속적인 교사계발을 통해 여러 가지의 산출물을 낼 수 있다고 지적하였다.

교사 변화에 관한 Guskey의 모형(1986)은 교사의 교실수업에서의 변화, 학생의 학습결과에서의 변화, 그리고 교사의 신념과 태도에서의 변화 등 교사계발을 통해 나타날 수 있는 세 가지 결과를 지적하였다. 더 나아가 Guskey는 이러한 수업을 지속적으로 적용한다면 학생의 학습 결과를 향상시킬 수 있게 된다고 믿었다. 이 연구의 결과는 Guskey의 모형과 일치하며, 교사는 학생에게 적용한 교육과정의 압축 과정에 대한 긍정적인 결과를 관찰함으로써 향후 이와 같은 수업을 교실수업 실제에 적용하는 것에 대해 좀 더 긍정적이 되었음을 지적하였다.

이 연구에서는 다양한 수업 실제를 효과적으로 교수하는 것, Joyce와 Showers(1987)가 제안한 동료 코칭 형태를 포함한 지속적인 교사계발 등이 필요하다고 지적하였다. 더욱이 교사가 개편에 따른 학습자의 긍정적인 이익을 인식한다면 그들 수업을 바꾸게 될 경향이 더 커질 것이라고 제시하였다. 이러한 학생의 학습 결과에서의 긍정적인 변화는 교사의 신념과 수업에 활용하는 문제에 관한 태도에 영향을 미친다.

수행을 나타내었다. 그런데 불행히도 추수연구에서는 많은 교사가 학생이 읽기 기술을 이미 완수했는지를 확인하기 위한 사전검사를 하지 않았음이 드러났다. 사실, 지역 초등학교 행정관으로부터 검사 이용에 대해 권고를 받았음에도 불구하고 연구대상인 2개 학교의 교사 31명 중 단 1명의 교사만이 사전검사를 계속 이용하였다.

Michael Kirst는 이와 관련된 문제로, 지난 10~15년에 걸쳐 교과서가 난이도에서 2개 학년 정도의 수준이 낮아졌다는 점에 관해 논박하였다. Kirst

(1982)는 다음과 같은 점을 보고하였다.

> 캘리포니아 주 사람들은 주 전체에 교과서 목록을 선정하는 데 상위 1/3의 학생에게 도전감을 줄 수 있는 여지를 2개 정도 남겨 두고 지정하려는 노력을 하지만, 그렇게 책을 제공하는 출판사가 없다. 단, 1960년대 후반(최근에 여자와 소수 민족의 부정확한 기술로 받아들여지지 않고 있음)에 나온 교과서들을 재발행하거나 3~5년 정도의 프로젝트로 새로운 것을 쓰도록 제안할 수 있었다(p. 7).

전 교육부 장관이었던 벨(Terrel Bell)은 1984년 2월에 실시한 미국 학교 행정위원회의 연설에서 교과서 출판사뿐만 아니라 교과서채택위원회의 정책과 절차에 대해 비판하였다. 벨은 『위기의 국가(A Nation at Risk)』를 인용하면서 읽기 쉽다는 점에 지나치게 관심을 두다 보면 교과서의 교육적 수준을 떨어뜨리는 결과를 초래한다고 강조하였다(Farr & Tulley, 1985). 세인트 올라프(St. Olaf) 대학의 수학과 Lynn Arthur Steen 교수는 수학에서의 도전감 부족과 관련된 문제를 다음과 같이 적절히 요약하였다. "법적으로는 그렇지 않다고 해도 실제로는 수학 교육에 국가 교육과정이 있다. 이는 거의 불변적인 나선형의 반경을 따르는 것이고, 새로운 학습은 극히 일부분만 포함시킨 채 과거의 교육과정을 매년 반복하는 것에 불과한 '미성취' 교육과정이다." (1989, p. 45) 사회 과목 교육과정과 교과서에 대해서도 이와 유사한 진술이 있다. 예를 들면, Tyson-Bernstein과 Woodward(1989)는 "초등학교 사회과목 교과서의 진부한 내용은 시작부터 아동들의 흥미를 떨어뜨리게 만든다. 어린 아동들은 이미 알고 있는 사실에 대해 토론하는 것에 지루해한다." (p. 16) 라고 하였다.

교과서 출판사가 이런 변화를 보이고, 학습을 강화하기 위한 교육과정 접근으로 반복이 형성되면서 많은 영재학생은 학교에서 아는 내용을 읽거나 기술을 반복적으로 연습하면서 시간을 낭비하게 된다. 이것이 영재를 위한 기본 교재의 사용에 대하여 많은 학교 구성원들이 표현한 불만족을 상세히 기록한 것이다. Kulik과 Kulik(1984), Slavin(1984, 1986), Slavin, Karweit 그리고 Madden(1989)이 수행한 연구에서 학생은 집단으로나 개별적으로나 수업을 할 때 빠른 속도로 기술과 개념을 학습하게 된다고 지적하였음에도 불구하고, 교사는 여전히 전체 집단(whole group) 수업을 활용하고 있다 (Cuban, 1982; Goodlad, 1983, 1984).

국립영재연구소에서 수행된 최근 연구에 따르면, 정규학급에서 영재에게 제공된 수업과 교육과정 실제는 일반학생에게 제공된 것과 거의 동일하다는 점이 지적되었다. 전국적으로 7,000개의 3, 4학년 학급에 걸쳐 실시된 조사결과에 따르면, 교사는 교실에서 영재학생의 요구를 극히 미비한 정도만 반영하여 수정하는 것으로 나타났다(Archambault et al., 1993). 또한 그 조사에서 공립학교 교사의 60.8%와 사립학교 교사의 53.3%가 영재를 가르치는 것에 관한 훈련을 전혀 받지 않았다고 보고하였다. 이러한 결과는 46개의 4~5학년 교실 관찰을 통해 영재학생은 그들이 연관된 수업활동 중에 84%가 차별화된 경험을 받는 것이 아니라고 지적한 연구결과를 통해서 확증된다(Westberg, Archambault, Dobyns, & Slavin, 1993).

영재에게 적합한 정규 교육과정을 수정하기 위한 교사계발 계획

연구에서 지적된 내용에 따르면, 교과서의 도전 수준은 하향 조정되고 교사는 종종 전체 학급을 대상으로 하는 수업기법을 사용하기 때문에 정규학급에서 영재들의 요구에 부응하려면 교육과정 수정이 필요하다. 이러한 목표를 달성할 수 있도록 설계된 기법의 하나가 교육과정 압축이다(Renzulli, Smith, & Reis, 1982). 교육과정 압축은 지난 15년에 걸쳐 개발된 것으로, 현장 검증된 영재를 위한 전체 교육 프로그램의 한 부분이다(Renzulli, 1977; Renzulli & Reis, 1985). 그러나 이것은 영재를 위한 어떤 교육과정의 한 부분으로도 사용될 수 있으며, 이는 영재를 위해 교육과정 수정의 방법으로 모형을 설계하는 다른 여러 명의 개발자들이 언급하기도 하였다(Betts, 1986; Clifford, Runions, & Smythe, 1986; Feldhusen & Kolloff, 1986; Treffinger,

1986). Tannenbaum은 포개어 단축한다는 의미의 telescoping과 관련된 과정을 주장하였는데, 여기에서 학생은 "그들이 이미 아는 것이거나 재빨리 습득할 수 있는 지루한 내용에 대한 수고를 절약하여 최소한의 시간 내에 기본적인 것은 완수하도록 하였다."(1986, p. 409)라고 말하였다. 또한 VanTassel-Baska는 이와 유사한 수업을 '내용의 압축(1985, p. 51)'이라고 명명하였다.

교육과정 압축은 정규 교육과정에서 영재학생이 이미 완수했거나, 능력 범위에서 완수할 수 있는 활동을 제거함으로써 영재학생의 요구에 부응하기 위해 채택하도록 설계된 체계다. 연구에서는 이 체계를 이용함으로써 절약된 시간에 더욱 적합한 심화나 속진 활동을 학생에게 제공하여 이용할 수 있도록 한다는 점을 지적하고 있다(Imbeau, 1991; Reed, 1987). 교육과정 압축에는 세 가지의 중요한 목적이 있다. a) 좀 더 도전적인 학습환경을 창안하는 것, b) 기초 교육과정에서의 효율성을 보장하는 것, c) 좀 더 적절한 심화나 속진 활동을 하기 위해 '시간 벌기'를 하는 것이다. 교육과정 압축 절차를 적용하는 교사는 이 서비스에 대한 필요성을 증명하는 학생 개인에게나 집단에게 '압축기(The Compactor)'(Renzulli & Smith, 1978)라는 양식을 완수한다. 이 압축기 양식은 [그림 3-1]에 제시되어 있는데, 압축을 위해 고려해야 할 교육과정 영역, 기초 자료를 압축하기 위한 절차, 그리고 심화 혹은 속진 활동 등 세 가지 형태의 정보가 문서화되어 있다.

공학은 교사로 하여금 영재를 위한 교육과정을 압축하는 것을 가능하게 하지만 모든 도움을 줄 수는 없다(Imbeau, 1991; Renzulli et al., 1982; Starko, 1986). 일부 교사는 시간 부족, 학생을 적절히 집단 분류하는 것의 불가능, 교실에서 이용할 속진과 심화용 자료 부족, 영재를 다루기 위한 훈련 부족, 그리고 행정적 지원과 교육청의 정책 부족 등을 이유로 들고 있다. 그 외 다른 교사는 영재학생이 이미 그들이 완수한 활동을 하는 것에 대해 양해해야 한다고 믿지 않았다. 이러한 것은 이미 1970년대와 80년대에 경험하였던 것으로, 기초로 돌아가고, 숙달에 초점을 두고, 행정적 압력으로 초래된 성취

영재를 위한 차별화 교육과정

검사들 때문에 교사는 이미 결정된 과제에 대해 더 많은 시간을 보내게 되었다. 이러한 일은 영재를 다루기 위한 예비 훈련이 잘 준비되지 않았거나, 영리한 학생의 경우는 숙달이 명확하게 증명되었음에도 불구하고 이미 숙달된 기술을 건너뛰지 못하게 하는 간부 교사가 초래하였다.

효과적인 교사계발에 관한 최근 연구에서 밝혀낸 새로운 접근에서는 전통적이거나 단 한 번 만나는 활동으로는 교실에서 수업 실제를 변화시키기에 충분하지 않다는 점을 지적하였다(Guskey, 1986; Joyce & Showers, 1982, 1983; Knowle, 1978; Kolb, 1976; Showers, Joyce, & Bennett, 1987). Joyce와 Showers(1983)는 그들이 연구한 교사 중의 단지 5%만이 지원 없이도 새로운 전략을 통합시키는 것이 가능하다는 사실을 발견하였다. Sparks(1986)는 동료 코칭은 수업 실제를 변화시키는 데 효과적이라는 사실을 밝혔다. Guskey와 Sparks(1991)는 조직 환경이 혁신의 적용에 중요한 영향을 미친다고 믿으며, "지원과 신뢰, 공유된 의사결정과 책임감의 격려, 그리고 지속적인 지원의 제공 등을 길러 주는 맥락에서는 지속적으로 성공적인 향상을 위한 노력이 나타난다."(p. 74)라고 진술하였다.

교사의 수업 실제에서의 향상과 관련된 이슈를 주장하면서, Guskey(1986)는 교사계발 노력은 교사의 신념과 태도의 영향을 받지 않으며, 오히려 태도와 노력은 교사가 새로운 실제를 적용하는 것과 학생의 학습 결과에서의 변화를 관찰하는 것을 통해서 초래된다고 제안하였다. 교사 변화의 과정에 대한 Guskey의 모형은 교사계발 노력에 대해 교사의 수업 실제, 학생의 학습 결과, 교사의 신념과 태도라는 세 가지 주요 결과가 있음을 제안하였다. 이 결과들의 순서는 교사계발 프로그램이 교사의 태도와 신념에 먼저 영향을 준다는 일반적인 신념과 대조적이며, 이것은 학생의 학습 결과에서의 새로운 수업의 영향을 관찰하기 위하여 새로운 교육에 대한 교사의 수행에 영향을 미쳤다. Guskey는 수업 실제보다도 교사가 '학생이 바람직한 학습 결과를 달성하도록 도울 수 있다는 점에서 유용하며, 그리고 일반적으로 학생의 학습 결과에서 긍정적인 향상의 증거가 나타나고 대부분 교사의 태도와 신

이름: Liza   나이: 10세   교사: 개별 회의 날짜와
IEP 계획에 개별적으로 참여

학교: 학년: 5학년   부모:

압축을 위해 고려할 영역	기본 자료의 압축을 위한 절차	속진과 심화활동
평가 기간에 수행되어야 할 기초 자료에 관한 간략한 기술과 평가 정보, 혹은 압축을 위한 요구 제시에 대한 증거 제공	기초 교육과정 영역에서 효율성을 증명하는 데 사용될 수 있는 활동 기술	정규 교육과정의 각 영역에 진보된 수준의 학습경험을 활용할 수 있는 활동 기술
영어: 형용사 단원(확인, 적절한 형용사, 형용사 비교) 명사 단원(적절, 보통, 형용사 복수형, 확인) 대문자 단원	모든 영역에서의 교사 제작 검사(a, an, the)와 소유형용사에 대한 개별 검사 활동	한 달에 한 번씩 학교신문 출판 시작 Liza는 학교신문에서 지리학과 여행 부분을 편집하고 매달 컬럼을 씀
수학: 분수 단원(덧셈, 뺄셈, 곱셈, 나눗셈)	교사 제작 검사 Macmillan 수학 5의 단원 7 검사 실시 수학 교육과정 사후검사	다른 영역에서 완수하게 되면, 다중 활동과 분류로 옮길 수 있다. 속진
철자 쓰기: 단어 – 어린이용 교재 개별적 철자 – 한 주간, 다음 주 – Harper/Row 기초 철자 5를 이용하여 교사와 직접 활동	철자쓰기 자료집의 최고 수준 매일의 활동 쓰기 규칙에 대한 지식을 확인할 수 있는 교사 제작 검사	학교신문 – 독립적 연구 프로젝트
사회: 미국 지리학 – New England 지리와 역사	지리, 산출물, 식민지 역사 등에 관한 기초 이해를 나타내는 교사 제작 검사	New England 역사와 지리에 대해 활동할 수 있는 개별 프로젝트

[그림 3-1] 개별 교육 프로그래밍 안내

념에서 의미 있는 변화가 나타나게 되는' 것이 발견됨으로써 수업 실제를 지속하게 되는 것을 믿었다(1986, p. 7).

교사계발에 관한 현재의 연구는 성공적으로 개편을 적용하기 위해서 다음과 같은 네 가지 주요 개념이 요구된다고 제시한다. 적용 국면에서의 코

영재를 위한 차별화 교육과정

칭(Joyce & Showers, 1983, 1987), 교사 태도와 신념에 대한 주의(Guskey, 1986), 새로운 수업이 목표 청중에게 제시되는 방법(Guskey, 1986; Knowles, 1978), 그리고 특수학습자의 특별한 요구에 대한 재인식(Knowles, 1978) 등이다. 이 연구에서 사용된 다양한 훈련 방법은 교사에게 다양한 수준의 교사계발을 제공함으로써 이러한 개념들을 탐구하였다.

연구방법과 절차

본 연구에서는 영재를 위한 교육과정 수정 기법 중 교육과정 압축을 정규수업에서 사용하기 위해 교사가 훈련 세션에 참여한 것의 효과를 조사하였다. 세 가지 분리된 처치집단은 교육과정 수정을 위한 교사 훈련을 위하여 가장 효율적이면서도 효과적인 방법을 조사하기 위해 활용되었다. 실험집단의 교사는 [그림 3-2]에 제시된 것과 같은 교육과정 압축을 위한 다양한 수준의 지원을 제공받았다. 처치 1을 받은 교사는 압축과정에 관한 2개의 수업 비디오테이프를 받았으며, 절차에 관한 책과 이와 관련된 논문을 받았다. 그리고 처치 2의 교사는 처치 1의 교사가 받은 모든 것과 함께 지역 영재교사 및 컨설턴트가 진행한 집단 압축 시뮬레이션을 약 2시간 동안 받았다. 시뮬레이션은 Starko(1986)가 개발한 것으로 처치집단 2와 같은 절차의 훈련을 받은 처치집단 3에게도 표준 근거가 되었으며, 지역 컨설턴트에 부가하여 처치 3의 교사는 학기 중에 약 6~10시간의 동료 코칭 경험에 참여하였다.

교사는 10월과 11월 초에 비디오테이프와 압축에 관한 책자를 통한 첫째 수준의 처치를 제공받았다. 그 후 교사는 명확하게 교육과정 압축을 적용할 수 있도록 2~6학년 교실에서 1~3명의 학생을 선정하라는 요구를 받았다. 대부분의 경우에 이 집단 학생은 학교나 지역 영재 프로그램에 참여하였다. 그러나 이 실험에 참여하는 학군의 몇몇 지역은 전 학년의 어느 학생에게도

처치 1:
비디오테이프(1시간용) 2개 – 어떻게 압축 교육과정을 사용하는지를 설명
책 1권(130페이지) – 교육과정 압축을 어떻게 적용하는지에 대한 설명 정보, 포함
관련 논문/ 사례

처치 2:
비디오테이프(1시간용) 2개 – 어떻게 압축 교육과정을 사용하는지를 설명
책 1권(130페이지) – 교육과정 압축을 어떻게 적용하는지에 대한 설명, 정보 포함
관련 논문/ 사례
집단 압축 시뮬레이션과 지역 영재교육 컨설턴트가 수행한 수업 실제

처치 3:
비디오테이프(1시간용) 2개 – 어떻게 압축 교육과정을 사용하는지를 설명
책 1권(130페이지) – 교육과정 압축을 어떻게 적용하는지에 대한 설명 정보 포함
관련 논문/ 사례
집단 압축 시뮬레이션과 지역 영재교육 컨설턴트가 수행한 수업 실제
지역 컨설턴트 서비스와 동료 코칭 경험

[그림 3-2] 세 가지 처치 집단에 사용되는 자료 기술

영재 프로그램이 제공되지 않았다. 이러한 상황에서는 교사가 가장 능력 있는 학생을 선정하였으며, 지역 연구 관계자는 학생의 진보된 능력을 증명하였다.

처치의 효과가 이 연구의 연구문제에 따라 제시되었다. 제기된 연구문제와 결과에는 다음과 같은 사항이 포함되었다.

1. 교사는 어느 영역에서, 그리고 어느 정도로 수업 실제와 정규학급에서 공부하는 영재학생의 요구에 부응할 수 있도록 정규 교육과정 자료를 수정하는가?
2. 처치 집단 간에, 그리고 향후 압축 교육과정을 사용할지에 관한 교사의 결정 간에는 의미 있는 차이가 있는가?
3. 교사가 완수한 압축기 형식의 질에 관하여 처치집단 간에는 의미 있는 차이가 있는가?

연구대상 선정 절차

본 연구를 위하여 국립영재연구소(NRC/GT)에서는 미국 전역에 걸친 협조 학군 중에서 20개 학군과 약 300명의 교사를 선정하였다. 이 연구에 참여하기 위하여 다음과 같은 준거에 합치되는 지역을 선정하였다. (1) 교사에게 교육과정 압축에 관한 사전 훈련이 제공되지 않았어야 한다. (2) 지역은 처치집단에 무선 배정된다는 점을 수용해야 한다.

각 지역에서는 초등학교 학생 모집단을 선정할 때, 경제적 수준이 낮고 영어 사용에 한계가 있으며, 장애가 있는 학생을 포함하려는 노력을 하였다. 이 연구에 참여한 지역들은 미국의 전국에 광범위하게 분포되어 있는데, 와이오밍(Wyoming)에 있는 작은 시골 학교부터 캘리포니아(California)에 있는 라틴 아메리카 학생의 마그넷 학교(magnet school)에 이르기까지의 범위가 포함되었다.

연구 도구

이 연구에서는 학생에게 제공되는 압축 서비스에 대한 문서 작업을 하기 위하여 교사가 활용하는 교육과정 압축 양식의 사용에 부가하여, 교사가 도입하는 압축 절차를 평가하기 위한 두 가지의 부가적인 도구를 개발하였다. 이 연구를 위하여 첫째로 교실수업 질문지(Classroom Practices Questionnaire; Reis et al., 1993)를 개발하였는데, 학생에게 압축 서비스를 제공할 때 교사가 사용하는 교실 실제와 절차를 확인하기 위한 것이다. 이는 압축을 위해 선정된 내용 영역, 제거된 교육과정의 비율과 앞으로 압축과정을 계속 사용할지의 여부 등에 관한 세 가지 개방형 질문이 포함된 자기보고식 도구다. 이와 같은 세 가지 질문에 대한 반응은 연구결과에 보고되었다.

본 연구에서 개발한 두 번째 도구는 교육과정 압축기 평가양식(Reis, 1991)인데, 이는 교사의 교육과정의 압축과정 적용에 대한 효과성을 평가하기 위한 것이다. 다음의 절차는 도구의 신뢰성을 측정하기 위하여 사용된 절차다. 첫째, 완수된 압축기의 평가를 위하여 9개 문항의 체크리스트가 개발되었다. 체크리스트의 9개 문항은 교육과정 압축 전문가(Renzulli et al., 1982; Starko, 1986)가 제안한 압축기 양식의 질적 요인을 반영하였다. 압축과정에 대한 전문적인 경험이 있는 4명의 연구진들은 5개의 완수된 압축기 양식을 독자적으로 평가하기 위하여 이 체크리스트를 사용하였다. 문항들은 0~10점까지 점수화되었으며, 불참(0), 참여(1)를 표명하였다. 5개 양식에 대한 체크리스트를 완성한 후에 연구진들은 척도의 신뢰도를 높이기 위해 그들이 한 평가에 대해 논의하였다. 그리고 최후에 본 연구에 마지막으로 참여한 교사가 완수한 압축기 양식 모두를 평가한 두 명의 연구진이 11개의 압축기 양식을 평가하였다. 이와 같은 척도에서의 평균 내적 합치도는 90.36%였다. 11개 압축기의 평가에 대해 논의한 후, 각 압축기의 총점을 11번째 마지막 문항에 표시하도록 체크리스트에 포함시켰다. 최종 압축기 평가양식은 [그림 3-3]에 제시하였다.

연구결과

전술한 세 가지 연구문제를 밝히기 위하여 기술적, 비모수적, 모수적 통계 절차가 사용되었다. 이러한 분석결과는 다음과 같다.

교육과정을 완성한 지역과 비율

연구문제 1을 확인하기 위하여, 교실 실제 질문지의 두 가지 질문, 즉 압축을 위해 선정된 내용 영역과 처치에 참여한 모든 교사가 제거한 교육과정의 비율을 표로 만들었다. 교육과정에 대한 수정은 수학과 언어 영역에서 자주 이루어졌으며, 저자(Reis, Burns, & Renzulli, 1992)가 확인한 두 가지 영역에서의 압축 절차가 가장 일반적으로 사용되었다. 대다수의 교사는 각 학생에 대하여 한 가지 내용 영역에서 교육과정을 압축하였는데, 어떤 학생에

영재를 위한 차별화 교육과정

압축기의 컬럼   등급
컬럼 1:
   1. 학생에게 명확하게 드러나는 교육과정에서의 강점 영역(예, 언어, 수   _____
     학)이 있는가?
   2. 학생의 강점 영역의 사전검사나 일반 평가가 제공되었는가?(언어 사   _____
     전검사나 성취검사 정보)

컬럼 2:
   3. 제거하거나 수정이 필요한 구체적인 내용 영역이 있는가?   _____
   4. 효율성의 증거를 제공할 수 있는 평가기술의 다양한 형태(예, 다양한   _____
     수준의 검사)가 문서화되어 있는가?

컬럼 3:
   5. 학생을 위한 대안적 활동이 제시되어 있는가?   _____
   6. 대안적 심화활동, 즉 정규 교육과정 연습의 확대가 아닌 활동에 기초   _____
     한 활동들이 있는가?
   7. 제안된 대안적 활동들이 학생의 흥미에 따라 제공되는가?(예, 독자적   _____
     인 연구 선택, 대안적 읽을거리의 구체적인 형태)

컬럼 1-2-3:
   8. 다양한 정보는 학생의 교육과정에서의 강점, 유용성의 증거, 그리고   _____
     더욱 적절한 심화 및/혹은 속진의 대치 등에 근거하여 채택되는가? 달
     리 말해서, 압축기의 컬럼 1-2-3 간의 연관성이 있는가?
   9. 교사는 주의를 기울여 상세하게 이 양식을 완수하며, 압축기의 양식   _____
     은 교사가 소요하는 시간을 적절히 반영하는가?
  10. 완수된 압축기 양식은 전반적으로 교육과정 압축과정에서 기대된 질   _____
     적 수준을 반영하는가?

   총점 (0점에서 10점까지 가능) 등급   _____

[그림 3-3] 교육과정 압축기 평가양식

대해서는 한 가지 이상의 영역에서 압축을 사용하기도 하였다. 253명의 학
생이 수학에서 압축과정을 받았으며, 164명의 학생이 언어에서 압축과정을
받았고, 169명의 학생이 철자 쓰기에서, 31명의 학생이 사회 과목에서, 그리
고 20명의 학생이 과학에서 압축과정을 받았다.

   또한 교사는 판별된 학생을 위하여 제거된 각 주제 영역에서 정규 교육과
정 자료의 비율을 측정하기 위한 질문지에 응답하여야 했다. 교사가 보고한
모든 주제 영역에 걸쳐 제거된 교육과정의 평균 비율은 집단 1의 학생에서

는 45%, 집단 2의 학생에서는 42%, 그리고 집단 3의 학생에서는 54%를 제거한 것으로 나타났다. 교사가 교육과정을 제거한 정도에서 세 집단 간에 차이가 있는지를 확인하기 위해 실시된 일원분산분석(ANOVA) 결과에 따르면, 세 집단 간에 유의미한 차이가 나타났다($F = 6.54$, $df = 2/333$, $p < .01$). 사후검증으로 실시한 Scheffé 검증에 따르면 집단 3이 집단 1 및 집단 2와 유의미한 차이가 있음이 드러났다($p < .05$).

향후 압축 사용에 관한 의도

연구문제 2를 확인하기 위하여, 교실 실제 질문지의 마지막 문항인 개방형 질문에 대한 응답이 부호화되었다. 이 문항은 만일 교사가 향후 교육과정 압축을 지속적으로 사용할 것인지, 그리고 왜 이러한 결정을 하게 되었는지에 관한 질문이다. 세 처치 집단 모두에게 실시한 이 질문에 대한 반응은 '긍정적, 부정적, 불확실'이라는 세 가지 범주로 구분되어 응답하도록 구성되었다. 교사는 내년에도 교육과정 압축을 다시 사용하겠다는 데 가장 높은 비율로 응답을 하였으며, 일부는 그들이 교육과정 압축을 사용할 때 지원을 받지 못할까 염려하거나 추가적인 교실 자료의 제공에 관심을 나타내었다. 처치 집단과 향후 압축의 사용에 대한 반응 간의 연관성을 조사하기 위하여 2×3 분할표를 구성하였다. 각 집단 내에 이러한 반응의 빈도와 비율은 〈표 3-1〉에 요약하여 제시하였다. 그리고 카이스퀘어(x^2) 검증을 통해서 집단 차이를 검증한 결과에 따르면, 집단과 향후 압축 사용 간의 관련성이 낮은 것으로 나타났으며, 이는 .05알파 수준에서 유의하지 않았다.

〈표 3-1〉에 제시된 것과 같이, 교실 실제 질문지의 이러한 문항에 대해 반응한 모든 교사의 2/3 이상이 향후 교육과정 압축 절차를 지속적으로 이용하겠다고 반응하였으며, 대부분의 교사가 이 절차를 사용하는 과정에서의 경험에 관해 긍정적인 내용을 기술하였다. 각 집단에서 한 대표적인 의견은 다음과 같다.

영재를 위한 차별화 교육과정

표 3-1 향후 교육과정 압축의 사용에 관한 교사 반응

| 집 단 | 반 응 | | | | | | 총점 |
| | 긍정 | | 부정 | | 불확실 | | |
	빈도	%	빈도	%	빈도	%	반응
처치 1	63	77.8	1	1.2	17	21	81
처치 2	62	72.1	5	5.8	19	22.1	86
처치 3	56	66.7	8	9.5	20	23.8	84
총점	181	72.1	14	5.6	56	22.3	251

$x^2 = 5.949(2)$는 .05알파 수준에서 의미 없음

처치집단 1 교사 : 네, 나는 그들이 이미 아는 자료를 수행하는 것보다 시간을 더 잘 보내고 있다고 느껴요. 그들이 교실에서 프로젝트를 공유하고 보고할 때 다른 학생의 학습경험도 심화되었어요.

처치집단 2 교사 : 네, 나는 이 방법을 계속 사용할 거예요. 왜냐하면 이미 자신의 학년 수준에 해당하는 과제에 대해서 알고 있는 학생을 어떻게 다룰지에 대해 아주 의미 있는 전략을 알려 주었기 때문이죠. 한편 이는 능력 있는 학생이 몰두하기 원하는 독자적인 학습에 흥미를 기울일 수 있게 해 주죠. 능력이 있는 학생은 이러한 접근을 그만두길 원치 않아요. 이것이 모든 학생이 자기 교실에서 도전감을 유지할 수 있게 하는 전략이에요. 나는 내년에 수학에서 이 방법을 사용할 것이며, 가능하면 모든 영역에 사용하고 싶어요.

처치집단 3 교사 : 확실해요! 이것은 정말 놀라운 교수방법이에요! 나는 압축 프로그램에 참여한 학생이 능동적이고 독자적인 학습자가 되는 경험을 할 기회가 되었다고 느껴요. 그들은 제한된 교과서와 외부에서 지원되는 자료만 가지고서가 아니라, 스스로의 활동을 통해서 학습하는 경험을 가지게 되었죠. 그렇게 활동적인 학습과정을 지켜보는 것은 놀라운 일이에요! 올해 내 교실에는 전류가 흐르는 것 같아요. 이제 나는 이 프로그램에 친숙해졌고, 내년에 다시 이 프로그램을 실시하기를 기대합니다.

압축기 양식의 질

　연구문제 3을 확인하기 위하여, 교사의 교육과정 압축기 양식에 대해 반응한 특성에 대해 세 집단 간 차이가 있는지가 검증되었다. 총 428개의 압축기가 세 처치 집단의 교사로부터 수집되었다. 대부분은 한 학생에 대하여 압축기가 완성되지만, 어떤 압축기는 한 명 이상에 대해 완수된 경우도 있었다. 각기 완수된 압축기는 교육과정 압축평가 규준에 따라 두 명의 평정자가 평가하였다. 각 지역의 압축기 양식에 대한 평균 평정은 〈표 3-2〉에 제시하였다. 표에서 살펴볼 수 있듯이 압축기 양식의 평균 평정은 성공적인 처치집단이 더 높았다. 처치집단 1의 경우에 양식의 평균 평가는 6.3이며 처치집단 2는 6.6이고 처치집단 3은 7.1이다. 일원분산분석 결과에 따르면, 세 처치집단 간에 압축기 양식 평정에서 유의미한 차이가 나타나지 않았다 ($F(2, 427) = 2.06, p < .13$).

논　의

내용의 제거

　1937년 초기에 뉴욕에서 영재어린이를 위한 학교를 설립, 운영했던 Leta Hollingworth는, 영재학생은 정규 학교에서 실시하는 활동에 전통적으로 소요하는 시간의 단지 절반만이 필요하다고 하였다. 그런데 50여 년이 더 지난 지금에도 학교에 있는 대부분의 능력 있는 학생을 위해서 아직까지도 유사한 상황이 존재한다는 것은 분명하다. 이 연구에서 살펴볼 수 있었던 것은 교육과정 압축과정을 11월까지도 시작하지 않았으며, 학생을 판별하고 난 이후에 첫 번째 수준의 교사계발 과정이 수행되었다는 점이다. 이에 따라 많은 교사는 그들이 9월에 이 과정을 시작할 수 있었다면 제거된 교육과정의 비율이 더 높았을 것이라고 하였다. 이와 같이 우수한 학생을 위해

영재를 위한 차별화 교육과정

표 3-2 압축기 평가결과

지 역	학생 수	평정자 1의 평가	평정자 2의 평가	평정자 3의 평가
처치집단 1				
RI	16	5.5	5.4	5.5
MI	25	7.0	7.0	7.0
AR	34	6.0	7.0	6.5
VA	14	6.4	6.6	6.5
CA	7	4.7	4.7	4.7
CT	27	7.5	7.9	7.7
	123	6.2	6.3	6.3
처치집단 2				
IA	34	6.8	6.7	6.8
CT	12	6.4	6.6	6.5
NH	18	6.9	7.0	6.9
LA	35	7.1	7.7	7.4
MN	4	5.0	5.3	5.1
CT	9	5.9	6.2	6.1
CT	18	7.2	7.4	7.3
	130	6.5	6.7	6.6
처치집단 3				
UT	52	7.2	7.4	7.3
MT	25	7.2	7.7	7.5
MS	56	6.2	6.8	6.5
MN	12	7.8	8.0	7.9
NY	7	6.0	5.6	5.8
WY	7	7.7	8.0	7.9
OK	16	6.6	6.9	6.8
	175	7.0	7.2	7.1

제거할 수 있는 내용이 엄청나게 많다는 것은 능력 있는 학생이 이미 아는 내용을 공부하느라 학교에서 그만큼 많은 시간을 소비했음을 제시하는 것이다. 이 연구에서는 수학 과목이 세 집단 각각의 교사가 가장 빈번하게 압축하는 내용 영역이었다. 그 다음으로 빈번하게 압축되는 주제 영역은 언어 교과로, 이 영역에서는 철자 쓰기를 통합하지 않았는데, 철자 쓰기는 세 번

째 순위의 압축되는 주제 영역이었다.

수학에 관한 결과는 교과서에서 난이도가 낮아지고 반복이 잦다는 점을 발견한 Usiskin(1987)과 Flanders(1987)가 수행한 최근 연구를 지지한다. Flanders(1987)는 매년 얼마나 새로운 내용이 제시되고 있는지를 확인하기 위하여 세 가지로 구분된 일련의 수학 교과서를 조사하였다. 그의 첫 번째 발견점은 8학년 동안 매년 상당히 지속적으로 새로운 내용의 양이 줄어들고 있는데, 학생을 가르치는 새로운 자료는 1/3 이하인 것으로 나타났다는 것이다. 전반적으로 2~5학년은 약 40~65%가 새로운 내용이었으며, 학생들은 한 주에 2~3일 정도 새로운 자료를 접할 수 있었다. Flanders는 어떤 책은 새로운 내용의 대부분이 책의 후반부에 제시되었음을 발견하였다. 7~8학년의 경우가 새로운 내용 제시 비율이 가장 낮았으며, 책의 전반부에서는 내용의 28%만이 새로운 자료를 이용한 것이었다. Flanders의 연구에 따르면, 교과서에서 수학적 내용이 대부분 이전의 주제를 반복하고 있는 것으로 제시되었다. Flanders는 다음과 같이 진술하였다.

> 연구결과에 따르면, 학생은 학년 초 학습에 대한 욕구가 강할 무렵에 이미 본 적이 있는 내용을 반복하게 된다. 그리고 그들이 이제 지루해졌을 때인 책의 후반부에서 새로운 자료를 접하게 된다(1987, p. 22).

그는 "왜 훌륭한 학생이 지루함을 느껴야 하는지, 그들이 왜 매년 같은 내용을 반복해야만 하는지 의문이다."(1987, p. 23)라고 서술하였다.

Usiskin(1987)은 교과서에서 난이도가 낮아지기만 한 것이 아니라 학습을 촉진시키기 위한 반복이 많은 비율로 통합되었다고 하였다. Usiskin은 전형적으로 7, 8학년 수학 교과서에는 새로운 내용이 단지 25%밖에 포함되어 있지 않기 때문에 평균 8학년 학생조차 대수를 공부해야 한다는 점에 대해 논박하였다. 또한 저학년에서 배우는 내용을 복습하는 데 많은 시간을 보내는 현재와 같은 수업은 오히려 역효과라는 점을 지적하였다.

영재를 위한 차별화 교육과정

자료에 대해 잘 모르는 학생에게 복습은 단순히 그들이 모르는 부분을 반복하는 것이다. 우리는 일부 학생이 모르는 것과 그들에게 일부 제공되는 것이 무엇인지를 알아내었다. 그것은 이해를 위해 나선형식으로 올라가는 나선형 접근이 아니라 같은 장소에서 돌면서 제자리로 돌아오는 원형 접근에 불과하다(1987, p. 432).

아주 많은 내용이 제거될 수 있기 때문에 우리는 교과서와 자료들이 영재학생의 요구에 대해 도전적인 형태로 제공되지 않았다는 것을 가정해야 한다. 따라서 이는 또한 많은 우수한 학생이 학창시절에 이미 그들이 숙달하였고, 대안적 수업 자료들과 수업 기법이 사용된 자료의 복습에 많은 시간을 보냈다고 결론지을 수 있다.

향후 압축 사용에 관한 의도

본 연구에서는 교사의 대다수가 앞으로 교육과정 압축을 계속해서 사용하겠다고 지적했으나, 미국 전역의 교사가 영재를 위해 적절한 도전 수준을 맞추기 위해서 수정하지는 않을 것이 명백하다(Archambault et al., 1993; Westberg et al., 1993). 능력별 집단화를 시키는 대개의 양상을 제거하려는 미국에서의 현재 움직임(Oakes & Lipton, 1992)과 함께 장애가 있는 학생을 정규교실에 통합하여 수업을 하고자 하여, 교사는 다양한 특성의 학생이 가진 요구가 더 증가하게 되므로 이에 부합하는 수업 수정에 대한 기술이 더 필요해졌다. 연구에서는 교육과정 압축에서 가장 어려운 과제가 제거된 것을 적절하게 도전적인 내용과 활동으로 대치하는 것이라고 하였다(Reis & Purcell, 1993). 이 연구에 참여한 많은 대다수의 교사들은 자신들이 선정한 대상 학생을 위하여 교육과정 압축을 적용할 수 있었지만, 다음과 같은 점에서는 좌절을 느꼈다고 보고하였다. 즉, 능력이 높은 학생을 위해 무엇을 대치해야 하는지에 관한 전문성 부족, 개인차가 있는 학생에게 알맞은 계획을 세울 만한 시간의 부족, 다양한 집단의 학생에게 다양한 주제를 선정하는 데 필요한 교수법의 논리 문제, 대치된 활동(읽기와 상세한 수학, 영재 프로그램 등)을 적용하는 데 필요한 스태프의 지원, 그리고 그 외에 교실수업을 운영하는 것과 관련된 여러 문제들을 지적하였다. 교육과정 압축이 정규교실에서 능력이 높은 학생들의 요구에 부합되는 적절한 과정으로 보일지라도 거기에는 시간, 노력 그리고 교사의 다양한 측면에서의 계획이 필요한 것이다.

이 교육과정 압축에 관한 연구에 참여한 교사에 대해서, 실제 교실에서 그들이 교육과정 압축을 지속적으로 사용하는지의 여부를 확인하기 위하여 추수연구가 실시될 것이다. 가정해 보면 많은 요소들이 이러한 결정에 관련되며, 행정적 지원과 격려, 그리고 정규 교육과정에 대치될 수 있는 자료와 자원이 가능해야 하고 교사 자체가 압축을 지속시켜야 한다. 통계적으로 유의미한 숫자는 아니었지만, 각 처치집단에서 확신을 가지지 못하거나 향후 지속적으로 교육과정 압축을 사용하는 문제에 대해서 부정적인 반응을 보인 교사가 있었다는 사실에도 주목해야 한다. 교사가 압축과정에 대해서 좀 더 배워야 하고, 교육과정을 어떻게 압축시킬지에 대해서 각자 연구를 해야 하며, 압축을 효과적으로 적용할 수 있다는 성공 가능성을 믿고 주저하지 않아야 한다. 향후 교육과정 압축을 사용하는 문제에 대해서 긍정적 반응을 보인 많은 교사들을 이러한 과정이 교실에서 능력 있는 학생의 요구들을 다루는 데 유용하게 사용될 것이라는 격려의 징조로 볼 수도 있을 것이다.

교실에서 대상 학생을 위해 교육과정 압축을 적용시키는 문제에 부가하여, 이 연구에 참여한 상당수의 교사는 이러한 서비스를 영재 프로그램에 참여하지 않았거나 영재로 판별되지 않은 다른 학생에게도 확대시킬 가능성이 있다는 점에 대하여 일화 기록에서 보고하였다. 이러한 결과는 사전에 연구자들(Renzulli & Reis, 1991)이 제시한 것과 같이, 고능력 학생을 위해 마련한 기술들을 더 광범위한 집단에게 확대시켜 적용하는 것의 유용성을 암시할 수 있다. 교육과정 압축과정은 숙달된 학생이나 또래들에 비해 진도를 달리해서 정규 교육과정을 숙달시킬 가능성이 있는 모든 학생에게 제공될 수 있다고 권유되었다(Reis et al., 1992; Renzulli et al., 1982).

영재를 위한 차별화 교육과정

압축과정에 미치는 교사 훈련 영향

집단 3의 교사는 집단 1과 2의 교사가 수행한 결과에 비하여 현저하게 좋은 압축기 양식을 구성하였다. 또한 Reis와 Purcell(1993)은 대상 학생을 위하여 더 많은 대치 전략과 다양한 선택을 이용하였다는 점을 발견하였다. 이는 Joyce와 Showers(1982, 1983)의 연구와 Guskey(1986, 1990)의 연구결과를 지지하는 결과이기도 하다. 특히, 집단 3의 교사에게는 Joyce와 Showers(1983)가 제시한 것과 같은 동료 코칭을 포함하여 교사 능력 계발 기회가 제공되었다. Guskey(1986)의 모형은 교사의 수업이 변화되고 학생이 이미 숙달한 과제는 제거하고 좀 더 적절하게 도전적인 자료로 대치하는 것에 대해 긍정적인 반응을 보이는 등의 발전이 있었기 때문에 이 연구에 통찰을 제공한다. 결국 이는 교사의 신념과 태도에 영향을 미친 것이다. 교사 개발 프로그램은 동료 코칭을 통해 훈련의 수준을 향상시키는 것을 포함하여 각 집단에게 제공되었다. 일화 기록과 교실수업 질문지에 대한 응답 결과에서, 교사는 압축에서 이점을 갖는다는 것을 관찰했다는 것과 그들이 그 절차를 적용하는 데 더 몰두하게 되었음을 지적하였다. 이는 수업 실제가 지속되었다는 Guskey의 연구결과를 더 확신하게 만들었다.

> 수업 실제에서 어떤 변화를 인내할 수 있는 주요 요소는 교사가 학생의 학습에서의 성취를 확인할 수 있는 관점에서 나타나는 검증된 결과다. 성공적인 활동은 그들이 성공하지 못하고 있을지라도 반복하게 되는 경향이 있으며, 성공에 대해 확실한 증거가 없을 경우가 되면 일반적으로 그러한 활동들을 피하게 된다(Guskey, 1986, p. 7).

만약 학급 크기가 크고, 동일 교실에 다양한 능력의 학생이 포함되고, 교실에서의 특별한 요구 등과 같이 상당한 장애가 존재한다면, 교육과정 압축을 수업에 적용하여 확대시키기 위하여 교사는 얼마나 많은 시간과 노력을 소비해야 할 것인지에 대해서 알아봐야 할 과제가 남아 있다. 그러나 이 연구에서는 교사의 긍정적인 반응과 적절한 내용의 제거, 그것을 다양한 활동과 내용으로 대치시키는 그들의 능력 때문에 교사 개발에서 교육과정의 수정이 필요하며, 이러한 서비스로 이점을 얻을 수 있는 학생을 위해 교육과정을 수정하여 그들의 능력의 향상에 미치는 영향에 대해 낙관적인 관점을 제공하고 있다.

참고문헌

Archambault, F. X. Jr., Westberg, K. L., Brown, S., Hallmark, B. W., Zhang, W., & Emmons, C. (1993). Regular classroom practices with gifted students: Findings from the classroom practices survey. *Journal for the Education of the Gifted, 16*, 103-119.

Betts, G. T. (1986). The autonomous learner model. In J. S. Renzulli (Ed.), *Systems and models for developing programs for the gifted and talented* (pp. 27-56). Mansfield Center, CT: Creative Learning Press.

Clifford, J. A., Runions, T., & Smythe, E. (1986). The learning enrichment service (LES): A participatory model for gifed adolescents. In J. S. Renzulli (Ed.), *Systems and models for developing programs for the gifted and talented* (pp. 92-125). Mansfield Center, CT: Creative Learning Press.

Cuban, L. (1982). *How teachers taught: Constancy and change in American classrooms, 1890-1980.* New York: Longman.

Educational Products Information Exchange Institute (EPIE). (1980-1981). *Educational research and development report, 3*(4).

Farr, R., & Tulley, M. (1985). Do adoption committees perpetuate mediocre textbooks? *Phi Delta Kappan, 66*, 467-471.

Feldhusen, J. F., & Kolloff, M. B. (1986). The Purdue three-stage enrichment model for gifted education at the elementary level. In J. S. Renzulli (Ed.), *Systems and models for developing programs for the gifted and*

영재를 위한 차별화 교육과정

talented (pp. 126-152). Mansfield Center, CT: Creative Learning Press.

Flanders, J. R. (1987). How much of the content in mathematics textbooks is new? *Arithmetic Teacher, 35,* 18-23.

Goodlad, J. (1983). A study of schooling: Some findings and hypotheses. *Phi Delta Kappan, 64,* 465-470.

Goodlad, J. (1984). *A place called school: Prospects for the future.* New York: McGraw Hill.

Good, T. L., & Brophy, J. E. (1987). *Looking in classrooms* (4th ed.). New York: Harper & Row.

Guskey, T. R. (1986). Staff development and the process of teacher change. *Educational Researcher, 15,* 5-12.

Guskey, T. R. (1990). Integrating innovations. *Educational Leadership, 47*(5), 11-15.

Guskey, T. R., & Sparks, D. (1991). What to consider when evaluating staff development. *Educational Leadership, 49*(3), 73-76.

Imbeau, M. B. (1991). *Teacher attitudes toward curriculum compacting: A comparison of different inservice strategies.* Unpublished doctoral dissertation. The University of Connecticut, Storrs.

Joyce, B., & Showers, B. (1982). The coaching of teaching. *Educational Leadership, 40*(1), 4-10.

Joyce, B., & Showers, B. (1983). *Power in staff development through research in training.* Alexandria, VA: Association for Supervision and Curriculum Development.

Joyce, B., & Showers, B. (1987). *Student achievement through staff development.* New York: Longman.

Kirst, M. W. (1982). How to improve schools without spending more money. *Phi Delta Kappan, 64,* 6-8.

Knowles, M. S. (1978). *The adult learner: A neglected species.* Houston, TX: Gulf Publishing.

Kolb, D. A. (1976). *Experiential learning: Experience as the source of learning and development,* Englewood Cliffs, NJ: Prentice Hall.

Kulik, J. A., & Kulik, C. L. (1984). Synthesis of research on effects of accelerated instruction. *Educational Leadership, 42*(2), 84-90.

Oakes, J., & Lipton, M. (1992). Detracking schools: Early lessons from the field. *Phi Delta Kappan, 73,* 448-454.

Reed, S. E. (1987). *Effects of curriculum compacting on student attitudes in reading.* Unpublished specialist's thesis. College of St. Thomas. St. Paul, MN.

Reis, S, M., Burns, D. E., & Renzulli, J. S. (1992). *Curriculum compacting: The complete guide to modifying the regular curriculum for high-ability students.* Mansfield Center, CT: Creative Learning Press.

Reis, S, M., & Purcell, J. H. (1993). An analysis of content elimination and strategies used by elementary classroom teachers and the curriculum compacting process. *Journal for the Education of the Gifted, 16,* 147-170.

Reis, S, M., Westberg, K. L., Kulikowich, J., Caillard, F., Hébert, T., Purcell, J. H., Rogers, J., Smist, J., & Plucker, J. (1993), *Why not let high-ability students start school in Janury?* Technical report on the curriculum compacting study. Storrs. CT: The National Research Center on the Gifter on the Gifted and Talented.

Renzulli, J. S. (1977). *The enrichment triad model: A guide for developing defensible programs for the gifted and talented.* Mansfild Center, CT: Creative Learning Press.

Renzulli, J. S., & Reis, S. M. (1985). *The schoolwide enrichment model A comprehensive plan for educational excellence.* Mansfield Center, CT: Creative Learning Press.

Renzulli, J. S., & Reis, S. M. (1991). The reform movement and the quiet crisis in gifted education. *Gifted Child Quarterly, 35,* 26-35.

Renzulli, J. S., & Smith, L. H. (1978). *The compactor.* Mansfiele Center, CT: Creative Learning Press.

Renzulli, J. S., Smith, L. H., & Reis, S. M. (1982). Curriculum compacting: An essential strategy for working with gifted students, *The Elementary School Journal, 82*(3), 185-194.

Showers, B. Joyce, B., & Bennett, B. (1987). Synthesis of research on staff development: A framework for future study and a state-of-the-art

영재를 위한 차별화 교육과정

analysis. *Educational Leadership, 45*(1), 77-87.

Slavin, R, E. (1984). Meta-analysis in educationL How has it been used? *Educational Researcher, 13*(8), 24-27.

Slavin, R, E. (1986). Best-evidence synthesis: An altrnative to meta-analytic and traditional reviews. *Educational Researcher, 15*(9), 5-11.

Slavin, R, E., Karweit, N. L., & Madden, N. A. (1989). *Effective programs for students at risk.* Needham Heights, MA: Allyn and Bacon.

Sparks, G. M. (1986). The effectiveness of alternative training activities in changing teacher practices. *American Educational Research Journal, 23*, 217-225.

Starko, A. J. (1986). *It is about time: Inservice strategies for curriculum comopcting.* Mansfield Center, CT: Creative Learning Press.

Steen. L. A. (1989). *Everybody counts: A report to the nation on the future of mathematics education.* Washington, DC: National Academy Press.

Tannenbaum, A. J. (1986). The enrichment matrix model. In J. S. Renzulli (Ed.), *Systems and models for developing programs for the gifted and talented* (pp. 126-152). Mansfield Center, CT: Creative Learning Press.

Taylor, B. M., & Frye, B. J. (1988). Pretesting: Minimizing time spent on skill work of intermediated readers. *The Reading Teacher, 47*(2). 100-103.

Treffinger, D. J. (1986). Fostering effective, independent learning through individualized programming. In J. S. Renzulli (Ed.), *Systems and models for developing prgrams for the gifted and talented* (pp. 429-460). Mansfield Center, CT: Creative Learning Press.

Tyson-Bernstein, H., & Woodward, A. (1989). Nineteenth-century policies for 21st-century practice: The textbook reform dilemma. *Educational Policy, 3*(2), 95-106.

Usiskin, Z. (1987). Why elementary algebra can, should, and must be an eighth-grade course for average students. *Mathemation Teacher, 80*, 428-438.

VanTassel-Baska, J. (1985). Appropriate curriculum for the gifted. In J. Feldhusen (Ed.), *Toward excellence in gifed education* (pp. 175-189). Denver, CO: Love.

Westberg, K. L., Archambault, F. X., Dobyns, S. M., & Salvin, T. J. (1993). An observational study of classroom practices used with third-and fourth-grade students. *Journal for the Education of the Gifted, 16*, 120-146.

영재를 위한 차별화 교육과정

영재를 위한 성공적인 교실수업에 대한 다면적 사례연구[1]

Karen L. Westberg
Francis X. Archambault, Jr.
(University of Connecticut)

본 다면적 사례연구는 영재학생의 요구에 부합되는 차별화 수업을 적용하는 것으로 유명한 10개 초등학교의 교실수업을 기술하기 위하여 수행되었다. 연구자들은 그 학교의 교사들이 학생의 서로 다른 학문적 요구에 맞는 고급 수준의 프로젝트 기회를 제공하거나 융통성 있는 집단 활동을 도입하고 있다는 것을 발견하였다. 어떤 지역의 교사는 영재에게 학문적 도전감을 주기 위해서 지역의 교육과정 전문가 혹은 같은 학년 교사와 함께 협동 작업을 하였다. 또 어떤 학교에서는 학교장의 리더십이 교사의 수업 실행에 강력한 영향을 주는 것으로 나타났다. 이러한 학교에서 나타난 주제들은 다음과 같다. (a) 교사의 향상된 지식과 훈련, (b) 교사의 변화 수용에 대한 준비와 자발성, (c) 협력 작업, (d) 차별화 교육과정에 대한 교사의 신념과 전략, (e) 리더십, (f) 자율성과 지원이다.

---

1) 편저자 주: Westberg, K. L., & Archambault, F. X. (1997). A Multi-site case study of successful classroom practices for high ability students. *Gifted Child Quarterly*, 41(1). 42-51. ⓒ 1997 National Association for Gifted Children. 필자 승인 후 재인쇄.

당신은 학생의 개인적 요구, 특히 영재학생의 요구를 충족시키는 데 명성이 있는 초등학교 이름을 말할 수 있는가? 만약 그렇다면 특히 왜 그 학교에서 그러한 일이 일어났는지 설명하거나 거기서 일어나는 교실수업을 기술할 수 있는가? 이러한 질문들은 영재학생의 요구에 맞는 차별화 교육과정 활동의 효과적인 수행으로 명성이 있는 정규 교실과 학교에 대한 심층 연구인 '성공적인 수업 연구'로 안내하는 질문들이다. 이 논문에서는 연구 현장 전역에 나타난 주제의 통합과 결과에 대한 전반적인 개요를 제시하고 있다.

관련 문헌 개관

성공적인 수업 연구는 국립영재연구소(National Research Center on the Gifted and Talented : NRC/GT)의 코네티컷 대학 연구소가 수행한 정규 교실에 대한 이전의 연구에서 얻어진 정보를 확장하기 위하여 착수되었다. 영재학생의 재능을 계발하기 위한 교육과정과 교수방법의 적합성에 대한 문헌을 검토하는 연구를 진행하면서, 우리는 학생의 개별적 요구를 충족시키는 효과성이 높다고 이름난 초등학교와 교실에 대한 심층 연구를 수행하는 것이 유익할 것이라고 믿었다.

정규 교실수업에 대한 국립영재연구소(NRC/GT)의 연구

국립영재연구소(NRC/GT)는 1990~1991년 동안 정규 교실수업에 대한 세 가지 연구를 진행하였다. 교실수업 조사는 7,000명 이상의 3~4학년 교사 중에서 유층무선 표집된 교사를 대상으로, 그들이 교실에서 일반학생과 영재에게 사용했던 수업에 대한 정보를 구하였다(Archambault et al., 1993). 이 조사에서 가장 두드러진 결과는 교사가 영재학생의 요구를 위해서 정규 수업과정을 단지 최소한으로만 수정했다는 보고다. 수정을 한 소수의 교사

영재를 위한 차별화 교육과정

들은 교실 내의 영재에게 고급의 독서, 심화된 워크시트, 다양한 종류의 리포트 등을 제공하였다고 진술하였다. 또한 소수의 교사가 학생이 이미 숙달한 요소들을 제거하려고 하였고, 학생이 좀 더 고급의 활동을 할 수 있는 기회를 제공하거나, 학생에게 높은 수준의 사고기술 자료를 제시했다고 하였다. 이러한 결과는 비밀이 보장되는 조사를 통해 교사 스스로가 자신의 활동에 대해 보고한 것이라는 점에 주목해야 한다.

연구의 활용도

이러한 심층 연구는 정규 교실에서 영재학생의 능력을 계발하기 위해 교사와 학교에서 사용한 다양한 전략에 대한 기술을 제공한다. 연구 현장 전역에서 확인된 여섯 가지의 일반적인 주제, 즉 교사의 고급 훈련과 지식, 교사의 변화 수용에 대한 준비와 자발성, 협력 작업, 차별화 교육과정에 대한 교사의 신념과 전략, 리더십, 자율성과 지원은 교사, 영재교육 전문가, 교육과정 전문가, 관리자, 부모 그리고 정책입안자들에게 함축적인 의미를 준다. 이 연구는 영재를 위한 교실활동의 개선을 위해서 어떤 일이 이루어질 수 있을까, 그리고 이 개선은 어떤 방식으로 성취될 수 있을까에 대한 우리의 이해에 기여하게 될 것이다.

교실활동 관찰 연구를 위해 반구조화된 관찰은 3∼4학년 학생 46명을 대상으로 이루어졌다(Westberg, Archambault, Dobyns, & Salvin, 1993). 교실수업기록(The Classroom Practices Record: CPR)이라는 명칭의 관찰 도구를 이용하여 영재학생이 받는 수정된 교육과정 활동, 자료, 교실에서 교사−학생 간의 언어적 상호작용의 정도를 알아내기 위하여 훈련받은 관찰자가 관찰을 수행하였다. 연구결과는 영재학생이 제한된 양의 차별화된 읽기, 언어, 수학, 과학, 사회 과목 교육을 받는 것으로 나타났다. 이러한 다섯 가지 과목 모두에서 영재학생이 하는 활동의 84%가 차별화되지 않은 경험들이었다. 교실수업연구(The Classroom Practice Survey Study)와 수업관찰연구(The Practices Observation Study)의 결론은 영재를 위한 수업과 교육과정 차별화

는 전국적으로 대다수의 정규 교실에서 아주 제한된 정도로만 이루어지고 있다는 것이다.

교육과정 압축(The Curriculum Compacting) 연구는 교육과정 압축과 교육과정 수정 기술의 효과를 검증한 실험연구다(Reis et al., 1993). 교육과정 압축은 정규 교과과정을 유선화하고, 영재의 도전 수준에 맞게 정규 교육과정을 바꾸는 절차다. 전국적으로 27개 학군의 교사는 네 집단 중 하나에 배정되었는데, 이 중 세 처치집단은 실험집단으로, 서로 다른 수준의 교사개발 훈련을 받았으며 하나는 통제집단이다. 실험집단의 교사가 교실에서 하나 또는 두 명의 영재를 위해 정규 교육과정의 40~50%를 생략했을 때 학생의 사전-사후 표준화 성취도검사점수는 의미 있는 감소를 보이지 않았고, 교사는 학생에게 좀 더 심화되고 적합한 교육과정 경험을 제공하였다.

개별 학생에게 적합한 수업

교육자는 학생이 서로 다른 방법으로 배운다는 것을 인식하고 있다. 예를 들어, Wang과 Walberg(1985)는 다음과 같이 말하였다.

> 모든 교실은 서로 다른 흥미, 문제 그리고 재능을 가진 학생으로 구성되어 있다. 그리고 대부분의 교육자는 전체 학생을 대상으로 한 수업은 '평균 수준'의 학생에게 적절한 것이기 때문에 교실 안의 어떤 학생에게는 너무 어렵고, 또 어떤 학생들에게는 너무 쉬워서 적합하지 않다는 것을 실감하고 있다(p. 325).

이러한 인식에도 불구하고 몇몇의 연구들은 전국 대부분의 교실에서 '한 가지 방법을 모든 학생에게 적용하는(one-size-fits-all)' 교수방법의 수업이 이루어지고 있고 지적한다(Archambault et al., 1993; Goodlad, 1984; Westberg et al., 1993). 최근 특별한 요구를 가진 학생에 대한 초등학교 교사의 계획을 조사한 4년간의 연구(Morocco, Riley, Gordon, & Howard, 1996)를 통해서 연구자들은 다음과 같이 결론을 내렸다.

영재를 위한 차별화 교육과정

교사는 일반적으로 학급 전체를 중심으로 한 계획을 수립하였다. 그들이 개별 학생에 대해 관심을 가질 때는 주로 학생의 사회적·정서적 요구나 총체적이고 무조건적인 특성에 대한 것이었다. 그러나 그러한 사회적·정서적 문제에 대한 함축적인 의미는 교사의 영향력을 넘어서는 요인들이라는 것이다(p. 164).

Emmer, Evertson 그리고 Anderson(1980)은 학생의 성취도 측정 수준에 따라 초등학교의 비효과적 교사와 효과적 교사를 구분한 후에 이들의 교수전략을 연구하였다. 효과적인 교사는 학생의 흥미, 기술 수준, 그리고 주의력 범위에 교수방법을 적합하게 맞추고 있다는 것을 발견했다. Evertson, Sanford 그리고 Emmer(1981)는 중학교 교사가 교수방법을 이질적인 교실에 적용하는 방법에 대해 알아보았다. 연구결과, 이 교사 중 소수만이 차별화된 교수방법을 제공하였고, 적절한 교실 관리 기법을 사용하고 있었으며, 이러한 수정된 교수방법의 적용은 높은 에너지와 헌신, 결단력을 교사에게 요구하는 것으로 밝혀졌다.

영재학생이 보이는 개인차에 적절한 교수방법을 적용하는 일은 특히 도전적이다. 불행하게도 대부분의 교실에서 교사는 영재학생의 요구에 따른 적합한 교수방법에 대한 전문적 준비와 영재학생이 학습하는 교실 관리를 거의 하지 않는다(Archambault et al., 1993; Westberg, Archambault, & Brown, 인쇄 중; Westberg et al., 1993). 예를 들어, 교실수업 조사연구에서 공립학교 3~4학년의 교사 중 61%는 영재교육에 관련된 연수과정이나 훈련 서비스를 제공받은 적이 없는 것으로 나타났다(Archambault et al., 1993).

과거 30~40년 동안 영재를 위한 차별화 교육에 대한 요구가 주장되어 왔다. 초기의 영재를 위한 차별화 교육의 정의는 "… 인정할 만한 다른 경험들을 잠재적으로 갖고 있고 …어떤 사람은 절대로 다르다고 말한다."라고 영재의 의미를 설명한(1961, p. 79) Virgil Ward가 제시하였다. Ward는 인류학, 수학, 사회, 자연과학, 무용, 연극, 음악, 미술 등의 분야들에 대하여 차별화된 교육과정을 요구하였다. 1971년 미국 의회에서 의뢰한 영재에 대한 국가적 연구인 'Marlland 보고서(The Marland Report)'에서는 영재들은 "일반적으로 정규 학교 프로그램에서 제공된 것 이상의 차별화된 교육적 프로그램이나 서비스를 요구한다." 라고 하였다. 만약 그렇다면 "그들은 자신과 사회에 대해 공헌하게 될 것이다."(p. ix)라고 진술하고 있다. 그래서 차별화 교육의 이론적 근거는 학생의 서로 다른 학습 특성과 행동에 대한 인식을 바탕으로 삼아야 한다. Passow(1982)는 "차별화 교육의 기초가 되는 철학은 다른 사람처럼 특수한 요구를 가진 영재들도 단지 적합하게 설계된 교육과정을 통하여 그들의 요구가 맞추어지기를 원하는 것이라고 주장한다."(p. 5)라고 진술하였다. 그리고 영재학생도 다른 학생처럼 "개별적 능력, 흥미 그리고 학습방식에 따라 적합한 학습경험을 필요로 한다. 개인적 독특성은 존중되어야 하며 학생의 광범위한 요구에 적합한 학습경험을 만들려는 노력이 있어야 할 것이다."(Passow, p. 5)라고 하였다.

전문가들은 교수방법과 교육과정의 차별화는 영재교육을 강화하고 다양한 학습 요구를 조절하는 데 필요하다는 점에 동의하고 있다. 예를 들어, 미국 교육부는 「최근 국가적 우수성: 미국 영재 개발에 대한 사례연구」(National Excellence: A Case for Developing America's Talent; 1993)라는 보고서에서 "학교는 정규 학교 교육과정 내의 각 핵심적인 과목별로 학생의 능력 수준을 평가하고, 그 과목들을 완수한 학생에게는 대안적인 학습기회를 제공해야 한다."(p. 27)라고 결론을 내렸다.

VanTassel-Baska(1989)는 교육과정에서 제시되어야 하는 교육과정 수정에 대하여 이미 완수하였거나 빠르게 숙달할 수 있는 기본 교육과정을 삭제 또는 압축하는 것, 지식의 소모보다는 산출물을 위한 도구를 제공하여 고등사고기술에 집중하는 것, 지식들 간의 상호 관계성에 집중함으로써 심화된 교육과정을 제공하는 것, 학생이 독립적인 상태에서 좀 더 선택적으로 프로그램을 활용할 수 있도록 자기주도적 학습을 격려하는 것 등의 네 가지 측면을 제시하고 있다. Tomlinson은 교사를 위한 최근의 지침서와 비디오에서 (ASCD, 1994), 영재에게 적합한 차별된 경험을 제공하기 위해 교육과정

영재를 위한 차별화 교육과정

압축, 독립적 프로젝트, 흥미 센터나 흥미집단, 체계적인 과제, 융통성 있는 집단 구성 기술, 높은 수준의 질문, 멘터십/도제제도, 학습 센터, 그리고 협의/관리 계획 등의 몇 가지 세부적인 교수방법적이고 관리적인 전략을 제시하였다.

효과적인 학교와 수업

몇 가지 서로 다른 변인과 다양한 준거들은 이 나라에서 효과적인 학교를 인정하거나 검증하는 데 사용되어 왔다. 예를 들어, 1985~1986년에는 당시 교육부 장관이었던 베넷(William Bennett)이 초등학교 교육을 계획하였고, 전국의 모든 학교에 이 교육과정 적용이 장려되었다(Hostrop, 1989). 212개 공립 초등학교와 60개의 사립 초등학교에 대해, 학교가 교육자원을 어떻게 잘 사용하고 있는지, 학생의 학문적 요구를 어떻게 충족시키고 있는지, 또는 장애를 어떻게 극복했는지에 근거해서 상이 주어졌다. 그러나 상을 받은 어떤 학교도 학생의 개별적 요구를 해결하기 위한 특별한 노력을 하지는 않았다. 사실, 학생의 개별적인 요구, 특히 영재학생의 요구에 역점을 맞춘 효과성이나 성공에 대한 수상 프로그램 기록은 문헌에 없다. 대신에 그들의 관리 활동을 개선하는 학교들은 '효과적' 또는 '성공적'으로 인정된다.

문헌들은 우리에게 학생의 상급의 요구를 조절하기 위해서 무엇이 가능하고 무엇을 해야 하는지에 대한 정보를 제공하는데, 이러한 수업들은 광범위하게 사용되지는 않는다. 단, 몇몇 교실에서 사용되고 있으며, 성공적인 수업연구(The Successful Practices Study)는 교사가 학생을 위해 조절하는 구체적인 방법과 이에 영향을 미치는 요인에 대해 좀 더 알기 위하여 수행되었다.

연구 설계

이 연구는 교실에서 사용되는 교육과정의 차별화된 수업 적용이 영재학생의 성공적인 학교수업에 영향을 주는 복잡한 과정에 대한 자료를 획득하는 수단을 제공한다는 전제에 근거하고 있다. 그러므로 질적 연구 설계가 적용되고, 또한 이러한 수업을 기술하는 데 관심이 있기 때문에 교실 관찰과 교사, 행정가, 학생 외의 다른 사람을 면접하기 위해 다면적 사례연구가 채택되었다. 본 연구의 연구문제는 (1) 어떤 요소가 교실에서 교사가 효과적인 차별화 교수전략을 사용하는 데 공헌하였는가? (2) 교실과 학교 내의 어떤 환경적인 요소가 효과적인 차별화 수업전략을 사용하는 데 공헌하였는가? (3) 영재교육 프로그램의 존재는 어떠한가? 만약 존재한다면, 정규 교실에서 사용되는 교수전략, 자료의 효과와 학생의 교수방법과 교육과정 차별화에 대한 요구는 어떠한가? 등이다.

연구절차

연구대상 표집

목적적 표집으로 10개 초등학교 지역이 선정되었다(2개 도시, 6개 지방, 2개 시외). 지역 선정을 위해 전화 대상은 주 또는 지방을 포함하는 여러 학군에 익숙한 사람, 즉 영재교육의 주 담당관, 주의 교육과정 전문가, 대학 강사, 학생지도주임, 지역 교육 서비스 담당관들이다. 이들로부터 주나 지역 안에서 학생의 개인적 요구, 특히 영재학생의 요구를 조절하는 데 명성이 있는 학군의 이름을 알아내었다. 우수성을 인정받아 주나 정부로부터 수상한 경력이 있는 곳도 목록에 포함되었다. 학군이 적어도 세 가지 요인에서 명성

영재를 위한 차별화 교육과정

이 있을 때 그 학군 내의 초등학교 한 곳, 좀 더 구체적으로는 한 개의 3, 4, 5 학년 학급에 대한 연구 수행의 허가를 얻기 위하여 적합한 교육행정가들과 논의하였다. 어떤 지역은 공식적인 영재교육 프로그램이나 서비스를 가지고 있었는데, 이 학교의 모든 학급은 공식적으로 영재로 판별된 학생이나 교사가 영재교육을 받을 자격이 있다고 비형식적으로 확인한 학생이 포함되어 있다.

자료 수집과 분석

본 연구를 위해 자료를 수집한 현장 연구자들은 Linda Emerick, Thomas Hays, Thomas Hébert, Marica Imbeau, Jann Leppien, Marian Matthews, Stuart Omdal, 그리고 Karen Westberg인데, 이 연구자들은 모두 일반교육, 영재교육, 연구방법론 분야에서 훈련받고 경험한 연구자들로서 10개 초등학교에서 정보를 수집했고, 연구 논문에 개별적인 장별로 현장 조사에 대한 연구 사례를 썼다(Westberg & Archambault, 1995).

주요한 정보 수집 기법은 '관찰자로서, 참여자로서'의 연구자의 역할을 언급한 '수동적 참여 관찰'을 포함한다(Fraenkel & Wallen, 1993). 그리고 자유응답식 면접 과정이 교실교사, 교육과정 조정자, 영재교육 전문가, 부모, 학생 그리고 지역사회 인사 등을 대상으로 실시되었다. '당신은 영재학생의 요구에 맞추기 위해 사용했던 수정 방법을 설명할 수 있는가?' 또는 '당신은 이미 알고 있는 것을 당신의 교사가 어떻게 결정하는지에 대해 설명할 수 있는가?'와 같은 '대 여행 질문들(grand tour questions)'(Spradley, 1979, p. 86)은 피면접자들의 견해에 대한 이해를 얻으려는 연구자들에게 확장된 반응을 제공한다.

연구자들은 교실 관찰로 수개월을 보냈으며, 이 과정에서 추측을 최소화하기 위하여 현장을 상세하게 기록하였다. 아울러 관찰과 면접을 통해 모은 자료, 학교 문서, 정책 서류, 행정 메모, 교직원 회의 시간, 수업 일정 안내서,

심화 자료, 교육과정 압축 기록 등에 대한 정보는 재검토하였다. 관찰, 면접, 다양한 종류의 문서들을 통한 자료의 삼각측량법은 연구결과에 대한 신뢰성을 제공한다(Lincoln & Guba, 1985). 연구자들은 현장 노트와 면접 프로토콜, 주제에 관련된 문서, 패턴, 주제들을 분석하고 코딩하였다. 공분산분석은 각 지역의 주제와 연구결과에 대한 설명을 제공한다.

연구 지역 프로파일 개관

성공적인 수업 연구 현장에 대한 개요는 결과를 포함하여 [그림 4-1]에 제시되었다. 연구과정에서 지역, 학교와 여러 연구 현장의 개인들에게 비밀이 보장되었고, 이에 따라 익명을 사용하였다.

Linda Emerick은 경제적 수준이 낮은 도시에 있는 이스트 메도우(East Meadow) 초등학교에서 사례연구를 진행하였다. 이 도시는 다른 도시에 비해서 경제적으로 어려울 뿐 아니라 가난과 범죄로 문제가 되고 있는 곳이기도 하다. 그럼에도 불구하고 이 학교 교직원들은 학생을 위하여 도전적이며 흥미 있는 학습 환경을 계획하고 있었다. 교사가 사용한 교수전략, 교장이 제공한 리더십, 부모의 노력은 결과적으로 학생에게 특별한 심화 프로그램을 제공하는 날인 '심화 수요일' 같은 특별한 기회를 제공하도록 이끌었다.

Tom Hays가 미국 중서부 지방학교에서 수행한 3건의 사례연구는 이 조그만 마을에 제공된 교육과 지역사회 간의 관계에 대한 논의를 포함하고 있다. 세 지역 모두에서 나온 결과가 동일하지는 않았지만, Hays는 영재교육 조정자와 교실의 교사 간의 협력 작업 같은 유사점을 발견했다.

Jann Leppien은 뉴잉글랜드의 포레스트 힐즈(Forest Hills) 초등학교에서 사례연구를 수행하였다. 이 학교는 규모가 작은 학교임에도 불구하고(학생 수 320명), 몇 명의 수업 전문가와 교실교사를 채용하고 있었는데, 이것이 이 지역에서 나타난 가장 주요한 연구결과 중 하나였다.

영재를 위한 차별화 교육과정

Marian Mattews는 2,000마일도 더 떨어진 곳의 호머(Homer) 초등학교에서 사례연구를 수행하였다. 이 초등학교는 학생 수가 겨우 160명인 매우 작은 학교다. 그러나 제한된 자원에도 불구하고 영재교육에 필요한 프로그램을 제공하고 있으며, 지역의 교육장은 가장 열성적인 영재교육 주창자였다. 이 학교에 학교전체 심화모형(SEM)의 기회가 주어진 것은 이 학교로써는 하나의 개혁이었다.

Tom Hebert는 큰 도시의 외곽에 있는 메이플 그로브(Maple Grove) 학교에서 연구를 수행하였다. 이 학교는 도시 외곽에 있었지만 주변 지역과 연합관계를 유지하고 있었다. 연구자는 '몽상가'라고 불리는 교사에게 관심을 가졌다. 왜냐하면 그녀의 특수교육에 대한 훈련 때문이었는데, 이 교사는 어떻게 학생이 서로 다른 속도로 학습하고, 다른 학생의 요구에 적합한 교수방법이 어떠해야 하는지에 대해 잘 알고 있었다.

Stuart Omdal은 뉴잉글랜드의 작은 학교인 솔즈베리(Salisbury)에서 사례연구를 하였다. 이 학교는 교사, 학생에게 심화된 교수-학습과정을 제공하기 위하여 학교전체 심화모형(Renzulli & Reis, 1985)을 적용하고 있었고, 이 학교로부터 발견된 연구결과는 대부분이 심화 프로그램 조정자의 효과적인 모형 수행에 관련된 것들이다. 연구자는 이 학교에서 나타난 몇 가지 성공적인 수업에 대하여 기술하고 있다.

Marcia Imbeau는 미국 사우스 센트럴(South Central)의 외곽에 있는 학교에서 사례연구를 수행하였다. 그녀는 서턴(Sutton) 학군의 로저(Roger)와 프랭클린(Franklin) 두 개의 초등학교로부터 나온 연구결과를 제시하고 있다. 즉, 성공적인 수업이란 (a) 영재교사와 교실교사 간의 협동, (b) 영재를 위한 적합한 교사의 전략이라는 것이다.

외곽 지역 학군의 또 다른 프로파일은 우드랜드(Woodland) 초등학교의 사례연구에서 나타난다. Karen Westberg는 이 학교에서 세분화된 교수 배열을 통하여 5학년 3개 반의 학생에게 압축된 교육과정을 제공하는 5학년 교사에 초점을 두었다.

각 지역에 대한 간략한 개관에서 지적한 것과 같이 그 결과들은 다양하였다. 연구 학교 환경, 피조사자, 결과, 각 학교의 주제 등에 대한 자세한 기술은 연구 논문 안에 연구자의 사례연구로 제시된다(Westberg & Archambault, 1995).

연구 지역 전역에서 나타난 주제들

우리는 이 연구에서 교사가 영재학생의 요구에 맞추기 위하여 차별화 교육과정에 따른 수업을 어떻게 적용하는지, 이러한 수업에 영향을 주는 요인이 무엇인가를 알아보려고 하였다. 어떤 연구결과는 개별 지역에서만 독특한 것인 반면에, 교사의 고급 훈련과 지식, 교사의 변화 수용에 대한 준비와 자발성, 협동작업, 교사의 차별화 교육과정 전략과 신념, 리더십, 그리고 자율성과 지원 등은 모든 연구 지역 학교에서 나타나고 있었다.

교사의 고급 훈련과 지식

사례연구를 읽고 난 후, 우리는 몇몇 연구자들의 조사에서 초점이 맞춰지고 있는 현장교사의 고급 훈련과 지식에 대해 논의했다는 것에 주목했다. 교사 대부분은 독서나 특수교육 영역에서 대학원 과정을 마쳤다. 예를 들어, 포레스트 힐즈의 5학년 교사는 독서, 메이플 그로브의 4학년 교사는 특수교육, 우드랜드의 교사는 영재교육과 독서, 그리고 이스트 메도우의 5학년 교사 모두는 학습부진이나 영재교육 분야의 대학원 학위과정을 마쳤다. 우리는 교사가 가지고 있는 학생의 개인차에 중점을 둔 현장 경험과 특수교육 분야의 학위과정, 그리고 능력이 우수한 학생을 효과적으로 지도하는 능력과 반드시 일치한다고 생각하지 않는다.

모든 교사가 대학원 과정을 마치지는 않았으나 여러 해에 걸쳐 다양한 전

연구 학교	지역 유형/ 지역	결　과
1. 이스트 메도우 (East Meadow)	도시/노스 센트럴 (North Central)	학년 수준별 팀티칭, 교육과정 수정, 심화 수요일
2. 이스트빌 (Eastville)	지방/미드웨스트 (Midwest)	고급 수준의 내용, 영재교육 조정자와 교사 간의 협동 작업
3. 포레스트 힐즈 (Forest Hills)	지방/뉴 잉글랜드 (New England)	교사와 교육과정 조정가의 협동 작업, 융통성 있는 집단화 수업, 영재교육에 대한 행정가의 지원
4. 호머 (Homer)	지방/사우스웨스트 (Southwest)	영재교육 서비스에 대한 융통성 있는 확 인, 교육 프로그램에 교장 참여, 학교 전체 팀 프로젝트
5. 메이플 그로버 (Maple Grove)	시외/뉴 잉글랜드 (New England)	교실교사의 특수교육 훈련, 대학 멘터십 프로그램, 재능 무제한 (Talent Unlimited) 프로그램
6. 노스타운 (Northtown)	지방/미드웨스트 (Midwest)	학생의 고급 수준의 고차적 산출물 교육과정 압축, 질문 전략
7. 솔즈베리 (Salisbury)	지방/뉴 잉글랜드 (New England)	교육과정 조정 내에서 융통성 있는 집단 활동, 학교전체 심화모형(SEM)
8. 스프링데일 (Springdale)	지방/미드웨스트 (Midwest)	학생의 강점 영역에서 교육과정 압축, 교육과정의 폭과 깊이 확장, 영재교사와 교실교사 간의 협동 작업
9. 서턴 (Sutton)	시외/사우스 센트럴 (South Central)	영재교사와 교실교사 간의 협동 작업, 학생의 개인차에 대한 교사의 관심
10. 우드랜드 (Woodland)	시외/뉴 잉글랜드 (New England)	수학과 철자에서 교육과정 압축, 세분화된 수업, 통합된 언어 교육과정

[그림 4-1]　성공적인 수업 연구 지역(학교)의 개관

문성 계발 경험을 가지고 있었다. 예를 들어, 몇몇의 교사는 학군에서 사고 기술 수업, 총체적 언어 수업, 질문 전략, 교육과정 수정 기술에 관한 훈련을 받았다. 지역에서 매우 빈번하게 이루어지는 연수 교육은 교사가 새로운 전 략을 배울 수 있는 기회를 제공하지만, 교사는 다양한 전문성 계발 훈련 과 정을 통하여 새로운 기술을 배웠다고 말한다. 어떤 교사는 멘터나 협력자로

부터 특수한 교수전략을 배웠다고 한다. 예를 들어, 메이플 그로브 학교의 4학년 교사는 자신의 학교에서 보다 경력이 많은 교사로부터 도움을 받았으며, 또한 애덤스(Adams) 학교의 4학년 교사는 교육과정을 계획하기 위해 동료 교사와 협동하여 작업하였다고 말하였다. 훈련이 형식적이든 비형식적이든 간에, 교사는 자신의 교수전략 레퍼토리를 증가시키기 위해 다양한 전문성 계발 기회를 통하여 학습한 것들을 적용시키고 있다.

최근 교육 지도자와 개혁자들은 교육개혁은 교사의 전문성 신장에 달려 있다고 주장하고 있다. 실제로 1989년에 미국 정부 내각과 대통령이 승인한 국가교육목표 2000(National Education Goals 2000)은 교사의 전문성 신장(Lewis, 1996)이라는 새로운 목표를 추가하여 1994년에 수정되었다. Barth(1990)는 교사의 전문성 신장의 중요성에 대해 논의하면서 "교사가 관찰하고, 검증하고, 질문하고, 그들의 생각을 반영해 보고, 새로운 수업을 개발하는 것은 그들의 생각과 학생이 살아 움직인다는 증거다. 교사가 성장하지 않으면 그들의 학생도 마찬가지로 성장하지 않는다."(p. 50)라고 하였다. 각 학군들은 교사의 전문성 신장을 위한 공약을 증가시켜 나갔고 1년에 두 번 열리는 연수교육으로는 충분하지 않다는 것을 인식하였다. 대신 학군들은 동료 코칭 제도와 협동적 활동 연구 등과 같은 장기간의 전문성 계발 계획을 개발하기 위해 다양한 형식을 사용하였다. 또한 어떤 학군은 학교 개발 노력에 지침을 제공하는 국립인력개발위원회(National Staff Development Council, 1995)가 최근에 개발한 표준화된 내용, 과정, 상황을 사용하고 있다. 예를 들어, "효과적인 초등교사의 전문성 계발은 학생의 성공과 교수개발 목표를 달성하기 위해 다양한 교사계발 접근법을 사용한다."(p. 23)라고 하는 표준화된 과정은 인력 개발에 대한 새로운 형태를 실험하도록 학교를 동기화시킬 수 있다.

또한 연구에 참여한 교사는 다양한 수업에 대해 알게 되면서 새로운 주제, 논쟁점, 기술에 대해 호기심을 표현하는 평생 학습자가 되어 갔다. 대부분의 교사는 여러 해 동안의 수업 경력이 있으며, 자신의 수업활동을 개선하는 데 대한 계속적인 관심을 가지고 있었다. 연구 학교의 한 교사는 20년의 교육경력을 가졌는데, 이것은 1년의 교육경험이 20번 반복되었다는 의미가 아니다. 교육 지도자들은 계속적인 성장을 하는 교사가 효과적인 교사라고 주장한다. Bath는 개인적, 전문적인 성장의 중요성에 대해서 다음과 같이 설명하였다.

> 도예가가 손으로 직접 물레작업을 하지 않고 진흙을 빚는 것을 다른 사람에게 가르칠 수 없는 것처럼, 교사도 스스로 학습의 '진흙' 빚는 과정을 통해서 보상, 좌절, 귀찮음 등을 경험하지 않고서는 학습에 수반되는 만족, 인내, 어려움, 동기를 다른 사람에게 충분히 가르칠 수 없다(p. 49).

이 연구에 참여한 교사는 학습과 성장을 지속시켜 나갔다. Anderson은 "개혁하려는 노력은 교사의 학습에 대한 가치, 믿음, 능력 같은 개혁의 핵심에 초점을 두어야 한다."(p. 35)라고 하였다. 최근 교사 학습에 대한 중요성은 Sergiovanni(1996)가 강조하였는데, 그는 "실질적으로 학교가 교사를 위한 학습공동체가 되지 않고서는 학생을 위한 학습공동체를 교실 안에 만드는 것은 미사여구에 불과하다."(p. 139)라고 하였다.

최근 주목받는 교사 전문성 계발에 대한 관점은 서로 다른 교사에게 다른 유형의 전문성 계발 경험을 제공해야 한다고 요구한다. 우리는 교사가 학생의 특수한 요구와 관심에 적합한 차별화된 학습기회를 제공해야 한다는 것을 주장하는데, 이와 마찬가지로 학군은 교사의 관심과 요구에 따라 차별화된 전문성 계발 과정의 기회를 제공하고 있는가? 이에 대해 Barth는 다음과 같이 설명하였다.

> 각 교사가 학습하는 상황은 학생이 배우는 상황만큼 다양하다. 우리는 성인의 수업방식과 학생의 학습방식의 조화에 대한 말을 듣는다. 이는 서로 다른 성인의 학습방식에 대한 함축적 의미를 잘 생각해 보게 한다(p. 54).

이 연구 중 많은 학교에서 차별화된 전문성 계발 경험이 좀 더 발견되었다면 연구자들은 아마도 더 많은 '성공적인 수업'을 보고하였을 것이다.

교사의 변화 수용에 대한 준비와 자발성

연구자들은 교사가 수업에 대한 변화를 기꺼이 받아들이려고 한다는 것을 발견하였다. 교사들은 자신들이 배웠던 옛 방식 그대로 가르치지 않으며(적어도 우리는 그들이 그렇다고 생각하지 않는다), 또한 아마도 초보교사 때 가르치던 방식대로 가르치지는 않을 것이다. 몇몇 교사는 새로운 수업전략이 실험될 때 언제나 성공적이지는 않았다는 것을 깨달았다고 하였다. 본래 교사는 모험을 무릅쓰려고 하지 않기 때문에 새로운 수업 실험에 대한 그들의 자발성은 학교 문화, 효과적 리더, 또는 행정적 지원 같은 요소의 영향을 받았을 것이다. 그러나 이러한 요소에 관계없이 교사가 새로운 기법, 전략, 교재로 진행되는 실험에 편안함을 느꼈다는 것이 중요하다. 예를 들어, 서턴(Sutton) 학교의 4학년 교사는 전국 규모의 경제 경기에 도전하였고, 우드랜드(Woodland) 초등학교의 5학년 교사는 3학급의 학생에게 교육과정 압축 서비스를 제공하는 자신의 능력을 확신하였다.

교사는 수업을 변화시키기 위해 기꺼이 자신의 여가 시간을 사용하였고 노력을 보였기 때문에 그 변화가 일어날 수 있는 필수적 준비가 되어 있었다. Fullan(1993)은 "인간 조건 변화의 기본 원칙이 하나 있다면, 그것은 사람을 변화시킬 수 없다는 것이다."(p. 23)라고 말하였다. 사례연구는 몇몇 교사가 동료들과 함께 자발적 계획에 따라 수업과 자료 준비에 매주 여가 시간을 보낸다는 사실을 제시하였다. 변화를 위한 교사의 심리적, 지적 준비가 그들의 수업에 영향을 미치는 것으로 나타났다.

협동작업

세 개의 다른 형태의 협동작업이 사례연구에서 보고되었다. 첫 번째 협동 형태는 애덤스, 이스트 메도우 초등학교 교사가 학년 수준별로 동료 교사와 협동한 그들의 성공적 수업에 기여한 지역에서 관찰되었다. 두 번째 협동 형태는 프랭클린, 로저, 솔즈베리, 웨스트힐즈(Westhills) 초등학교 교사가 그들의 학교 안에서 학급교사와 영재교육 전문가들과 함께한 것이다. 세 번째 형태는 포레스트 힐즈 초등학교에서 영재를 위해 차별화된 수업을 계획하는 데 교사와 교육과정 전문가가 함께한 협동 작업이다. 조사보고서에서는 교사가 동료 교사와 협동하여 작업하는 것은 그들의 활동을 기꺼이 변화시키려는 교사의 마음에 중요한 영향을 미친다고 하였다(Bennett, 1986; Dantonio, 1995; Hord, Rutherford, Huling-Austin, & Hall, 1987). 교사의 협동은 학교 개선의 필수라고 믿는 Schmoker는 "교사가 협동하여 작업한다면 다른 전문가들처럼 좀 더 효과적으로 수행하게 될 것이다. 협동이 대부분의 교사가 수업하는 방식에 의미 있는 변화를 나타낸다고 해도 이것은 이루어져야만 한다."(1996, p. 7)라고 하였다.

대부분의 교육전문가들은 교사 간의 협동이 수업에 중요한 영향을 미친다는 것을 인식하고, 협동을 위한 시간을 갖는 것이 가끔은 하나의 장벽일수도 있다고 하였다. 협동적 노력이 포함된 연구에 참여한 교사는 동료 교사와 실험에서 제공된 시간뿐만 아니라 자발적으로 협동작업 시간을 만들기도 하였다. 대부분의 교사는 동료 교사와 함께 수업을 계획할 시간이 학교에 있는 시간 동안에는 충분하지 않다고 하였다. 이러한 문제를 해결하기 위해서 이스트 메도우 학교에서는 교사들이 'Mexico night'라는 모임을 만들어 매주 수요일 저녁에 멕시코 식당에 가서 함께 저녁을 먹으며 보고, 토론하고, 계획하였다. Dantonio(1995)는 "교사 협동을 위한 시간은 학교 스케줄에 포함될 만큼 충분히 중요한 것이다."(p. 44)라고 하였다. 반면 이 연구에서 발견된 것은 아니지만, 학교에서 업무 시간에 협동작업을 할 수 있는 시간은 다음과 같은 여러 가지 방법으로 얻을 수 있다. 즉, (a) 낮 동안에 교사에게 시간을 주기 위해 수업시간에 보조교사를 대체하는 것, (b) 교장이 교사의 수업을 인계하는 것, (c) 연합 수업을 위한 특별 프로그램을 계획하는 것 등이다.

이 연구에서 동료들 간의 협동수업은 자기주도적이고 자발적이라는 것에 주목해야만 한다. 어떤 저자는 이 연구에서 기술된 협동 유형을 대학 수준의 코칭이라고 언급했는데, Dantonio(1995)는 "교사를 전문적으로 개발하는 협동, 자기주도, 평등주의적 방법"(p. 3)이라고 하였다. Friend와 Cook (1992)은, 협동에는 자발적 참여, 참여자들 사이의 동등함, 공통 목표, 참여와 의사결정에 대한 책임감 공유, 자료 공유, 의무 등이 포함되는 것이라고 하였다. 연구에 참여한 모든 지역에서 협동 작업이 발견되지는 않았지만 협동 유형을 설명하는 이러한 특성들이 이 연구에서 관찰되었다.

차별화 수업에 대한 교사의 전략과 신념

연구자들은 이 연구에서 영재를 위한 차별화 수업에서 사용한 다양한 전략을 기술하였다. 차별화가 다양하게 정의되고 있기는 하지만, 일반적으로 차별화는 교사가 학생이 무엇을 배울 것이며, 어떻게 배우고, 배운 것을 어떻게 증명하는지에 대해 결정함으로써 학생의 학문적 차이를 조정하는 데 사용하는 다양한 접근방법이라고 언급되었다(Tomlinson, 1995). 대부분의 교사는 학생의 학문적 차이를 인식하고 있다. 그들은 학생을 하나의 큰 덩어리로 보는 것이 아니라, 서로 다른 기술, 흥미, 학습방식, 능력 등을 가진 개별적 존재로 보았다. 그리고 단지 학생의 약점만 보는 것이 아니라 강점을 인식하였다.

이처럼 학생 간의 학문적 다양성을 인식하고 있었기 때문에 그들은 학생의 개인적 요구에 적합하게 자신들의 수업방식을 맞추었다. 그들은 모든 학생이 같은 학습 준비도 수준에서 같은 시간에 같은 교재의 모든 내용을 모두 완수하고, 같은 결과를 낼 것이라고 기대하지 않는다. 교사는 '모두 함께'가 중요하다고 믿지 않는 대신에 영재학생의 재능을 계발하기 위해서 융통성 있는 수업 집단을 구성하거나, 독립적인 연구와 프로젝트를 격려하고, 멘터를 발견하고, 교육과정을 수정하고, 높은 기준을 설정하였다. 미국 군인들의 표어처럼 교사들은 학생이 '할 수 있는 모든 것을 하기'를 원한다. 노련한 교사는 특수한 요구에 대한 적합한 전략을 선택하는 방법에 대해 알고 있다.

Tomlinson(1995)은 차별화가 무엇인지, 무엇이 아닌지를 기술한다는 것에 대해, 패러다임의 전환은 차별화된 교실에서 교사의 역할을 이해하는 데 필요하다고 말한다. 이 패러다임 안에서 교사는 지식의 분배자가 아니라 '학습기회의 조직자'다. 이것은 이 연구에 참여한 교사에 대한 설명으로 적합하다. 즉, 메이플 그로브 초등학교의 4학년 교사는 학생을 위해 멘터십 프로그램을 조직하였고, 솔즈베리 초등학교의 4학년 교사는 학생과 계약한 학습방법을 사용하였고, 스프링데일 학교의 한 교사는 학생이 자신의 교육과정을 스스로 선택하도록 하였다.

교사는 학생의 요구에 맞추기 위해 '학습기회를 구조화'하는 다양한 전략을 사용하였지만, 역시 학생에게 '도전과 선택'을 제공한다. 어떤 교사는 자신들의 도전적인 자료를 제공하려는 시도와 영재에 대한 기대에 대해서 논의하였다. 많은 교사는 자신들이 선택한 주제에 대한 개별적 프로젝트를 하려는 학생에게 기회를 제공한다. '도전과 선택'은 그 표현이 간결할 수 있으나 차별을 설명하기에는 분명한 표현이다. 이것을 설명하기 위해서 우리는 성인들에게 무엇보다 먼저 고등학교 때 가장 좋아했던 과목이나 대학교 때 좋아했던 과정을 기억해 내길 요청하였고, 두 번째로 그 과목 혹은 과정을 좋아한 이유에 대해서 물었다. 이러한 질문에 대해서 우리는 반드시 그 이유가 '도전과 선택'과 관계가 있다는 것을 발견하였다. 사실상 도전과 선택 조항은 사람의 의미 있는 교육 경험과 관련되어 나타난다. 이 연구에 참여한 대부분의 교사는 학생에게 도전과 선택을 제공하였다.

교사는 학생에게 선택을 제공함으로써 학생의 흥미를 자극하였고, 학생의 학습에 대한 흥미의 영향을 인식하였다. 오랫동안 교육전문가들은 학생의 흥미 조정을 지지해 오고 있으나, 전국적으로 교실수업에 적용하는 것은 자주 있는 일이 아니었다(Goodlad, 1984; Westberg, Archambault, Dobyns, &

Salvin, 1993). 교육과정 개발 전문가인 Phenix(1964)는 "학생은 그들이 깊이 알려고 하는 것을 가장 잘 배운다. 그들의 학습효능감은 바로 그들의 동기와 관련된다. 그래서 수업 자료는 학생의 실제 흥미의 관점에서 선택되어야 할 것이다."(pp. 345-346)라고 하였다. 이 연구에 참여한 몇몇 교사는 영재를 위한 주요한 교육과정 차별화 전략과 학생의 흥미에 맞추어진 교육과정과 수업을 제공하기 위해 노력하고 있다.

리더십

연구자들은 몇 가지의 사례연구를 통하여 의미 있는 리더의 역할에 대하여 논의하였다. 특히, 호머, 포레스트 힐즈 초등학교에서는 교육감의 영향이 제시되었다. 이 두 개의 지방학교의 교육감은 공식적으로 영재를 위한 프로그램의 중요성에 대해 얘기하였으며, SEM의 강력한 옹호자였다. 학교 교장의 영향력은 특히 이스트 메도우 초등학교에서 중요하게 나타났는데, 이 학교 교장은 교사의 교실수업에 영향을 주는 매우 효과적인 리더로 보였다.

최근의 교육 개혁자들은 학습 조직 내에서 교장의 다른 역할을 주장해 오고 있는데, Bechtol과 Sorenson(1993)은 "좋은 교장은 새로운 전략을 위한 실험을 위해 기꺼이 교사와 협동하는 사람이다." (p. 363)라고 지적하였다. 이 연구에서는 이 같은 교장이 관찰되지 않은 반면에, 오히려 어떤 교장은 교사가 자신의 교실에서 영재에게 차별화된 수업을 제공하려는 시도를 한다는 것에 대해 충격을 받았다.

자발성과 지원

교사는 새로운 수업의 적용 과정에서 느꼈던 자발성과 지원에 대해서 논의하였다. 어떤 교사는 융통성 있는 근무 유형 때문에 실험에 참여하였다. 예를 들어, 우드랜드 학교의 교사와 그 동료들은 수업을 세분화할 수 있었고, 다양한 실험에 참여하는 것을 방해하는 학군의 방침이 없었다. 다른 교

영재를 위한 차별화 교육과정

사는 새로운 교육과정 수행에 대한 지원을 기술하였는데, 예를 들어, 이스트 메도우 학교의 교사는 교장의 후원으로 '심화 수요일'을 실험할 수 있었다고 하였다. 그들의 교장은 교사가 새로운 아이디어를 내려고 노력할 때 '교사가 자신의 고정관념에서 벗어나야 한다는 것'을 주장했다.

많은 연구자들이 지원해 주는 분위기나 학교의 협동적인 문화에 대해 논의하였다. 이스트 메도우 학교의 경우에 그 학교를 방문하는 모든 이들에게 그 학교의 공동 목표를 향하여 교사, 학생, 부모가 어떻게 작업하였는가를 반영한 「우수성의 해: 삼위일체」라는 소책자가 제공되었다. 스프링필드, 이스트빌, 웨스트힐즈 등의 중서부 지방 세 곳에서는 특별한 문화가 관찰되었는데, 이 세 지역의 개인들은 학교교육에 대한 강력한 지원을 받았으며, 학교의 활동들은 지역사회에 초점을 두고 있었다. Peterson과 Brietzken("공동문화는 개선을 지원한다." 1996에서 재인용)은 공동 문화에 대해 다음과 같이 설명하였다.

> 학교의 문화란 규범, 가치, 신뢰, 추측, 전통과 관례 같은 것들이 마치 거미줄처럼 복잡하게 얽혀 있는 것으로서, 오랜 시간에 걸쳐 교사, 학생, 학부모 그리고 행정가들이 함께 작업하고 상호작용하면서 기대를 발전시키고 위기를 함께 다루어 오면서 형성된 것이다(p. 1).

이 연구에서 전부는 아니지만 대부분의 학교는 교사가 영재학생의 능력을 계발하고 수업을 개선하는 작업을 할 때 교사를 지원하는 공동 문화를 가지고 있는 것으로 나타났는데, Dantonio(1995)는 "새로 소개된 수업활동에 대한 능력을 갖기 위해서 교사는 그 교수방법을 성공적으로 학습자들에게 사용하기 전에 안전한 환경에서 이를 연습할 수 있는 확장된 기회를 필요로 한다."(p. 12)라고 하였다. 이 연구에 참여한 많은 교사는 자신의 전문적, 개인적 학습(이 장의 서두에서 언급한 교사의 고급 훈련과 지식)에 대한 지원만큼이나 그들의 학생을 지원하는 환경에서 작업하였다.

우리는 다음과 같이 연구 학교에서 발견된 공통된 주제들에 대해 논의하였다.(a) 교사의 고급 훈련과 지식, (b) 교사의 변화 수용에 대한 준비와 자발성, (c) 협동 작업, (d) 교사의 개별화 수업에 대한 전략과 신념, (e) 리더십, (f) 자발성과 지원이었다. 이러한 요인들은 어느 정도는 일직선상에 있을 수도 있다. 즉, 성공적인 교실수업 수행은 교사의 고급 훈련과 지식으로 시작되고, 이것은 교사의 변화 수용에 대한 준비와 자발성으로부터 영향을 받는다. 교사가 다른 사람과 함께 공동으로 변화에 대한 노력을 할 때, 다양한 교육과정 차별화 전략에 도움을 준다. 또한 교사는 자발성과 지원을 제공해 주는 강력한 리더가 있을 때 성공적이 되고, 그 결과 학교 문화와 신념 체계는 학생의 능력 계발을 지원하게 되는 것이다.

많은 현장 연구자들은 연구 지역의 특별한 분위기에 대해 언급하였다. 일반적으로 학교는 편하며 즐거운 분위기였으며, 또한 영재에 대해 지지적인 태도를 가지고 있었다. 케네디(John F. Kennedy)가 "모든 아이들이 모두 같은 재능과 능력 혹은 동기부여를 가진 것은 아니지만, 그들의 재능, 능력, 동기부여를 계발할 동등한 권리를 가지고 있다."(Ravitch에서 재인용, 1985, p. 141)라고 한 말은 이러한 태도에 대한 예시다.

가르침이란 매우 고립된 활동이다. 대부분의 교사는 닫힌 교실 안에서 자유를 가지고 있다. 우리는 그 교실에서 구체적으로 무슨 일이 일어나는지 모른다. 성공적인 수업연구는 교실에서 일어나는 것을 설명할 수 있도록 교실 안을 엿보는 것을 허락하였는데, 모든 연구에서처럼 제한된 '엿보기'라는 것을 인정해야만 한다. 시간과 범위가 이 연구의 제한 요소다. 이에 따라 제한된 심층적 교실연구가 이루어질 수 있었다. 관찰자 효과의 잠재적 출현은 교사와 학생의 행동에 영향을 미치는 또 다른 제한이다. 그래서 우리는 관찰자의 편견이 모든 질적인 연구에 존재하는 정도를 알고 있으며, 이러한 잠재적 제한점 모두를 인정한다.

우리는 이 연구가 유용한 목적을 가지고 수행되었고, 연구결과가 교사가 정규 교실에서 영재학생의 요구를 조절하기 위하여 사용한 수업에 대한 우

영재를 위한 차별화 교육과정

리의 공동적 이해에 공헌했다는 것을 믿는다. 우리는 전형적인 교사는 학생의 유사성에 수업을 맞추지만, 정말 효과적인 교사는 그들의 유사성과 함께 학생의 차이에도 수업을 맞춘다는 것을 주장한다. 이 논문에 보고된 사례연구들은 이 도전적인 과제를 효과적인 교사와 학교들이 어떻게 달성하였는가를 부분적으로 밝혀 주고 있다.

📑 참고문헌

Archambault, F. X., Jr., Westberg, K. L., Brown, S. W., Hallmark, B. W., Emmons, C. L., & Zhang, W. (1993). *Regular classroom practices with gifted students: Results of a national survey of classroom teachers* (Research Monograph 93102). Storrs, CT: University of Connectucut, The National Research Center on the Gifted and Talented.

Association for Supervision and Curriculum Development. (1994). *Challenge the gifted in the regukar classroom: Facilitator's guide.* Alexandria, VA: Author.

Barth, R. S. (1990). *Improving schools from within.* San Francisco: Jossey-Bass.

Bechtol, W. M., & Sorenson, J. S. (1993). *Restructuring schooling for individual students.* Boston: Allyn & Bacon.

Bennett, W. J. (1986). *What works: Research about teaching and learning.* Washington, DC: U.S. Depatrment of Education.

Collaborative culture supports improvement. (1996, April). *School team innovator, 1,* 5.

Dantonio, M. (1995). *Collegial coaching. Inquiry into the teaching self.* Bloomington, IN: Phi Delta Kappa.

Emmer, E. T., Evertson, C. M., & Anderson, L. M. (1980). Effective classroom management at the beginning of the school year. *Elementary School Journal, 80,* 219-231.

Evertson, C., Sanford, J., & Emmer, E. (1981). Effects of class heterogeneity in junior high school. *American Educational Research Journal, 18,* 219-222.

Fraenkel, J. R., & Wallen, N. E. (1993). *How to design and evaluate research in education* (2nd ed.). New York: McGraw-Hill.

Friend, M., & Cook, L. (1992). *Interactions: Collaboration skills for school professionals.* White plans, NY: Longman.

Fullan, M. (1993). *Change forces: Probing the depths of educational reform.* Bristol, PA: Falmer Press.

Goodlad, J. I. (1984). *A place called school: Prospects for the future.* New York: McGraw-Hill Book Company.

Hord, S. M., Rutherford, W. L., Huling-Austin, L., & Hall, G. E. (1987). *Taking charge of change.* Alexandria, VA: Association for Supervision and Curriculum Development.

Hostrop, R. W. (1989). *Outstanding elementary school.* palm Springs, CA: ETC Publications.

Lewis, A. C. (1996). Questions and answers about school leadership. *Phi Delta Kappan, 77,* 525.

Lincoln, Y. S., & Guba, E. G. (1985). *Naturalistic inquiry.* Newbury Park, CA: Sage Publications.

Marland, S. P., Jr. (1971). *Education of the gifted and talented, 1.* Washington, DC: U. S. Government Printing Office.

Morocco, C. C., Riley, M. K., Gordon, S. M., & Howard, C. L. (1996). The elusive individual in teachers' planning. In G. G. Brannigan (Ed.). *The enlightened educator* (pp. 154-176). New York: McGraw-Hill.

National Staff Development Council, (1995). *NSDC'S standards for staff development.* Oxford, OH: National Staff Development Council.

Passow, A. H. (1982). Differentiated curricula for the gifted/talented: A point of view. In S. Kaplan, A. H. Passow, P. H. Phenix, S. Reis, J. S. Renzulli, I. Sato, L. Smith, E. P. Torrance, & V. S. Ward. *Curricula for the gifted.* (pp. 4-20). Ventura, CA: National/State Leadership Training Institute on the Gifted/Talented.

Ravitch, D. (1985). *The troubled crusade: American education 1945-1980.*

영재를 위한 차별화 교육과정

New York: Basic Books.

Reis, S, M., Westberg, K. L., Kulikowich, J., Caillard, E, Hébert, T., Plucker, J., Purcell, J., Rogers, J., & Smist, J. (1993). *Why not let high ability students start school in January? The curruculum compacting study* (Research Monograph 93106). Storrs, CT: The National Research Center on the Gifted and Talented.

Renzulli, J. S., & Reis, S. M. (1985). *The schoolwide enrichment model: A comprehensive plan for educational excellence.* Mansfield Center, CT: Creative Learning Pressm, Inc.

Sohmoker, M. (1996). *Results: The key to continuous school improvement.* Alexandria VA: The Association for Supervision and Curriculum Development.

Sergiovanni, T. (1996). *Leadership in the schoolhouse.* San Francisco: Jossey-Bass.

Spradley, J, P. (1979). *The ethnographic interview.* New York: Holt, Rinehart & Winston.

Strauss, A., & Corbin, J. (1990). *Basics of qualitative research.* Newbury Park, CA: Sage.

Tomlinson, C. A. (1995). *How to differentiate instruction in mixed-ability classrooms.* Alexandria, VA: Association for Supervision and Curriculum Development.

U. S. Department of Education. (1993). *National excellence: A case for developing America's talent.* Washington, DC: U.S. Government Printing Office.

VanTassel-Baska, J. (1989). Appropriate curriculum for the gifted. Im J. Feldhusen, J. VanTassel-Baska, & K. Seeley. *Excellence in educating the gifted* (pp. 175-192). Denver; CO: Love.

Wang, M. C., & Walberg, H. J. (1985). Adaptive education in retrospect and prospect. In M. C. Wang & H. J. Walberg (Eds.), *Adapting instruction to individual differences* (pp. 325-329). Berkeley, CA: McCutchan Publishing Corp.

Ward, V. (1961). *Educating the gifted: An axiomatic approach.* Columbus,

OH: Charles E. Merrill.

Westberg, K. L., & Archambault, F. X., Jr. (Eds.). (1995). Profiles of successful practices for high ability students in elementary classrooms (Research Monograph 95122). Storrs, CT: University of Connecticut, The National Research Center on the Gifted and Talented.

Westberg, K. L., Archambault, F. X., Jr., & Brown, S. B. (1995). *Profiles of successful practices for high ability students in elementary classrooms* (Research Monograph 95122). Storrs, CT: University of Connecticut, The National Research Center on the Gifted and Talented.

Westberg, K. L., Archambault, F. X., Jr., & Brown, S. B. (in press). A survey of classroom practices with third and fourth grade students in the United States. *Gifted Education International.*

Westberg, K. L., Archambault, F. X., Jr., Dobyns, S. M., & Salvin T. J. (1993). *An observational study of instructional and curricular practices used with gifted and talented students in regular classrooms* (Research Monograph 93104). Storrs, CT: University of Connecticut, The National Research Center on the Gifted and Talented.

영재를 위한 차별화 교육과정

개방적 활동: 학습자 반응을 통한 차별화[1]

Nancy B. Hertzog(University of Illinois at Urbana-Champaign)

본 연구에서는 학습자들이 개방적 활동(Open-Ended Activity)에 어떻게 반응하는지를 조사하여 영재 대상의 교육과정 차별화의 의미를 탐구한다. 개방적 활동은 학생들 각자의 흥미 영역에서, 자신들의 학습 유형으로, 그리고 각자의 능력 수준에 맞게 학습하도록 하는 전략으로 알려져 왔는데, 이러한 개방적 활동이 교육과정을 차별화하는 데 얼마나 효율적인지를 다룬 연구 결과는 거의 없다. 본 연구는 교육과정 차별화를 역사적 관점에서 접근하고, 개방적 활동의 본질에 대한 조사들을 살펴보며, 3학년과 4학년의 이질적으로 구성된 학급에서 영재로 판별되지 않은 학생과 영재로 판별된 학생의 활동이 어떻게 다른지에 중점을 두고 있다. 또한 본 연구는 교실에서의 활동과 학생의 반응에 대해 느끼는 교사의 인식도 다루었다. 자료 원천은 한 학년도에 걸쳐 이루어진 관찰, 교사와 학생을 대상으로 한 인터뷰, 학습 유형과 흥미 평가도구, 33개 이상의 개방적 활동들과 관련된 문서 등이 포함되어 있다. 저자는 본 연구에서 밝혀진 결과를 기초로 개방적 활동을 제공하는 것 같은 도구적 전략이 어떻게 학생의 능력을 극대화시키는지를 새롭게 강조하며, 교육과정 차별화의 의미를 재조명할 것을 제안한다.

1) 편저자 주: Hertzog, N. B. (1998). Open-ended activities: Differentiation through learner responses. *Gifted Child Quarterly*, *42*(2), 212-227. ⓒ 1998 National Association for Gifted Children. 필자 승인 후 재인쇄.

오전 10시, 월요일부터 금요일까지 키이스(Keith)의 3학년 교실에 모인 24명의 학생들은 노트를 펴고 30분의 작문 학습을 시작한다. 학생은 어느 장르나 선택할 수 있고, 그 장르 내에서 어떤 것이나 쓰고 싶은 만큼 마음껏 작문할 수 있다. 어떤 학생은 한 작문을 작성하는 데 몇 주가 걸릴 수도 있다. 학생은 초안 작성을 끝내고, 내용을 편집할 때 교사의 도움을 받을 수 있다. 그리고 작문을 최종 형태로 복사하여 제본하고 완성본을 보관하는 책장에 진열한다.

모든 학생이 이러한 학습경험에 참여하는 것을 원하는가? 모든 학생이 이러한 학습경험에 참여할 수 있는가? 모든 학생이 이러한 교육 경험으로부터 성공하기를 기대해야 하는 것인가? 만약 이러한 질문들에 대한 대답이 모두 '긍정적'이라면, Passow(1982)가 정의한 영재 대상의 차별화된 교육이 아니다. 키이스의 작문 교육 시간과 같은 개방적 활동은 이러한 세 가지 질문이 제시한 차별화의 기준에 도전한다. 개방적 활동은 그 대신 학습자 반응을 통해 교육과정을 차별화할 수 있는 가능성을 구체화해 준다. 학습자 반응을 통해 학습경험을 차별화하는 것은 다른 학습경험을 제공하는 것과는 달리, 학생이 각자 수준에 맞춰 선호하는 학습 유형을 사용하고 자신이 흥미를 갖는 것들에 대해 연구하고 자신의 능력에 맞춰 학습하는 것을 의미한다. 본 연구에서는 학습자 반응이 어떻게 교육을 차별화할 수 있는지에 대한 연구가 부족하다.

선택된 집단 아이들에게 다른 교육 경험을 제공하는 것으로, 영재교육의 중요한 한 요소인 교육과정 차별화의 적용은 가장 논쟁거리가 많은 분야다. 하지만 교육을 이행하는 입장이라면 이해할 수 있다. 교육과정에 대한 연구 논문이 지난 10년간 『Gifted Child Quarterly』에 우수한 논문으로 가장 적게 선정되었다고 Robinson(1995)이 언급하는 것은 결코 우연한 일이 아니다. 복잡한 교육과정 차별화의 탐구는 교육과정을 연구하는 모든 연구원들에게 도전적인 일이다. 본 연구의 목적은 일반적인 교육환경에서 교육을 차별화하기 위한 전략으로써 개방적 활동을 연구하는 것이다. 먼저 교육과정

본 연구에서 제시된 연구결과는 이론적인 측면뿐 아니라 실질적인 측면에서 의의를 가진다. 대부분의 학급에서 교사는 다양한 교육 욕구를 충족시키기 위해 교육과정을 차별화하는 데 대한 책임감을 느끼고 있다. 개방적 활동은 긍정적으로 평가되지만, 이질적인 장면에서의 교육과정을 차별화시키기에 는 다소 모호한 전략이다. 본 연구의 교사는 여러 가지 교육 목표를 위해 다양한 개방적 활동을 사용했다는 것을 보여 주었다. 교육 내용, 과정, 산물 영역에서의 선택의 연속에서 개방적인 선택을 하도록 하는 것은 교사와 학생이 교육적 결정을 하도록 강의하는 개념적 틀을 제공하였다. 교사는 개방적 활동의 계획과 실행이 학습자 반응의 질과 다양성에 영향을 미치는지 잘 알게 될 것이다.

연구자들에게 이러한 질과 다양성의 토론은 지금까지 받아들여진 차별화의 이론적인 틀의 수준을 넘어, 학생의 능력을 극대화하는 더욱 개별화된 개념으로 움직이고 있음을 보여 준다. 영재들이 평범한 학생과 질적으로 다른 형태로 반응하였는지 안 하였는지는 인재들이 능력을 극대화하는 방식으로 반응하였는지 안 하였는지와 관계가 없다. 본 연구는 이질적인 학생으로 이루어진 학급에서 교육과정 차별화의 의미에 대한 이야기를 활발히 논의하도록 하며, '학생 반응을 통한 차별화'를 재정의하기를 제안한다.

차별화라는 의미를 구체적으로 다룰 것인데, 이는 개방적 활동에 교육과정 차별화를 적용하기 전에 그 의미를 이해하는 것이 필수적이기 때문이다.

차별화: 역사적인 관점

『보스턴 글로브(Boston Globe)』에 '영재학생의 지루한 작업—반복적인 학습 발견'(McCarthy, 1992)이란 기사가 헤드라인으로 실리고, 『시카고 트리뷴(Chicago Tribune)』에 '교육적 주류가 영재를 망치고 있다'(Beck, 1992)는 기사가 실렸을 때, 대중은 특별한 능력을 가진 학생에게는 차별화된 교육을 실시하여야 한다는 사실을 인식하기 시작했다. 이러한 기사들은 코네티컷 대학의 국립영재연구소에서 수행한 연구결과가 나왔을 때(Westberg, Archambault, Dobyns, & Salvin, 1993) 기사로 발표되었다. 이 연구는 '미국의 거의 모든 영재학생들이 학교 시간의 대부분을 보통의 학급에서 생활하지만, 그들이 참여하는 교육활동의 84%에서 교육 혹은 교육과정의 차별화를 거의 경험하지 못한다'는 사실을 밝혀내었다.

보통의 일반적인 교육환경에서 교육과정을 차별화하기 위해서는 차별화라는 의미를 먼저 명확하게 짚고 넘어가야 한다. 지난 20여 년간, 교육과정 차별화의 모호성 혹은 차별화 원칙의 남용은 전체 영재교육 분야에 엘리트 의식이라는 적개심을 심어 놓았다. Sapon-Shevin(1993)은 차별화된 학습경험을 제공하는 것의 의미를 비판하였을 뿐 아니라, 영재교육 이념에 깔려 있는 기본 원칙을 비난하였다. 그녀의 주장에 따르면, 영재교육은 민주주의적인 것이 아니다. 그녀는 다음과 같이 언급하였다.

> 영재교육에 비민주주의적인 요소가 있으며, 소수의 아이들을 매우 차별화하고 다른 아이들보다 우위에 있다고 분류하는 것이 근본적으로 잘못되었다고 주장하는 것은, 교육에서 임금님이 옷을 입지 않았다고 말하는 것과 동일한 것이다. 이는 많은 사람에게 명백한 사실이지만 누구도 그것을 이야기하지는 않는다(p. 26).

학급 수업 조사에서 밝혀낸 것에 따르면, 교사는 보통의 교육과정을 조금씩 수정하여 영재들의 교육 욕구를 충족시키려 하는데, 이 사실에 대해 Delisle은 다음과 같이 강하게 비판하였다(1994).

> 해도 혼나고 안 해도 혼이 나는 일반적인 경우들이 있는데, 영재와 일반학생을 다르게 다루는 교사는 학생을 차별하여 다룬다고 비난받을 수 있고, 자원과 교육의 측면에서 영재와 일반학생을 구분하지 않고 다루는 교사는 따분하다고 비난받을 수 있다. 그림을 참고하라(p. 226).

영재를 위한 차별화 교육과정

1995년 미국영재학회의 연간 회의에서는, 교육과정 차별화의 의미와 역사가 '리더십 훈련 협회의 원칙을 넘어서 영재에게 적합한 교육과정은 무엇인가?'라는 제목의 패널 토론으로 재조명되었다(Callahan, 1995). 이 토론에서 가장 중요한 것은, 영재를 위한 교육과정의 차별화된 특징들에 대한 의식을 향상시키고, 그 특징들이 모든 학생을 대상으로 하는 교육과정과 교수방법과 어떻게 다른지에 대한 지적인 의문을 제기하는 것이었다. 패널 구성원들은 특히 1990년대의 교육과정 개혁 운동의 맥락에서 교육과정 차별화의 기본 원칙의 연관성에 대해 많은 질문을 받았다. 나는 이제 영재교육 분야에서 정의되어 온 차별화의 역사적 관점을 개략적으로 소개한다. '학습자 반응'을 통한 차별화가 의미하는 것을 이해하고 이 전략의 중요성을 파악하기 위해서는 교육과정 차별화의 의미가 지금까지 어떻게 발전되어 왔는지를 아는 것이 필요하다.

Ward의 이론

1961년 Virgil Ward는 『영재들을 위한 교육: 공리적 접근』(Education for the Gifted: An Axiomatic Approach)이라는 이론서를 저술하였다. 영재교육이 1950년대에 구소련에서 스푸트니크를 발사한 사건으로 촉발되긴 했지만, Ward의 책은 모든 학생을 위한 교육과는 달리 차별화된 영재교육의 특징을 개념화한 초창기의 책 중 하나였다. 그는 종종 영재 대상 차별화 교육(DEG)의 '선구자'로 언급되기도 한다. 그의 이론은 학습 특징, 학교와 사회에서의 사회적, 역사적 맥락, 교육학 원칙에 기본을 둔 명제와 추론으로 구성되어 있다. 그 이론은 벌써 30년 전에 개발된 것이지만, 여전히 많은 교육 수행자들 자신들의 교육과정 모형을 개발하는 데 사용하는 이론적인 틀로 남아 있다. 많은 책과 논문들이 다른 저자들에게 차별화된 교육 원칙을 위해 공로를 돌리고 있지만, Ward의 책을 보면 그가 과정, 산물, 내용 영역에서 차별성을 옹호했다는 것을 분명하게 알 수 있다. 그의 주장은, "영재를 위한 교육은 현재의 지식 상태에 최종 목표를 두는 것이 아니라, 교육의 꾸준한 과정과 원천에 그 중요성을 두어야 한다."(p. 156)라는 것이다. 창의적인 문제해결 프로그램이 보편화되기 훨씬 이전, Ward는 "교육은 문제 상황에 적절한 자료를 꾸준히 지속적으로 습득하는 것이지, 일생에서 계속 발생하는 문제에 적용할 수 있는 사실들의 꾸러미가 아니다."(p. 156)라고 주장하였다. Ward의 이론적인 틀에 대한 가장 중요한 비판 내용은 그의 모든 주장들이 그가 특별한 지적 능력을 가지고 있다고 정의한 영재들의 특징에 기반을 두고 있다는 점이다. 그의 이론은 영재에 대한 협의의 정의(지능검사 평균에서 최소 표준편차 2 이상의 성과를 기록한 아이들)에 기반을 두고 있다.

정의와 국가적인 지침

1976년 영재사무국에서는 차별화 교육 또는 서비스를 학교 프로그램으로 통합할 수 있고, 영재교육에서 다양한 개별 학습 반응 수준에 적용할 수 있으며, 다음과 같은 요소를 포함하나 거기에 한정되지 않는 교육과정으로 정의했다.

1. 지방 교육청의 일반적인 교육과정에서 제공되는 통상적인 수준을 넘어서는 높은 수준의 인지, 정의적 개념과 과정을 구현하는 차별화된 교육과정
2. 영재들의 독특한 학습유형을 수용할 수 있는 교육 전략
3. 특별 학급, 세미나, 자원실(resource room), 개별 연구, 학생 인턴십, 멘터십, 수학여행, 도서관 미디어 연구 센터, 그 외 적절한 교육제도 같은 학교 안팎의 교육에 적용할 수 있는 유연한 운영 체제(North Carolina State Department, 1988, p. 24)

1981년, 미국 영재 리더십 훈련 협회는 메릴랜드(Maryland) 주 볼티모어에서 열린 영재를 위한 첫 번째 미국 교육과정 회의를 지원하였다. 그 회의

의 참여자들의 임무는 Marland 보고서(Marland, 1972)에서 제기된 문제들을 해결하는 것이었는데, Marland 보고서는 영재를 위한 차별화된 교육 프로그램을 위하여 다음과 같은 세 가지 특징을 열거하였다.

1. 더 높은 인지 과정을 증진하기 위한 차별화된 교육과정
2. 교육과정 내용과 영재들의 학습 유형을 조절하는 교육 전략
3. 특정 아이들에게 적합한 특별한 집단 조직(특별 학급, 우등반, 세미나, 리소스 룸 등)

이 첫 번째 미국 교육과정 회의에서, 자주 인용되는 다음과 같은 Passow의 일곱 가지 차별화 지침이 발표되었다.

1. 영재를 위한 교육과정의 내용은 사고 체계와 지식을 통합하는 주요 아이디어와 문제와 주제에 대해 정교하고 복합적이면서도 깊이 있는 연구를 포함시키는 데 중점을 두어 조직해야 한다.
2. 영재를 위한 교육과정은 학생이 기존 지식을 재개념화하거나 새로운 지식을 생성할 수 있도록 생산적인 사고기술을 적용하고 개발할 수 있도록 하여야 한다.
3. 영재를 위한 교육과정은 학생이 꾸준히 변화하는 지식과 정보를 탐구하고, 세상에서 지식이 추구할 만한 가치가 있다는 태도를 발달시킬 수 있도록 하여야 한다.
4. 영재를 위한 교육과정은 적절하고 특별한 자원의 선택과 사용을 경험하도록 격려해야 한다.
5. 영재를 위한 교육과정은 스스로 시작하고 스스로 주도하는 학습과 성장을 증진시켜야 한다.
6. 영재를 위한 교육과정은 자기이해와 사람, 사회 기관, 자연, 문화 등과 연관된 관계에 대한 이해를 제공해야 한다.

7. 영재를 위한 교육과정의 평가는 앞서 기술된 원칙에 맞춰 수행되어야 하며, 높은 수준의 사고기술, 창의성, 활동과 산물의 우수성이 강조되어야 한다(Passow, 1982, pp. 7-10).

Passow는 차별화가 일반 교육과정에서 가르치는 것과도 관계가 있다고 주장하였다. Passow(1982)의 논문에는, 교육과정협회가 차별화된 교육과정에 대해 다음과 같이 정의한 내용이 실려 있다.

영재를 위한 교육과정을 차별화하는 것은 필수적으로 개인과 집단의 학습 욕구, 능력, 유형에 부합하게 교육과정을 개별화하는 일련의 과정을 의미한다. 영재들에게 '차별화된 교육과정'이라는 것은 영재학생의 특별한 능력을 개발할 수 있는 특화된 학습경험을 의미한다. 차별화된 교육과정은 다른 학습의 비율, 유형, 흥미, 능력에 대한 인식을 구현한다. 교육과정 차별화는 재능에 따라 학습자 반응을 이끌어 내는 것을 그 목적으로 한다(p. 6).

또한 Passow는 "우리는 '영재들의 반응', 다시 말해서 학생을 학습 상황으로 이끄는 성향과 상황 자체의 풍요로움 사이의 상호작용 결과를 이끌어 내는 데 관심이 있다."(1982, p. 7)라고 지적하였다.

교육과정의 함의

Passow가 '영재들의 반응'의 중요성을 주장했지만, 대부분의 교육과정에 대한 함의는 영재들에게 실시해야 하는 교수의 유형에 대해서 '해야 한다는 당위성'을 강조하고 있다(Kaplan, 1974; Maker, 1982; Passow, 1982). 예를 들면, Renzulli(1977a)는 다음과 같은 수정안을 강조하였다.

1. 교사는 일반교육과정 수준과 범위를 넘어서야 한다.

영재를 위한 차별화 교육과정

2. 교사는 특정 내용에 대한 학생의 흥미를 고려하여야 한다.

3. 교사는 학생의 학습 선호 유형을 수용하여야 한다.

4. 교사는 영재에게 주제 영역을 무제한적으로 탐구할 수 있도록 기회를 제공하여야 한다.

교육과정 수정에 대해 Maker(1982)가 제안하는 목록은 다음과 같다.

1. 좀 더 속진 또는 심화되어야 한다.

2. 좀 더 복합적이어야 한다.

3. 일반적인 교육과정 수준을 넘어야 한다.

4. 학생이 흥미에 따라 선택할 수 있어야 한다.

5. 각 내용 영역에서 더욱 추상적인 개념들과 관련되어야 한다.

비록 저자들은 의도하지 않은 것 같지만, 위에 기술되어 있는 것처럼 차별화된 교육과정의 속성은 역사적으로 영재를 대상으로 만들어졌고 영재가 아닌 아이들에게는 부적절한 것으로 여겨 왔다. 그러나 이러한 생각을 지지하는 연구들은 특히 교육과정 분야에서는 거의 찾아볼 수 없다(Shore, Cornell, Robinson, & Ward, 1991).

Maker는 영재들을 위한 많은 교육과정 원칙들이 모든 학생에게 적절하다고 했는데, 이유는 그 원칙이 학생의 수준에 맞춰 참여할 수 있도록 되어 있으며 최고 수준의 반응이 가능하도록 해 주기 때문이라고 주장하였다(1986, p. 363). 그리고 이러한 교육 전략이 '영재들에게는 적합하고 다른 학생에게는 부적합하다는 것'(Maker, p. 63)은 입증할 수 없는 사실이라고 주장하였다.

영재성의 정의를 확장하면 영재들에게 적절한 것과 모든 학생에게 부적절한 것을 결정하는 문제에 혼란을 가져온다. 영재성은 더 이상 표준화된 지능검사의 점수로 측정할 수 없다. 오히려 영재성의 구성은 변동성이 많아서, IQ 130 이상과 같이 동질적인 집단으로 한정할 수 없다. 한 학군에서 영재로 분류된 아이가 선정 과정에 쓰인 기준에 따라 같은 도시의 다른 곳 혹은 같은 주의 다른 곳에서는 영재가 아니라고 분류될 수도 있다. 누가 영재이고 영재가 아닌가에서 이러한 변동성은 영재들을 분류하는 방법 자체를 변화시키고 있다. 영재로 분류된 학생들이 동일한 학습 특징을 갖는 것은 아니다. 따라서 교육과정을 전체 집단에 동일하게 적용할 수는 없다. 특정 교육 구역에서 임의적인 일련의 기준들에 따라 영재가 아니라고 분류된 아이들도 영재를 위해 계획된 교육과정과 교육 전략으로부터 혜택을 받을 수 있다(Reis et al., 1993).

'재능에 비례하여 학습자 반응을 이끌어내는 데'(Passow, 1982, p.6) 목적을 두는 교육과정 차별화의 개념으로 돌아와서, 우리는 차별화된 반응을 허용하는 활동들을 조사해야 한다. 개방적 활동이 이러한 차별화된 반응을 허용할 가능성을 가지고 있지만, 교육과정 차별화를 위한 이러한 전략에 대해서는 별로 논의된 내용이 없다. 영재를 위한 교육과정 개발의 밑바탕에 있는 기본 원칙이, '영재의 경험이 모든 아이들에게 적용되는 기본 프로그램과는 질적으로 달라야 한다면'(Maker, 1982, p. 3), 교육활동에 대한 반응은 만약 그리고 어떻게 그들이 질적으로 다른지를 결정하기 위해서 조사되어야 한다. 개방적 활동의 본질에 대한 조사가 계획, 특징, 학생과 교사 사이의 상호작용을 포함한 모든 측면의 교육 전략을 다루고 있지만, 본 연구에서는 그러한 활동에 대한 학습자 반응을 주로 다루고 있다. 다음은 본 연구에서 개념화된 개방적 활동의 개념을 정의하고 있다.

개방적 활동의 정의

창의성에 대한 연구에서 보면, 개방적 활동은 특히 한 가지의 정답보다는 다양한 반응을 가진 활동들을 뜻한다. Maker(1982)는 개방적 활동의 의미를 최종 산물, 즉 반응에서의 다양성뿐 아니라 과정에서의 다양성을 포함하는 것으로 확장시켰다. 그녀의 개방적 활동에 대한 정의는 선택을 포함한다.

단순히 산물 영역에만 개방되었던 개방적 활동의 정의를, 학습자에게 내용, 과정, 산물 영역에서 선택권을 제공하는 범위까지 확대하는 것은 교육과정을 수정하기 위한 전략으로써의 사용 가능성을 향상시켜 준다. 나는 개방적 활동을 조사하기 위해 교육과정 차별화의 개념적 틀을 사용하면서, 활동들 간의 차이점들을 정리하고, 특히 개방적 활동을 추구하는 학생을 위해 교육과정이 어떻게 수정되어야 하는지를 알아보았다.

교육과정이 차별화되는 방식을 조사하면서, 교육과정의 협의의 개념보다는 광의의 개념이 사용되었다. 이러한 교육과정의 광의의 개념은 '학교의 보호 아래 일어나는 계획 또는 비계획적인 모든 경험'(Jackson, 1992, p. 8)을 포함한다. 개방적 활동을 학급의 큰 틀로 설정하면, 이 활동들은 교육적 전략 혹은 교육적 형식으로 묘사될 수 있다. 이는 Anderson과 Burns(1989)가 정의한 교육의 여섯 요소 중 세 번째 '지속적으로 다양한 주제에 적용 가능하며, 한 교사 이상의 특성이며, 학습과 관련된 교사행동의 유형'(Gage, 1969, Anderson & Burns, 1989, p. 11에서 재인용)에 해당한다.

본 연구에서의 연구문제는 어떻게 개방적 활동이 일반적인 교육환경에서 교육과정 차별화를 제공했는가에 대한 것이었다. 개방적 활동들에 대한 반응은 학생이 주제, 교사, 그들의 또래 학생, 교육과정 재료, 교실환경과 가졌던 상호작용을 포함하였다. 또한 반응은 산물을 완성하는 과정뿐 아니라 이러한 상호작용의 산물도 포함하였다. 그리고 교사, 교육과정, 교육 전략의 이행, 학생의 학습경험에 영향을 미치는 교실의 역동성 사이의 복잡한 관계를 이해하기 위해 질적인 계획이 필요하였다.

연구방법

나는 자연적, 질적인 연구 설계를 사용하여 어떻게 개방적 활동이 다양한 교육과정 영역에서 설계되었는지 관찰하였고, 1년 동안 3학년 한 반과 4학년 한 반에서 영재로 분류된 학생이 개방적 활동에 반응하는 방식에 초점을 두었다(Hertzog, 1995). 교사는 그 계획을 이행할 때 유형이나 방법을 바꾸려는 어떤 시도도 하지 않았다. 같은 날, 같은 활동이라는 의식적인 수행뿐 아니라 수행을 하는 데 마지막 순간 또는 순간적인 변화를 포함한 모든 교실 생활의 복잡한 것들을 관찰할 수 있었다. 연구하려는 것은 교육과정 차별화에 대한 개방적 활동의 관계였다.

환경과 참여자

환경과 참여자를 선택하는 데는 목적 부합 표집(purposeful sampling, Patton, 1980)을 사용하였다. 학군에 공식적으로 풀 아웃(pull-out) 프로그램이 없거나 지역에 영재들을 위한 특별 학급이 없는 곳에서 선택하였다. 영재들을 위한 교육과정 차별화는 모든 학급교사의 책임이었다. 따라서 모든 교사가 교육과정과 교육을 차별화하는 데 전략을 사용할 것이라고 예상하였다. 교사 중에서 키이스(Keith)와 베키(Becky)를 선택한 것은 아주 극단적인 사례를 표집한 것인데, 영재학생의 욕구를 충족시키는 데 그들이 보인 남다른 관심 때문이었다. 이 두 교사는 영재교육을 위한 협회에서 대표 역할을 수행하고 있었다. 두 교사는 일반적인 기초 수준에서 개방적 활동을 수행한다고 밝혔다. 이들은 많은 기간 동안 개방적 활동을 관찰할 수 있는 기회를 제공해 주었다.

학군은 중서부의 대규모 주립 대학 근처에 있으며, 학생은 4,703명이고 졸업률은 92.9%다. 1995년도의 학교 보고 연감 자료에, 전체 구성원의 65%

는 백인, 24.9%는 흑인, 2.1%는 히스패닉, 7.7%는 아시안계, 0.2%는 인디안계인 것으로 보고되었다.

교사　3학년 교사인 키이스(Keith)는 수년간 영재 프로그램을 구축하는 역할을 수행하고 있었다. 그는 교육학 박사학위와 교사 자격증을 가지고 있으며, 거의 20여 년의 교사 경력이 있었다. 그의 학급은 14명의 남학생과 10명의 여학생으로 구성되어 있는데 그중 11명은 영재학생이고, 4명은 학습장애로 특별교육을 받아 왔으며, 한 명은 행동장애였다.

4학년 교사인 베키(Becky)는 교육학 학사학위를 가지고 있으며 25년 이상의 교직 경험을 가지고 있었다. 베키의 학급에는 남학생 15명, 여학생 13명으로 총 28명의 학생이 있었다. 대다수의 학생은 특별교육 서비스를 받고 있었다. 4명의 학생이 학습장애였고, 4명이 언어치료를 받았다. 또 2명은 1장(Chapter 1) 읽기 프로그램을 받았고, 5명은 사회복지사와 만났으며, 2명은 행동장애로 특별교육을 받고 있었다. 베키는 영재교육에 대한 자신의 경험과 관심 때문에, 4학년에 있는 9명의 모든 영재를 자신의 학급에서 지도하고 있었다.

학생　두 학급에서 영재로 분류된 20명 중 11명의 학생이 본 연구의 대상 학생으로 선택되었다([그림 5-1] 참조). 선택의 첫째 기준은 학생의 개방적 활동이 연구를 위해 수집되는 것에 대한 부모들의 동의가 있었는가였다. 나는 키이스 학급의 학생 11명 중 6명을 선택하였다. 내가 선택하지 않은 5명 학생의 부모 중 한 부모는 동의를 거절했고, 두 부모는 동의서를 제출하지 않았으며, 한 명은 첫 번째 학기에 해외에 있었고, 마지막 학생은 내가 있는 학교 자문위원의 자녀였다. 베키 학급의 9명 인원 중에서는 부모가 동의한 5명의 학생을 선택하였다. 내가 선택하지 않은 4명 학생의 부모 중 한 부모는 동의를 거절하였고, 3명의 부모는 동의서를 제출하지 않았다. 베키의 5명 학생 중 4명은 여학생이었는데, 그 이유는 5명의 남학생 중 1명의 학생만 동의서를 제출했기 때문이었다. [그림 5-1]에 그들의 성별, 인종, 재능의 영역

학생	성별	인종	영재 분류 영역							
			창의성/고등사고력	언어예술	리더십	수학	읽기	과학	사회학	시각/행위예술
키스의 3학년										
테런스(Terrance)	남	코카시언	×	×	×	×	×	×	×	
미키(Mickey)	남	코카시언				×		×	×	
샌디(Sandy)	여	코카시언	×	×	×	×	×	×	×	×
말리(Mali)	남	소수 인종					×			
제니퍼(Jennifer)	여	코카시언			×					
일레인(Elaine)	여	코카시언			×					
베키(Becky)의 4학년										
진(Gene)	남	소수 인종	×	×	×	×	×	×		
애니(Annie)	여	코카시언	×	×	×	×	×		×	
록산느(Roxanne)	여	코카시언	×	×	×	×	×			
디애나(Deanna)	여	코카시언		×	×	×	×		×	×
메이(May)	여	코카시언	×	×	×			×	×	×

[그림 5-1] 관찰 대상 아이들과 분류된 영재 영역

이 요약되어 있다.

이 지역에서 아이들은 리더십 영역, 창의성/고등사고력, 시각/행위예술, 언어예술, 수학(개념과 적용), 과학, 사회학 영역에서 영재로 인정받은 학생이었다. 영재교육에 대한 주(state)의 종합 계획(School District 116, 1990)은 다음과 같다.

판별 작업은 진행되는 과정이지만, 학생은 유치원 교육을 시작할 때, 4학년, 7학년, 9학년에 평가를 받을 것이다. 유치원 시절을 제외하고는 성과 검사가 후속으로 이루어진다. 이러한 객관적인 측정에 부가적으로 한두 가지 주관적인 측정이 재능 판별을 확인하기 위해 사용된다. 주관적인 측정은 교사, 동료 혹은 부모들, 과거의 성적과 성과 또는 산물, 오디션 또는 포트폴리오 등으로 완성된 체크리스트 방식이 될 것이다(p. 4).

영재를 위한 차별화 교육과정

이 학군에서 학생의 약 15~20%가 영재로 분류되었다. 3학년은 Peabody 그림어휘력 검사(Peabody Picture Vocabulary Test)에서 추출한 유치원 선발 검사점수와 학급교사 추천을 기반으로 판별되었다. 4학년은 3학년 때 아이오와 기초기능검사(Iowa Test of Basic Skills: ITBS)에서 받은 점수를 기준으로 선발되었다. 다양한 주제 영역의 합격 점수는 어휘력, 읽기이해 혹은 언어 능력 70%, 수학 95%, 과학 90%, 다른 영역에서는 80% 수준이었다.

자료 원천과 분석

자료 원천은 관찰, 참여 교사와 대상 학생과의 인터뷰, 활동을 기술한 문서나 참여 교사의 학급을 기술한 문서들이다. 1993년 10월부터 1994년 5월까지 대상 학급을 관찰하는 데 100시간 이상이 소요되었다. 그리고 33개의 각기 다른 개방적 활동들이 분석되었다.

관찰 자료와 흥미 및 관심 분야를 측정하는 도구(Interest-a-lyzer)에 대한 학생의 반응, 학습 유형 검사의 세 가지 측면에서 삼각 분석되었다. 이러한 도구들은 개방적 활동에 대한 반응들이 학생이 선호하는 학습 유형 혹은 흥미 분야, 아니면 학습 유형과 흥미 분야 둘 다에서 기인된 것인지를 결정하는 데 사용된다. 대상 학생과의 비공식 인터뷰뿐 아니라 두 번의 공식 인터뷰와 각 학급 교사와의 비공식 인터뷰가 관찰 자료를 삼각 검증하는 데 사용되었다.

자료 분석은 범주들, 주제들, 나타난 유형들을 수용하는 귀납적인 방법으로 수행되었다(Janesick, 1994). 개방적 활동이 어떻게 계획되고 수행되었는지를 분석하기 위해서, Kaplan 도표(Kaplan, 1986)를 참조해 개방적 활동 프로파일을 만들었다. 매트릭스를 자료 표시 형태로 사용하는 것은 질적인 자료 분석을 위해 추천할 만한 전략이다(Huberman & Miles, 1994). 개방적 활동에서의 선택들을 분류하기 위하여 내용, 과정, 산물에 대한 조작적 정의가 사용되었다. 과정 분류에는 아이들이 개방적 활동을 하는 동안 어떻게 진행하는지에 대한 선택을 포함한다. 과정 영역에서의 선택의 예로는 절차, 재료, 동료를 선택하는 것, 학교 혹은 집에서 과제를 하는 것, 최종 초안을 작성하기 전에 편집부터 하는 것과 같이 특별한 과정의 원칙을 선택하는 것, 계산 전에 예상하는 것, 수학 문제를 풀기 위해 거꾸로 하는 것 등이 있다. 산물의 영역은 활동에 대한 구체적인 반응으로 정의된다. 활동은 그러한 영역들 안에서 학생이 무제한으로 선택하는지, 많이 선택하는지, 적게 선택하는지, 또는 선택을 안 하는지를 조사한 것으로 기술된다.

신뢰성 구축하기

장기간의 연구 기간, 꾸준한 관찰, 삼각 측정 방법의 이 세 가지 방법이 본 연구의 신뢰도를 높이는 데 사용되었다(Lincoln & Guba, 1985). 게다가 구성원들의 점검은 본 연구의 필수적인 요소였다. 참여 교사들을 활동, 인터뷰, 관찰에 대한 지속적인 토론에 참여시키는 것은 연구의 분석과 기록 단계에서 계속적인 구성원 점검을 제공하였다. 이러한 지속적인 의사소통은 연구결과를 해석하는 데 통찰력과 신뢰성을 주었다.

Denzin(1978)이 주장한 다양한 자료 원천, 자료 삼각 분석 방법이 관찰 자료를 검증하는 데 사용되었다. 예를 들어, 학생의 반응이 능력 수준을 반영한다는 것을 검증하기 위해서 다양한 반응들이 시간을 두고 수집되었고, 교사들은 자신의 평가를 검증하기 위해 인터뷰를 실시하였으며, 학생 대상의 비공식 인터뷰가 현장 노트로 작성되었다. 학생이 선호하는 학습 유형에 따라서 선택을 하는지 아닌지를 결정하기 위해서, 관찰 자료는 학습 유형 목록(Renzulli & Smith, 1978), 교사 인터뷰, 현장 노트에 매일 기재된 비공식 학생 인터뷰를 통해 삼각 검증되었다.

본 연구의 신뢰도를 높이기 위해 사용된 다른 방법들은 동료 심의, 중간 보고/과정 보고, 현장에서의 참여 연장 등의 방법을 포함하였다. 동료 심의는 자료 수집, 분석, 본 연구의 작성 과정 동안 수행되었다.

개방적 활동에 대한 개인적 편견의 반영

양적 연구에 사용되는 측정도구의 편견을 조사하여야 하는 것처럼, 연구자 내에 있는 편견도 조사하여야 한다. 나는 연구 중 발생하는 주관성을 측정하기 위해서 반성적 일지를 작성하였다. 그 일지에서 연구에 대한 나의 생각들과 과정에서 나타나는 결정들, 개방적 활동과 참여자들에 대한 나의 편견들에 대해 계속 기록했다. 반성적 일지는 문헌 자료에서 지지되어 왔다 (Van Manen, 1990).

본 연구 과정 내내 동료 심의자들은 개방적 활동에 대한 나의 편견들에 대해 질문했다. 나는 연구에 선행해서 그 질문들을 높이 평가하며, 다음과 같은 것을 강력히 제안한다. (a) 개방적 활동으로부터 나타난 반응들이 수렴적 활동보다 학생에 대해 더 많은 것을 보여 준다. (b) 학생에 대해서 가능한 많이 알수록 좋다. (c) 교사가 학생에 대해 더 많이 알수록, 교육을 더 개별화시킬 수 있다. (d) 교사가 개별화된 교육을 학생에게 제공할수록, 학생은 교육에 더 깊이 관여하려고 한다. 궁극적으로 나는 교사가 개방적 활동을 개발하는 것이 더 쉬워지기를 원한다. 본 연구가 진행될수록 나는 교사의 개방적 활동에 대한 계획과 사용의 복잡성을 조사했으며 나의 말에 더욱 조심스러워졌다. 이러한 조심스러운 입장은 이 글의 논의 부분에서 본 연구의 의의를 소개할 때 기술할 것이다.

교육과정을 통한 개방적 활동들

개방적 활동은 두 학급 환경에서 각각 다르게 계획되고 실행되었지만, 거의 모든 교육과정 영역에서 관찰되고 있다. 각각의 환경에서 관찰한 차이점과 활동 유형의 일부를 간단하게 기술하겠다. 33개 전체 활동을 기술하기에는 지면상 많은 제약이 따르므로 여기에서는 생략한다. 본 활동들에 대한 보다 자세한 논의를 원한다면, Hertzog(1995)를 참고하라.

나는 키이스의 3학년 학급에서 작문, 읽기, 토론 시간, '자유 시간'을 주로 관찰하였는데, 그 이유는 이 시간들이 개방적 활동을 하는 아이들을 가장 잘 관찰할 수 있는 시간이라고 키이스가 알려 주었기 때문이었다. 이미 설명하였듯이 작문은 아이들이 보통 30분간 원하는 것은 무엇이든 노트에 쓸 수 있는 개방적 활동 시간이었다. 학생들은 동료와 함께 혹은 혼자서, 그들의 자리에서 아니면 교실 아무 데서나 작문을 할 수 있었다. 학생들은 내용과 과정 영역에서 선택권을 가지고 있었지만, 산물 영역에서의 선택은 제한적이었다. 학생들은 이야기의 초안을 쓰고, 교사의 도움을 받아 그 내용을 편집하고, 그것을 최종 형태로 복사해서 바인더로 묶어 교실에 비치하도록 지시받았다. 학생들은 작문 내용을 학급에서 발표하여 다른 학생들과 공유하거나 다른 학생이 읽을 수 있도록 책 선반에 비치하는 것 중 한 가지 방안을 선택할 수 있었다.

키이스의 학급에서는, 토론 시간이 매일 아침과 오후 집단 모임 시간에 정기적으로 진행되었다. 키이스는 종종 아이들이 마음속에 있는 것을 토론하도록 하였다. 아이들이 과제를 끝내고 교사가 다음 주제로 넘어갈 준비를 할 때까지 아이들은 자유 시간을 가질 수 있었다. 키이스는 자유 시간을 중요시하였다. 키이스는 대부분의 날에 자유 시간을 계획표에 넣었다. 아이들은 자유 시간에는 게임을 하거나 그림을 그리거나 이어폰으로 음악을 듣거나 함께 노는 등 무엇이든 선택할 수 있었다. 키이스의 자유 시간은 내용, 과정, 산물의 모든 영역에서 선택의 제약이 없었다.

키이스의 개방적 활동이 유형과 계획표의 구성, 주제 영역에 접목된 반면, 베키는 훈련을 통해서 개방적 활동의 계획을 다양화하였다. 나는 베키의 교실에서 주로 수학, 과학, 국어, 프랑스어, 토론 시간을 관찰하였다. 베키는 학생에게 작문 주제나 작문 제목을 주거나 혹은 학생에게 특정 장르를 요구하고 그 안에서 주제를 선택하도록 하여 개방적 활동을 구성하였다. 베키는 종종 선택의 수와 개방적 활동 영역의 유형을 변화시켰다. 하지만 베키의 수학 시간은 문제해결 기술에 중점을 두어 과정 영역에서는 거의 언제나 무제한적인 선택을 제공하였다. 개방적 활동 프로파일과 관련하여 이러한 활동들이 어떻게 도표로 분석되는지의 예가 [그림 5-2]에 제시되어 있다.

개방적 활동 프로파일은 개방적 활동 계획에서의 차이점을 조사하기 위한 분석도구를 제공해 준다. 또한 이 프로파일들은 다양성의 관점에서 학생들의 반응 분석을 고무시킨다. 다시 말하면, 학생들이 어떤 영역에서 선택의 여지가 거의 없거나 전혀 없다면, 어떤 영역에서 무제한적인 선택을 할 때보다 더욱 유사한 반응을 할 것인가? 만약 학생들이 산물 영역에서 무제한적인 선택을 할 수 있다면, 내용 영역에서 무제한적인 선택을 할 수 있을 때보다 반응이 더 다양할 것인가? 여기서 보듯이 다양성은 학생들의 반응뿐 아니라, 개방적 활동 유형과의 관계에서 탐구되었다.

연구결과

개방적 활동에 대한 반응들이 어떻게 달랐는가?

학습자 반응을 통해 개방적 활동이 어떤 식으로 교육을 차별화하였는지 살펴보기 위해서 앞서 말한 것처럼 차별화의 원칙을 적용하는 것이 필요하다. 나는 두 교사에게 개방적 활동에 대한 반응에서 영재들의 반응과 평범한 학생들의 반응이 일반적으로 어떻게 다른지 질문하였다. 키이스는 다음과 같이 답변하였다.

> 나를 놀라게 한 사실은 학업성취가 높거나 전통적으로 A를 받는 학생들은 과제를 하거나 중간에 그만두고 다른 일을 하지 않는다는 것이었다. 또한 이 아이들은 정교하게 과제를 수행하고, 시간을 많이 들여 집중해서 하는 경향이 있는데, 이 사실은 상당히 고무적인 일이다.

베키는 영재로 분류된 그녀의 학생이 개방적 활동에서 다른 학생과 어떻게 다르게 수행했는지 다음과 같이 설명하였다.

영 역			
선택 구분	내용	과정	산물
무제한	KW, KFT	KFT, BMPS	KFT
많음			
적음	BW	KW	KW
없음	BMPS	BW	BW, BMPS

주: KW = 키이스의 작문 시간, BW = 베키의 작문활동 주제 시간, KFT = 키이스의 자유 시간,
BMPS = 베키의 수학 문제 해결 시간

[그림 5-2] 개방적 활동 프로파일의 활동 카테고리

다른 문화 혹은 다른 것을 공부할 때 아이들에게 질문을 하면, 영재들은 쉽거나 좀 더 어려운 수준의 것을 선택할 수 있다. 보통 영재가 아닌 아이들은 영화에서 보거나 학급에서 하는 것들에 대해서 글을 쓸 것이지만, 내용을 심화시키기 위해서 더 많은 것을 찾는 연구를 하지 않는다. 진정한 사고자와 독자는 백과사전, 책 그리고 모든 종류의 놀라운 일들을 탐구하려고 한다.

베키와 키이스가 학생들의 학습과정과 산물에서 차이점을 지각한 것에 주목해야 한다. 베키와 키이스는 좀 더 정교하고 나은 산물을 만들어 내기 위해서 학생들이 주도적으로 활동했다는 증거를 기술하였다. 또한 교사는 학생이 어떻게 학습과정에 더욱 개입하게 되었는지, 어떻게 그들의 흥미에 맞는 외적 원천을 찾았는지를 기술하였다. 나의 관찰 자료와 학생들의 반응들을 받아 적은 내용들이 교사의 인식을 입증해 주었다. 이런 수준의 개인적인 참여는 키이스의 교실에서는 작문 시간에 더 뚜렷하게 나타났으며, 베키의 교실에서는 프로젝트 활동 시간에 주로 나타났다. 키이스 교실의 관찰 대상 학생들은 정교한 이야기를 만드는 데 스스로 동기부여가 되었고, 종종 다른 이야기들을 계획하였다. 베키의 교실에서의 관찰 대상 학생들은 경쟁적으로 프로젝트에 대해 이야기해 주었고, 어떻게 누구와 계획을 했고, 방과 후 어디에서 만났고, 집에서 사용하는 컴퓨터는 어떤지를 포함해서 사용하는 모든 자료와 원천들에 대해 이야기해 주었다. 베키의 교실의 다른 학생

영재를 위한 차별화 교육과정

들은 대부분 동일한 프로젝트를 하면서 외부의 도움이나 자료를 찾지 않았으며, 방과 후 그들의 프로젝트를 완성하기 위해 만나지 않았다.

교사들은 흥미와 다른 아이들이 했던 것을 넘어선 관점에서 다양성을 바라보았다. 다른 학생들이 한 것을 '넘어서는 것'은 영재교육 문헌에서 교육의 차별화 수단으로써 지지된다. 이러한 의미에서 개방적 활동은 요구된 것 이상으로 학생들에게 기회를 제공하는 수단이었다. 하지만 반응들이 질적으로 달랐는지를 검증하기 위해, 다양성의 다른 측면들을 살펴보았다. 특히 교사들에게 학생들의 산물이나 반응의 질이 달랐는지, 학생들이 능력 수준에 맞춰서 과제를 수행하였는지에 대해 질문하였다.

질에 대한 판단

베키와 키이스는 대상 학생들의 반응을 다른 학생들과 비교하지 않았다. 오히려 그들은 평가기준을 개별화하였고 학생들의 반응을 능력에 따라 평가하였다. 이러한 요소는 활동이 일어날 수 있는 환경을 촉진하는 데 도움이 되어 왔다. 학생들은 그들의 산물에 대한 불공정한 비교 때문에 위축되지 않을 수 있었다.

키이스의 작문 시간이나 베키의 학급에서 주어진 주제에 관해 작성하는 이야기들처럼, 산물이 작문 형태일 때는 작문의 질이 학생들의 작문 능력을 드러내 준다. 지역의 작문 전문가가 내용, 구성, 유형, 기술의 질에 따라 전체적으로 작문 표본들을 채점하였다. 영재학생들이 누구인지 모르는 상태에서, 그녀는 학생들의 작문 표본만을 보고 대상 학생 중 2명을 제외한 전체 학생들의 이름을 찾아낼 수 있었다. 이는 대부분 관찰 대상 학생들이 이러한 활동에서 또래들보다 훌륭한 성과를 낸다는 사실을 보여 준다. 개방적 작문 활동은 아이들에게 언어 영역에서 우수한 능력을 보여 주는 질적으로 차별화된 반응을 보일 수 있도록 기회를 제공하였다.

개방적 활동에 대한 반응의 일부는 그림 그리기를 포함하였다. 그림 그리기 능력의 요소는 교사의 평가 기준의 일부가 아니었다. 관찰 대상 학생들이 아닌 몇몇 학생들은 정교하게 묘사하는 놀라운 그림 그리기 실력과 공간과 색채 사용의 비범함, 독창적인 아이디어를 보여 주었다. 그림의 표본들은 관찰 대상 학생들이 아무리 동기부여가 되고 능력이 있으며 조직적이라 해도 미술과 관련된 활동에서는 동료보다 언제나 잘하는 것은 아니라는 사실을 보여 주었다. 이것은 순전히 학생들의 흥미와 예술 영역에서의 능력에 달려 있기 때문이다. 사실상 이러한 형식은 영재가 아니라고 분류된 학생들에게 그림을 통해 능력과 창의적인 상상력을 표출할 수 있는 기회를 주었다.

어떤 개방적 활동에서는 교사들에게 반응들의 질이 비교적 중요하지 않은 것처럼 보였다. 베키는 수학과 과학 저널을 자신의 정보와 학급 토론을 위해 사용하였다. 그녀가 학생들이 알고 있는 가장 어려운 수학적 사실이나 학생들이 주말 동안 들었던 어떤 과학적인 사실을 써 보라고 요구했다면, 그 목적은 정보를 공유하기 위함이지 아이들의 과제의 질을 평가하기 위함은 아니었다. 예를 들어, 과학 저널에서 어떤 학생들은 그들이 써 놓은 과학적 개념을 이해했던 반면, 다른 학생들은 이해하지 못했다. 나는 인터뷰에서 과학 저널 반응에 대해 베키와 이야기했다. 그녀는 학생들이 보는 어떤 것을 과학에 연관시킬 수 있는지 알고 싶었다고 하였다. 나는 그녀에게 아이들이 정확한 과학의 법칙을 갖도록 하는 것이 중요하였는지 물었다. 그녀는 "학생들에게 그런 내용을 얘기해 주거나, 아이들이 이해해야 한다고 설명해 준 적이 없어서, 나는 분명히 아이들을 평가하려고 하지 않았던 것 같아요."라고 대답하였다.

그러므로 과학 저널 활동에서 보인 반응들의 질이 교사에게는 문제되지 않았지만, 내가 분석 목적으로 개발했던 기준(작문 내용의 명료성, 정교함, 과제의 이해, 학생의 일상 사물과 과학을 접목시키는 능력)에서는 질적 차이가 있었다. Passow의 세 가지 질문으로 돌아가 보자. 모든 아이들은 과학 저널에 참여했고(원하든 원하치 않든 간에 상관없이), 자신의 능력 수준에 맞춰 참여할 수 있었으며, 이 활동을 성공적으로 수행할 수 있었다. 그 이유는 정보를 가진 교사가 있었기 때문이었다. 독자들이 관찰 대상 학생들과 아닌 학생들

간에 질적인 차이가 얼마나 있는지 판단할 수 있도록, 4개의 과학 저널 반응 사례들을 아래에 소개하였다. 첫 번째 두 개(R1, R2)는 관찰 대상 학생들의 것이고, 나머지 두 개(R3, R4)는 베키의 학생들 중에서 무작위로 추출한 것이다. 학생들이 쓴 문자를 그대로 인용하면 다음과 같다.

R1 : 1993년 12월 14일
지난 주 과학 시간, 나는 교생 선생님이 우리들과 함께 계란 젓는 실험을 했을 때 너무 좋았다. 우리들은 한 번이나 두 번 휠을 돌릴 때 몇 번이나 계란 젓는 기구가 돌아가는지를 알아내야 했다.
R2 : 엄마가 구운 감자를 망쳐 버렸다. 엄마가 감자에 포크로 구멍을 내야 하는 것을 잊어 버렸다. 엄마가 전자레인지를 열었고 펑 소리와 함께 폭발했을 때, 감자는 산산조각이 났다. 이것은 기계와 전기를 함께 알아야 하기 때문에 과학적이다.
R3 : 토요일 아침에 트럭이 나의 장난감 차를 끌었다. 그래서 난 그걸 가게 했고, 어떻게 전기가 그것을 통해 작용하는지 보았다.
R4 : 엄마가 햄버거를 만드는 것을 보았다.

이러한 모든 과학적 반응 내용을 베키와 함께 토론한 뒤, 그녀는 "과제를 줄 때는 한 가지 이유 때문에 과제를 주었는데 결과적으로 더 많은 것을 배우게 된다는 것이 매우 흥미롭다."라고 말하였다. 이러한 반응들은 비록 간단하기는 하지만, 작문, 철자, 구성, 사고력을 나타낸다. 또한 이런 것들은 과학에 대한 학생의 인식과 흥미를 드러내 준다. 저널 활동에서 중요성은 아이들이 아는 것에 관한 것이지, 얼마나 학생들이 잘 표현하는지에 있는 것이 아니다. 반응들의 질은 비록 다르지만 이것은 활동의 목표나 교육적인 계획과는 상관없어 보인다. 베키에게 높은 수준의 반응은 과학 저널 수업의 목표가 아니었다. 대신 그녀의 목표는 단순하게 사건을 과학에 연관 지을 수 있는 학생의 능력에 대해 알려는 것이었다. 나와 함께 학생의 반응을 살펴보면서, 그녀는 생각 이상으로 학생에 대해 많은 것을 배웠다고 인정하였다. 자기표현을 위해 계획된 개방적 활동에서 질적 판단은, 비록 이러한 유형의 활동이 능력과 홍미에서 광범위한 차이를 드러낼지도 모르지만, 교사에게는 별로 중요하지 않은 듯하다.

요약하면, 반응들의 질은 임의의 기준, 각각의 개방적 활동의 맥락에 그 기반을 두고 있었다. 반응들의 질은 학생들의 능력 차이의 지표였다. 산물들이 작문인 대부분의 경우에, 반응들은 철자, 대문자의 사용, 문장 구조, 구성력 등의 언어 기술을 요구하였다. 관찰 대상 학생들의 작문 반응은 대부분 언어 영역에서 영재가 아니라고 판별된 학생들의 반응과는 확연하게 구분되었다. 대부분의 학생들이 언어 영역에서 영재로 분류되었기 때문에 그리 놀라운 사실은 아니지만, 이러한 발견은 저널 작성과 같은 개방적 활동이 이 학생들에게 그들의 역량 분야를 잘 드러낼 수 있는 기회를 제공했다는 사실을 잘 보여 주고 있다.

그런데 관찰 대상의 학생들과 다른 학생들 사이에 반응의 질을 비교하는 것이 문제의 전부가 아니었다. 특별히 나는 반응의 질이 학생들의 능력 수준과 일치하는지 알고 싶었다. 이것이 학습자들의 특징에 따라 교육을 차별화하는 활동을 나타내 주는 지표라고 생각했기 때문이었다.

반응과 활동 구조와의 관계

나는 개방적 활동 계획이 학생들에게 자신들의 능력에 맞거나 능력에 맞지 않는 방법으로 과제 수행을 선택할 수 있는 기회를 주었는지 조사하였다. 나는 교육 계획뿐 아니라 학습 태도도 학생들이 그들의 능력에 맞춰 일하게 하는 한 요인으로 작용한다고 믿었다. 교사들은 나보다 학생들의 능력 수준을 더 잘 알고 있었기 때문에, 나는 교사들에게 "반응들의 질이 학생들의 능력 수준과 일치하는가?"라는 질문을 하였다. 키이스는 "보편적으로는 그렇죠. 하지만 아주 드물지만 예외가 있어요. 어떤 교과에 특별히 반감을 갖는 학생이 있는데 이들은 최소한의 일밖에 안 해요."라고 대답하였다. 키이스는 자신의 잠재된 능력 수준에 맞춰 작문 과제를 수행하지 않는 어떤 영재학생의 사례를 말해 주었다. 키이스는 그 학생이 작문 수업에 적응할 필요가 있으며, 적응한 이후에는 그의 능력 수준에 맞게 과제를 수행할 수 있을 것이라고 생각하였다.

학생들의 반응에서 가장 가시적인 차이가 나타나리라고 기대했던 것은, 전통적인 개방적 관점에서 학생들이 산물 영역에서 가장 많은 선택을 하였던 활동들이었다. 모든 유형의 개방적 활동에서, 학생들은 집단 혹은 동료와 함께 과제를 수행할 기회를 가졌다. 재미있는 사실은, 산물 영역에서 무제한적으로 선택할 수 있으면 반응들은 차별화되기보다는 유사해진다는 사실이었다. 학생들에게 산물 영역에서 무제한적으로 선택을 제공하는 것이 반드시 그들의 산물이 다양해지는 결과를 가져오지는 않았다. 집단의 역동성, 동료들의 압력, 활동하는 동안 교사가 학생에게 제공하는 사례를 포함하여 다양한 요소들이 그들의 산물을 비슷하게 만들도록 조장하였다. 예를 들면, 학급에서 명사 표현을 설명할 때, 베키는 단순히 게임 쇼 아이디어를 제공하고, 한 집단을 제외한 모든 집단은 게임 쇼를 진행한다. 활동의 본래 의도 혹은 계획은 학생들이 명사와 관련된 언어 교재의 특정 부분을 검토하도록 하는 것이었고, 그들이 그 내용에서 배운 것을 발표하는 것이었다. 프랑스어 교사는 학생들에게 자신들만의 메뉴를 만들고, 프랑스 식당에 있는 것처럼 연극을 하라고 지시했다. 그녀가 이런 활동을 도입했을 때, 프랑스어 교사는 베키의 학생들에게 다른 학급은 레스토랑 발표에서 음식 목록을 위해 어떻게 종이를 사용했는지 알려 주었다. 그녀가 베키의 학생에게 똑같이 하도록 말하지 않았는데도, 학생들은 똑같이 했다. 그 이유는 이러한 활동들이 친구들과 공유되었고, 다른 학생들이 같은 아이디어를 사용하고 비슷한 반응을 만들어 낼 기회를 가졌기 때문이다.

활동의 구조와 이행 간의 차이점에 주목하는 것이 중요하다. 교사는 명사 발표 활동을 계획할 때, 산물 영역에서 무제한적인 선택 사항을 가지도록 계획하였다. 명사 발표 활동의 이행 단계에서 베키의 제안들은 학생들이 했던 선택들을 바꾸었을지도 모른다. 그러나 그녀의 제안이 그 활동의 원래 계획을 바꾼 것은 아니었다. 교육 계획과 관련된 모든 문제들에서처럼, 이행 방법은 학생의 경험을 바꿀 수 있는 가능성을 가지고 있다. 활동 계획에 대한 학생들의 반응의 관계를 분석하는 데서, 이행 단계에서 의도했던 계획에 영향을 줄 수 있는 요소들을 이해하는 것은 중요한 일이다.

아이디어들의 관점에서 보면, 반응에서 가장 큰 차이들은 산물 영역에서 선택 사항이 거의 없거나 아예 없는 경우에 발생한다. 다시 말해, 아이들은 같은 산물을 가져야만 하지만 내용과 과정의 영역에서는 다른 선택을 하였다. 교사가 내용과 과정 영역에서 제공하는 선택 사항이(산물 영역에서만이 아니라) 학생에게 창의적인 사고를 할 수 있는 기회를 준다는 것을 인식하는 것이 중요하다.

ABC 이야기 활동은 같은 산물의 한계 내에서 아이들의 아이디어의 차이를 잘 보여 주는 사례다. 아이들은 각 문장을 다음 알파벳 문자로 시작하여 이야기를 쓰도록 지시받았다. 산물은 구조화되어 있지만, 내용 영역에서는 차이점이 발생하였다. 이야기는 아주 창의적인 반응 형태로 만들어졌다. 보편적으로 아이들은 내용 영역에서 선택권을 가지는 것을 즐기는 것처럼 보였다. 키이스 학급에서의 작문, 소리 내지 않고 읽기, 자유 시간, 토론 시간에서처럼 활동이 무제한적인 선택 사항을 제공할 때, 학생들의 흥미에서의 차이가 가장 많았다.

자료는 산물 영역에서 사실상 선택 사항이 없는 개방적 활동에 대한 반응들이 차별화된다는 것을 암시하였다. 이러한 활동들은 학생들의 학문적 능력, 창의적인 사고, 개인적인 흥미를 드러냈다. 대조적으로 산물 영역에서 무제한적인 선택 사항이 있을 때의 활동들은 대부분 집단 지향적이었고, 개인적 능력과 흥미, 선호하는 학습 유형에 따른 차이를 보기 어려웠다.

선택과 관련된 차이들

과정 영역에서 무제한으로 선택 사항이 제공되는 특정 유형의 개방적 활동에서, 학생들이 비슷한 능력을 갖거나 같은 인종의 동료들과 이러한 활동들을 수행하려고 선택한다는 점은 기대하지 않은 발견이었다. 이런 측면에서 학급의 사회, 학습구조는 능력과 인종에 따라 집단으로 조직되었다. 이것은 교사가 학급을 집단화하는 데 의도적으로 결정을 내리는 전통적인 교육과는 다르다. 개방적 활동은 학생들에게 학급 내 집단을 결정하도록 하고, 결국 스스로 선택한 집단화 패턴을 갖게 하였다. 또한 개방적 활동은 학생들이 자신들과 비슷한 능력을 가진 학생들과 과제를 수행하는 것을 선호한다는 것을 보여 주었다. 꾸준히 시간을 두고 함께 일함으로써, 높은 능력을 가진 학생들은 함께 일하는 낮은 능력을 가진 학생들보다 다른 학습기회들을 경험하고 있었다.

학생들은 기회가 주어지면 함께 일하는 동료를 선택하는 것 외에도 다른 선택을 꾸준히 하려고 하였다. 다섯 가지 사례 연구를 통해 기술된 일관성의 패턴들은 학생들이 선호하는 학습 유형을 가지고 선호하는 동료들과 함께 과제를 수행하도록 하였는데(Hertzog, 1997) 이는 도전적이기보다는 그들이 편안한 수준에서 일하는 것을 선택하도록 하는 데 기여하였다. 따라서 비록 개방적 활동에 대한 그들의 반응이 차별화되었고, 교육과정 차별화에 대한 수단을 제공하였지만, 그 활동들은 아이들의 최대 능력치를 반드시 보여 주지는 않았다.

요 약

요약하면, 연구결과는 개방적 활동에 대한 관찰 대상 학생들의 반응이 영재로 분류되지 않은 학생들의 반응과 질적으로 차이가 난다는 것을 보여 주었다. 관찰 대상이 된 학생들과 그렇지 않은 학생들 간의 학습자 반응들이 질적으로 다르다는 사실을 사용하려는 의도를 가진 교사가 반드시 관찰하는 것은 아니었다. '일반적인' 교육과정의 내용, 과정, 산물 영역에서의 차이는 교사의 선택이 아니라 학생의 선택들을 통해 명백해진다. 차별화는 교사가 다르고 더 복잡하고 더 모호한 것을 제공하는 데서 나오는 것이 아니라, 학생들이 선호하는 학습 유형에 따라 나온 방식으로부터 더욱 심화되고 더 높은 수준의 기술로 반응할 때 발생하였다.

논의 사항

모든 아이들이 동시에 같은 일을 하지만 반응에서는 다양한 반응을 보인다는 개념은 우리에게 영재교육에서 차별화를 정의하는 이전의 기준들(의지와 가능성과 당위성의 진술들)을 초월하도록 요구한다. 학생들의 반응의 본질에 대한 이러한 검토는 영재교육 분야에서 교육과정 차별화의 의미와 본질에 대해 좀 더 깊이 있게 살펴보게 한다.

어떤 학생의 반응이 질적으로 다르다고 한다면, 그 질을 누구와 비교하여야 하고, 어떻게 측정하여야 하는가? 본 연구에서 나는 관찰 대상 학생들의 반응과 관찰 대상이 아닌 학생들의 반응과의 관계에 대해 교사들보다 더 흥미를 가졌다. 본 연구에서 두 명의 교사들은 개별 학생의 능력에 대한 그들의 믿음에 따라 개방적 활동에 대한 학생들의 반응을 평가한 것이지, 모든 학생들에 대해 동일한 기준을 가지고 평가를 한 것은 아니었다. 인터뷰에서 교사들은 각 학생에 대해 다른 기대를 가졌고 그러한 기대에 따라서 학생의 작업을 평가했다고 말했다. 이러한 사실로 미루어 볼 때, 개방적 활동을 평가하는 기준을 제공하는 것은 교사들에게 중요한 것이 아닐지도 모르고, 평가에 대한 표준이 적용될 때 차별화는 일어나지 않을지도 모른다. 키이스는 관찰 대상의 학생들이 시간을 많이 가지고, 정교하고 개방적인 활동에 더 관여한다는 것을 언급하면서, 인터뷰에서 다음과 같이 이야기하였다.

나는 이것이 여러분들(학생들)이 수행해야 할 기준이라고 말하지 않았기 때문에(즉, 수행기준을 제시하지 않았기 때문에) 활동을 더 장려한 측면이 있다고

영재를 위한 차별화 교육과정

봅니다. 이렇게 하면 만족스럽게 될 것이라는 것과 같이 말입니다. 어떤 활동이 과제가 요구하는 것 이상이라면, 어떻게 하실 건가요?

기준에 대해 언급하는 것과 그러한 기준을 완성하기 위해 최소한의 것만 하는 학생들에 대한 염려는 영재로 판별된 학생들의 수행과 관련하여 최소 능력의 효과에 대한 논쟁으로 이어진다. 또한 교사가 학생들에 대한 기대와 평가를 개별화한다는 것은 개별화와 차별화 교육 사이의 차이를 분명히 하는 데 계속적인 어려움으로 이어진다. "영재를 위해 교육과정을 차별화하는 것은 근본적으로 교육과정을 개인과 집단의 학습 욕구와 능력과 유형에 좀 더 잘 맞춰 보려는 과정이다."(1982, p. 6)라는 Passow의 정의를 참고하면서, 개별화된 기대들이 개방적 활동으로부터 나온 반응에 적용된다는 것을 알 수 있다. 개별화는 개인별로 반응을 평가할 때 생겨나는 것이지, 특정 아이에게 차별화된 유형의 과제를 부여할 때 생겨나는 것이 아니다.

이러한 발견은 예기치 못한 또 다른 문제를 제기한다. 과정 영역에서 학생들의 선택을 허용한 개방적 활동들은 아이들이 자발적으로 동료를 선택하게 함으로써 학급에서 집단화된 학습경험을 하는 데 기여했을지도 모른다. 다시 말해, 집단 작업의 질과 다양성은 집단의 능력 범위와 직접적으로 연관되었다. 능력 집단화에 대한 방대한 연구결과를 여기서 부연하지는 않겠다. 하지만 "특히 심화(enrichment)가 학급 내에서의 능력 집단화의 실행 혹은 풀 아웃 프로그램의 일부일 때, 심화를 위한 능력 집단화는 일반적인 성취, 비판적 사고, 영재학습자를 위한 창의성에서 실질적인 학문적 성과를 만들어 낸다."(Vaughn, 1990; Rogers 인용, 1991, p. 2에서 재인용)라는 주장을 언급할 필요가 있다. 이러한 학급 상황에서 영재라고 분류된 아이들은 비슷한 능력을 가진 아이들과 함께 집단으로 일함에 따라서 작업의 질이 변화하였다. 그러므로 스스로 선택한 집단화 과정을 허용하는 개방적 활동들은 반응의 질을 차별화시키는 수단을 제공하였다. 다른 한편으로 차별화된 집단화는 일부 학생에게만 학습기회의 질을 변화시킴으로써 교실에서의 민주성을 침해했을지도 모른다. 따라서 모든 것을 포함하는 환경들은 학급 수업 활동의 맥락에서 발생하는 능력의 집단화를 막지 못하였다.

의의와 한계

연구의 의의

교육 수행자들을 위한 본 연구의 의의는 여러 가지다. 개방적 활동들에 대한 반응들이 어떻게 질적으로 다른지를 결정하기 위하여 활동의 목표에 대한 맥락적 기준을 사용하여 반응들을 측정해야 한다. 평가문제는 교육을 실행하는 수행자 입장에서 중요하다. VanTassel-Baska(1994)는 영재를 등급을 매기고 평가하는 일에 대해 다음과 같은 의문을 제기하였다.

> 영재는 보통 사람보다 좀 더 훌륭하게, 좀 더 많은 것을 하도록 기대되어야 하는가? 아니면 완전히 다른 기준(일반적인 상황에서 높은 성취자라는 명예를 주고 모집단에 기초한 (상위 몇 %에 속해야 한다는) 엄정한 패턴은 바뀌지 않는)에 따라 판단되어야 하는가?(p. 69)

아이들이 학습하는 방법에 대한 교사들의 가치 체계와 가정들은 학습자 반응들을 평가하는 기준과 방법을 결정하는 데 많은 도움을 주었다. 본 연구에서는 두 교사의 학생들에 대한 기대에 따라 학생들의 반응을 평가하였다. 이것이 개별화된 방법인 듯하지만, 아이들에 대한 상대적인 평가가 일부 학생들의 수행의 최대치를 낮추는 역할을 할지도 모른다는 의문이 제기되어야 한다. 차별화는 다른 반응들과 반응의 질이 다른지, 또한 학생 수행의 최대치가 표출되었는지를 반영해야 한다. 차별화는 학생의 수행을 극대화하는 분명한 개념적 의미를 가져야 한다. 이것은 교수 혹은 반응들을 다른 개인과 비교하려는 요구를 제거해 준다. 차별화는 최대한의 수행과 관계가

영재를 위한 차별화 교육과정

있기 때문에 그 속성상 개인적인 것이다. 본 연구에서 교사들은 직관적으로 반응의 질이 학생 자신의 능력과 관련해서 평가되어야 한다고 믿었다.

교사들이 개방적 활동을 사용하고, 학생들의 반응이 그들의 능력과 일치할 때 교육과정과 교육의 차별화가 일어난다는 제안 교육과정의 차별화가 속진학급과 같은 다른 차별화의 수단을 이용해서 발생하지 않는다는 의미는 아니다. 하지만 이것은 '교육자가 교육과정을 차별화한다는 것은 다른 집단의 학생들에게 유용한 다른 지식을 제공하는 것'(Oakes, Gamoran, & Page, 1992, p. 570)이라는 신념에 도전한다. 본 연구에서 교사들은 다른 지식을 제공해서 차별화를 실행한 것이 아니라, 학생들이 각기 다른 방법으로 다른 내용 영역을 추구할 수 있도록 선택권을 부여함으로써 차별화를 실행하였다. 그러므로 개방적 활동을 사용하는 교육자, 학생들에게 그들의 수행을 최대화할 수 있는 방법으로 지식과 상호작용하기 위한 선택권을 줌으로써, 동일한 지식을 이질적인 집단의 학생들에게 유용하게 만들었다.

'차별화'란 단어에 대한 강조는 영재교육을 담당하는 우리들이 방어적인 입장이 되도록 만들어 왔다. 차별화가 '좀 더 나은' 교육과정(Oakes et al., 1992)을 추구하고 제공하는 것과 동일한 의미라는 믿음은 이질적인 집단으로 이루어진 학급에서 교육적 전략으로써 차별화의 개념을 운용하는 것을 허용하지 않는다.

연구의 제한점

개방적 활동들과 관련하여 질적으로 다른 개념을 조사하는 것은 교육과정 차별화의 본질을 조사하는 새로운 관점을 제공해 주었다. 나는 개방적 활동들을 교육과정 차별화를 제공하는 다른 방법들이나 교수 전략들과 비교하지 않았다. 본 연구로부터 개방적 활동들이 영재 연구에서 기술된 다른 전략들(예를 들어 심화된 내용, 속진학급, 압축된 교육과정)보다 교육을 차별화시키는 더 좋은 수단을 제공한다고 생각하지 않는다.

또한 학습자 반응의 차별화가 개방적 활동을 수행하는 교사가 있는 학급에서 반드시 발생한다고도 생각하지 않는다. 이러한 교사들은 학생의 요구에 잘 부응하기 위하여, 그리고 교실에서 교육과정 차별화 원칙을 적용하기 위하여 동기부여가 잘 되어 있고 기술을 가지고 있었다. 또한 교사들은 '가장 좋은 시나리오'를 제공하기 위해 선택되었다. 개방적 활동을 수행함에서 그들의 차별성들은 교육을 차별화하기 위해 이러한 전략을 사용하는 데 내포된 복잡성을 잘 드러내 준다.

본 연구의 자연주의적 계획은 교사가 자신의 믿음들, 패턴들, 가르치는 스타일에 따라 개방적 활동을 한다는 사실을 깨닫게 해 주었다. 개방적 활동을 계획하는 것은 다양한 분야, 주제, 내용 영역을 통해서 상호작용을 일으키고 참여하도록 하는 이 교사의 방법론에 속하는 것이었다. 앞서 이야기했듯이, 선택 사항이 내용 영역에서 제공되었을 때 반응은 아주 극단적으로 다르게 나타났으며, 이는 활동의 내용이 교육과정을 개별화하고 차별화하는 데 매우 중요한 역할을 한다는 사실을 입증해 주었다.

나는 본 조사가 저널 작문, 이야기 작문 등의 시간에 일어난 학습을 진술하지 않았다고 지적한 한 심의자의 의견에 동의한다. 학습은 '시간을 두고 점진적으로 발생'(Anderson & Burns, 1989, p. 16)하고 대체로 눈에 보이지 않지만, 나는 본 연구가 암묵적으로 다음과 같은 학습에 대한 견해를 드러낸다고 믿는다. 그 견해는 시간을 두고 학습자 반응을 조사하고, 그러한 반응을 학생의 능력과 관련시킴으로써 '학생들이 기존 지식을 조직하는 방식과 새로운 정보와 경험을 수용하기 위해 조직을 변화시키는 것 사이의 상호작용을 인식하는 것'(p. 42)이다. 나는 그 심의자의 통찰력 있는 질문에서 더 나아가 '이러한 자기표현의 형태가 실제도 학습을 반영한다는 것을 우리가 어떻게 알고 있는지'(익명의 심의자, 1996)에 대해 흥미를 느끼게 되었다. 교육과 학습과정에서 개방적 활동의 역할과 관련된 계속적인 연구가 이루어지기를 바란다.

개방적 활동이 교사들에게 어느 정도까지 학생들에 대한 지식을 제공했

영재를 위한 차별화 교육과정

는지 탐구하는 연구들은 본 연구를 보완해 줄 것이다. 덧붙여서 영재의 특성보다는 학습 특징과 연관시켜서 개방적 활동을 조사하는 것이 흥미로울 것이다. 이러한 연구결과를 기반으로 나는 '성과를 덜 내는 학생들은 혼자 능력에 맞춰서 질문에 답을 하는 개별 학습지를 더욱 좋아할지도 모른다.' (Métz, 1978)는 신념에 의심을 품게 되었다. 나는 영재로 분류된 학생들을 대상으로 삼았지만, 내가 대상으로 삼지 않았거나 영재로 분류되지 않은 많은 학생들이 동료와 함께 과제를 수행하고, 그림을 그리거나 작문을 쓰고, 평범하지 않은 방식으로 그들을 표현할 수 있도록 한 활동들을 즐기는 것 같았다. 본 연구에서는 영재들이 다른 학생들보다 개방적 활동을 더 많이 즐기거나 그 활동으로부터 더 많은 이익을 얻는지는 비교하지 않았다.

요약과 결론: 교육과정 차별화와 그 이상을 넘어

나는 교육과정 차별화에 대한 포괄적인 연구 검토와 함께 본 연구를 시작하였다. 개방적 활동의 본질을 연구하면서 얻은 자료들을, 영재로 분류된 학생들의 반응이 영재로 분류되지 않은 학생들의 같은 활동에 대한 반응과 어떻게 질적으로 다른지를 보여 주기 위해 사용하였다. 개방적 활동에 대한 학생의 반응들을 조사하면서 Maker(1982)가 제안한 가치가 있고 모호한 용어인 '질적으로 다르다'는 의미에 대한 담론을 촉발시켰다.

게다가 개방적 활동들에 대한 확장된 개념은 다른 형태의 개방적 활동들을 비교하고 논의하는 데 기반을 제공해 주었다. 연구결과들은 산물이 제한된 학생 선택으로 이루어졌고, 한정적이면서 '개방'되어 있지 않았을 때도 학습자 반응의 차별화가 발생한다는 것을 보여 주었다. 다른 교육적 목표를 위해 교사들이 개방적 활동을 다양한 방법으로 구조화하는 것은 지속적으로 탐구할 가치가 있다. 교사들은 산물의 형태를 비언어적, 언어적 반응 모두를 허용할 수 있게 변화시키기를 원할 수 있다. 이것은 모든 학생들에게 강점을 표현하고 이러한 강점이 공유될 수 있는 더 많은 기회를 제공할 것이다. 교사교육이나 인식이 교사들의 능력을 어떻게 발전시키고 다양한 교육적 목적을 위해 개방적 활동을 이행하도록 어떻게 격려하는지 연구하는 것은 흥미로울 것이다.

영재 프로그램들은 전통적으로 학생들이 자신의 학습 유형으로 작업하고 흥미를 쫓아가도록 기회를 제공해 왔다. 영재 프로그램에 참여한 학생들에 대해, Renzulli는 다음과 같이 언급하였다.

> 영재들을 위한 수많은 프로그램에서 평가 작업을 하면서 보편적으로 발견할 수 있었던 것은 학생 만족의 가장 큰 원천은 학생들이 가장 편안하게 느끼는 상태에서 그들 자신이 선택한 주제를 추구하는 자유였다(Shore et al. 인용, 1991, p. 107에서 재인용).

본 연구의 결과로 나는 개방적 활동이 일반적인 교육환경에서 그러한 자유를 제공하는 강력한 교수전략이라고 주장한다. 교사들이 학생들의 흥미, 학습 유형, 능력을 드러낼 수 있도록 개방적 활동을 계획하는 것을 옹호한다. 그러한 역할에서 개방적 활동이 영재학생들뿐 아니라 모든 학생들에게도 가치가 있다고 믿는다. 더욱 조심스럽게 교사들이 제공하는 선택에 주의를 기울일 것과 활동을 수행하는 것이 학생의 선택과 반응에 어떠한 방식으로 영향을 미치는지에 주의를 기울일 것을 촉구한다.

글을 마무리하며 교육과정 차별화의 의미에 대해 계속 대화하기를 제안한다. 이 분야에서 우리는 '해야 한다는 당위성의 진술'과 우리가 모든 학생들에게 제공하는 것과 영재들에게 제공하는 것 사이의 비교를 뛰어넘어야 한다. 우리는 교육 실천가들에게 '학습자의 재능과 능력에 맞춰 반응을 이끌어 내는' (Passow, 1982, p. 6) 차별화의 이행이 어떻게 모든 학급에 적용될 수 있는지를 알려 주어야 한다. 그리고 학생들의 능력을 극대화할 수 있는 교육과정 전략에 대한 체계적인 연구를 계속 해야만 한다.

영재를 위한 차별화 교육과정

📝 참고문헌

Anderson, L. W., & Burns, R. B. (1989). *Research in classrooms. The study of teachers, teaching and instruction.* Oxford; Pergamon Press.

Beck, J. (1992, February 6). The educational mainstream drowns gifted children. *Chicago Tribune*, p. 23.

Callahan, C. M. (November, 1995). (Moderator). *Beyond the LTI principles– What is appropriate curriculum for the gifted?* Symposium at the 42nd Annual Convention of the National Association for Gifted Children, Tampa, Florida.

Delisle, J. R. (1994). Perhaps I know the wrong teachers. *Roeper Revuew, 16,* 225-226.

Denzin, N. K. (1978). *The research act: A theoretical introduction to sociological methods.* (2nd ed). New York: McGraw-Hill.

Hertzog, N. B. (1995). *Investigating the nature of open-ended activities.* Unpublished doctoral dissertation, University of Illinois, Champaign-Urbana.

Hertzog, N. B. (1997). Open-ended activities and their role in maintaining challenge. *Journal for the Education of the Gifted, 21,* 54-81.

Huberman, A. M., & Miles, M. B. (1994). Data management and analysis methods In N. K. Denzin & Y. S. Lincoln (Eds.), *Handbook of qualitative research* (pp. 428-444). London: Sage Publications.

Jackson, P. W, (Ed.). (1992) *Handbook of Research on Curriculum*, NY: Macmillan Pubishing.

Janesick, V. J. (1994). The dance of qualitative research design: Metaphor, methodolatry, and meaning. In N. K. Denzin & Y. S. Lincoln (Eds.), *Handbook of qualitative research* (pp. 209-219). London: Sage Publications.

Kaplan, S. (1974). *Providing programs for the gifted and talented: A handbook.* Ventura, CA: Office of the Ventura County Superintendent of Schools.

Kaplan, S. (1986). The grid: A model to construct differentiated curriculum for the gifted. In J. S. Renzulli (Ed.), *Systems and models for developing programs for the gifted and talented* (pp. 180-193). Mansfield Center, CT: Creative Learning Press.

Lincoln, Y. S., & Guba, E. G. (1985). *Naturalistic inquiry.* Beverly Hills, CA: sage.

Maker, C. J. (1982). *Curriculum development for the gifted.* Rockville, MD: Aspen Systems Corporation.

Maker, C. J. (1986). Suggested principles for gifted preschool curricula. Topics in *Early Childhood special Education, 6*, 62-73.

Marland, S., Jr. (1972). *Education of the gifted and takented* (Report to the Congress of the United States). Washington, DC: U.S. Department of Education.

McGarthy, P. (1992, January 28). Dull work for bright students. *The Boston Globe*, p. 1.

Metz, K. E. (1978). Children's thinking in primary social studies curricula. *Elementary School Journal, 79*(2), 115-121.

North Carolina State Department (1988). *Program options for the academically gifted* (1998). North Carolina State Department of Public Instruction. Raleigh Division for Exceptional Children.

Oakes, J., Gamoran, A., & Page, R. N. (1992). Curriculum differentiation: Opportunities, outcomes, and meanings. In P. W. Jackson (Ed.), *Handbook of Research and Curriculum* (pp. 570-608).

Passow, H. A. (1982). *Differentiated curricula for the gifted/talented.* Ventura. CA: Ventura County Superintendent of Schools Office.

Patton, M. Q. (1980). *Qualitative avaluation methods.* Beverly Hills, CA: Sage.

Reis, S. M., Westberg, K. L., Kulikowich, J., Caillard, F., Hébert, T., Plucker, J., Purcell, J. H., Rogers, J. B., & Smist, J. M. (1993). *Why not let high ability students start school in January? The curriculum compacting study* (Research Monograph No. 93106). Storrs: University of Connecticut, The Natuonal Research Center on the Gifted and Talented.

영재를 위한 차별화 교육과정

Renzulli, J. S. (1977a). *The enrichment triad model: A guide for developing defensible programs for the gifted and talented.* Mansfield Center, CT: Creative Learning Press.

Renzulli, J. S. (1977b). *The interest-a-lyzer.* Mansfield Center, CT: Creative Learning Press.

Renzulli, J. S., & Smith, L. H. (1978). *Learning styles inventory: A measure of student preference for instructional techniques.* Mansfield Center, CT: Creative Learning Press.

Robinson, A. (1995). A decade of scholarship: The Gifted Child Quarterly Paper of the Year. *The Gifted Child Quarterly, 39*(4), 193-194.

Rogers, K. B. (1991). *The relationship of grouping practices to the education of the gifted and talented learner,* Storrs, CT: National Research Center on the Gifted and Talented.

Sapon-Shevin, M. (1993). Gifted education and the protection of privilege: Breaking the silence, opening the discourse. In L. Weiss & M. Fine (Eds.), *Beyond silenced voices* (pp. 25-44). Albany, NY: State University of New York Press.

School District 116. (1990). *State mandated gifted comprehensive plan.* Urbana, IL: Author.

Shore, B. M., Cornell, D. G., Robinson, A., & Ward, V. S. (1991). *Recommended practices in gifted education.* New York: Teachers College Press.

Van Manen, M. (1990). *Researching lived experience. Human science for an action sensitive pedagogy.* Albany, NY: The State University of New York.

VanTassel-Baska, J. (1994). *Comprehensive curriculum for gifted learners.* (2nd ed.). Boston: Allyn & Bacon.

Ward, V. (1961). *Education for the gifted: An axiomatic approach.* Columbus, OH: Charles E. Merrill Books.

Westberg, K. L., Archambault, F. X., Jr., Dobyns, S. M., & Salvin, T. J. (July, 1993). *An observational study of instructional and curricular practices used with gifted and talented students in regular classrooms. Executive Summary.* Storrs, CT: National Research Center on Gifted and Talented, The University of Connecticut. Research Monograph 93103.

06

교육과정 압축과 성취검사 점수:
연구결과의 시사점[1]

Sally M. Reis, Karen L. Westberg, Jonna M. Kulikowich,
& Jeanne H. Purcell(University of Connecticut)

이 연구에서는 시골 및 교외 지역과 도시 지역의 이질 집단 교실에 있는 2학년부터 6학년에 이르는 고능력 학생 336명의 성취검사 점수에 교육과정 압축이 미치는 영향을 조사하였다. 교육과정 압축은 학생이 이미 숙달한 교육과정 자료를 제거하고 보다 적절한 학습활동으로 대체하려는 전략이다. 이 실험연구에 참여한 세 실험집단 및 통제집단의 교사는 수업에 앞서 우수한 능력과 상급의 내용 지식을 가진 학생을 한 명에서 두 명까지 선발하였다. 그들은 이 학생을 위해 여러 내용 영역들에 걸쳐 교육과정의 40~50%를 제거할 수 있었다. 학생의 사전ㆍ사후 성취점수는 아이오와 기초기능검사(Iowa Test of Basic Skills)를 이용하여 조사하였고 한 학년 높은 검사를 천장효과(ceiling effect)를 막기 위해 사용하였다. 연구결과에 따르면, 압축 교육과정을 적용한 학생의 성취검사 점수는 압축 교육과정을 적용하지 않은 학생의 성취검사 점수와 차이가 없었다. 전국 단위의 연구를 통해 얻은 이러한 결과는 교육과정 압축으로 학생의 성취검사 점수 저하를 염려하는 교사의 불안을 최소화해 준다.

---

1) 편저자 주: Reis, S. M., Westberg, K. L., Kulikowich, J. M., & Purcell, J. H. (1998). Curriculum compacting and achievement test scores: What does the research say? *Gifted Child Quarterly, 42*(2), 123-129. ⓒ 1998 National Association for Gifted Children. 필자 승인 후 재인쇄.

최근의 연구에 따르면, 높은 능력과 높은 성취를 보이는 많은 학생이 정규 교실에서 대부분의 시간을 보내고 있으며, 정규 교실에 있는 고능력의 학생을 위한 교육과정상의 변화는 거의 없는 것으로 나타나고 있다(Archambault et al., 1993; Purcell, 1993; Renzulli & Reis, 1991; U.S. Department of Education, 1993; Westberg, Archambault, Dobyns, & Salvin, 1993). 높은 능력과 높은 성취를 보이는 학생의 학업 욕구에 대응할 수 있도록 여러 가지 교수전략이 권고되고 있으나 차별화 전략은 잘 이용되지 않고 있다.

상급의 내용, 고등 수준의 질문 기술, 교육과정 압축, 개인 연구, 계단식 과제, 융통성 있는 집단 조직 등을 포함하여 높은 능력을 가진 학생을 위한 교육과정과 수업을 차별화하는 데는 여러 전략들이 이용될 수 있다. 이러한 전략 사용에 대한 경험 연구가 거의 없어 교육과정 압축에 대한 이 연구는 이런 면들을 알아보기 위한 것이다. 교육과정 압축(Reis, Burns, & Renzulli, 1992; Renzulli & Reis, 1985; Renzulli & Smith, 1978)은 수업에 앞서 교육과정 목표에 능숙함을 나타내는 학생을 위한 학습목표를 합리화하는 데 이용되어 온 수업전략이다. 이는 높은 능력과 높은 성취를 나타내는 학생의 욕구를 중요하게 다루는 방법으로써, 교육 전문가들이 널리 인식하고 제안하여 왔다(Barbour & Kiernan, 1994; George, 1995; Winebrenner, 1992). 교육과정 압축과정은 압축기(the Compactor, Renzulli & Smith)라 불리는 문서를 이용하는 데, 이것은 기록 보관을 가능하게 하는 것이다. 압축기의 양식은 세 개의 열을 포함하는데, 이것은 교육과정 압축과정의 단계들에 대응하는 것이다. 교사는 첫 번째 열에 학생이 교육과정의 단원을 시작하기에 앞서 알고 있는 것을 기록한다. 두 번째 열은 학생이 숙달해야 하는 개념이나 자료를 교사가 지시해 주는 공간이다. 세 번째 열에는 교육과정이 압축된 학생을 위해 심화나 속진을 하게 하는 적절한 대체 활동들을 작성해 준다. 다음의 사례연구는 교육과정 압축을 이용하는 예를 제공한다.

샤노아(Shanoah)는 대도시에 살고 있는 9세 아동으로 4학년이다. 학교에서 첫 학기가 시작되었을 때 교사는 2주 내에 샤노아가 책을 아주 많이 읽

> ### 연구의 활용도
>
> 대부분의 교육자는 교육과정 개작(adaptation)이 정규 교육과정을 숙달한 학생에게 제공되어야 한다고 하지만, 이전의 연구를 통해 보았을 때 전국을 통틀어 대부분의 교실에서는 실제적인 교육과정 압축이 소수이거나 존재하지 않음을 나타낸다. 교육과정 압축은 높은 성취를 나타내는 학생의 욕구에 대응하기 위해 권고되어 온 개작의 한 형태이며 이 논문에서 보고하는 연구결과에서는 그 활용을 지지한다. 연구결과는 평가 문제 때문에 교육과정 개작의 활용을 주저해 온 교사 및 행정가들의 걱정을 경감시켜 준다. 이 연구는 교사가 내용을 숙달한 학생을 위해 정규 교육과정 내용의 40~50%를 제거했을 때 규준이 마련된 전국 단위의 검사점수에서 하강을 나타낼 것이라는 불안 없이도 유능한 학생에게 교육과정 압축을 실행할 수 있음을 나타내 주었다.

는 아이라는 것을 알아차렸다. 그는 주 단위의 완전학습 검사에서 그녀가 받은 점수를 검토해 보고, 그녀가 읽기 및 쓰기와 관련된 모든 검사들에서 상위 90% 이상의 백분율 점수를 받았음을 발견하였다. 샤노아는 글의 이해와 추리에서는 100%의 점수를 받았고, 평가 기술에서는 90%의 점수를 나타내었다. 쓰기와 관련하여서는 자기 학년에서 요구되는 기술의 100%를 숙달하였다.

샤노아는 수업에서 활동적이었고 보다 많은 도전적 과제를 자주 요구했으며, 때때로 주변의 학생을 방해하기도 하였다. 교실에서 그녀의 읽기와 쓰기 활동이 압축될 필요가 있음이 분명하였다. 교사는 그녀가 숙달한 읽기 기술과 관련된 워크북 숙제를 감해 주었고 기본적인 쓰기 숙제도 마찬가지로 없애 주었다. 읽기와 쓰기에서 샤노아가 이해한 정도까지 교사는 그녀가 선택한 주제로 상급의 읽기를 대체시켰고 창의적인 쓰기 과제를 선택할 수 있도록 해 주었다. 압축을 한 결과로 얻은 시간을 통해 교사와 샤노아는 여러 가지 심화활동을 추구하였다. 그녀는 즐거움을 위한 독서, 스스로 선택한 매월의 독서 프로젝트, 아프리카에서 온 미국인의 역사에 대한 흥미 추구, 학교 신문의 공동 편집인 등을 선택하였다. 샤노아는 4학년을 보내는 동안 이러한 심화활동 모두를 하였다.

교육과정 압축에 대한 연구는 높은 성취를 보이는 학생이 수업을 받기 전에 배워야 할 내용의 40~50%를 이미 알고 있음을 나타내었다(Reis et al., 1993). 이 연구와 교육과정 압축에 대한 다른 연구에서 교육과정 압축이 널리 행해지지 않은 이유를 교사에게 물었을 때, 교사는 사전평가와 차별화하기 위한 준비 부족, 보충 수업을 준비하는 데서의 시간 부족, 대체 학습활동에 필요한 심화 자료의 구입을 방해하는 재정상의 문제 등을 이유로 들었다(Imbeau, 1991; Westberg, Archambault, & Brown, 1997). 교사가 많이 제시한 이유들 중의 하나는 압축 교육과정을 적용한 학생이 주 단위의 숙달검사와 다른 표준화된 성취검사에서 좋은 점수를 받지 못할 것이라는 두려움이었다. 많은 교사는 낮은 점수를 받게 될까 봐 높은 능력을 가진 학생에게조차 어떤 기술이든지 하는 것을 행정가들이 원하지 않는다고 하였다.

교육과정 압축이 초등학교 학생의 학업성취에 미치는 효과에 관해 교사가 갖는 의문에 답할 만한 경험연구는 거의 없다. Schultz(1991)는 중서부 지역에 있는 학교를 대상으로 교육과정 압축이 초등학교 4학년 학생의 수학에 미치는 효과에 대한 연구를 수행하였다. Schultz의 연구에 참석한 132명 학생의 학업성취는 아이오와 기초기능검사(Iowa Tests of Basic Skills)의 하위검사들인 수학 개념, 수학적 문제해결, 수학 계산을 이용하여 10월과 5월에 측정하였다. Schultz는 어떤 수학 하위검사에서도 실험집단과 통제집단 간에 의미 있는 차이가 없었다고 보고하였다. 압축 교육과정을 적용한 학생은 압축 교육과정을 적용하지 않은 또래들과 마찬가지로 똑같이 성취하였다.

여기에서는 교육과정이 압축된 초등학교 학생의 학업성취를 조사한 전국 단위의 연구결과를 제시하겠다. 이 연구는 세 가지 연구문제를 가지고 진행되었다.

1. 하나 혹은 그 이상의 내용 영역에서 교육과정이 압축된 학생은 교육과정이 압축되지 않은 학생에 비해 성취의 측정에서 다르게 수행하는가?

영재를 위한 차별화 교육과정

2. 수학에서 교육과정이 압축된 학생은 성취의 측정에서 통제집단의 학생과 다르게 수행하는가?

3. 언어 영역에서 교육과정이 압축된 학생은 성취의 측정에서 통제집단의 학생과 다르게 수행하는가?

이 연구의 질문과 관련된 연구결과는 교육과정이 일부 제거된 학생과 교사가 다양한 대체 전략을 활용한 학생의 학업성취와 관련된 질문에 답하는 데 이용할 수 있다.

교육과정 압축 연구

표 본

27개 지역 학교와 국립영재연구소(The National Research Center on the Gifted and Talented: NRC/GC)의 일부인 협력 학교에서 2~6학년의 담당교사 436명이 이 연구를 위해 선발되었다. 여기에서는 학생 336명의 성취검사 자료가 보고된다. 이 자료는 아이오와 기초기능검사의 모든 하위척도에서의 사전검사와 사후검사 점수를 제시해 준다. 이 연구에 참여하기 위해 지역들은 두 가지 준거를 만족시켜야 한다. 압축된 교육과정으로 어떤 사전 훈련도 없어야 하고, 실험집단이나 통제집단의 하나에 무작위로 할당되는 것을 기꺼이 수용해야 한다. 경제적으로 혜택받지 못하고, 영어가 유창하지 못하고, 장애를 가진 학생을 포함하여 다양한 인구통계를 가진 지역을 연구 대상으로 삼기 위해 많은 노력이 있었다. 이 연구에 참여한 지역은 전국의 초등학교들을 대변하며, 와이오밍에 있는 작은 시골 학교부터 캘리포니아에 있는 라틴 아메리카계 학생을 위한 학교에 이르기까지 다양하다. 지역 학교들은 통제집단이나 교육과정 압축에 대해 많은 시간 동안 현직연수를 받은 교사가 있는 세 개 실험집단 가운데 하나에 무작위로 할당되었다.

교사는 교육과정 압축과 교육과정이 수정될 필요가 있는 학생의 특성에 대해 스태프 개발을 받은 후에, 그들의 교실에서 한두 명의 학생을 선발하였다. 학생은 영재로 판별되어 그 지역의 프로그램에 참여했거나 교육과정 압축으로 이익을 얻을 것으로 나타나는 내용 영역에서 높은 성취를 보인 학생이다. 학생은 처치와 교육과정 압축이 전체 수업에서보다는 개별 학생에게 제공되기 때문에 분석의 단위로 활용되었다.

해당 학년보다 한 학년이 높은 아이오와 기초기능검사의 여러 하위검사들을 학생에게 가을에 실시하였고(사전 성취검사), 다시 5월 말이나 6월 초에 검사를 실시하였다(사후 성취검사). 한 학년 상급의 읽기와 수학 개념 하위검사에서 모든 학생의 백분율 중앙값은 93이었다. 한 학년 상급의 수학 계산 하위검사에서 백분율 중앙값은 90이었다. 이 자료는 교사가 교육과정 압축이 적합한 학생을 선발했다는 것을 가리킨다.

절 차

스태프 개발 훈련을 받았던 세 개 실험집단 교사는 교육과정을 수정하도록 교사를 훈련시키기 위한 매우 효율적이면서도 효과적인 방법을 조사하는 데 활용되었다. 실험집단의 모든 교사는 두 개의 30분짜리 비디오테이프와 교육과정 압축과정에 대한 책자를 제공한 첫 번째 스태프 개발 세션을 가졌다. 10월에 첫 번째 현직 스태프 기간을 참가한 후 교사는 교실에서 한두 명의 자격이 되는 학생을 선발하라는 요구를 받았다. 실험집단 2에 있는 교사는 비디오테이프와 책뿐만 아니라 지역의 영재교사나 자문가가 실시한 2시간 분량의 집단 압축 시뮬레이션을 받았다(Starko, 1986). Starko가 개발한 시뮬레이션은 이런 종류의 훈련에서 표준적인 자료가 되어 왔다. 실험집단 3은 실험집단 2와 똑같은 훈련을 받았고 부가적으로 지역의 동료 코칭이나 자문가 서비스를 받았다. 지역의 자문가들은 그해 동안 비공식적인 동료 코칭을 제공하였고, 3월과 6월 사이에 6~10시간의 조직화된 동료 코칭을 제공하였다. 모든 실험집단 교사는 제거되거나 압축된 내용의 양과 이용된 대체 전략을 상술하는 압축기 양식을 완성시켰다.

도 구

이 연구의 연구문제를 해결하는 데 다음의 세 가지 도구가 사용되었다. 교실수업 질문지, 압축기 양식, 아이오와 기초기능검사다.

교실수업 질문지(Classroom Practices Questionnaire: CPQ)와 압축기 양식은 교육과정 압축 절차와 관련하여 교사의 수업 실제를 평가하기 위해 이용되었다. 실험이 있는 마지막 기간에 교사에게 교육과정 압축이 완성된 내용 영역을 가리키고 각 선별된 학생에게 제거된 교육과정의 백분율을 평가하라고 요청하였다. 압축기는 교사가 사용한 대체 전략의 유형뿐 아니라 제거된 내용의 양을 확인하는 데 활용되었다. 실험집단의 모든 교사는 수학 과목에서 가장 빈번하게 교육과정 압축을 하였고, 내용의 39~49%를 생략하였다. 다음으로 가장 빈번히 압축된 내용 영역은 언어 과목이었고 내용의 36~54%가 생략되었다. 대체 전략에 대한 연구는 여러 가지 다양한 전략이 이용되었음을 나타내고, 높은 수준의 전문성 계발이 있었던(실험집단 3) 교사는 다른 실험집단들에 비해 내용 영역 내에서 더 많은 심화 전략들을 사용하였다(Reis & Purcell, 1993). 대체 전략들은 다음과 같은 것들을 포함한다. 개인 연구, 프로젝트, 대안적인 과제물, 상급의 내용, 간학문적 단원과 연구, 학습 게임, 자기 선택적 연구 주제, 전문기술을 익힐 기회, 다양한 선택사항 등이다. 그러나 대체 전략들이 교육과정 압축이 있었던 영역과 같은 영역에서 반드시 제공되는 것은 아니었다.

학생의 사전성취와 사후성취는 아이오와 기초기능검사(ITBS)로 평가되었는데, 이것은 통제집단과 실험집단 학생에게 실시되었다. ITBS의 형식 3의 하위검사들인 읽기, 수학 개념, 수학 계산, 과학, 사회, 단어 철자가 실시되었다. 각 학생의 현 학년보다 1학년 위인 학생을 위해 설계된 검사들이 천장 효과에 대비하기 위해 실시되었다.

ITBS에 대한 타당도와 신뢰도 정보는 잘 기록되어 있다. 상세한 정보가 『열 번째 정신측정 연감(The Tenth Mental Measurement Yearbook)』에 보고되어 있는데, 여기에서 Willson(1989)는 다음과 같은 결론을 내렸다. "ITBS는 완벽한 검사는 아니나 현대 교육 측정이 내놓을 수 있는 가장 좋은 것을 나타내 준다." (p. 398)라고 하였다. 다양한 하위척도에 대한 신뢰도 계수는 .85~.95에 걸쳐 있다(Iowa Tests of Basic Skills, Form J, 1990 참조).

자료 분석

이 연구에서의 연구문제를 공다분산분석(multivariate analysis of covariance) 절차가 해결하기 위해 수행되었다. 분석을 위해 사후검사로 실시되었던 아이오와 기초기능검사의 모든 하위검사 점수들은 종속 변인이었다. 모든 하위검사의 사전검사 측정치들은 공변인이었으며 처치(3가지 실험 수준과 통제)는 독립 변인이었다. 종속 변인들 간에 강한 상관을 예상했기 때문에 공다분산분석이 분석을 위해 선택되었다(Stevens, 1986). 분석결과는 아래와 같다.

연구결과

연구문제 1: 하나 혹은 그 이상의 내용 영역에서 교육과정이 압축된 학생은 교육과정이 압축되지 않은 학생에 비해 성취 측정에서 다르게 수행하는가?

연구문제 1에 답하기 위해 336명 학생의 자료가 공다분산분석 절차에 사

영재를 위한 차별화 교육과정

용되었다. 결과는 모든 공변인이 의미 있었음을 나타냈다. Wilks' Lambda (Λ)값, F, 의미 수준은 다음과 같다. a) 읽기 사전검사(Λ = .73, $F[6, 321]$ = 20.12, $p < .0001$), b) 단어 철자 사전검사(Λ = .50, $F[6, 321]$ = 54.50, $p < .0001$), c) 수학 개념 사전검사(Λ = .72, $F[6, 321]$ = 21.15, $p < .0001$), d) 수학 계산 사전 검사(Λ = .67, $F[6, 321]$ = 26.90, $p < .0001$), e) 사회 사전검사(Λ = .87, $F[6, 321]$ = 8.35, $p < .0001$), f) 과학 사전검사(Λ = .79, $F[6, 321]$ = 14.06, $p < .0001$), 처치에 대한 주 효과 또한 의미 있었다(Λ = .85, $F[18, 908.41]$ = 2.98, $p < .0001$).

〈표 6-1〉은 종속 변인과 공변인에 대한 전반적인 평균과 표준편차를 제시한 것이다. 평균, 표준편차, 조정된 평균은 실험집단들에서 보고된다.

단변량 수준에서의 조정된 평균에 대한 해석은 실험의 의미 있는 효과가 다변량 효과이기 때문에 조심스럽게 이루어져야 한다. 조정된 사후검사 평균을 상세히 조사하면서 실험집단 2는 6개의 하위척도들 가운데 3개(즉, 읽기, 수학 개념, 사회)에 대해 가장 높은 평균을 나타냈다. 실험집단 1은 과학에 대해 가장 높은 평균을 나타냈다. 단어 철자와 수학 계산에서는 통제집단이 모든 교육과정 압축 집단들에 비해 더 잘 수행하였다. 이러한 평균들의 비교는 조심스럽게 이루어져야 하며, 우리는 실험집단 2의 학생 가운데 86%는 언어, 수학 또는 동시에 두 과목에서 압축된 교육과정을 갖도록 결정하였다. 비교상 우리는 실험집단 1에 할당된 학생의 71%는 언어, 수학, 또는 두 과목에서 압축된 교육과정을 갖게 하였다. 마지막으로, 실험집단 3에서 관찰된 보다 낮은 결과는 학생 교육과정의 67%만이 언어, 수학 또는 두 과목에서 압축되었다는 사실에 부분적으로 기인한 것일 수 있다.

연구문제 2: 수학에서 교육과정이 압축된 학생은 성취의 측정에서 통제집단의 학생과 다르게 수행하는가?

연구문제 3: 언어 영역에서 교육과정이 압축된 학생은 성취의 측정에서 통제집단의 학생과 다르게 수행하는가?

표 6-1 처치 수준에 따른 ITBS 평균, 조정된 평균, 표준편차

	사전검사						사후검사					
	읽기 M (SD)	철자 M (SD)	수개념 M (SD)	계산 M (SD)	사회 M (SD)	과학 M (SD)	읽기 Adj. M (SD)	철자 Adj. M (SD)	수개념 Adj. M (SD)	계산 Adj. M (SD)	사회 Adj. M (SD)	과학 Adj. M (SD)
처치집단 1 (n = 72)	139.17 (25.16)	135.60 (28.98)	132.68 (21.80)	125.88 (22.88)	136.44 (30.02)	147.26 (28.74)	141.64 (25.71)	135.02 (28.96)	137.26 (24.97)	130.75 (23.95)	140.44 (32.70)	153.28 (27.22)
처치집단 2 (n = 57)	135.98 (24.11)	129.14 (27.66)	128.07 (24.78)	119.07 (17.78)	134.18 (27.18)	146.91 (23.25)	144.45 (22.65)	136.92 (25.45)	137.42 (23.87)	127.70 (19.87)	144.63 (30.10)	151.12 (23.68)
처치집단 3 (n = 66)	139.73 (24.47)	131.36 (27.92)	132.97 (24.48)	127.70 (19.79)	135.08 (27.73)	147.71 (26.40)	142.05 (24.45)	133.90 (24.63)	134.08 (24.32)	127.28 (21.25)	136.40 (26.03)	146.08 (27.36)
통제 (n = 141)	131.61 (25.21)	127.09 (28.36)	123.41 (21.88)	117.86 (20.37)	127.01 (34.93)	135.08 (30.36)	143.59 (24.68)	138.85 (27.49)	136.67 (23.33)	132.03 (21.44)	141.18 (30.77)	149.15 (28.13)
전체 (n = 336)	135.57 (25.20)	130.09 (28.36)	128.06 (23.20)	121.71 (20.77)	131.71 (31.48)	142.18 (28.68)	143.01 (24.62)	136.73 (26.88)	136.42 (24.21)	130.09 (21.86)	140.67 (30.37)	149.76 (27.53)

교육과정이 압축된 내용 영역이 성취점수에 미친 효과를 보기 위해 학생의 자료에서 무작위로 2개의 하위 표본을 뽑아 두 개의 공다분산분석(MANCOVAs)을 실시하였다. 하위 표본의 무작위 선정은 교육과정 압축이 ITBS의 전체 검사보다는 특정 하위검사들에 미친 효과를 조사하기 위해 필수적이라고 여겨졌다. 전체 검사는 높은 상관을 갖기 때문에 우리는 무작위적인 하위 표본의 선택이 종속 변인들과 공변인 간의 강한 상호 상관에 기인할 수 있는 변량 확대와 관련된 몇 가지 문제들을 제거할 것이라고 예상했다.

연구문제 2에 대해, 두 가지 수준의 교육과정 압축(즉, 실험집단 1, 2, 3의 교육과정이 수학에서 압축된 학생 대 통제집단의 학생)이 독립 변인이었다. 종속 변인들은 ITBS 수학 개념과 계산 검사에서의 점수들이었다. 이들 두 가지 측정치들에 대한 사전검사 점수들은 공변인으로 삼았다. 공변인들은 의미 있었지만($\Lambda s > .66$, $Fs > 47.57$, $ps < .0001$) 처치 수준 간에 의미 있는 차이는 없었다.

연구문제 3에 대해, 위에서 기술한 것에 병행하는 분석이 언어 과목에 대해 수행되었다. 언어 과목에서의 교육과정 압축이 성취점수에 미치는 효과를 조사하기 위해 무작위로 하위 표본을 선정하였다. 이 분석을 위해 사후검사의 읽기 점수, 단어 철자 점수, 사회과학 점수를 종속 변인으로 하였으며 이 검사들의 사전검사 점수들은 공변인이었다. 수학 교육과정 압축에 대한 분석에서처럼 실험적 처치는 두 가지 수준으로써 언어 과목에서의 교육과정 압축이 있었던 3개의 실험집단에 있는 학생과 통제집단의 학생이었다. 결과는 수학 영역 분석에서 관찰되었던 것과 유사하였다. 모든 공변인은 의미 있었던($\Lambda s > .45$, $Fs > 16.51$, $ps < .0001$) 반면, 실험적 처치에 대한 주효과는 없었다.

MANCOVA의 사후절차로써 변별함수 분석을 실시하였다. 이 분석은 하위검사들 간의 부분상관이 집단들 간에 차이가 있는지를 확인하기 위한 것이었다. 변별함수 계수는 집단들 간에 비교할 수 있는 것으로써, 각 실험 처치 집단은 사전검사 대비 사후검사 증가에서 유사함을 보였다.

논 의

이 연구에서는 세 가지 연구문제가 다루어졌다. 하나 혹은 그 이상의 내용 영역에서 교육과정이 압축된 학생은 교육과정이 압축되지 않은 학생에 비해 성취의 측정에서 다르게 수행하는가? 수학에서 교육과정이 압축된 학생은 성취의 측정에서 통제집단의 학생과 다르게 수행하는가? 언어 영역에서 교육과정이 압축된 학생은 성취의 측정에서 통제집단의 학생과 다르게 수행하는가? 이 세 문제에 응답하기 위해 학생의 성취검사 점수는 3개의 공다분산분석으로 조사되었다. 다분산분석 결과는 실험집단과 통제집단을 비교해볼 때 의미 있는 차이가 없음을 지지해 주었다.

이 문제들과 관련하여 발견된 결과는 1) 이질적인 교실 상황에서 높은 성취를 보이는 학생을 위한 대안적인 학습활동을 제공하고, 2) 높은 능력을 가진 학생이 표준화된 검사에서 지속적으로 좋은 점수를 받는다는 것을 확신하길 원하는 교사를 위한 경험적 증거를 제공해 준다. 이 연구에서 발견된 것 중 특히 두드러진 세 가지 특징이 있다. 첫째, 위에서 언급한 것처럼 교육과정이 압축된 영재학생의 성취검사 점수는 교육과정이 압축되지 않은 영재학생과 의미 있게 다르지 않았다. 어떤 학생의 경우 내용의 40~50%를 생략하였지만 교육과정이 제거되지 않은 다른 학생만큼 점수를 받았다. 이러한 결과는 검사에서 천장효과를 배제할 수 있고 수행의 증가에 민감한 한 학년 위인 검사점수에 기초한다. ITBS의 모든 사후 하위검사들에서 백분율상의 중앙값은 90 이상이었다. 그러나 한 학년 높은 수준의 검사를 사용하는 것이 여전히 천장효과를 막는 데 충분할 수는 없었다. 천정효과가 영향을 미쳤다면 제 2종의 오류가 발생했다. 즉, 사후검수에서 감소가 아닌 증가는 가려졌을 것이다.

둘째, 〈표 6-1〉에서 보는 것과 같은 결과는 실험집단에 있는 어떤 학생은 어떤 하위검사들에서는 통제집단의 학생에 비해 더 잘 수행했음을 나타

영재를 위한 차별화 교육과정

내었다. 예를 들어, 실험집단 1에 있는 학생은 다른 집단의 학생에 비해 과학의 사후검사 점수에서 더 높은 점수를 받았다. 우리는 통제집단에 있는 학생이 수학 계산과 단어 철자에서는 실험집단의 학생에 비해 약간 더 잘 수행하는 경향이 있음을 주목하였다. 이것은 아마도 이들 영역에서는 그들이 보다 많은 연습을 했음을 반영한다. 그러나 모든 차이가 작기 때문에 실제적인 의미를 갖는 것으로 해석해서는 안 된다.

셋째, 교육과정 압축 연구에서 발견된 결과는 높은 능력과 높은 성취를 보이는 학생에게 교육과정 차별화가 필요하다는 것을 주장하는 많은 교사의 신념을 지지해 준다. 교육과정 압축을 위해 교사가 선발한 학생의 사전 성취검사 점수의 중앙값은 높았다. 선발된 아동들은 읽기와 수학의 한 학년 높은 수준의 검사에서 90% 이상의 점수를 받았던 학생이다. 이것은 교육과정 압축으로부터 혜택을 받을 높은 성취를 보이는 학생을 교사가 판별할 수 있는 능력이 있음을 의미한다. 이 아동들의 점수는 교사의 견해를 지지하며, 교사가 가르치기 전에 교육과정의 상당 부분을 알고 있는 상위 능력의 학생을 판별하고, 이 학생을 위해 적합한 수업을 제공해야 할 중요한 이유를 제시하는 것이다.

마지막으로, 연구결과는 오랜 시간에 걸친 교육과정 압축과 중등학교 수준에서의 교육과정 압축 활용과 관련하여 문제를 제기한다. 구체적으로 여러 해에 걸쳐 학생의 교육과정을 압축하는 것의 효과는 무엇인가? 이러한 교수전략을 지속적으로 사용하는 것이 장기적인 성취 및 태도에 이익이 되는가? 그 밖에도 새로운 연구는 복잡하고, 보다 빠른 속도의 문제기반 학습을 지향하고 이러한 변화가 미래의 성취검사 점수에 미치는 효과를 위해서 영재를 위한 기초기능 수업을 제거하는 데 초점을 맞춰야 한다. 또한 중등학교 수준에서 교육과정 압축의 성취 효과를 조사하는 경험연구가 이루어져야 한다. 중등학교 학생의 교육과정의 주요한 부분들을 표준화된 성취검사에서 학생의 점수에 영향을 미치지 않은 채 생략할 수 있는가? 이러한 연구문제들에 답변하는 것은 교사에게 모든 학년 수준에서 학생의 학습기회에 대한 바람직한 의사결정을 하는 데 필요한 부가적인 경험적 자료들을 제공해 줄 것이다.

결 론

우리 연구는 교사가 씨름해 왔던 다음의 문제를 가지고 시작하였다. 초등학생의 교육과정을 압축시키는 것은 표준화된 학업성취검사에서 어떤 효과를 지닐 것인가의 문제다. 이를 해명해야 한다는 요구가 커짐에 따라 그 문제는 표준화된 성취검사에서 학생이 높은 수행을 하길 원하는 전문가들에게 중요한 것이 된다. 이 연구의 결과는 학생이 이미 숙달한 내용을 제거하기 위해 경험적 증거를 모색하는 초등 교사를 지지할 수 있다. 교육과정 압축은 수업에서 다룬 정규 교육과정에 대해 학생이 이미 알고 있다는 증거를 제공하며, 그것은 교사로 하여금 많은 유형의 차별화된 대체 학습기회를 제공할 수 있게 해 준다. 이 연구결과는 초등학교 교사가 내용에 대한 학생의 선행 지식을 사전평가할 수 있고, 학생이 이미 알고 있는 교육과정의 부분들을 생략하고, 그러한 부분들을 여러 가지 유형의 간학문적 학습활동으로 대체할 수 있으며, 학생의 성취검사 점수는 내려가지 않을 것이라는 점을 보여 주고 있다. 더 나아가, 학생의 점수는 대체 자료가 동일한 내용 영역에서가 아닌 학생의 흥미 영역에 있는 것일 때조차도 내려가지 않음을 주목해야 한다.

📖 참고문헌

Archambault, F. X., Jr., Westberg, K. L., Brown, S., Hallmark, B. W., Zhang, W., & Emmons, C. (1993). Classroom practices used with gifted third and fourth grade students, *Journal for the Education of the Gifted,*

16(2), 103-119.

Barbour, C. M. (Director and Writer) & Kiernan, L. J. (Writer). (1994). *Challenging the gifted in the regular classroom.* [Videotape] (Available from Association for Supervision and Curriculum Development, Alexandria, VA)

George, P. S. (1995). Talent developnent and grouping in the middle grades: Challenging the brightest without sacrificing the rest. *Middle School Journal, 26*(4), 12-17

Imbeau, M. B. (1991). *Teachers' attitudes toward curriculum compacting: A comparison of different inservice strategies.* Unpublished doctoral dissertation, University of Connecticut, Storrs.

Iowa Tests of Basic Skills. (1990). *Manual for school administrators supplement.* Chicago: Riverside Publishing.

Purcell, J. H. (1993). The effects of the elimination of gifted and talented programs on participating students and their parents. *Gifted Child Quarterly, 37*(4), 177-187.

Reis, S. M., Burns, D. E., & Renzulli, J. S. (1992). *Curriculum compacting: The complete guide to modifying the curriculum for high ability students.* Mansfield Center, CT: Creative Learning Press.

Reis, S. M., & Purcell, J. H. (1993). An analysis of content elimination and strategies used by elementary classroom teachers in the curriculum compacting process. *Journal for the Education of the Gifted, 16*(2), 147-170.

Reis, S. M.,Westberg, K. L., Kulikowich, J., Caillard, F., Hébert, T., Plucker, J., Purcell, J. H., Rogers, J. B., & Smist, J. M. (1993). *Why not let high ability students start school in Jonuary? The curriculum compacting study* (Research Monograph 93106). Storrs, CT: University of Connecticut, The National Research Center on the Gifted and Talented.

Renzulli, J. S., & Reis, S. M. (1985). *The schoolwide enrichment model: A comprehebensive plan for educational excellence.* Mansfield Center, CT: Creative Learning Press.

Renzulli, J. S., & Reis, S. M. (1991). The reform movement and the quiet crisis in gifted education. *Gifted Child Quarterly, 35*(1), 26-35.

Renzulli, J. S., & Smith, L. H. (1978). *A guidebook for developing individualized educational programs for gifted and talented students.* Mansfiedl Center, CT: Creative Learning Press.

Schultz, C. B. (1991). *The effects of curriculum compacting upon student achievement in fourth grade mathematics.* Unpublished master's thesis. University Northern Iowa.

Starko, A. J. (1986). *It's about time: Inservice strategies for curriculum compacting.* Mansfield Center, CT: Creative Learning Press.

Stevens, J. (1986). *Applied multivariate statistics for the social sciences.* Hillsdale, NJ: Lawrence Erlbaum Associates.

U. S. Department of Education. (1993). *National excellence: A case for developing America's talent.* Washington, DC: Author.

Westberg, K. L., Archambault, F. X., Jr., & Brown, S. W. (1997). A survey of classroom practices with third and fourth grade students on the United States. *Gifted Education International, 12,* 29-33.

Westberg, K. L., Archambault, F. X., Dobyns, S. M., & Salvin, T. J. (1993). The classroom practices observation study. *Journal for the Education of the Gifted, 16*(2), 120-146.

Willson, V. L. (1989). Review of the Iowa Tests of Basic Skills, forms G & H. In J. C. Conoley and J. J. Kramer (Eds.), *The tenth mental measurements yearbook* (pp. 395-398). Lincoln, NE: Buros Institute of Mental Measurements.

Winebrenner, S. (1992). *Teaching gifted kids in the regular classroom: Strategies and techniques every teacher can use to meet the academic needs of the gifted and talented.* Minneapolis, MN: Free Spirit Press.

일반교사와 영재교사 간에 다리 놓기: 협력연구[1]

Jeanne H. Purcell(University of Connecticut)

Jann H. Leppien(University of Great Falls)

본 협력연구에서는 협력적인 관계에 들어가는 사람에 대한 가정뿐 아니라 협력 범위까지도 조사했다. 협력은 '높은 성취를 하는 학생에게 차별화된 서비스를 제공하기 위한 목적으로 이루어진 전문가들 간의 대화와 계획'으로 정의될 수 있다. 연구 목적에 맞춰 선발된 289명의 영재교육 심화전문가들, 학급교사, 관리자들이 전국적으로 진행된 사후연구에 참여하였다. 세 집단의 응답 비율은 각각 61%, 55%, 51% 이었다. 결과는 표집 대상의 80% 이상이 협력에 참여하였음을 말해 준다. 자료는 학급교사와 영재교육 심화전문가가 협력관계를 시작할 때 협력 파트너들의 기술과 태도에 대해 갈등을 일으킬 수 있는 서로 다른 일련의 가정들을 가지고 있음을 암시한다. 이러한 경험상의 발견은 협력이 복잡한 대인관계 과정이라는 것을 드러내 준다. 본 연구의 함의는 두 가지다. 먼저, 협력은 고도로 발전된 대인관계 기술에 의존한다. 둘째, 성공적인 협력관계는 서로에 대한 각 집단의 가정이 일치하느냐에 달려 있다. 양질의 협력관계를 확보하기 위해서는 차별화된 학습 선택과 각 집단의 가정들이 서로 이해되어야 하고, 필요하다면 가정들과 실제 기술들과 협력 파트너들의 태도들 사이에 존재하는 차이를 극복하기 위한 연결 다리를 설치하여야 한다.

---

1) 편저자 주: Purcell, J. H., & Leppien, J. H. (1998). Building bridges between general practitioners and educators of the gifted: A study of collaboration. *Gifted Child Quarterly*, *42*(3), 172-181. ⓒ 1998 National Association for Gifted Children. 필자 승인 후 재인쇄.

본문에서 설명되는 조사는 세 가지 연구결과와 몇 가지 미해결된 질문에 기초한다. 첫 번째 연구결과는 학생을 가르치는 사람의 역할과 책임이 변하고 있다는 것이다(Donaldson, 1993: Fullan, 1992; Holcomb, 1993: Monson & Monson, 1993). 팀 구성, 동료 간의 협력관계, 현장 중심 운영, 협력이라는 단어는 교육자들에게 새롭게 요구되는 역할을 표현하는 용어들이며, 이러한 용어들은 교사실, 교육 회의, 교육 관련 잡지 및 서적에서 자주 언급되는 용어들이다. 모든 수준의 교육 수행자들은 미국 젊은이들의 학문적 성과를 증진시키기 위하여 새로운 역할을 취하고, 새로운 관계를 형성하여야 한다.

또한 본 연구는 높은 교육적 성과를 보이는 학생들에게 서비스를 제공하기 위한 체계가 바뀌고 있다는 연구결과를 기반으로 하고 있다(Debuse & Shoemaker, 1993; Purcell, 1995: Renzulli, 1994; Schack, 1996). Purcell은 각 주에서 높은 비율을 차지하고 있는 성취도가 높은 학생에 대한 풀 아웃(pull-out) 프로그램이 점차적으로 없어지거나 줄어들고 있다고 보고하였다. 그 결과, 많은 수의 영재학생이 일반교실로 돌아오고 있다. Debuse와 Shoemaker는 오리건 주의 교육 혁신의 맥락에서 영재교육 담당교사의 역할을 진술하였다. 이들은 영재교사의 임무는 학생에게 직접적인 서비스를 제공하는 것에서 학급교사에게 직접적인 서비스를 제공하는 것으로 바뀌어야 한다고 보았다. Debuse와 Shoemaker와 마찬가지로, Renzulli 또한 영재교육 심화전문가들의 역할이 바뀌고 있다고 결론을 내렸다. 그는 영재교육 심화전문가들의 역할을 '3/5 해결책'(p. 254)으로 재구성하였다. 이러한 새로운 계획 아래, 영재교육 전문가들은 학생들에게 직접 교육을 제공하는 데 60%의 시간을 사용하고, 40%의 시간은 학급교사에게 자원 서비스를 제공하는 데 사용한다. Schack는 영재교육 심화전문가들이 어떻게 영재들을 위해 개혁 문제들을 최소화하고 약속을 최대화하는 방식으로 혁신을 이루도록 교사를 도울 수 있는지 논의하였다.

높은 성취를 보이는 학생을 위한 서비스 체계에서의 변화와 역할에서의 변화에 자극을 받아, 학급교사와 영재교육 분야의 많은 사람이 점차 일반적

영재를 위한 차별화 교육과정

연구의 활용도

본 연구의 자료를 살펴보면 학급교사와 일반교사는 동일한 목표를 가지고 협력관계를 맺는 것으로 나타났다. 모든 학생에게 양질의 교육, 차별화된 학습활동을 제공하는 것이 바로 그 목표다. 협력자들이 마음속으로는 동일한 목표를 가지고 협력관계를 시작하게 되지만, 본 연구의 결과에 따르면 협력 파트너들이 그들 파트너의 능력과 태도에 대해 서로 다르면서도 상보적인 기대를 하고 관계를 시작한다고 제안한다. 이러한 결과는 학급교사와 영재교육 심화전문가들에게 협력관계가 이루어지는 대인 간의 역동성에 대한 이해를 깊게 해 주고, 수정되고 차별화된 교육과정과 교육을 필요로 하는 모든 학생을 위해 중요한 협력의 성공을 확신하도록 도와주는 데 사용될 수 있다. 영재교육 심화전문가들은 이 자료를 학급교사가 언급한 영역에서 지원 서비스를 제공하기 위해 사용할 수 있고, 제대로 된 교육 기회를 필요로 하는 학생을 대상으로 기존의 교육과정을 조절하기 위해 학급교사와 협력관계를 만드는 데 사용할 수 있다. 또한 이러한 결과는 학생들에게 양질의 교육 서비스를 제공할 수 있는 교육 인력을 양성하려는 교육 관리자들에게도 사용될 수 있다. 관리자들은 협력의 본질과 교육적 협력을 촉진하는 데 필요한 대인관계 기술들에 관한 지속적인 연수교육을 통하여, 높은 능력을 보이는 학생을 포함한 모든 학생에게 교육의 효율성을 제고시킬 수 있을 것이다. 마지막으로 이러한 결과는 교육 수행자, 관리자, 학생, 학부모들이 지각한 미국의 학교 내에서 협력관계의 범위, 협력관계가 꽃 피울 수 있는 조건, 협력의 이점을 조사하기 위하여 연구자들이 사용할 수 있다.

인 교육 수행자들과 학문적인 분야의 전문가들 간의 협력을 역설하기 시작하였다(Council for Exceptional Children, 1994; Dettmer, 1993; Hanninen, 1994; Tomlinson, Coleman, Allan, Udall, & Landrum, 1996; Treffinger, 1991; VanTassel-Baska, 1991). Tomlinson 등은 최근 일반교육과 영재교육 사이에 다리를 놓을 필요성에 대해 교육자들과 학부모들의 신념을 조사한 국책 연구결과를 발표하였다. 그들은 두 교육 분야 간의 협력에 대한 '장점과 시급성'에 '폭넓은 의견 일치'(Tomlinson et al., p. 171)가 있다고 결론 내렸다.

교육자들을 위한 새로운 역할과 관계, 높은 성취를 보이는 학생을 위한 체계 변화, 일반교사와 영재교사 간의 협력에 대한 요청에 기초한 주도적인 개혁에도 불구하고, 이러한 협력관계의 본질을 연구하는 체계적인 연구가 없다. 본 연구의 목적은 두 가지 문제에 대해 연구하는 것이다. 즉 '어떤 사건이 일반교사와 영재교육 심화전문가들 간의 협력관계를 촉발시킬 수 있을 것인가?'에 대한 것과 '높은 성취를 보이는 학생들에게 차별화된 학습기회를 제공하기 위한 협력관계를 구축할 때 각 집단이 가지는 서로에 대한 가정들은 무엇인가?'에 대한 것이다.

방 법

사후연구의 자료를 조사하기 위해 질적 연구 절차가 사용되었다.

표집 절차

성공적인 협력 수행의 범위와 본질에 대한 자료를 수집하기 위해 목적 부합 표집이 사용되었다. 3년제 영재교육 프로그램을 마친 173명의 인원이 최초 참여 대상으로 선정되었다. 코네티컷 대학교 출신의 대상 졸업생들은 최근 4년 내에 학위를 받았으며, 이들 졸업생들 대부분은 각각 학교 혹은 학교 구역에 영재교육 전문가로 고용되었다. 최근 졸업한 사람을 대상으로 선정한 이유는 이들이 영재교육 심화전문가로 고용되기에 가장 적절한 사람이라고 연구자들이 믿었기 때문이었다.

응답률을 최고로 높이기 위해, 반응 비율에 정적 영향을 주는 요소들 (Fox, Crask, & Kim, 1998)에 대한 메타 분석이 이루어졌다. 그에 따라 통지서가 협력 조사에 선행하여 발송되었다. 추가적으로 질문지는 컬러로 인쇄되었고, 소개하는 편지도 인쇄되었다. 응답이 없는 사람에게는 첫 번째 우편 발송이 이루어진 2주 후에 추가 우편물이 발송되었다. 마지막으로 두 번째 조사용 우편물이 발송된 2주 후에 응답이 없는 사람을 대상으로 다시 전화 통화가 이루어졌다.

대학원생들로부터 얻은 자료를 삼각 검증하기 위해, 2개의 추가적인 자료 원천이 스노우볼 표집 절차를 사용하여 수집되었다. 스노우볼 표집은 표집 편차(Lincoln & Guba, 1985)를 최대화하는 데 사용되는 자연스러운 표집 절차다. 첫 번째 응답자는 이미 얻은 정보들을 확장시키기 위해서 질문을 받는 후속 응답자들에게 문지기의 역할을 수행하게 된다. 그러므로 본 연구의 통지서에서는 응답자들에게 그들의 학교 또는 학군에서 협력연구를 병행하여 수행하려는 학급교사와 관리자들이 누구인지 밝히도록 요구하였다. 협력연구에 대한 응답자들은 같은 학교 및 학군의 삼인조 교육자들(영재교육 심화전문가, 학급교사, 관리자)로 구성되었다. 본 삼각 구성에서 수집된 자료는 서로 일치하지 않았다. 오히려 자료는 영재교육 심화전문가, 학급교사, 관리자 등 각 응답 집단별로 일치하였다.

도구화

본 연구를 위해 5개 부분으로 구성된 질문지가 개발되었다. 제1 부분에서는 응답자들의 영재교육 관련 훈련, 학교 내 전문가의 수, '높은 성취를 보이는 학생에게 차별화 교육을 제공하는 목표를 달성하기 위해 전문가들 사이의 대화와 계획'이라 정의된 협력관계에 참여한 햇수 등에 대한 질문이 포함된 인구학적 배경에 관한 질문을 담고 있다. 제2 부분은 협력의 기원에 대한 정보를 얻기 위해 계획된 개방적, 수렴적 질문을 담고 있다. 제3 부분에는 협력의 본질(협력하는 동안 논의된 주제와 같이)과 관련된 9개의 개방적, 수렴적 질문이 담겨 있다. 설문 중 가장 긴 부분인 제4 부분은 협력의 지속적인 수행과 관련된 내용을 다루고 있다. 이 부분의 예를 들면, '가장 성공적인 협력을 하는 사람이 보여 준 대인관계 기술은 무엇인가?' '성공적인 협력을 위해서 학급교사와 영재교사에게 가장 필요한 기술은 무엇인가?'와 같은 질문들이 있다. 마지막 설문 부분은 협력의 결과와 관련된 질문들을 담고 있다.

자료 코딩과 분석

질적 연구 절차가 본 연구의 자료를 분석하는 데 사용되었다. 세 가지 다른 유형의 코딩, 즉 개방 코딩, 축 코딩, 선택 코딩이 본 연구에 참여한 집단들이 답한 개방식 반응을 분석하기 위해 사용되었다(Strauss & Corbin, 1990). 코딩의 처음 형태인 개방 코딩은 자료를 무제한적으로 분석하는 데 쓰였다. 모든 개방식 설문 반응은 응답자들이 코딩한 컬러와 축어적인 유형으로 재구성(즉, 영재교육 심화전문가들의 반응은 파란 종이, 학급교사의 반응은 노란 종이, 관리자들의 자료는 녹색 종이에 재구성)되었고, 응답자와 질문 번호별로 분류되었다. 각 유형화된 반응들은 블록 단위 자료, 즉 단어, 구, 절, 문장 단위로 분석되었다. 이러한 블록 혹은 축어적 자료의 묶음은 개별 단위로 세분화되었다. 종종 자료의 몇 개 묶음들이 한 반응 내에서 표현되기도 하였다.

다음 단계의 분석인 축 코딩은 자료 집단 구성을 위해 응답자들이 코딩한 자료 묶음을 반복적으로 비교하고 대조하는 데 사용되었다. 이러한 자료 집단 혹은 유형들은 자료 묶음을 의미 있는 범주 혹은 단위로 분류하는 역할을 한다. 이러한 범주를 구성하기 위해, 응답자들이 작성한 각 질문에 대한 자료 묶음들이 종이의 빈 공간에 옮겨졌다. 하나의 묶음들은 즉시 기존 범주와 비교되고 대조되었다. 모든 자료가 순서대로 조사됨에 따라 새로운 범주가 나타났는데, 그 이유는 자료 묶음이 기존 범주 구조에 맞지 않았기 때문이었다.

이런 식으로 각 응답자 집단별 범주 자료의 자유로운 분류가 구성되어 중요한 속성을 공유하게 되었다. 각 자료의 범주는 다음과 같은 질문을 통해 이름 지어졌다. '이러한 자료 묶음들은 무엇의 사례인가?' 그리고 '이 자료

영재를 위한 차별화 교육과정

묶음은 어떤 일반적 분류에 속하겠는가?'라는 질문이다. 자료를 좀 더 추상적이고 개념적인 범주로 집단화하고 명칭을 붙이는 것은 연구자들이 자료의 범주와 하위 범주를 연결하는 데 도움을 준다. 자료의 범주는 종이의 여백에 붙여졌다. 결과적으로 모든 부호화된 페이지들이 연구 질문과 응답자별로 정리되었다.

자료 분석의 마지막 단계에서는 선택 코딩을 통해 자료의 자유로운 분류가 정제되고, 자료의 핵심 범주가 선택되었다. 핵심 범주들은 연구자들이 결정하였으며, 모든 하위 범주가 핵심 범주를 중심으로 통합되었다.

결 과

응답 비율과 협력 범위

조사의 응답률은 모집단 표본에 따라 변화되었다. 영재교육 심화전문가들의 61%($n=105$)가 설문지에 응답하였다. 55%($n=95$)의 학급교사가 응답을 했고, 51%($n=88$)의 관리자들이 응답을 했다. 표집된 세 집단은 다소 달랐지만, 모든 집단은 높은 성취를 보이는 학생의 교육적 욕구를 충족시키기 위하여 협력이 광범위하게 이루어져야 함을 지적하였다. 영재교육 심화전문가들의 82%가 이러한 학생을 위한 교육과정을 개별화하기 위해 협력이 이용되었음을 지적하였고, 학급교사 중 80%가 이러한 협력을 사용했다고 밝혔으며, 88%의 관리자들은 학생의 학습 욕구를 충족시키기 위해 교육 수행자들이 이러한 전략을 사용하는 것을 인지했다고 밝혔다.

어떤 사람, 이벤트, 환경이 협력을 촉발시키는가? 자료에 따르면, 사람과 이벤트들이 협력을 촉발시키는 것으로 나와 있다([그림 7-1] 참조). 먼저 모든 응답자 집단의 보고에 따르면, 교사가 협력을 추진했으며, 교사의 인식으로는 성취도가 높은 학생의 요구가 많은 부분 교실에서 충족되지 않았다. 두 번째로 영재교사 혹은 영재교육 심화전문가들은 협력 과정을 주도하는 데 중요한 역할을 하였다. 마지막으로 응답자들은 협력적인 노력이 '외부 압력'으로 촉진됨을 관찰하였다.

누가 협력을 촉발시키는가?: 영재교육 심화전문가들과 학급교사 영재교육 심화전문가들과 학급교사들은 교사가 집단적으로나 개인적으로 협력과정을 촉발한다고 보고하였다. "팀을 구성하여 개별 학생에 대해 논의합니다." "전문가 모두가 친밀해지면 학생의 요구에 대해 집단 토의를 합니다." 그리고 "초등학교 교사들의 협의체는 함께 학생에 대해 이야기를 합니다." 또한 개개의 교사들도 협력을 촉발해 온 것으로 밝혀졌다. "한 교사가 우수 학생의 요구를 충족시키기 위해서 그녀의 학급을 나누었습니다." "아이들의 도전 수준을 높이기 위해서 두 명의 교사가 한 팀이 되어 어떤 활동에 대해서 아이들을 교환하였습니다." 한 영재교육 심화전문가의 보고에 따르면, 어떤 한 교사가 소집단으로 성취도가 높은 학생 집단을 가르치는 다른 교사와 함께 이전 동료의 학생을 가르치고 있는 것을 관찰하였다고 한다.

누가 협력을 촉발시키는가?: 관리자들 관리자들은 학급교사들과 영재교육 심화전문가들이 협력을 촉발시키는 구조에 대해 보고한 자료를 그대로 반복했다. 협력은 '전문적인 공유' '함께 일하는 교사의 팀' '교사의 관심' '교사의 질문' '같이 일하고자 하는 의지' '상호 관심' 등에 대한 의식으로부터 시작된다는 것이 이 집단 응답자들의 전형적인 답변이었다.

상호 관심: 영재교육 심화전문가, 학급교사, 관리자들 학급교사와 영재교육 심화전문가들, 관리자들이 보고한 '상호 관심'은 성취도가 높은 학생의 학습 요구가 교실에서는 충족되지 않는다는 사실에 대한 재인이었다. 영재교육 전문가들은 "학생은 특히 수학 수업에서 자극을 받지 않습니다." "학생은 차별화된 교육과정을 필요로 합니다." "학생이 필요한 것" "아이들도 책에서 그것들을 이미 알고 있었다고 이야기했습니다."라고 보고하였다.

응답자	사람	이벤트
심화 전문가들	성취도가 높은 학생의 학습 욕구가 충족되지 않았다는 교육 수행자들의 인식	• 도전적이지 않은 교육 프로그램에 대한 학부모들의 염려 • 영재 프로그램에 대한 투자 감소 • 다른 곳의 현장 방문 • 성취도가 높은 학생에게 양질의 서비스를 제공하기 위한 현 체계에 대한 불만
학급 교사들	성취도가 높은 학생의 학습 욕구가 충족되지 않았다는 교육 수행자들의 인식	• 우수 학생 풀 아웃 프로그램으로부터 나타나는 시사점 • 낮은 SAT 점수 • IEPs를 개발하는 데 필요한 시간
관리자들	성취도가 높은 학생의 학습 욕구가 충족되지 않았다는 교육 수행자들의 인식	• 포괄적 협력으로의 움직임 • 연수교육 • 부모들의 압력 • 다른 높은 수준의 프로그램(수학 올림피아드 등)에 참여하는 학생의 증가 • 도전적인 교육과정과 교육의 필요성에 대한 교육위원회의 관심

[그림 7-1] 협력을 촉발시키는 사람과 이벤트에 대한 집단별 인식

학급교사들은 "학생들 중 일부는 수학, 의사소통, 문제해결, 예술, 음악 분야에서 놀라운 기술을 보여 줍니다." "일부 학생은 교실에서 더 많은 자극을 필요로 합니다." "어떤 학생은 동기부여가 되지 않을 뿐 아니라 지루해 하기까지 하는 것을 보았습니다." "능력이 뛰어난 학생은 교실에서 다뤄지는 전형적인 주제 이상의 것을 알기를 원합니다."라고 이야기하였다. 관리자들 또한 영재학생의 충족되지 못한 요구는 교사들 상호 간의 관심이었음을 보고하였다. 관리자들은 "그들은 아이들의 학문적 요구가 교실에서는 만족되지 못한다는 것을 알고 있습니다." "교사들은 이질적으로 구성된 교실에서는 영재들의 요구가 만족되지 않는다는 것을 인식합니다." 그리고 "우리는 영재들을 위한 교수를 향상시킬 필요가 있음을 깨닫습니다."라고 하였다.

영재교육 전문가들은 협력과정의 발달에서 중요한 역할을 한다. 70%의

영재교육 심화전문가들은 협력과정을 시작했다고 밝혔다. 67%의 학급교사는 영재교육 심화전문가와 협력관계를 시작했다고 인정하였다. 유사한 비율로 69%의 관리자들이 영재교육 심화전문가가 높은 능력을 가진 학생을 위해 협력관계를 계획하는 데 중추적인 역할을 했다고 인정하였다. 학급교사들은 영재교육 심화전문가들의 역할에 대해 세부 내용이 담긴 문서를 작성하였다. 이 내용들 중에는 "우리 영재교육 심화 코디네이터는 우리와 회의를 통해 어떤 서비스가 가용한지 알려 줍니다." "우리 영재교사는 교사와 만나서 교육과정을 어떻게 축약하는지를 가르쳐 줍니다." "나는 우리 TAG 교사와 함께 기말 수학 시험 문제를 만들었고, 수학 영재를 위한 프로그램을 시작했습니다." 등이 담겨 있다.

성취도가 높은 학생의 충족되지 않는 요구는 교육 실행자들 사이의 협력을 위한 유일한 촉매제가 아니었다. 외부 압력은 연구 질문과 관련된 자료로부터 나타난 또 다른 범주였다. 응답자의 각 집단은 협력을 향한 움직임을 촉발시키는 다른 외부 압력을 보고하였다.

외부 압력: 영재교육 심화전문가들　영재교육 심화전문가들은 다음과 같은 외부 압력에 대해 보고하였다. 아이들의 교육 프로그램에 대한 학부모들의 관심, 영재교육 프로그램을 위한 투자액의 감소, 외부 현장 방문, 성취도가 높은 학생을 대상으로 양질의 교육을 제공하기 위한 현 교육제도에 대한 불만 등이 바로 그것이다. 영재교육 심화전문가가 밝힌 대부분의 자료는 특히 학부모들의 압력에 집중되어 있었다. '학부모들의 압력'과 '학부모들의 지루한 교육에 대한 불만'이 협력을 촉진시키는 외부 압력들 중에서 가장 자주 언급되었다.

외부 압력: 학급교사들　학급교사들은 협력의 요구를 고무시키는 외부 압력들에 대해 다른 목록을 보고하였다. 여기에는 우수 학생 풀 아웃 프로그램으로부터 나타나는 시사점, 낮은 SAT 점수, IEPs 개발에 소요되는 시간 등이 포함되어 있었다. 이들 응답 집단이 가장 많이 언급한 외부 압력은 '영재

프로그램에서 사라져 가는 기술과 학급 과제에 대한 걱정'이었다.

　　외부 압력: 관리자들　　관리자들은 외부 압력에 통합을 향한 움직임, 연수교육, 성취도가 높은 학생에게 좀 더 양질의 서비스를 제공하라는 학부모들의 압력, 높은 수준의 프로그램(발명 대회, 수학 올림피아드 등)에 참여하는 학생의 증가, 교육위원회의 관심 등이 포함된다고 지적하였다.

성취도가 높은 학생들을 대상으로 차별화된 교육기회를 제공하기 위한 협력관계를 구축할 때, 협력관계자들이 가지게 되는 서로에 대한 가정들은 무엇인가?

　　본 연구 질문에 대한 정보를 도출하기 위하여 영재교육 심화전문가들과 학급교사를 대상으로 각각 질문지 조사가 계획되었다. 학급교사는 '학급교사들과의 성공적인 협력관계를 확보하기 위해서 영재교육 심화전문가들에게는 어떤 기술, 태도 및 성향이 필요합니까?'라는 질문을 받았다. 마찬가지로 영재교육 심화전문가들도, '영재교육 심화전문가들과의 성공적인 협력관계를 확보하기 위해서 학급교사에게는 어떤 기술, 태도 및 성향이 필요합니까?'라는 질문을 받았다.

　　응답자들은 참여자들의 기술과 태도가 협력의 성공에 가장 큰 영향을 미친다고 지적했다. 학급교사는 영재교육 심화전문가가 협력관계를 시작할 때 어떤 기술과 태도를 갖추었을 것이라고 가정하였다. 마찬가지로 영재교육 심화전문가들도 학급교사가 어떤 기술과 태도를 갖추었을 것이라고 생각하였다. 여기서 학급교사의 자료를 먼저 소개하고, 그 뒤에 영재교육 심화전문가들의 자료를 소개할 것이다. 이 결과들은 〈표 7-1〉에 기술되어 있다.

학급교사

　　학급교사는 영재교육 심화전문가가 두 가지 중요한 기술을 가지고 있을 것으로 기대하였다. 바로 풍부한 자원과 의사소통 능력이다. 학급교사는 자

표 7-1 협력관계 시작 단계에서 협력자들이 갖게 되는 가정들

응답자	기술	태도
학급교사가 영재교육 심화전문가들/영재교사에게 가지는 기대	• 자원의 풍부함 –교육과정, 교육, 평가와 교육과정 자료에 대한 지식 –학교와 교육에 대해 암묵적인 지식을 이해하는 능력 – 문제를 해결할 수 있으며 창의적임 • 말과 쓰기로 효율적으로 의사소통할 수 있음	• 융통성 있음 • 시간을 기꺼이 냄 • 참을성 있음 • 존경받을 만함 • 끈기가 있음
영재교육 심화전문가들/영재교사가 학급교사에게 가지는 기대	• 학생 간의 차이점을 인지하고 진단할 수 있음 • 개별 학생에 맞춰 교육과정을 적용하고 감독할 수 있음	• 학생 간의 개별 차이점을 인정함 • 새로운 아이디어를 시도함 • 학습에 대한 열망 • 협력에 대해 적극적임

원의 풍부성을 여러 가지 용어로 정의하였다. 첫 번째, 학급교사는 영재교육 전문가가 교육과정 자료에 대해 많이 알고 있을 것이라고 기대하였다. 또한 영재교육 심화전문가가 경험에 기초한 폭넓은 지식, 가르치는 것과 학습하는 것에 대한 지혜, 성취도가 높은 젊은이들과 관련된 중요한 교육과정 문제들에 대해서 정보를 줄 것이라고 기대하였다. 두 번째, 그들은 영재교육 전문가가 학교교육, 특히 교실과 학교 스케줄과 관련된 암묵적인 지식에 대해서 이해하고 있다고 기대했다. 학급교사는 '학급교사의 목표를 이해하고' '교사가 교실에서 겪는 문제점'에 대해 잘 이해하며 '학교 교사로서 받는 압력과 스케줄'에 대해 잘 알고 있는 전문가를 필요로 한다고 이야기하였다. 세 번째, 학급교사는 전문가가 문제해결사이면서 창의적이기를 기대하였다. 전문가가 그들에게 교육에 대한 '새로운' 아이디어와 '자료의 구체적인 사례나 사용할 수 있는 자원'을 제공해 주기를 원하고 있으며, 성취도가 높은 아이들이 문제의 '답안을 찾는 것을' 도와주고, '아이들을 가르치는 데 많은 선택을 제공하며' '답을 빨리 찾을 수 있기'를 기대하였다.

영재를 위한 차별화 교육과정

학급교사는 영재교육 전문가와 지속적이고 효율적으로 의사소통할 수 있기를 기대했다. 그들은 영재교육 전문가가 '학생의 진전에 대해 지속적으로 의견을 나누고', 학생과 같이 과제를 수행하는 '모든 학급교사에게 학생에 대한 직관적인 정보를 제공'해 주기를 원했다. 학급교사는 영재교육 전문가가 효율적으로 의사소통할 수 있으며, '학급교사가 어디로 가고 있는지에 대한 정확한 방향성을 제시하기 위한 표현 능력을 가지고 있기를' 기대하였다. 더 나아가서, 학급교사는 영재교육 전문가가 '다른 교사들에게 존경받기' 위해 필수적인 의사소통 기술을 가지고 있을 것이라고 기대하였다.

영재교육 전문가가 일련의 기술을 가지고 있을 것이라고 기대하는 것에 추가하여, 교사는 전문가가 융통성, 시간을 기꺼이 투자하려는 의지, 참을성, 지지 등의 성향을 보여 줄 것을 기대했다. 교사는 전문가가 어떤 학급 환경에서도 유연하고, 어떤 교육 혹은 학습(양식)에도 적응할 수 있는 의지를 보여 주기를 기대하였다. 또한 전문가가 그들의 시간을 기꺼이 제공할 뿐만 아니라, 교사가 '새로운 일에 맞춰 조절해 가는' 시간에 함께해 주기를 기대하였다. 학급교사는 '내 분야에 대한 무지'에도 참을성 있게 이해해 주고, 교사의 '강점과 능력 범위를 부드럽게' 이해할 수 있으며, 교사의 강점을 이용해서 활동 계획을 발전시킬 수 있는 전문가를 필요로 한다고, 거듭 이야기하였다. 그러나 학급교사는 '학급교사보다 우월하다는 태도'를 보이는 전문가들에 대해서는 경계하는 경향이 있었다. 교사들은 '다른 사람의 일과 개인적 한계를 존중하고' '주의 깊은 관찰 능력'을 가지고, '분석적이지만 비판적이지 않으며' '격려할 줄 알고' '칭찬하며' '독립적인 학습을 지원하는' 전문가를 원한다고 밝혔다.

영재교육 심화전문가들

학급교사처럼 영재교육 심화전문가들도 학급교사의 기술과 태도에 대해 기대감을 가지고 있었다. 전문가들의 자료는 학급교사가 바라는 것과는 다른 기술과 태도에 대한 기대를 전문가들이 가지고 있다고 지적하였다. 기술과 관련하여 전문가들은 교사가 융통성을 가져야 하며, 교육과정과 교육에 '적응'하고 '모니터'하고 '조정'할 수 있는 능력을 가지기를 기대했다. 특히 자료에 따르면, 전문가들은 학급교사가 학생의 요구에 기초해서 학습활동을 변경할 수 있기를 기대하였다.

교육과정에 적응하고 모니터하는 기술에 추가하여, 전문가들은 학급교사가 교육과 학습과정에 대한 어떤 태도들을 갖기를 기대했는데, 거기에는 모든 학생의 요구에 대한 이해, 새로운 아이디어를 시도해 볼 수 있는 의지, 학습에 대한 열망, 협력 정신 등이 포함되어 있었다. 그들은 교사가 '각각의 아이들에게 진짜 관심'을 가지고, '아이들 간의 차이점에 대해 이해하고 평가할 수 있기를' 원했다. 또한 그 목표를 위해서 똑똑한 아이들을 일정 기간 동안 교실 밖에 둔다고 하더라도, 교사가 '똑똑한 아이들에 중점을 두어야' 하고, '똑똑하고 빨리 학습하는 아이들에게 도전하려는 열정'을 지녀야 한다고 지적했다. 전문가들은 학급교사가 일부 아이들의 가도록 내버려 두는 것(let go)에 대한 요구를 인식하고, '그 해에는 학교, 전문가, 공동체와 그 학생들에 대해 함께 협력'할 수 있기를 원했다.

전문가들은 학급교사가 개방적인 마음으로 협력관계를 구축할 때, '사전평가' '과목속진'과 같은 '새로운 아이디어를 시도해 볼 수' 있을 것이라고 기대했다. 또한 전문가들은 시뮬레이션이나 또래 교사 등과 같은 방법으로 가장 잘 배울 수 있는 학습자들에게는 '교수방법'을 적합하게 바꾸려는 노력을 하기를 교사에게 원했다고 자료에서 지적하고 있다. 전문가들은 교사가 위험을 감수하고, '전통적인 교육방법'을 과감히 깨뜨릴 수 있기를 원했다.

또한 전문가들은 학급교사가 학습에 관해 열정을 가질 수 있기를 원하였다. 그들은 학급교사가 '호기심과 창의적이려는 열망으로 가득 차기를' 원하였다. 더 나아가 그들은 교사가 '자신에 대해 배우는 것에 흥미를 가지고, 전문적으로 성장하기 위한 열망'을 가져야 한다고 이야기하였다.

또한 전문가들은 학급교사가 협력관계를 구축할 때 '협조적인 태도'와

영재를 위한 차별화 교육과정

'책임감에 대한 깊은 이해'를 가져야 한다고 지적하였다. 그들은 학급교사가 '열심히 일하려는 의지와 업무 시간 외에도 목표를 이루려는 노력'을 보이기를 원했다. 마지막으로 전문가들은 학급교사가 '참을성'과 '인내심'을 가져야 하며, '발전과 성공을 위해 필요한 시간'에 새로운 협력관계를 맺기를 원했다.

논 의

본 연구는 대학원 수준의 훈련 프로그램, 사전 서비스 프로그램, 전문가 개발 과정 등에 참여했던 사람을 위해 의미 있는 두 가지 주요 연구결과를 포함한다. 이 연구결과 및 의미는 아래와 같다.

협력의 범위

첫 번째 연구결과는 학급교사와 영재교육 심화전문가들 혹은 영재교사 간의 협력이 전국적으로 볼 때 어떤 학교에서는 이미 성공적으로 수행되고 있다는 사실이다. 이것은 모든 수준의 교육자가 일반교육과 영재교육 간의 협력관계 구축이 시급하다는 것을 주장했다는 사실을 고려해 볼 때 매우 고무적인 소식이다. 또한 본 연구의 자료는 영재교육자들이 파트너십을 구축할 것을 제안한다. 영재교육 분야에 종사하는 일부 사람들이 '첫 단계'를 감행하는 일이 얼마나 중요한지 인식하고 있다는 사실은 만족스러운 일이다. 물론 이 자료에는 한계가 있다. 본 연구의 한계는 대상 표집이 작았다는 점과, 모든 응답자들이 영재교육 전문가의 역할이 중요시되는 동일한 대학원 수준의 영재교육 프로그램에 참여하고 있었다는 점이다. 영재교육 전문가가 교육적 파트너십을 구축하고 유지하기 위하여 사전 훈련을 받지 않을 수도 있기 때문에, 협력은 본 연구에서 나타난 것처럼 보편적인 성질의 것이 아닐 수도 있다.

협력자에 대한 기대

본 연구의 핵심은 바로 두 번째의 연구결과다. 즉, 일반교육과 영재교육 분야의 협력자들이 서로에게 가지는 기대와 관련된 내용이다. 본 연구결과는 두 가지 이유에서 설득력이 있다. 첫 번째, 협력과정에서 개인 간 역동성의 중요성을 과소평가한 것이다. 협력은 무엇보다 사람과 사람들이 관계에 가져오는 기술에 관한 것이다. 두 번째, 협력관계를 구축할 때 영재교육 전문가들과 학급교사들이 서로에게 품게 되는 기대감을 아주 자세하게 드러냈다는 것이다. 이러한 기대감과 편견은 지금까지는 구체적으로 기술되지 않았다. 협력자가 서로에게 가지는 서로 다르지만 상보적인 것 같은 기대감을 파악함으로써, 우리는 성공적인 협력 가능성을 향상시킬 수 있는 중요한 다리를 놓을 수 있게 되었다.

다리 놓기: 자원의 풍부함   영재교육에서 우리가 어떻게 다리를 놓을 수 있을까? 본 연구에서 효율적인 협력을 위해서는 일반적인 교육 수행자들이 믿었던 각 기술과 태도의 의미를 조심스럽게 조사하고 추출하는 것이 필요하고, 밝혀진 기술 혹은 태도와 관련된 우리의 적성을 기르는 방법을 찾아내는 것이 필요하다. 예를 들면, 본 연구의 학급교사들 중 대다수가 영재교사들의 자원이 풍부해지기를 기대하였다. 본 연구의 자료를 살펴보면, 자원의 풍부함은 다양한 것을 의미한다. 이는 다시 말해 교육 및 학습과 관련된 경험과 지혜를 기반으로 한 폭넓은 지식을 가지는 것, 영재를 가르칠 때 다양한 선택 사항을 제공할 수 있는 것, 곧바로 질문에 답변할 수 있는 것 등을 의미한다. 그러면 어떻게 자원을 풍부하게 증진시킬 수 있을까? 그 대답은 아래의 내용을 포함하지만 거기에만 국한되지는 않는다. 이 대답에는 교육과 관련된 전문 기관과 함께 일하기, 저널 읽기, 자원해서 교육과정심의위원회 봉사 활동하기, 영재교육 저널을 읽기, 어린이 책방에서 독서를 하며 시간을 보내기, 읽을 가치가 있는 기사를 복사하고 동료들과 공유하기, 자유롭게 자료를 나누기, 학급교사에게 전문성의 계발 기회를 제공하기, 대학과 주

교육부에서 일하는 사람과 정보망을 형성하기, 학회에 참여해서 자료를 가져오기, 대여 도서관을 개발하기, 내용 영역의 학습과 관련된 대표적인 주제에 대해 배우기 위해 다른 분야의 전문가들과 이야기하기, 신문과 시사 잡지를 읽기, 가능한 빨리 (영재교사들이) 학급교사의 요청에 응답하기 등이 있다.

다리 놓기: 효율적인 의사소통 기술을 보이기 어떻게 하면 우리는 '지속적'이고 '효율적인' 의사소통을 하는 기술을 향상시킬 수 있을까? 그래서 '다른 교사로부터 존중받게' 될 수 있을까? 특수교육에 대한 연구들은 효율적인 의사소통에 대한 정보들로 가득 차 있다. Friend와 Cook(1992)은 효율적인 언어 반응(feedback)의 특성에 대해 자세하게 설명하고 있다. 이것은 평가적이라기보다는 서술적인 것에 가깝고, 일반적이라기보다는 특수하며, 교사가 변할 수 있는 환경을 지향하고, 간결하고 명쾌한 의사소통을 보장할 수 있다(pp. 94-97). Friend와 Cook은 협력자들이 몸의 움직임, 목소리 신호, 장소 관계, 칭찬의 사용에 대해 주의하도록 요청하였다(pp. 73-75). Salend(1994)는 효율적인 팀 구성원들의 특징에 대해 정의를 내렸다. 다른 기술들 중에서도 개인 팀 구성원들은 "남의 말에 끼어들지 않고 경청하고, 다른 사람의 관점을 고려하고, 섣불리 판단하는 것을 피하고, 말하는 사람의 메시지에 대해 곰곰이 생각하며, 다른 사람의 아이디어를 확장하고, 필기하고, 말하기 전에 기다리며, 화내지 않고, 유머를 사용할 수 있어야 한다." (p. 120)는 것이다. 영재교육 심화전문가로서, 전문가들의 말을 경청하는 것이 학급교사의 역할이 아니라는 것을 기억하는 것이 중요하다. 효율적으로 의사소통을 할 수 있는 방법을 찾아내서 학급교사들이 전문가들이 제공하는 것에 대해 경청하기를 원하도록 하는 것이 바로 전문가들의 역할이다.

다리 놓기: 이해를 표현하는 것 성공적 협력을 위해 필요한 태도와 관련하여 일반교사가 갖고 있는 기대를 만족시키기 위해서 영재교육 전문가들은 무엇을 할 수 있는가? 예를 들어, 우리는 어떻게 우리가 이해하고 있다는 것을 보장할 수 있는가? 무엇보다도 우리는 들을 수 있고, 주의 깊게 관찰

하고, 참을 수 있고, 필요하다면 모델링 혹은 공동 교육을 제공하고, 판단 내리는 것을 피하고, 칭찬하고 격려하며, 학급교사의 스케줄과 압력에 대해서 이해할 수 있다.

다리 놓기: 우리 자신의 인식을 점검하기   지금까지 우리는 학급교사의 가정과 우리가 영재교육 심화전문가로서 가지게 되는 기술과 태도 사이의 차이를 어떻게 하면 좁힐 수 있는지를 살펴보았다. 하지만 이러한 분석은 전체 내용의 절반밖에는 해당되지 않는다. 우리가 심화전문가로서 학급교사들에게 가지고 있는 가정들을 살펴보는 것이 필요하다. 학급교사의 기술과 태도에 대한 우리의 가정이 그들이 가지고 있는 실제 기술과 태도와 일치하는가? 우리(전문가들) 조사에 따르면, 영재교육 심화전문가들은 학급교사가 아이들 간의 학습의 개별적 차이점을 진단해서 그들의 요구에 부응하기 위해 학습 행동을 수정하고 모니터링할 수 있기를 기대한다. 간단히 말하면, 교사에 대한 우리의 기대는 너무 높은 수준이다. 오늘날 교실에서 학생의 다양성이 증가하는 것을 고려해 볼 때, 교사는 엄청난 압력과 요구에 직면하고 있다.

또한 우리가 교사들에게 기대하는 태도들을 교사들이 갖고 있기를 바랄 수 없다. 본 연구는 전문가들이 학급교사들에게 '호기심으로 충만하고 창의적인 열정'을 가지고 있고, '그들 자신에 대해 배우는 데 흥미를 가지며', '전문적으로 성장하려 하고' '협조적이며' '책임에 대해 깊이 인지'하고, '열심히 일하려고' 하고, '업무시간 외 시간을 투자하고 노력하기를' 기대하고 있다는 것을 보여 준다. Fullan(1997)은 "공립학교에 있는 사람이라면 누구나 그 원인이 공공기관과 정부가 그들에게 관심을 보여 주지 않는다는 교사의 느낌으로부터 나온 것이든 문제들이 감당할 수 없고 갈수록 악화되는 데 대한 절망감에서 나온 것이든, 교사 사이에 불안감이 팽배해지고 있다는 것을 느낄 수 있을 것이다. 대다수 교직에 있는 사람에게는 가르치는 즐거움보다 교직이라는 직업이 가지는 압력이 훨씬 압도적이다."(pp. 217-

218)라고 하였다. 요약하면 본 연구는 여기에서, 우리가 영재교사로서 학급교사들과 영재교사 사이의 차이를 더 넓히고, 지금까지의 이질감과 냉소주의를 악화시킬 수도 있는 낭만적 생각을 가질 수 있다는 것을 알려 준다.

학급교사들의 기술과 태도에 대한 우리의 기대와 그들의 실제 기술과 태도 간의 차이를 극복하도록 효율적으로 다리를 놓기 위해서는 우리(전문가들)의 역할의 재정립이 필요하다. 우리는 산재한 문제와 학급교사가 접하고 있는 도전 과제들을 심도 있게 분석해서 부담을 덜어 주어야 한다. 일부 학급교사들의 현실을 간과하고 무시하면, 협력관계와 성취도가 높은 학생에게 차별화된 교육 기회를 성공적으로 제공하려는 목표는 수포로 돌아갈 것이다. 교사가 직면하고 있는 복잡한 문제들과 그들의 일상적인 딜레마에 수반되는 감정적인 측면을 이해하고 인정하는 것이 우리에게 성공적인 협력관계를 구축하는 견고한 기반을 제공할 것이다.

연구의 교육적 시사점

마지막으로, 이 연구는 사전 실습, 대학원 수준, 현장 프로그램에 참여하는 사람들에게 의미를 가진다. 본 연구결과는 예비교사, 대학원생들이 다음과 같은 다양한 주제에 노출될 필요가 있음을 제안한다. 즉, 팀 구성과 협력관계의 본질, 협력관계에 들어감에 따라 협력자가 가지는 가정들, 학생 간의 차이, 영재를 포함한 모든 학생들의 특성과 요구들, K-12의 방법과 자료들, 차별화 원칙들, 차별화된 교실에서의 학급 관리 등의 주제들이다. 특히 본 조사는 예비 교사와 대학원생들이 협력관계와 교육적 파트너십을 지지하는 필수적인 기술과 태도의 본질을 이해할 필요가 있음을 제안한다. 추가적으로 그들은 협력관계를 구축하고 유지하는 것을 연습해야 한다. 또한 미래 교사와 전문가 집단 모두는 오늘날 학급에 있는 다양한 유형의 학생들에 대해 배울 수 있는 코스 교육에 지속적으로 노출될 필요가 있다. 이와 마찬가지로 이들이 K-12의 방법과 자료에 익숙해지기 위해 여러 학기 동안 시간을 내야 할 것이다. 교육과정 목표, 교육 전략, 교육 자료에 대한 철저한 이해 없이는, 미래 학급교사들은 다양한 학생을 위해 학습활동들을 차별화할 수 없을 것이다. 교육과정 목표, 교육 전략, 모든 내용 영역에서의 교육 자료, K-12 원칙에 대한 철저한 이해 없이, 미래 영재교육 심화전문가들은 본 연구의 학급교사들이 간절히 원하는 '자원이 풍부한 협력자'가 될 수 없을 것이다.

본 연구는 현장 교육생들을 위한 연수교육 프로그램의 실행 책임을 맡고 있는 학교 관리자들에게도 중요한 의미를 가진다. 간단히 말해서, 높은 양질의 도전적 학습기회를 영재를 포함한 모든 학생들에게 제공하기 위한 우리(전문가들)의 능력은 생산적이고 교육적인 파트너십을 형성하고 유지하는 능력에 달려 있다. 따라서 공립학교 연수교육 프로그램은 다음과 같은 것을 다룰 필요가 있다. 즉, 협력적인 파트너십에서 전문가들의 역할, 협력관계에 들어갈 때 협력자에게 가지게 되는 기대감과 조건(즉, 시스템을 전반적으로 수행할 수 있는 시간, 중요한 전문가 양성, 관련 기술을 실행하고 정교화할 시간, 전문 잡지와 문헌을 접하는 것, 보충 자료의 가용성, 성공적인 파트너십의 개발을 촉진하기 위한 인터넷 활용)과 파트너십에서 예상되는 산물들을 다뤄야 한다.

결 론

1990년대 초반, Renzulli와 Reis는 "우리가 해야할 일은 영재들의 교육 요구를 진지하게 고려하는 새로운 형태로, 내용 전문가, 학교 관리자, 지원 인력, 학급교사와의 협력의 중요성을 진지하게 인식하는 것이다."(J. S. Renzulli & S. M. Reis, personal communication, April 20, 1991)라고 말하였다. 본 연구는 우리가 좀 더 높은 수준의 차별화된 교육 서비스를 모든 학생에게 제공하기 위하여 협력의 힘과 혜택을 활용하기를 원한다면 반드시 이해하고 실행해야 하는 두 가지 측면의 협력과정을 조명해 준다. 첫 번째는

영재를 위한 차별화 교육과정

협력이 사람 사이의 상호작용과 그 결과에 따른 관계 위에서 이루어진다는 것이다. 두 번째는 어린이들에게 높은 수준의 서비스를 계획하는 협력자들은 서로에게 다르지만 상호 보완적인 일련의 기대를 가지고 협력관계를 시작한다는 것이다. 이러한 기대는 이해되어야 하고, 필요하다면 학급교사와 영재교사 혹은 영재교육 심화전문가들 사이의 잠재적인 강한 협력관계의 성공을 확신하기 위하여 두 집단 사이에(서로를 이해하고 연결하는) 다리를 놓아야 할 것이다.

📝 참고문헌

Council for Exceptional Children. (1994). *Toward a common agenda: Linking gifted education and school reform*. Reston, VA: Council for Exceptional Children.

Debuse, M., & Shoemaker, B. J. E. (1993). The changing role of the TAG teacher: An Oregon case study. *Roeper Review, 16*, 58-61.

Dettmer, P. (1993). Gifted education: Window of opportunity. *Gifted Child Quarterly, 37*, 92-94.

Donaldson, G. A. (1993), Working smarter together. *Educational Leadership, 51*(2), 12-16.

Fox, R. J., Crask, M. R., & Kim, J. (1988). Mail survey response rate. A meta-analysis of selected techniques for inducing response. *Public Opinion Quarterly, 54*(4), 467-491.

Friend, M., & Cook. L. (1992). *Interactions: Collaborative skills for school professionals*. New York: Longman.

Fullan, M. G. (1992). Visions that blind. *Educational Leadership, 49*(5), 19-20

Fullan, M. G. (1997). Emotion and hope: Constructive concepts for complex times. In A. Hargreaves (Ed.), *Rethinking educational change with heart and mind* (pp. 216-237). Alexandria, VA: Association for Supervision and Curriculum Development.

Hanninen, G. (1994). Blending gifted education and school reform. ERIC Digest #E525.

Holcomb, E. L. (1993). The rule for role change: Show, don't tell. *Educatuinal Leadership, 51*(2), 17-18.

Lincoln, Y. S., & Guba, E. G. (1985). *Naturalistic inquiry.* London: Sage Publications.

Monson, M. P., & Monson, R. J. (1993). Who creates curriculum? New roles for teachers. *Educatuinal Leadership, 51*(2), 119-121.

Purcell, J. H. (1995). Gifted education at a crossroads: The Program Status Study. *Gifted Child Quarterly, 39*, 57-65.

Renzulli, J. S. (1994). *Schools for talent development: A practical plan for total school improvement.* Mansfield Center, CT: Creative Learning Press.

Salend, S. J. (1994). *Effective mainstreaming: Creating inclusive classrooms.* Englewood Cliffs, NJ: Macmillan Publishing.

Schack, G. D. (1996). All aboard or standing on the shore? Gifted educators and the educational reform movement. *Roeper Review, 18*(3), 190-197.

Strauss, A. & Corbin, J. (1990). *Basics of qualitative research: Grounded theory procedures and techniques.* Newbury Park, CA: Sage Publications.

Tomlinson, C. A., Coleman, M. R., Allan, S., Udall, A., & Landrum, M. (1996). Interface between gifted education and general education: Toward communication, cooperation and collaboration. *Gifted Child Quarterly, 40*, 165-171.

Tomlinson, C. T., Tomchin, E. M., Callahan, C. M., Adams, C. M., Pizzat-Tinnin, P., Cunningham, C, M., Moore, B., Lutz, L., Roberson, C., Eiss, N., Lamdrum, M., Hunsaker, S., & Imbeau, M. (1994). Practices of preservice teachers related to gifted and other academically diverse learners. *Gifted Child Quarterly, 38*, 106-114.

Treffinger, D. (1991). School reform and gifted education: Opportunities and issues. *Gifted Child Quarterly, 35*, 6-11.

VanTassel-Baska, J. (1991). Gifted education in the balance: Buliding relationships with general education. *Gifted Child Quarterly, 35*, 20-25.

08

영재에게 적용하기 위한
일반교육 교실수업의 전환[1)]

Susan K. Johnsen(Baylor University)
Patricia A. Haensly(Western Washington University)
Gail R. Ryser(Austin, Texas)
Randal F. Ford(University of Texas–Arlington)

Jacob K. Javits 영재교육법에 따라 자금 지원을 받은 Mustard Seed 프로젝트의 주요 목표는 일반교육 교실에 있는 영재를 위한 교육과정을 차별화시키기 위해 교사를 훈련시키는 것이었다. 이 연구에서는 교실수업에서의 변화와 이러한 변화에 영향을 미친 요인들을 살펴보았다. 변화는 교실수업의 실제 척도(Classroom Instructional Practices Scale, Johnsen, 1992)를 이용하여 측정하였다. 표본은 도시 지역 1군데와 시골 지역 5군데, 교장 8명, 교사 74명, 멘터 교사 17명과 지역 대표 18명이었다. 2년에 걸친 실행을 통해 각 지역의 교사 대부분은 변화가 있었다. 교실수업에서의 변화와 영향을 끼친 요인들은 인터뷰와 현장(field) 기록, 형식적·비형식적 관찰과 최종적인 조사를 통해 결정되었다. 참여자들은 스태프 개발 활동, 리더십, 멘터링, 자원과 프로젝트 지원이 매우 도움이 되었다고 언급하였다.

---

1) 편저자 주: Johnsen, S. K., Haensly, P. A., Ryser, G. R., & Ford, R. F. (2002). Changing general education classroom practices to adapt for gifted students. *Gifted Child Quarterly, 46*(1), 45-63. ⓒ 2002 National Association for Gifted Children. 필자 승인 후 재인쇄.

일반교육 교실에서 영재학생의 요구를 충족시키는 것은 영재교육 전문가와 옹호자들에게 중요한 관심사다. 영재를 포함시켜야 한다는 주장과 특별 프로그램을 없애려는 압력이 증가함에 따라 일반교사가 차별화된 수업을 제공하도록 훈련받는 것은 피할 수 없는 일이 되었다(Reis, Gentry, & Maxfield, 1998; Westberg, Archambault, Dobyns, & Salvin, 1993).

연구자들은 교실환경을 영재학습자들에게 맞도록 바꿀 수 있는 방법들을 제안해 왔다. 학습자 간의 차이를 이야기하는 수업은 속진(Brody & Benbow, 1987; Southern & Jones, 1991), 교육과정 압축(Reis, Burns, & Renzulli, 1992), 심화(Feldhusen & Kolloff, 1986; Renzulli & Reis, 1997), 학습 센터(Feldhusen, 1986; Lopez & MacKenzie, 1993), 창의적 문제해결(Parnes, 1979; Treffinger, 1980), 개인 연구(Doherty & Evans, 1981; Johnsen & Johnsen, 1986; Treffinger, 1980), 간학문적 교육과정(Kaplan, 1986; VanTassel-Baska, 1985; Ward, 1980), 문제기반 교육과정(Gallagher, Stepien, & Rosenthal, 1992; VanTassel-Baska, 1994), 수업양식 선호(Renzulli & Reis, 1997)를 포함한다.

그러나 실제 경험을 통해 우리가 일반교실을 변화시키는 것은 쉬운 일이 아님을 알 수 있다. 그것은 여러 모로 지원받을 필요가 있고 많은 요인들이 포함된 복잡하고 느린 과정이다(Fullan, 1993). 이 요인들은 강한 리더십, 질 높은 전문성 계발, 후속적인 지원, 교사, 행정가들, 지역사회 간의 협력을 포함한다(Connor & Lake, 1994; Sarason, 1995; Sergiovanni, 1995). 변화는 고도로 개인적인 것이기 때문에 지원의 대부분은 교실에서의 변화가 어떤 것이든 가장 솔선수범해야 할 교사에게 가도록 해야 할 필요가 있다(Petrie, 1990; Sarason, 1995).

교실의 상대적 고립은 즉각적인 환경뿐 아니라 다른 환경까지를 포함하는 네트워크의 개발이 주의 깊게 이루어져야 할 것을 요구한다. 과학 기술과 멘터링은 교육과정과 교실수업에 대한 정보를 제공하고 실행될 필요가 있는 전략들을 모방함으로써 연결 과정에 기여할 수 있다(Sullivan, 1992). 또한 어떤 혁신이든지 성공적으로 실행하기 위해서 교사는 시간과 물질적 자

영재를 위한 차별화 교육과정

가장 최근의 혁신을 배우기 위해 학교들은 전문적인 개발 활동들, 즉 워크숍을 제공하고, 회의에 가고, 세미나에 참석하며, 대학 강좌를 이수하기 위해 등록하는 일 등에 빈번히 참여한다. 행정가들과 감독관은 이러한 기회를 통해 교실에서 효과적인 수업을 실행할 수 있기를 희망한다. 불행하게도, 혁신적인 변화는 함께 작용해야 하는 복잡한 요인들을 포함하기 때문에 단일한 전문성 계발 활동은 그리 만족스러울 만한 결과를 내지 못한다. 여기에서는 프로젝트 활동이 2년간에 걸쳐 74명의 교사의 교실수업의 거의 100%를 어떻게 변화시킬 수 있었는가에 대해 기술해 준다.

이러한 결과가 있으면 교육자는 이러한 요소들을 그들의 전문성 계발 활동에 통합시키길 고려할 것이다. 첫째, 변화의 영향을 받게 될 이해 당사자들, 즉 교사, 상담가, 지역사회, 행정가(특히 교장) 모두를 포함시키는 것이 중요하다. 둘째, 전문성 계발은 참여자들이 변화하도록 자극받기 위해 바람직한 수업을 시뮬레이션해야 한다. 셋째, 수업은 교사가 새로운 수업을 교실로 전이할 수 있도록 명료하게 정의될 필요가 있다. 이 프로젝트에서 교실수업의 실제 척도(Johnsen, 1992)는 바람직한 수업에 대한 구체적인 정보와 진전 사항을 기록하기 위한 발달적 위계들을 제공하였다. 넷째, 교사는 자신의 교실에 통합시킬 변화의 유형과 변화의 정도에 한목소리를 가져야 한다. 목표를 선택하는 자유는 교사에게 힘을 불어넣으며 변화를 향한 긍정적인 태도를 구축해 준다. 다섯째, 교사는 변화하기 위해 지속적인 자료와 인적 지원을 필요로 한다. 지원의 유형은 스태프 개발 시간과 동료 및 멘터의 지원, 지도 지원, 자료, 실행에 옮길 시간을 포함한다. 이러한 요소들이 있을 때 변화의 가능성은 증가한다.

원이 필요하다. 대부분의 교사가 교실에서 원하는 아이디어를 실행에 옮기기 위해서 상당한 개인적 자원을 투자한다는 것은 잘 알려져 있다. 어떤 지점에서 이 자원은 고갈된다. 요약하자면, 변화를 촉진시키는 데 나타나는 요인들은 강한 리더십, 전문성 계발, 후속적인 지원, 협력, 멘터링, 자원, 실행할 시간을 포함한다.

교사들은 변화가 발생할 때 그대로 유지하려 하고, 교실에서 아주 작은 변화만을 가지려 한다. 예를 들어, 교실에 도서 코너를 만드는 것은 교사에게 융통성 있는 집단 배열을 하도록 요구하지 않는다. 교실에서 여러 가지 의미 있는 개선을 요구하는 변화, 특히 변형적 변화는 달성하기 어렵다. 이 경우에 그 시스템의 한 부분에서의 변화는 다른 부분에서의 변화를 요구한다. 예를 들어, 우수한 학습자들에게 상급 학년 수준의 자료를 제공하는 것은 모든 학년 수준에서의 새로운 집단 배열, 교재의 다른 순서, 범위와 계열성 변경 및 수정된 평가 절차를 요구한다. 더욱 복잡한 이런 유형의 변형적 변화는 연구자와 참여자들 편에 새로운 요구를 발생시킨다. "연구자들의 도전은 여러 변인들이 시간의 경과와 더불어 관찰되고 측정될 수 있도록 변인들을 명료하게 정의하는 것이다."(Ryser & Johnsen, 1996, p. 489)라는 의견이 제시되기도 하였다. 이러한 방식으로 연구자와 관련자들은 어떤 변화가 이루어지는지, 바람직한 결과에 언제 도달하는지, 얼마나 오래 같은 방향으로 계속 가야 하는지를 알게 될 것이다. 그러나 교실에서의 변화 정도를 실제로 관찰한 연구는 거의 없다. 처음과 마지막 단계에서 혁신은 어떻게 보이는가? 실행에 계열성이 있는가? 변화를 위한 하나의 조치는 다른 것과 관련이 있는가, 아니면 차이를 발생시켜야 할 요인들의 배열이 있는가? 변형적 변화는 시간이 걸리고 연구를 시작한 2년째나 심지어 3년, 4년째에도 이행되지 못할 수 있기 때문에 연구자는 변화를 향한 조치를 보여 주는 새로운 단계들의 특성을 기술해야 한다. 그래야만 관찰자가 실행의 수준과 바람직한 결과에 그것이 얼마나 관련되었는지를 결정하기 위해 체계적으로 각 단계에서의 자료를 수집할 수 있다.

Jacob K. Javits 영재교육법에 따라 자금 지원을 받은 Mustard Seed 프로젝트의 주요 목표는 일반교실에 있는 영재를 위한 교육과정을 차별화하기 위해 교사를 훈련시키는 것이었다. 권장된 수업 관련 문헌을 이용하여, 주요 연구자들은 분명하게 바람직한 변화를 정의하고, 시간의 경과에 따라 그 변화를 관찰하고 측정하려 시도하였으며, 변화에 영향을 미치는 요인들을 통합하는 모형을 이용하길 시도하였다. 이 연구는 교실 변화에 영향을 미치는 요인들을 기술하는 Mustard Seed 프로젝트의 일부다. 이 연구에서는 보다 구체적으로 두 가지 질문을 다룬다.

1. 교사는 교실수업에서 어떤 변화를 초래하였는가?
2. 어떤 요인들이 이 변화에 영향을 미치는가?

방 법

표 본

지역과 행정가 프로젝트 지역을 선정하기 위한 준거를 설정하기 위해 프로젝트 자문위원회가 만들어졌다. 이 위원회는 두 개 지역의 교육 서비스 센터에서 온 자문위원들과 도시와 시골에 있는 학교의 행정가들, 그리고 프로젝트 스태프를 포함하였다. 연구문헌과 Javits의 요구 사항에 기초하여 다음의 준거가 개발되었다.

1. 학생의 40~50%는 경제적으로 불이익을 받거나 시골에 고립되어 있거나 둘 다에 해당한다.
2. 프로젝트의 목표와 학교의 목표가 비슷하다.
3. 수업에서 강한 리더십이 있다.
4. 교직원 대다수가 프로젝트가 제기하는 변화에 흥미를 갖고 있다.
5. 멘터를 담당할 교사가 있다.
6. 지역에 기반을 둔 팀은 지역 대표성을 갖는다.
7. 학교의 행동관리 문제가 분명하지 않다.
8. 이동 없는 학생 집단이 종단적 연구를 할 수 있는 기회를 제공한다.

| 지역 | 수 | | | 무료/ | % |
	학교	교사	학생	할인급식	소수자
U1	1(PK–5)	27	516	50	31
R1	2(PK–2; 3–5)	100	1730	60	51
R2	2(K–5; 6–8)	80	880	45	51
R3	2(PK–2; 3–6)	43	682	68	54
R4	1(K–6)	22	271	46	21
R5	1(PK–5)	35	411	44	22

표 8-1 지역별 인구통계

프로젝트 책임자는 13군데의 유력한 지역에 표준화된 설명서를 제시하였다. 설명서에는 프로젝트의 목표, 일정, 프로젝트 교사를 위한 인적 과학 기술적 지원 체계, 프로젝트에 참여한 개인과 학교에 주어지는 혜택들에 대한 요약이 포함되어 있다. 위의 8개의 준거를 이용하여 프로젝트 스태프와 지역 교육 서비스 센터의 자문위원들은 6개 지역, 즉 1개의 도시와 5개의 시골에 있는 8개 캠퍼스의 최종 선택을 위해 협력하였다. 다른 학교와 300마일 이상 떨어진 경우도 있었다(〈표 8-1〉 참고). R2 학교에만 영재를 위한 완전한 프로그램이 있었다. 나머지 학교들은 일반교실 내에서 영재들을 교육하고 있었다.

멘터   학교 선정이 있은 후, 8개 학교의 교장들은 준거를 확인하기 위해 프로젝트 스태프들과의 회의와 훈련을 받게 될 첫 해의 멘터 및 동료 교사를 선정하는 과정에 참석하였다. 멘터 교사가 할 일은 캠퍼스에서 동료 교사와 협력하여 훈련 기간에 개발한 개별 교사의 목표들에 대해 후속 지원을 제공하는 것이었다. 문헌들을 검토한 후에 프로젝트 스태프는 교장에게 멘터의 특성에 대한 목록을 제안하였는데, 다음과 같은 것들이었다. (a) 인간 지향적인, (b) 좋은 의사소통 기술이 있는, (c) 듣는 기술이 훌륭한, (d) 프로젝트의 제안을 따르는, (e) 동료 교사를 돕는 데 흥미를 갖는, (f) 다른 교사의 제안을 존중하는, (g) 애매함을 참는, (h) 자신 있고 융통성 있는, (i) 유머감각

표 8-2 멘터 교사 통계

지역	성별		현재 담당 학년		교수 경험 햇수		영재교육 경험 햇수	
	Y1	Y2	Y1	Y2	Y1	Y2	Y1	Y2
U1	F	M	K	K	15	5	0	0
R1	F	F, F	3	K, 5	4	8, 12	0	0, 0
R2	F	F, F, F	GT	K, 2, 3	15	5, 10, 7	4	0, 0, 0
R3(P)	F	F	1	2	7	5	0	0
	M	F	5	3	23	5	0	0
R4	F	F	4	4	22	23	0	0
R5	F	F	1	1	15	8	0	0

주: Y1 = 1년차, Y2 = 2년차, P = K~2학년, E = 3~6학년

이 있는, (j) 학습을 사랑하는 등의 특성이었다. 교장은 선정 과정을 결정하였다. 프로젝트에 대한 오리엔테이션 동안 모든 학교들은 교사에게 다음과 같은 진술에 반응하도록 요청하였다. '당신이 이 학교에서 당신의 교실에 있는 학생 간의 차이에 적응하는 데 도움을 요청할 만한 세 사람의 교사를 열거하라'는 진술이었다. 이 진술에 대한 교사 반응과 위의 준거는 멘터를 선정하는 데 활용하였다. 4개 지역에서는 교장이 멘터를 선정하였다. R2와 R5에서는 참여 교사가 멘터 교사를 선정하였다. 7명의 멘터 교사는 프로젝트 실행 첫해에, 그리고 10명의 멘터 교사는 두 번째 해에 선정되었다. R3는 첫해에 두 개 캠퍼스 각각에서 멘터를 선정하였다. 멘터들의 교수 경험은 평균 11년이었는데 한 사람 만이 영재를 교육한 경험을 보고하였다(1년째와 2년째 멘터 교사 수치는 〈표 8-2〉 참조).

동료 교사 두 집단의 동료 교사를 선정하는 데 행정가들과 프로젝트 스태프는 학생의 다양한 차이에 적응하려 하였고 여러 가지 멘터의 특성을 소유한 교사에게 초점을 맞추었다. 행정가들, 멘터 교사, 전문가 집단과 프로젝트 스태프는 2년 동안 각 지역에 있는 5~7명의 교사로 이루어진 두 개 팀의 선정에 협력하였다(동료 교사 수치에 대해서는 〈표 8-3〉 참조). 멘터들과 유

표 8-3 동료 교사 통계

지역	교사	M	F	경험			영재교육 경험 햇수
				0~5년	6~15년	16년 이상	
U1	10	1	9	2	2	6	0
R1(P)	5	0	5	1	2	2	0
(E)	5	0	5	1	1	3	1/2
R2	14	0	14	4	10	0	1/3
R3(P)	6	0	6	3	2	1	0
(E)	7	0	7	6	1	0	0
R4	8	0	8	1	2	5	0
R5	12	0	12	4	4	4	0
Total	67*	1	66	22	23	21	2/5

주: P = K~2학년, E = 3~6학년, M = 남자, F = 여자, * 1년차 동료 교사는 제외됨

사하게 동료 교사 가운데 두 명만이 영재를 리더해 본 경험을 가지고 있다고 보고하였다.

훈련에 참여했던 동료 교사의 전체 수는 71명이었다. 이들 가운데 10명은 2년째 훈련에서 멘터 교사가 되었다. 합쳐서 78명의 멘터와 동료 교사가 훈련에 참여하였다. 이들 교사 가운데 4명은 두 번째 관찰을 하기 전에 학교를 떠났고 이 연구로부터 제외되어 74명의 표본이 남게 되었다.

지역사회 대표 첫해 동안 각 지역의 교장은 전체 12명 중에서 2명의 지역 대표를 선출하였다. 다음 해는 이 지역들 가운데 4군데에서 두 명의 추가 대표를 보냈다. 지역사회 대표 모두는 지역 기반 관리팀의 구성원들이었고 학교에 자발적으로 참여하였다. 17명이 여성, 1명이 남성이었다. R4의 한 명을 제외하고 모두는 지역 학교에 한 명 또는 그 이상의 자녀들을 보내고 있었다. 이 지역사회 대표들은 지역사회의 나머지 사람과의 연락자로 활동하고 교사가 변화를 초래하도록 지원하는 일을 맡았다.

도 구

프로젝트의 3단계, 즉 사전훈련, 훈련, 사후훈련 단계를 통해 질적 자료와 양적 자료를 수집하였다.

질적 자료 프로젝트 책임자와 6명의 연구 보조원은 현장 기록, 체계적인 관찰, 비공식적이고 개방형의 구조화된 인터뷰와 최종적인 조사 평가를 통해 질적 자료를 수집하였다. 연구 보조원은 전화로든, 지역에서의 직접 접촉이든, 각각의 접촉한 사항에 대해 현장 노트를 이야기체로 작성하였다. 이러한 기록을 주요 문제, 주제, 질문, 앞으로의 접촉을 종합하여 접촉 요약 형식으로 전사하였다. 프로젝트의 참가자들은 대략 400회의 지역 접촉을 가졌다. 각 지역을 방문하고 접촉하는 동안 연구 보조원은 체계적으로 다음의 질문들을 하였다.

1. 교사는 혁신 기간에 어떻게 변화되었는가?
2. 훈련과 후속적인 지원 이후 교사는 학습자들 간의 차이에 대해 어떻게 대응하였는가?
3. 행정 조직은 교사가 학습자 차이에 대응하기 위해 변화하도록 어떻게 지원/비지원하였는가?
4. 멘터 교사는 교사가 학습자 차이에 대응하기 위해 변화하도록 어떻게 지원/비지원하였는가?
5. 지역사회는 교사가 학습자 차이에 대응하기 위해 변화하도록 어떻게 지원/비지원하였는가?
6. 훈련은 교사가 학습자 차이에 대응하기 위해 변화하도록 어떻게 지원/비지원하였는가?
7. 프로젝트의 사후점검 단계는 교사가 학습자 차이에 반응하기 위해 변화하도록 어떻게 지원/비지원하였는가?
8. 교사가 학습자 차이에 대응하도록 그들의 목표를 세운다는 어떤 증

거가 있는가?

9. 학교 내의 여러 구성원들은 혁신에 어떻게 반응했는가?

10. 동료 코칭과 멘터링이 있다는 어떤 증거가 있는가?

연구 보조원은 훈련을 전후하여 각 지역에 있는 행정가들, 지역사회 대표들, 멘터 교사, 동료 교사와 개방형의 표준화된 인터뷰를 수행하였다. 프로젝트는 여러 연구 보조원을 활용하였기 때문에 표준화된 인터뷰는 모든 참여자들을 위해 동일한 계열의 동일한 질문들을 포함하는 것이었다. 훈련 전 인터뷰 질문들은 (프로젝트 참여의) 동의와 그것의 목표, 동의가 가져다주는 혜택, 학교의 의사결정 과정, 관심사, 차이에 대한 대응 정도, 협력의 정도, 지원 정도에 대한 정보와 그에 대한 감정에 관한 것이었다. 훈련 후 인터뷰 질문들은 훈련에 대한 기대, 훈련의 효과성, 후속적 지원에 대한 요구에 관한 것이었다. 참여 관찰을 하는 동안 연구 보조원은 동료 교사 및 멘터 교사의 교실에 있는 학생과도 인터뷰를 수행하였다. 프로젝트 책임자는 최소한 한 달에 한 번은 각 지역을 방문하였고, 교실을 관찰하고 현장을 기록하였으며, 멘터 교사는 동료 교사와 접촉하는 시간을 지켰다.

양적 자료 프로젝트 스태프는 체계적인 관찰을 하고 교사의 교실수업을 '교실수업의 실제 척도'(Classroom Instructional Practices Scale: CIPS, Johnsen, 1992)를 사용하여 평가하였다. 이 체크리스트는 내용, 평가, 선호, 환경에서의 학습자 차이에 대응하기 위해 그들의 교실을 어떻게 조직하는지를 측정하기 위해 설계된 것이었다. 각 영역에 대한 기술은 위계적이었으며, 개인차를 아주 적게 고려하는 교실수업에서 시작하여 개인차를 아주 많이 고려하는 수업으로 진전하게 되어 있다(〈표 8-4〉 참조). 여러 단계에 대한 기술 내용과 위계는 교실수업을 영재학습자들에게 적합하도록 변화시키는 데 참여했던 200여 명의 교사를 관찰한 후에 개발되었다.

내용은 일곱 가지의 기술 내용으로 구성되는데(C1~C7), 이것들은 교사

표 8-4	교실수업의 실제 척도

연구 보조원_____

교사 _____ 학년 _____

학교 _____ 관찰 날짜/시간 _____

과목_____

내용
__C1 책이나 교육과정 안내서가 내용을 조직한다.

__C2 창의적이고 비판적인 사고기술을 포함한다.

__C3 여러 교과의 통합, 단일 교과 기반의 주제, 믿을 만하지 못한 방법

__C4 간학문적, 광범위한 주제, 믿을 만한 방법

__C5 일반화, 개념의 구체적인 특성

__C6 학생 수행이 계열을 결정한다.

__C7 학생 흥미가 내용을 안내한다.

평가
__R1 과제를 위한 동일한/다양한 양의 시간을 갖는다. 빨리 끝낸 사람은 어떤 과제도 하지 않는다.

__R2 과제를 위한 동일한/다양한 양의 시간을 갖는다. 빨리 끝낸 사람은 관련되지 않은 과제를 한다.

__R3 과제 완수를 위해 동일한/다양한 시간을 갖는다.

총평과 함께 평가
__R4 반복 없이 정해진 시간에 사후평가

__R5 반복 없이 다양한 시간에 사후평가

__R6 반복과/또는 깊이 있는 공부/심화/속진으로 정해진 시간에 사후평가

__R7 반복과/또는 깊이 있는 공부/심화/속진으로 다양한 시간에 사후평가

__R8 반복과/또는 깊이 있는 공부/심화/속진으로 정해진 시간에 사전/사후평가

__R9 반복과/또는 깊이 있는 공부/심화/속진으로 다양한 시간에 사전/사후평가

환경
__E1 제한된 학생 상호작용과 배열, 흥미 또는 학습 센터 없음

__E2 제한된 학생 상호작용과 배열, 흥미 또는 학습 센터 있음

__E3 학생 상호작용과 배열

__E4 학생 상호작용과 배열, 흥미 센터가 있음

__E5 학생 상호작용과 배열, 학습 센터가 있음

__E6 학습 센터로써 학교와/또는 지역사회의 활용

선호
__P1 과제와/또는 반응 차원에서 변화 없음, 상관이 없음

__P2 과제와/또는 반응 차원에서 변화 있음, 상관이 없음

__P3 과제와/또는 반응 차원에서 변화 없음, 상관이 있음

__P4 과제와/또는 반응 차원에서 변화 있음, 상관이 있음

__P5 변화된 과제와/또는 반응 차원의 학생 선택

차이에 대응한다는 관점에서 부가적 관찰

가 각 교과 내에서와 여러 교과에 걸쳐 기술(skill), 개념, 전략, 일반화를 조직하고 계열화한 방법을 기술해 놓은 것이다. 예를 들어, 가장 낮게 평가하는 C1은 그 책의 범위와 계열 가운데 조직되어 있는 내용을 기술한 반면, C7은 개별 학생의 흥미 가운데 조직된 내용을 기술한다. 평가는 9개의 기술 내용으로 구성되어 있는데(R1~R9), 이것은 새로운 내용을 학습하는 데 학생이 필요로 하는 시간의 양을 변화시키기 위해 교사가 평가를 어떻게 활용하는지를 나타낸다. 다시 말해서, R1 평가를 받는 교사는 교실의 모든 학생에게 같은 양의 시간을 제공하는 반면, R9를 받는 교사는 심화학습 혹은 속진을 필요로 하거나 선택하는 학생을 확인하기 위해 사전평가를 활용한다. 환경은 6개의 기술 내용으로 이루어져 있는데(E1~E6), 이것들은 교사가 학생 간의 학습과 상호작용을 촉진시키기 위해 물리적 환경을 구성하는 방법을 기술하고 있다. 가장 낮은 평가인 E1은 교사가 학생 간의 상호작용 및 학습자료를 제한하는 교실을 나타내며, E6 평가는 학생이 서로에게서 배우며 학습 센터로써 지역사회와 학교를 활용하는 것을 나타낸다. 선호는 5개의 기술 내용으로 구성되었는데 이것들은 교사가 개별 학생의 선호를 위해 내용을 어떻게 정렬하여 제공하는지를 정의한다. 가장 낮은 평가에서는 학생이 학습자료에 대해 어떤 선택도 하지 못하고 지필과 유사한 형식을 갖는 자료를 이용한다. P5에서 학생은 학습활동을 선택하거나 창안할 수 있다. 가장 높은 수준에서는 이러한 활동이 또한 과제를 변화시키며(즉, 시각적, 청각적, 운동감각적), 반응을 변화시켰다(즉, 글씨로, 구술로, 신체적으로). 예를 들어, 각 범주에서 가장 높은 평가를 획득한 교사는 영재학생이 그에게 흥미 있는 학습내용이 될 수 있도록(C7), 중핵 교육과정의 사전검사로부터 번 시간과 함께 개인연구를 통해 그 내용을 추구하도록(R9), 흥미 영역과 관련된 활동을 선택하도록(P5) 교실을 조직할 수 있을 것이며, 이것은 학교 밖의 멘터나 자원을 포함할 수 있다(E6).

교사와 각 교실의 학생 두 명이 관찰한 사실을 확증하기 위한 부가적 정보를 수집하기 위해 조사받았다. 신뢰도는 훈련 기간에 연구 보조원 간에

영재를 위한 차별화 교육과정

조사되었는데 평가자 간 신뢰도는 .92였다(Ryser & Johnsen, 1996). 교사의 교실수업을 정확하게 평가하기 위하여 각 교사는 기초선에서 최소 세 번 관찰되었다. 연구 보조원은 프로젝트의 첫해 동안 참여한 각 교사를 교실에서 세 번, 즉 훈련 전 봄, 훈련 후 첫 번째 봄, 그리고 프로젝트의 후속적인 지원 국면인 훈련 후 두 번째 봄에 관찰하였다. 또한 연구 보조원은 프로젝트의 두 번째 해에 참석한 동료 교사와 멘터 교사를 두 번, 즉 훈련 전 가을과 훈련 후의 첫 번째 봄에 관찰하였다. 그 외에도 연구 보조원은 인상적인 것들을 관찰하고 기록하기 위해 학교에 있었다. 프로젝트 책임자는 각 지역을 매달 방문하여 연구 보조원이 행한 관찰을 검증하였다.

세 번째 해가 끝날 무렵에 각 교사는 다양한 스태프 개발의 가치를 평가하고 프로젝트 기간의 활동을 지원하기 위해 최종 조사에 보내졌다. 참여자들은 '전혀 혜택받지 못한'(1)로부터 '매우 혜택받은'(5)까지의 Likert 척도상에서 14개의 프로젝트 요소들인 교육과정 단위, 연구 보조원, 컴퓨터, 스태프 개발 시간, 여름 훈련, 봄의 축전, 자신의 캠퍼스로의 지역 방문, 다른 캠퍼스로의 지역 방문, 멘터, 지역사회 대표, 캠퍼스 행정가, 의사소통, 자료 꾸러미(Keeping In Touch: KIT), 그리고 자료 비용을 평가하였다.

절 차

각 학교에는 프로젝트로부터 자료를 수집하는 책임을 갖는 6명의 연구 보조원이 할당되었다. 이 연구 보조원들은 모두 대학원 학생이거나 전직 교사 또는 양쪽 모두였다. 그들은 영재학생과 일해 본 교육 경험, 속진 프로그램 경험, 교육과정을 설계해 본 경험, 프로젝트 목표를 지원하려는 의지에 기초하여 선발되었다. 프로젝트 정보는 3단계, 즉 훈련 전, 훈련, 훈련 후 단계에서 제시되었다.

훈련 전 학교와 참여자들이 선발된 후에 연구 보조원은 행정가, 지역사회 대표, 멘터 교사와 동료 교사의 교실에 있는 학생을 인터뷰하였다. 그들 또한 CIPS를 이용하여 참여 교사의 각 교실을 관찰함으로써 기초 자료를 수집하였다(Johnsen, 1992; 〈표 8-4〉 참조). 이러한 정보와 광범위한 문헌 검토를 통해 프로젝트 스태프는 일반적 주제들을 다룬 22개의 단원을 포함하는 훈련 교육과정을 설계하였다. 그 주제들은 학습자 차이, 차별화된 교육과정, 평가(assessment), 학습환경의 관리, 학습 전략, 교사의 촉진 활동, 속진, 멘터링, 동료 코칭, 협력, 지원, 변화다. 각각의 단원은 다른 형식으로 정보를 제공하였다. 교사 주도 수업, 게임, 자기 속도의 수업, 특별 공개, 읽기, 시청각, 역할놀이, 문제해결 등이다. 선정된 단원 목표를 학습하기 위해 교사는 훈련하는 동안 그들의 선호나 학습양식에 가장 잘 맞는 형식을 이용할 수 있었다.

훈련 행정가, 지역대표, 멘터 교사는 첫 해와 두 번째 해의 봄에 3일간의 훈련에 참가하였다. 이들은 학습자 차이, 특히 영재학생의 특성과 교사를 지원하기 위한 사후점검 방법을 조사하는 단원들에 주로 초점을 맞추었다. 훈련이 끝날 즈음에 모든 참여자들은 변화가 진행되는 동안 교사를 지원할 목표들을 확인하였다. 또한 멘터 교사는 자신의 교실수업에서 이루어지길 원하는 변화를 확인하였다.

여름에 멘터 교사는 10일 동안 지속된 훈련 기간에 동료 교사를 보조하고 지원하기 위해 돌아왔다. 첫날에 멘터 교사는 자기 학교의 교사를 위한 훈련을 향상시키는 방법들을 확인하기 위해 프로젝트 스태프와 만났다. 동료 교사는 두 번째 날에 도착하였고, 첫 주가 끝날 무렵 각 교사는 다음 주를 위한 단기 목표를 설정하였다. 두 번째 주 동안 멘터와 동료 교사는 처음의 목표를 이행하기 위해 그들의 교실로 돌아갔고, 그들의 진전을 보고하고 다음 해를 위한 장기 목표를 설정하기 위해 훈련 장소로 다시 돌아갔다. 최종 목표를 설정하는 동안 프로젝트 연구 보조원과 멘터는 동료 교사가 변화하도록 지원할 수 있는 방법들을 확인하기 위해 참석하였다. 모든 목표들은 교육내용, 속도, 선호, 교실환경에서의 변화와 관련되었다(〈표 8-4〉 참조). 예

영재를 위한 차별화 교육과정

를 들어, 교사는 문제기반 단원들에서의 내용을 조직하고(C4), 학생의 욕구에 일치하는 활동들을 확인하고 조직하기 위한 평가를 이용하고(R6), 교실의 학습 센터에 필요한 자료들을 배열하고(E5), 흥미에 기반을 둔 관련 활동들을 학생이 선택하거나 개발하도록 허용할 것(P5)을 결정할 수 있다.

양 훈련 기간은 행정가들, 교사, 지역 대표들이 변화를 위한 개인 목표에 일치하는 단원들을 선택할 수 있도록 개별화되었다. 예를 들어, 어떤 교사가 수행에 기반을 둔 평가 절차를 개발하는 데 흥미가 있다면, 그는 단원 3에 관련된 학습활동을 이용할 것이다. 다른 한편으로, 어떤 교사가 속진 교육과정을 개발하는 데 관심이 있다면 단원 6에 관련된 학습활동을 이용할 것이다.

훈련 기간 동안 여섯 가지 변인들은 보다 적응적인 교실수업을 자극하도록 수정되었다. 이들 변인들은 교사의 시간 활용과 평가, 집단 조직과 자료, 학생을 위한 준비와 교사의 선택(즉, 관리 체계)을 포함하였다. 이 변인들이 변화함에 따라 참여자들은 수업활동에서의 그들의 약속과 관리나 교실 조직 시스템에 대한 감정에 대해 개인적 반성을 하였다. 이러한 과정은 그들로 하여금 여러 교실에서 행하는 수업이 학습자에게 미치는 효과를 직접적으로 경험하게 해 주었다.

훈련 후 여름 훈련에 이어서 가을에 연구 보조원은 훈련의 기대, 훈련의 효과, 추후 지원에 대한 요구에 관해 참가자들을 인터뷰하였다. 그 해 내내 연구 보조원은 매주의 지역 방문에서 정보를 기록하고 관심사에 초점을 맞추기 위해 상담일지를 기록하였다. 다음 해 봄에 연구 보조원은 교실수업에서의 변화를 확인하기 위해 CIPS를 이용하여 교사의 교실을 관찰하였다. 연구 보조원은 교사의 인터뷰와 함께 그들이 관찰한 사람을 추후 조사하였고, 그들이 관찰한 학생과 평가점수를 검증하기 위해 3명의 학생을 추후 조사하였다. 프로젝트 책임자 2년 동안 최소 한 달에 한 번 각 지역을 방문하여 교실을 관찰하였다. 또한 멘터 교사도 진전 사항을 기록하기 위해 동료 교사와 접촉 일지를 썼다. 이 모든 데이터는 동료 교사와 멘터 교사 각각이 이룬 수많은 변화를 결정하는 데 이용되었다.

교사에 대한 사후점검은 인적, 물적 지원의 형태로 제공되었다. 인적 지원에서 대다수 연구 보조원은 매주 지역을 방문하였다. 멘터 교사와 함께 그들은 교사에게 수업 중 지원을 제공하였고 변화 과정을 지원하기 위해 자료들을 수집하였으며, 지역 간 방문과 계획 수립의 날들을 조정하였다. 물질적 지원에서 프로젝트는 멘터들의 교실에 컴퓨터와 팩스를 제공하였고, 이것은 여러 지역을 연결시켜 주는 역할을 하였다. 교사는 다른 지역의 교사와 의사소통하였고 성공적인 교육과정 제안들을 교환하였다. 프로젝트는 또한 교육과정 단원, 책, 전문적인 개발 단원들의 요약과 같은 것들을 포함하는 멘터들을 위한 모든 자료를 제공하였다. 프로젝트 교사는 목표에 도달하도록 그들을 도울 수 있는 교실에 필요한 자료들을 구입하는 용도로 100달러씩 받았다. 프로젝트는 멘터와 동료 교사의 팀을 위해 스태프 개발을 하는 6일 동안의 비용을 부담하였다. 멘터 교사와 연구 보조원은 이 기간에 리더십을 제공하였다. 스태프 개발을 하는 날은 다른 프로젝트 지역을 방문하고, 지역 서비스 센터에서 자료들을 설계하거나 영재협회 회의에 참석하면서 보냈다.

회의 역시 비슷한 역할을 하는 프로젝트 참가자들을 위해 계획되어 있었다. 멘터 교사는 아이디어를 교환하고 문제해결에 협력하기 위해 두 번 만났다. 그리고 프로젝트 자문위원회 회의와 주립영재협회에 참석하였다. 그들은 2년차 멘터 훈련을 위한 교육과정을 개발하였고 그 훈련에서 소집단 세션을 제공하였다. 행정가들은 교사 지원에 대한 새로운 제안을 교환하기 위해 만났다. 그들은 일정 관리, 스태프 개발, 예산 짜기, 수업 자료 선정, 프로젝트 성공 이야기를 나누는 데 집중하였다. 지역 대표들은 교사를 위한 긍정적 지원 체계를 만들기 위한 방법들을 브레인스토밍하고 게임을 구안하기 위해 두 번 만났다. 그들은 자료 제작실을 갖추기 위한 방법들을 논의하였다. 그리고 교사를 지원하기 위한 아이디어들을 공유하였고 지역 정보를 위한 소책자를 편찬하였다.

2년째와 3년째에 프로젝트는 중간 정도 진행된 시점에서 모든 프로젝트 참여자들을 위해 주말에 '봄의 축전'를 개최하였다. 이 행사에는 교실에서 이루어진 긍정적 변화, 많은 변화를 촉진하는 방법, 각 집단 내에 개별 학습자의 요구를 충족시키는 성공적인 전략의 공유에 대한 소그룹 발표도 진행되었다.

자료 분석

교실수업에서의 변화를 결정하기 위해 현장 기록, 관찰, 인터뷰, CIPS를 분석하였다. CIPS는 서열척도이기 때문에 교사가 교실수업에서 변화했는지를 알아보기 위해 일방 Wilcoxon 대응 표본 순위 검정을 이용하였다. Wilcoxon은 서열척도 변인을 위한 비모수적 통계 검증이며 상관 표본에 이용된다. 이 연구에서 우리는 상관 표본을 가졌다. 우리는 훈련 전 봄부터 훈련 후 봄까지 CIPS에 관해 확인된 네 가지 영역들, 즉 내용, 속도, 선호, 환경에서 프로젝트에 참석했던 모든 교사에 대한 평정을 비교하였다. 또한 훈련 후 첫 해부터 훈련 후 두 번째 봄까지 프로젝트의 첫해 동안 참여했던 교사에 대한 CIPS 평정을 비교하였다. 연구에서는 두 번째 평정(예, 훈련 후)에서 첫 번째 평정(예, 훈련 전)을 뺐다. 차이에 대한 절대 값을 순서대로 정렬하였고, 정적 차이와 부적 차이에 대해 등급을 내렸다. 보다 작은 등급의 합계는 관찰된 Wilcoxon 값이다. 이 합계는 통계적 의의를 결정하기 위해 임계 값과 비교되었다. 우리는 보다 높은 평정을 받은 교사가 내용, 속도, 선호, 환경, 또는 이것들의 어떤 결합에서의 개인차에 보다 더 적응시키려 했다고 가정하였다. 이에 따라 부정적 차이에 비해 긍정적 차이를 갖는 것을 기대하였다.

변화에 영향을 미치는 요인들을 찾기 위해 현장 기록, 관찰과 인터뷰를 6개 지역 모두를 통해서 분석하였다. 질적 도구로부터 얻은 자료는 지역들 간의 경향과 형태를 발견하는 데 도움이 되는 HyperQual이라는 소프트웨어 패키지에 넣었다. 연구자는 다른 범주들과 관련하여 범주들을 생각하기 위해 계속적인 비교 방법(Glasser & Strauss, 1967)을 사용하였다. 이러한 과정은 처음의 범주들이 변화되거나, 통합되거나, 생략되고, 새로운 범주가 생성되는 것같이 계속적인 수정을 위한 수단을 제공하였다(Maykut & Morehouse, 1994). 둘째로, 모든 관찰 프로젝트 스태프와 매달 프로젝트 모임에서 외부 평가자가 분석하고 논의하였다. 프로젝트 스태프들 가운데 90%의 합의에 도달하고 멘터 및 행정가들이 검증한 요인들은 영향력이 있는 것으로 간주되었다. 최종 조사결과 또한 백분율을 이용하여 요약하였으며 프로젝트 스태프, 행정가, 멘터의 세 가지 시각으로 나누어 정리하였다.

결 과

교사는 교실수업에서 어떤 변화를 만들어 내는가?

교실수업에서의 변화는 관찰 도구인 CIPS로 측정하였고 인터뷰는 교실에서 교사 및 학생과 함께 이루어졌으며 현장 노트가 작성되었다. 훈련에 앞서, 45%의 교사는 그들의 교육과정을 조직하기 위해 책을 이용하였다(C1; 〈표 8-5〉 참조). 동료 교사 1에서 34%의 교사는 단원들을 조직하기 위해 '공룡'과 같은 주제들을 이용하였으나 문제해결과 과학적 방법 같은 그 교과의 신뢰성 있는 방법은 사용하지 않았다(C3). 학생에게는 교사의 교실 중 72%에서 내용을 학습할 같은 양의 시간이 주어졌다(R1과 R2). 그러나 61%의 교사는 일찍 마친 학생에게 도서관 책을 읽는 것과 같은 수업 내용과 관련되지 않은 과외의 공부를 하도록 허용하였다(R2). 다양한 물리적 배열이 2명의 동료 교사의 교실에서 발견되었는데, 27%는 학생 간의 상호작용을 허용하였으며(E2), 23%는 공부를 마쳤을 때 이용할 수 있는 별도의 흥미 센터

영재를 위한 차별화 교육과정

가 마련되어 있었다(E4). 놀랍게도, 18%의 교사는 책상을 횡렬과 종렬로 조직하였으며 학생 간에 극히 제한된 상호작용만 허락하였다. 선호 코너에서 58%의 교사는 형식이 유사한 개인 과제를 사용하였으며(P1과 P3; 즉 주로 지필 형식), 이들 가운데 22%만이 수업 목표들에 관련시켰다(P3). 결국 교실은 교사가 통제한 대로 기술되었다. 학생은 책을 넘어서거나, 심화나 개인 활동을 선택하거나, 표준화된 교육과정에서 속진할 제한적인 기회를 가졌다.

2년간의 교육이 실행되는 동안 74명의 교사 중 73명은 249개의 변화가 있었으며, CIPS상의 형식적 교실 관찰로 측정된 것으로 전체 641개의 단계를 이동하였으며, 형식적 관찰 후에 교사 및 학생과 인터뷰를 가졌고, 연구 보조원과 책임자의 기록은 격월마다 수집되었다(〈표 8-6〉 참조). 교사 가운데 거의 절반(49%)은 언어 영역에서 변화를 갖기로 결심하였고, 수학은 22%, 간학문적 단원에서는 16%, 사회 과목에서는 6%, 과학에서는 4%의 교사가 변화하기로 결심하였다. 교육과정을 조직하는 데서 16%의 교사는 오로지 책만 계속 이용하였으나(C1), 34%의 교사는 통합 단원을 이용하기 시작하였고(C3), 27%의 교사는 믿을 만한 방법을 가지고 보다 개념에 기초한 단원들을 이용하기 시작하였다(C4와 C5). 7%의 교사는 학생이 흥미를 추구하도록 허락하였다(C7, 〈표 8-5〉 참조). 두 번째 해의 교육 실행이 이루어질 때까지 동료 교사 1군의 43%는 개념에 기반을 둔 단원들을 이용하였고(C4와 C5), 20%의 교사는 학생의 흥미를 고려한 내용을 조직하였다(C7). 수학을 선택한 한 교사를 빼고 모든 교사는 언어 과목이나 간학문적 영역에서 내용상의 변화를 갖기로 선택하였다. 비율상 48%의 교사는 속진시키고, 심화시키고, 심층적인 공부를 위한 기회를 제공하기 위해 평가(assessment)를 이용하기 시작하였다(R6~R9). 그 외에도 27%의 교사는 빨리 끝낸 학생을 위해 관련 활동들을 제공하였다(R3). 훈련 후 어떤 교사도 다른 사람이 끝내는 동안 단순히 기다리라거나 책상에 머리를 대고 있으라는 등의 지시를 하지 않았다. 두 번째 해가 끝날 때까지 동료 교사 1군은 교육과정을 재순환하거나, 압축시키거나, 심화를 제공하거나, 학생이 흥미 있는 주제를 추구하도록

| 표 8-5 | CIPS 영역 및 단계에 따른 기초선부터 사후관찰 1과 사후관찰 2까지의 교실수업 |

CIPS 영역	동료 교사 1 (n=41)			동료 교사 2 (n=33)		전체 %*		
	기초선	사후관찰 1	사후관찰 2	기초선	사후관찰 1	B (N=74)	사후관찰 1 (N=74)	사후관찰 2 (n=35)**
내용(C)								
1	13	9	5	20	3	33 (45%)	12 (16%)	5 (14%)
2	7	4	4	5	6	12 (16%)	10 (14%)	4 (11%)
3	14	10	3	6	15	20 (27%)	25 (34%)	3 (9%)
4	5	5	5	1	4	6 (8%)	9 (12%)	5 (14%)
5	2	6	10	0	5	2 (3%)	11 (15%)	10 (29%)
6	0	2	1	1	0	1 (1%)	2 (3%)	1 (3%)
7	0	5	7	0	0	0	5 (7%)	7 (20%)
속도(R)								
1	2	0	0	6	0	8 (11%)	0	0
2	32	12	5	13	2	45 (61%)	14 (19%)	5 (14%)
3	4	10	6	1	10	5 (7%)	20 (27%)	6 (17%)
4	3	1	4	7	3	10 (14%)	4 (5%)	4 (11%)
5	0	1	0	1	0	1 (1%)	1 (1%)	0
6	0	6	4	3	9	3 (4%)	15 (21%)	4 (11%)
7	0	6	9	0	3	0	9 (12%)	9 (26%)
8	0	1	5	1	5	1 (1%)	6 (8%)	5 (14%)
9	0	4	2	1	1	1 (1%)	5 (7%)	2 (6%)
선호(P)								
1	12	3	2	15	3	27 (36%)	6 (8%)	2 (6%)
2	6	1	1	8	3	14 (19%)	4 (5%)	1 (3%)
3	12	7	5	4	4	16 (22%)	11 (15%)	5 (14%)
4	10	20	14	6	18	16 (22%)	38 (51%)	14 (40%)
5	1	10	13	0	5	1 (1%)	15 (20%)	13 (37%)
환경(E)								
1	3	1	0	10	0	13 (18%)	1 (1%)	0
2	13	1	1	7	2	20 (27%)	3 (4%)	1 (3%)
3	5	3	1	6	4	11 (15%)	7 (9%)	1 (3%)
4	10	6	3	7	8	17 (23%)	14 (19%)	3 (9%)
5	8	20	16	1	12	9 (12%)	32 (44%)	16 (46%)
6	2	10	14	2	7	4 (5%)	17 (23%)	14 (40%)

주: 반올림 때문에 100%가 안 될 수 있음. **1년차 동료 교사만 포함됨. 6명의 교사가 떠남(〈표 8-6〉 참조)

평가를 이용하고 있었다. 77%의 교사는 수학 수업을 변화시키기로 선택했는데 이들은 또한 수업을 속진 교육을 선택하였다(R6~R8). 선호에서는 71%의 교사가 형식과 반응을 변화시킨 다양한 학습 활동을 제공하기 시작하였는데 이것은 훈련 전 13%만이었던 것에 대비되는 것이다(P4와 P5). 20% 교사의 교실에서 학생은 자신이 하기를 원하는 활동들을 선택할 수 있었다(P5). 2년째의 말까지 동료 교사 1군의 77%는 학생이 이용할 수 있는 활동의 유형을 바꾸고 있었다. 물론 선호에서의 이러한 변화는 교실환경에서의 변화에 영향을 미쳤다. 대다수 교사(67%)는 독립적인 코너나 학습 센터를 설치하였으며(E5와 E6), 학습 센터는 '학생이 공부를 끝냈을 때 갈 만한 곳'으로 보여지지는 않았으나 학습환경의 통합적 부분을 이루는 곳이었다. 교육실행이 있었던 두 번째 해까지 동료 교사 1군에게 있었던 86%의 학생은 교실 안과 밖에서 학습 센터를 이용하고 있었다.

거의 대부분의 프로젝트 교사는 얼마간 변화가 있었던 반면, 그들이 모두 개인차에 적응하는 방식을 '변형시킨' 변화를 이룬 것은 아니었다. Connor와 Lake(1994)는 이런 종류의 변형적 변화를 교실에서의 수많은 의미 있는 변화의 원인이 되는 것으로 기술하였다. 예를 들어, 학생을 사전검사하고 결과들을 이용하는 것(R8과 R9)은 대부분의 교사에게 변형적 변화다. 이 경우에 교사는 융통성 있는 집단을 조직하고, 다양한 활동들을 계획하며, 개인연구에서의 진전을 점검하고, 상급 학년 수준의 책이나 자료들로 학생을 속진시킬 수 있었음에 틀림없다. 다른 한편으로 변경이 거의 없었던 변화는 유지하는 것으로 기술할 수 있다. 이러한 변화는 교사가 이미 하고 있는 일을 지원하는 경향이 있다. 예를 들어, 교사는 새로 채택한 교과서를 '옛' 교과서를 이용하는 방식과 같은 방식으로 가르칠 수 있다. 변화가 있었던 74명의 교사 가운데 놀랍게도 66명의 교사는 하나 이상의 영역에서 변형적 변화를 이루었다(즉, 내용 단계 4~5, 속도 단계 6~9, 선호 단계 4~5, 환경 단계 5~6, 〈표 8-5〉와 〈표 8-6〉 참조). 동료 교사 1군의 변형적 변화의 백분율은 첫해에서 두 번째 해까지 U1, R1, R2, R3 지역에서 실질적으로 증가되었다(〈표 8-6〉 참조). 이러한 증가는 부분적으로는 교실에서의 변형이 일어나기 전에 변화되기 위해 요구되는 단계들의 수에 부분적으로 기인한 것일 수 있다. 예를 들어, 교사 중 한 사람은 두 번째 해 동안 여러 활동들을 계획하기 위해, 총평 결과를 실제로 이용하기 전인 첫 번째 해의 교육 실행이 있는 동안 독립적인 학습 코너(E5)와 다양한 자료(P4)를 더함으로써 환경을 바꾸었다. 변형적 변화의 대부분은 대부분의 지역에서 선호와 환경 영역에서 일어났다(〈표 8-7〉 참조). 몇몇 예외가 있지만 속도(학생이 새로운 개념을 학습하거나 깊이 있게 학습해야 하는 시간을 변화시키기)와 내용(예, 믿을 만한 방법으로 개념 기반의 단원들을 변화시키기) 영역은 변화하기가 가장 어려운 것으로 나타났다. 사실상, 시골 4(R4)에서 모든 교사는 교육과정을 조직하는 데 교과서를 계속 이용하였다(〈표 8-7〉 참조). 어떤 경우에는 리더십과 강한 지원이 변화를 유지하고 증가시키는 데 중요한 요인이 되었다. 예를 들어, R4에서는 교장이 은퇴하고 감독자가 이사하였는데, 이것이 두 번째 해 동안 동료 교사 1군이 아무런 변형적 변화를 하지 못하도록 직접적이고도 개인적으로 영향을 미쳤다(〈표 8-6〉 참조).

CIPS는 위계적이기 때문에 일방 Wilcoxon 대응 표본 순위 검정이 통계적 의의를 결정하는 데 사용되었다. 유의도 수준은 .05로 설정하였다. Wilcoxon T 검정의 결과는 양쪽 동료 교사 1군과 2군은 훈련 전부터 훈련 후까지 네 가지 영역 모두에서 교실수업에서 통계적으로 의미 있는 변화를 만들었다(〈표 8-8〉과 〈표 8-9〉 참조). 이 표들에서 볼 수 있는 것과 같이 정적 차이의 수는 교사가 훈련 후에 개인차에 대해 보다 많이 대응하는 것을 가리키는데, 이것은 부적 차이나 동점을 이루는 것에 비해 더 컸다. 그 밖에도 훈련 1년 후와 2년 후에 얻은 Wilcoxon T 검정의 결과는 〈표 8-10〉에 제시되어 있다. 이 표는 교사가 그 프로젝트가 시작된 지 3년째가 되었을 때 속도 영역에서 통계적으로 의미 있는 변화를 계속 이루었다는 것을 나타내 준다. 다른 세 가지 영역, 즉 내용, 선호, 환경 가운데 어떤 것도 통계적으로 의미 있지 않았다. 앞서 언급한 것처럼 교사는 먼저, 선호와 환경을 변화시

표 8-6 학교 지역별 CIPS에 기록된 긍정적 변화

	U1	R1	R2	R3	R4	R5
1년차 동료 교사(n = 41)						
첫 번째 해						
변화한 교사	6	6	7	8	4	6
변화(단계) 수	16 (37)*	17 (39)	19 (45)	25 (75)	7 (26)	15 (41)
변형	11 (69%)	12 (71%)	8 (42%)	21 (84%)	6 (85%)	14 (93%)
두 번째 해						
변화한 교사	5**	6	3***	9	3	4****
변화(단계) 수	10 (22)	11 (24)	5 (9)	19 (60)	4 (5)	8 (13)
변형	10 (100%)	10 (91%)	4 (80%)	19 (100%)	0	7 (88%)
2년차 동료 교사(n = 33)						
첫 번째 해						
변화한 교사	5	4	8	6	4	6
변화(단계) 수	14 (34)	13 (38)	20 (50)	21 (73)	12 (27)	13 (23)
변형	10 (71%)	11 (85%)	10 (50%)	19 (90%)	5 (42%)	7 (54%)
전체						
교사 수	11	15	15	9	13	
변화 전 교사	11 (100%)	11 (100%)	15 (100%)	15 (100%)	8 (89%)	13 (100%)
10개(91%)의 변형적	11 (100%)	13 (87%)	15 (100%)	6 (67%)	11 (85%)	
변화를 가진 교사						
변화 없는 교사	0	0	0	0	1	0
변화(단계) 수	40 (93)	41 (101)	44 (104)	65 (208)	23 (58)	36 (77)

주: *CIPS에서 일어난 변화의 수. 예를 들어 R1에서 R4까지의 이동은 하나의 변화이지만 3단계임. **한 교사가 그 지역에 있는 다른 학교로 떠남. ***네 명의 교사가 떠남. ****한 교사가 남편과 함께 이사함

키는 경향이 있었으며 이러한 영역에서는 변화의 여지가 더 적었다. 그 밖에도 교사는 학생의 요구를 평가하고 집단을 편성하기 전에 독립적인 사용을 위해서 자료들을 수집하고 조직할 필요가 있을 것이다.

어떤 요인들이 변화에 영향을 미치는가?

교실수업에서의 변화에 영향을 미친 요인들을 결정하기 위해 현장 기록, 인터뷰, 관찰, 최종 조사를 분석하였다. 분석결과에 나타난 유형들을 범주화하였는데 이는 변화 과정의 복잡성에 통찰을 부여해 주었다.

긍정적 태도　교장 및 교사를 포함하여 학교는 그 프로젝트 참여 여부를 선택할 수 있었기 때문에 참가자들은 대부분 긍정적이었으며 훈련을 위해 2주의 여름 방학을 기꺼이 포기하였다. U1, R2, R3, R4, R5 지역의 교장은 프로젝트의 참여에 대해 '흥분'을 표현하였다. 예를 들어, 어떤 교장은 '영재 프로그램이 반드시 정해진 형태로 있는 것은 아니라는 것'을 알기 때문에 학습자의 차이에 교사가 대응하도록 도움을 줄 수 있게 된 것이 기쁘다고 말하였다. R1에서 교장 한 명은 매우 긍정적이었는 데 반해 다른 사람은 '부정적'이었고, 단 한 군데 학교의 행정가에게서만 사후점검의 지원을 받았다. 불행히도, 이 지역은 원래 학교들 가운데 한 학교가 교장이 교체된 관계로 탈락했던 곳이기 때문에 멘터/교장을 대상으로 한 봄 훈련 후에 추가된 것이다. 이러한 이유로 이 지역의 교장은 멘터들과 함께 훈련받지 못하였는데, 훈련은 학교에서 긍정적인 팀을 결성하고 목표를 세우는 데 중요한 것으로 나타났다. 예를 들어, 훈련 후에 한 교장은 "나는 교실의 교사와 그들의 마음에 대해 보다 나은 통찰을 얻었다." 라고 말하였다.

교사의 대다수는 교장과 함께 흥분하였다. 훈련 전에 멘터들은 다음과 같이 말하였다. "나는 흥분되어 더 많이 알기 위해 기다릴 수가 없군요." "나는 내 역할에 대해 확신하지 못해요. 그렇지만 우리가 무엇을 얻든 그것은 긍정적일 것이라는 점은 확실해요." 훈련 후에 교사의 태도는 여전히 긍정적이었지만 보다 초점이 맞추어져 있었다. "나는 태도를 바꾸었지요. 나는 매우 구조화되어 있어요. 나는 획일화가 학생에게 최상이 될 수 없다고 결심하게 되었지요." "나는 차이가 있다는 것을 깨달았답니다." 대부분의 멘터와 동료 교사는 2년여에 걸쳐 긍정적인 태도를 유지하였다. 그들은 어떤 변화를 이루기는 어렵다는 것을 인정하였다. "우리는 갈등을 겪었지만 여러 일들이 전문적인 방식으로 해결되었고 현재 모두는 긍정적이랍니다."라고 하였다.

교장, 멘터 그리고 프로젝트 자체의 지원은 프로젝트를 향해 긍정적인 태도를 유지하는 데 중요한 역할을 하는 경향이 있었다. 예를 들어, R3에 있는

표 8-7 CISP 영역 및 학교 지역에 따른 기초선부터 사후관찰 1과 2까지 유지적(C), 변형적(T) 교실수업

지역	동료 교사 1				동료 교사 2		전체 %*			
	사후 1		사후 2		사후 1					
	C	T	C	T	C	T	C		T	
도시 1(n = 11)**										
내용	2	4	1	4	4	1	7	(44%)	9	(56%)
속도	3	2	1	4	3	3	7	(44%)	9	(56%)
선호	2	4	0	5	1	4	3	(19%)	13	(81%)
환경	1	5	0	5	3	2	4	(25%)	12	(75%)
시골 1(n = 11)										
내용	5	2	1	6	1	3	7	(39%)	11	(61%)
속도	6	1	7	0	0	4	13	(72%)	5	(28%)
선호	2	5	1	6	2	2	5	(28%)	13	(72%)
환경	2	5	0	7	2	2	4	(22%)	14	(78%)
시골 2(n = 15)***										
내용	6	1	2	1	8	0	16	(89%)	2	(11%)
속도	4	3	2	1	6	2	12	(67%)	6	(33%)
선호	3	4	1	2	3	5	7	(39%)	11	(61%)
환경	3	4	0	3	4	4	7	(39%)	11	(61%)
시골 3(n = 15)										
내용	3	6	1	8	1	5	5	(21%)	19	(79%)
속도	8	1	0	9	1	5	9	(38%)	15	(63%)
선호	1	8	1	8	1	5	3	(13%)	21	(88%)
환경	1	8	0	9	1	5	2	(8%)	22	(92%)
시골 4(n = 9)										
내용	5	0	5	0	4	0	14	(100%)		0
속도	2	3	5	0	3	1	10	(71%)	4	(29%)
선호	3	2	5	0	2	2	10	(71%)	4	(29%)
환경	3	2	4	1	2	2	9	(64%)	5	(36%)
시골 5(n = 13)****										
내용	2	5	2	4	6	9	10	(53%)	9	(47%)
속도	0	7	0	6	3	3	3	(16%)	16	(84%)
선호	0	7	0	6	1	5	1	(5%)	18	(95%)
환경	1	6	1	5	2	4	4	(22%)	15	(79%)

주: 반올림 때문에 100%가 안 될 수 있음. **한 교사가 첫해가 지난 뒤 떠남. ***네 명의 교사가 첫해가 지난 뒤 남음. ****한 교사가 첫해 뒤 떠남

| 표 8-8 | 기초선부터 첫 번째 훈련 후 관찰까지 동료 교사 1의 변화 |

영역	변화			Wilcoxon T	p
	긍정적	부정적	변화 없음		
내용	18	6	14	43.0	.002
속도	27	3	6	9.3	.000
선호	26	3	9	42.0	.000
환경	27	1	10	14.5	.000

| 표 8-9 | 기초선부터 첫 번째 훈련 후 관찰까지 동료 교사 2의 변화 |

영역	변화			Wilcoxon T	p
	긍정적	부정적	변화 없음		
내용	20	4	8	32.0	.001
속도	24	4	4	51.0	.000
선호	22	0	10	0.0	.000
환경	25	2	5	23.0	.000

| 표 8-10 | 첫 번째부터 두 번째 훈련 후 관찰까지 동료 교사 1의 변화 |

영역	변화			Wilcoxon T	p
	긍정적	부정적	변화 없음		
내용	15	8	11	86.5	.113
속도	17	5	10	57.0	.023
선호	11	7	16	65.0	.350
환경	12	4	18	35.5	.073

한 동료 교사는 다음과 같이 말하였다. "우리 교장은 정말 지원을 잘해 주셨지요. 그는 우리가 만나길 원하고 필요한 자료를 얻길 원하면 그에 응해 주셨어요." 다른 한편으로 변화가 보다 보수적으로 이루어진 다른 지역의 한 멘터는 다음과 같이 말하였다. "나는 우리 학교가 이 지역에 있었으면 합니다. 나는 교장이 큰 그림을 보지 못한다고 생각합니다. 모든 교사는 자극받았지요." 같은 학교에서 한 연구 보조원은 다음과 같이 자신이 관찰한 것을 말하였다. "교장은 같은 학년에 있는 모든 학생이 파닉스 프로그램에서 같

은 단어와 같은 페이지를 공부해야 한다고 주장합니다." 그러한 상황에서 변화에 대해 긍정적인 태도를 유지한다는 것은 참으로 어려운 일이었다.

분명한 비전　프로젝트는 훈련 시뮬레이션을 통해 모든 참가자들에게 분명한 비전을 제공하였고, 목표를 향해 일하도록 교사에게 동기부여하는 것으로 나타났다. 한 멘터는 여름 훈련의 효과를 다음과 같이 요약하였다. "나는 교사가 여름 동안 그들이 받은 훈련 때문에 변화하도록 동기유발되었다고 생각합니다. 그들은 매우 긍정적이고 유쾌해하였으며 그것은 우리에게 새로운 느낌이었습니다. 또한 나는 여름 동안 교사가 어떤 변화를 하도록 도울 진정한 도구를 갖게 되었다고 생각합니다.…그것은 그들이 변화할 수 있다고 느끼게 만들었지요." 어떤 동료 교사는 그녀의 교실에서 학생을 조직할 때 훈련을 통해 얻었던 비전의 효과를 다음과 같이 기술하였다. "그 프로젝트는 정말로 내가 개별적인 요구에 맞춰 가르치게 해 주었는데 특히 영재에게 그러했다. 그들은 내게서 보다 독립적이 되고 그들 스스로 더 많이 생각하길 학습하였다. 나는 다른 능력을 가진 아이들을 집단화하는 여러 방법들을 배웠다. 단원들은 동시에 융통성과 구조를 허용하였다." 또 다른 교사는 훈련이 그녀에게 개인적으로 어떻게 영향을 미쳤는지에 대해 말하였다. "그것은 내게 아이들이 해야 할 필요가 있는 선택을 상기시켜 주었다. 나는 그것을 하였다. 그것은 정말로 나를 상기시켜 주었다. 교실에서 지낸 지 11년 후에 우리는 촉진자이기보다는 지배자가 되기 시작한다." 마지막으로 훈련은 교장에게 개인차를 바라보는 하나의 틀을 제공해 주는 것으로 나타났다. 어떤 교장은 다음과 같이 말하였다. "훈련은 아이들이 얼마나 다른 방법으로 배우고 학습에 접근하는지에 관한 어떤 통찰을 주었다. 그것은 영재 아이들은 속도에 차이가 있다는 것을 깨닫도록 도왔다."

목표를 선택할 자유　모든 참가자들은 다음 해를 위한 목표를 확인하고 설정할 수 있도록 허용하였다. 이러한 목표 설정에는 프로젝트 스태프와 멘터, 동료 교사가 참여하였고, 가능할 때 교장과 지역 대표도 참여하였다. 동료 교사와 멘터 교사는 변화의 양(즉, 유지적이거나 변형적인), 변화의 질과 유형(즉, CIPS에서의 영역), 변화의 과목 영역(즉, 수학, 과학, 사회, 언어 과목)을 결정할 수 있었다. 참가자들은 다음과 같이 여러 목표에 초점을 맞추었다. 교실과 자료를 조직하기, 융통성 있는 속도 조절을 위한 평가 설계하기, 교육과정을 압축하고 계약을 활용하기, 개념 기반 단원을 개발하기, 문제해결을 통합하기, 개별 연구를 제공하기 등이었다. 몇몇 멘터 교사의 목표는 개인적이었는데, "나는 잘 듣고, 판단하지 않으며, 아주 작은 향상이라도 칭찬하길 잊지 않는 것이 필요하다."라는 진술을 포함하였다. 다른 목표는 협력적이었다. "우리는 다른 사람에게 이것이 가능함을 보여 주기 위해 팀으로 함께 일하는 것이 필요하다." 결국 교사는 그들이 변화하길 원하는 방법을 결정하는 선택권을 가졌다고 느꼈다. 어떤 멘터는 한 가지 훈련 효과에 대해 다음과 같이 말하였다. "나와 함께 일할 교사가 수업과 프로젝트를 수행할 때 자기가 원하는 방법을 선택할 자유를 갖도록 보장해 주는 것은, 그들이 원하는 종류의 교실을 만들 수 있게 도와주고 지지해 줄 것이다." 이러한 자유 때문에, 자신의 목표를 설정하는 교사는 진전이 있었다. 한 지역에서 동료 교사는 다음과 같이 말하였다. "정직히 말하자면, 나는 목표에 도달하기만 한 것이 아니라 초과 달성하였다."

스태프 개발 활동 교사에게 '전혀 도움이 되지 않은' 1부터 '매우 도움이 되는' 5까지 평정하는 최종 설문조사에서 여러 프로젝트 활동을 평가하게 하였다. 프로젝트 감독자는 모든 교사에게 이 설문조사를 실시하였는데, 81%의 교사가 설문조사에 응답하였다. 가장 높게 평가한 것들(즉, 4.0) 가운데 3가지는 스태프 개발에 대한 것으로, 여름 훈련, 스태프 개발 일, 다른 캠퍼스 방문이었다(〈표 8-11〉 참조).

이 설문조사의 결과들은 인터뷰 때의 참가자가 한 담화 내용으로 확인되었다. 여름 훈련에 관해 교사는 "여러 가지 유형의 학습이 이루어졌고 의문사항에 대한 답변이 충분히 이루어졌던 훈련" "실제로 사전검사를 치르고 내가 배운 것을 적용해 본 것은 대단한 일이었다!" "영재아가 어떻게 다르게 생각하는지에 대한 통찰을 갖게 하였다."라고 답변하였다. 모든 교장은 인터뷰할 때 훈련에 대해 긍정적으로 이야기하였는데, 훈련은 그들에게 다른 방식으로 영향을 미쳤다. 한 사람은 다음과 같이 감정이입하여 말하였다. "나는 교사가 얼마나 열심히 일하는지, 그리고 그들이 가르쳐야 하는 여러 수준들, 그들이 갖는 다른 문제들이나 특이한 접근 등에 대해 고맙게 생각하게 되었습니다." 또 어떤 교장은 필요한 지원의 성격에 대해 "나의 가장 중요한 책임은 실패의 두려움 없이 교사가 새로운 일을 하려 애쓰도록 시간을 낼 수 있게 해 주는 것이었습니다."라고 이야기한 반면, 다른 교장은 학생 중심의 교실 상황에 대해 다음과 같이 말하였다. "나는 순서에 따라 일을 차근차근 진행하는 사람인데, 그것은 나를 꽤 성가시게 하더군요." 이러한 반응들은 결국 각 학교에서의 리더십을 통해 제공된 지원의 유형과 성질에서

표 8-11 최종 조사에서 전체 평균점수의 구성 요소

요인	평균점수							범위
	U1 $n=8$	R1 $n=12$	R2 $n=7$	R3 $n=15$	R4 $n=9$	R5 $n=9$	전체 $n=60$	
1. 단원	3.8	2.8	2.9	3.3	3.6	3.0	3.3	.9
2. 연구 보조원	3.5	3.8	3.7	3.0	3.2	3.3	3.4	.7
3. 컴퓨터	2.5	1.3	2.1	2.3	3.3	2.1	2.3	2.0
4. 스태프 개발 일	4.6	4.4	4.7	4.3	4.1	4.7	4.5	.6
5. 여름 훈련	4.5	4.7	4.9	3.7	4.0	4.2	4.3	1.2
6. 봄 축제	3.4	4.5	3.7	3.3	3.0	3.0	3.5	1.5
7. 자신의 캠퍼스로 지역 방문	4.6	4.1	2.5	0*	2.8	4.0	3.6	2.1
8. 다른 캠퍼스로 지역 방문	4.8	4.8	4.1	2.7	4.0	4.2	4.1	2.1
9. 멘터 교사	4.8	3.3	4.3	4.1	4.0	3.4	4.0	2.5
10. 지역 대표	2.5	2.3	3.4	1.5	2.9	2.2	2.5	1.9
11. 캠퍼스 행정가	4.0	3.4	4.4	4.2	3.8	3.0	3.8	1.4
12. PMS 의사소통	3.4	3.4	3.7	3.5	3.7	3.4	3.5	.3
13. KIT	3.6	2.8	2.5	2.8	3.4	3.0	3.0	1.1
14. 자료 지원금	4.5	4.8	5.0	4.5	4.1	4.2	4.5	.9

주: *R3 지역은 다른 지역 어떤 곳과도 거의 250마일 떨어져 있다.

분명해졌다.

매월 스태프 개발 일에 프로젝트는 자금을 지원하였다. 이날에 멘터와 동료 교사는 개인적이거나 학교 목표를 위해 일하도록 협력할 시간을 제공받았다. 교사는 다음과 같이 말하였다. "그것은 우리가 함께 일하도록 허용했습니다. 가끔 우리 중 몇 사람이 정규적으로 학교에서 만나기란 어렵습니다. 그래서 우리가 함께 앉아서 브레인스토밍을 가진 날들을 고맙게 생각합니다." "우리는 함께한 날들을 좋아했습니다. 우리는 한 팀이었지요!"

다른 학교에서 멀리 떨어져 있는 R3과 R4를 제외하고 지역 간 방문은 매우 도움이 되는 것으로 평가되었다. 이 모임에서 멘터와 동료 교사는 다른 교사의 교실에서 만날 수 있었다. 한 교사는 다음과 같이 말하였다. "나는 다른 학교 교사를 만나서 의견을 공유하는 것을 즐겼답니다. 그것은 실제 훈련에서 다른 교사를 만나는 첫 번째 기회였지요."

멘터링 첫해 멘터 교사 모두는 멘터 교사가 되는 것에 대해 처음에 흥분감을 느꼈다고 보고하였다. R3 지역의 첫 번째 멘터 교사만 예외였는데, 그녀는 "교장이 내게 요구했기 때문에 하게 되었다."라고 보고하였다. R2 지역의 멘터 교사는 프로젝트를 위해 일하려고 그해 말에 떠났다. 모든 다른 멘터들은 두 번째 해의 실행을 위해 그들의 지역에서 남아 있었다. 첫 번째 해의 멘터들은 긍정적인 멘터 기법을 브레인스토밍하기 위해, 그리고 문제를 해결하기 위해 팀을 만들어 두 번 만났고, 두 번의 주 정기총회와 자문위원회에 참석하였다. 영재들을 위한 주의 정기총회에 참석한 어떤 멘터는 다음과 같이 말하였다. "이 프로젝트는 나를 전문가처럼 느끼도록 만들었고 다른 도시에서 온 다른 교사와 일할 기회를 주었습니다. 내가 성장하도록 격려해 준 것에 감사합니다. 당신의 방문과 당신을 보고 이야기한 것을 마음속에 기억하겠습니다. 나는 이제 나 자신을 다르게 보고 있습니다!" 두 번째 해에 멘터 교사는 한결같이 그 일에 대한 열의를 보고하였다. 첫 번째 해의 멘터들과 함께 각 학교는 두 번째 해 동안 추가로 멘터 교사를 선정하였다. 관찰 자료는 두 번째 해의 멘터들의 '열의와 지원'을 확증해 주었다. 프로젝트 감독자는 "두 번째 해의 멘터들에게 그 프로젝트에서 가진 경험은 동료 교사를 지원하는 데 성숙함과 확신을 갖게 해 준 것으로 보인다." (Ford, 1996, p. 195)라고 말하였다.

모든 교사는, 비록 멘터들이 전문 능력과 의사소통 기술에 차이가 있지만 '도움이 된'부터 '매우 도움이 된'으로 평가하였다(〈표 8-11〉 참조). 두 번째 해의 멘터에 대해 어떤 교사는 이렇게 보고하였다. "그는 협력자이며 집단은 그의 통찰과 훈련 프로그램에의 관여로 한 팀이 되었다. 교사는 멘터가 얼마나 조직적이고 격려해 주며 긍정적인지를 자주 이야기한다." 그러나 같은 학교의 한 연구 보조원은 첫 번째 해의 멘터가 자신의 교실에서는 많은 전략들을 통합할 수 있었지만 그러한 전략을 통합하려 애쓰는 다른 사람에 대해서는 성급했음을 관찰하였다. "멘터링하는 데서 그녀의 노력은 동료를 지원하기보다 권위적이 되었다. 동료 교사는 그녀의 충고나 지원을 구하는 데 주저하였고 그들은 팀을 이루는 데 어려움을 겪었다." 연구 보조원은 이렇게 다른 점은 멘터의 선택이 개인적인 것이고 학교나 행정가들이 부과할 수 없음을 나타낸다고 기록하였다(Griffin, 1997).

교사 사이의 지원 멘터들의 지원이 있는 동안, 동료 교사 사이의 동료 지원 또한 여러 학교들에서 다양한 정도로 있었다. 몇몇 경우에 동료 교사는 실제로 다른 사람을 위한 모델이 되었다. "그녀는 3학년을 가르쳤기 때문에 중간 학년을 맡은 교사는 그녀의 행동을 관찰하였고 변화에 대해 그녀에게 질문하기 시작하였다." 또한 동료 교사는 같거나 비슷한 학년 수준의 다른 교사와 일하는 것을 선호하였다. 예를 들어, 교사 가운데 한 사람은 다음과 같이 말하였다. "주제 단원을 개발하려고 할 때면 다른 동료 교사인 멜리사(Melissa)에게 가는데, 왜냐하면 그녀는 같은 학년을 가르치고 우리 학생에게 필요한 기본 기술과 이용할 수 있는 자료들을 알기 때문입니다."

그러나 프로젝트 교사와 비프로젝트 교사 간에 분리가 일어난 경우도 있었다. 첫 번째 여름 훈련 후 한 연구 보조원은 교사 모임을 가진 다음 고학년 교사와 저학년 교사 사이에 분리가 나타남을 관찰하였다. 그녀는 고학년 교사가 새로운 수업을 하려 하는 것을 주저하였고 그들의 교육에 저항하였다고 기록하였다. 고학년 교사 몇 명은 변화하는 사람에게 분개하는 것으로 나타난 반면 저학년 교사는 크게 변화하였다. 부정적인 교사 집단에 대한 교장의 반응은 그들을 무시하는 것이었으며, 결국 은퇴하거나 전근을 간 교사를 혁신에 보다 많은 흥미를 보이는 교사로 대체하였다. 규모가 작은 지역에서 변형적 변화에 저항한 사람은 리더십이 약한 학교들에서 여전히 목소리를 내는 집단이었지만 모든 교사 혹은 대부분의 교사는 결국 훈련에 참여하였다.

리더십 지원 대부분의 참가자들은 행정가를 평정하면서 '약간 도움이 되는'부터 '매우 도움이 되는' 지원을 제공한다고 하였다. 프로젝트에 대한 교장의 지원이 컸다는 응답은 U1, R1, R2, R3에서 분명하였다. 교장에 대한 교사의 긍정적인 평은 모집, 협력, 여타 자료의 공급, 전문성 계발에 대한 격려에 초점이 맞춰져 있었다. 멘터 훈련에 앞서 한 교사는 말하였다. "우리 교장은 이 점에 대해 토론을 통해 한 번 시도해 보도록 나를 확신시켰다. 교장의 지원과 나에 대한 신뢰가 결정적이었다." R2 교사 한 명은 자신의 교장을 다음과 같이 묘사하였다. "그는 우리가 일할 날들이 필요하다는 것을 확실히 해 주는 데 매우 협력적이었어요. 그는 학교에서 우리가 필요로 하는 것들이 보살핌을 받는 것이라는 점을 확인시켜 주려 했지요. 그는 정말로 우리가 필요로 하는 탁자와 의자를 얻도록 도왔고, 그래서 우리는 방을 다시 정돈할 수 있었어요." U1의 교장을 훈련 후에 인터뷰했을 때, 그녀는 "오! 그것은 대단하다고 생각하죠! 나는 흥분되어 있어요! 나는 열의에 차 있답니다. 내가 무언가를 믿을 때 나를 멈추게 할 수 있는 것은 없어요."라고 하였다. 이 교장은 결국 프로젝트의 여름 훈련을 학교의 스태프 개발과 통합시켰으며 프로젝트의 교사를 학교의 초보 교사를 훈련시키는 데 활용하였다.

영재를 위한 차별화 교육과정

그러나 2년째에 리더십 불일치는 변화의 질에서 특별히 분명하였다(즉, 변형적 대 보존적). R5에서 새로운 감독자는 교장의 열정을 프로젝트의 목표로부터 새로운 방향으로 돌려놓았다. 교사가 그들의 수업에서 작은 변화를 계속 이루어 가는 반면, 54%만이 변형적 변화였다(〈표 8-6〉 참조). R4에서 리더십의 부족은 한층 극적인 것이었다. 교장은 은퇴하였고 새로운 교장은 훈련에 참여하지 않았으며 감독자는 해고되었다. 감독자의 부인은 두 번째 해의 멘터였으나 열의를 잃었다. 〈표 8-6〉에서 볼 수 있는 것처럼 동료 교사 1은 두 번째 해 동안 어떤 변형적 변화도 갖지 못하였다.

한편 중앙 사무소의 지원은 혼재된 경향이 있었다. 대부분의 지역은 프로젝트 실행을 통해 약화되었던 처음의 지원을 받았다. 어떤 경우에 중앙 관리는 지역에 부정적 영향을 미쳤는데, 특히 교사를 잃은 경우에 그러하였다. R2 지역의 한 연구 보조원은 다음과 같이 말하였다. "중앙 관리가 일반적으로 교사를 지원하지 못했고 그 때문에 스태프 가운데 불신감이 있었습니다. 엄격한 통제는 그 감독자의 스타일로 보입니다. 우리는 중앙 사무소의 교사에 대한 지원 부족으로 한 교사를 잃었고 그 해의 말에는 멘터 교사를 잃었습니다. 그 지역에는 원래의 동료 교사 집단 하나만 남을 것입니다." 중앙의 관리가 싫어한 교사는 다음과 같이 말하였다. "나는 그 프로젝트가 우리의 행정가들에게 보다 중요한 것이길 원합니다. 그 프로젝트가 우리에게만큼 그들에게도 중요한 것이 되도록 우리가 노력하고 있다는 것을 그들이 이해했으면 합니다." U1에서는 예외가 있었는데, 그 곳에서는 중앙 사무소와 영재들을 위한 연계 학교라는 이름이 부여됨에 따라 이후에 감독자의 지원이 있었고 그 지역 교사의 훈련을 제공하였다.

지역사회 지원 R3 지역과 R4 지역을 제외하고 첫해 동안 각각의 지역에서 온 2명의 지역 대표들은 지원 훈련에 참석하였다. R1에서 온 지역 대표들은 교사가 훈련받은 후에 훈련에 참석하였다. R3를 제외한 모든 지역은 두 번째 지원 훈련에 지역 대표들이 합류하였다. 그러나 R2를 제외하고 대부분의 참여자들은 지역 대표들이 도움이 되었다고 보지 않았다. 몇몇 멘터들은 지역사회의 참여 부족을 다음과 같이 묘사하였다. "VIP들은 자료 만드는 것을 도왔지만 지역사회의 나머지 사람은 잘 알지 못하였다." "바로 이것은 여기 우리 상황 가운데 가장 약한 영역이다. 우리는 우리가 의식하는 어떤 공통체의 지원도 받지 못하고 있다. …우리는 이것으로부터 배워 미래에는 희망적으로 훌륭하고 영향력 있는 지역사회 인사를 선발할 것이고 그들이 어떻게 도울 수 있는지 이해하게 할 것이다."

때때로 교사는 지역사회의 도움을 원하지 않았다. 예를 들어, U1에서는 지역 대표들이 교사들을 위해 '전문성 있는 참고 자료'를 만들 것이라는 점을 '믿지' 않았다. R5에서는 두 명의 지역 대표들이 지역사회가 학교에 연루되는 것에 대해 반대 입장을 가졌다. 한 사람은 지역사회는 학교 활동에서 배제되어야 한다고 생각하였고 다른 사람은 학교는 지역사회의 '허브'라고 보고하였다. 지역사회의 몇몇 대표들은 그들의 자녀가 프로젝트 교실에 있지 않을 때는 덜 개입하였다. 한 사람은 다음과 같은 의견을 제시하였다. "나는 우리 아이가 프로젝트에 참여할 때까지는 그 프로젝트와 관련하여 일하는 것에 대해 흥미가 있었습니다. 그러나 그 후에는 곧 흥미가 없어졌지요."

연구 보조원 지원 대부분의 프로젝트 연구 보조원은 매주 지역을 방문하였다. 그들은 멘터 교사를 지원하였고 요구를 확인하였으며 자료를 수집하였다. 사실상 그들은 멘터 교사와 동료 교사에게 보조적인 멘터들이었다. 두 명의 연구 보조원이 두 번째 해의 교육 실행이 있는 동안 바뀌었지만 모든 지역에서는 최종 설문조사에서 연구 보조원이 도움이 되었다고 평가하였다. 멘터 가운데 한 명은 연구 보조원과의 관계를 다음과 같이 기술하였다. "나를 가장 많이 도와준 일은 필요할 때 도움을 요청할 수 있는 어떤 사람을 확보하고 있음을 내가 아는 것이라 생각하지요. 나는 여러 번 메리(Mary)와 함께 앉아 내 생각을 털어놓거나 약간의 문제를 가지고 있음을 말하곤 했지요. 당신은 어떻게 생각하시나요? 내가 이야기할 수 있는 누군가가 있고 그로부터 어떤 조언을 얻는 것은 큰 도움이었어요." 변화가 학생에게 미친 영향을 이야기할 때 어떤 멘터는 다음과 같이 말하였다. "그들[연구 보조원]은 나를 매우 잘 격려하고 지원해 주었지요. 이것은 내가 우리 학교 스태프로부터 격려받지 못했을 때 특히 도움이 되었습니다. 매우 좋은 느낌이었지요! 나는 그것이 정말로 필요했음을 알았습니다. 그것은 우리 학생도 위험을 감수하는 것이 필요할 때 격려받길 원할 것이라 생각하게 만들었답니다."

자료 자원 도시를 제외하고 시골 학교의 참가자들은 훈련 이전에는 그들의 자원이 제한된 것으로 보았다. "우리는 가난한 학교랍니다. 돈이 없으면 질 높은 서비스, 컴퓨터, 자료들을 확보하는 데 어려움이 많습니다." 이러한 이유로 참가자들은 최종 설문조사에서 100달러의 프로젝트 지원금이 매우 도움이 되었다고 일관성 있게 평가하였다. 큰 액수는 아니었지만 교사는 이 돈을 교실수업의 개발에 대한 프로젝트 측의 신뢰로 보았다.

프로젝트는 또한 프로젝트 학교들이 자료를 공유하고 네트워크를 형성할 수 있도록 각 멘터에게 컴퓨터 한 대와 모뎀을 주었다. 한 학교를 제외한 모든 학교에 컴퓨터가 교사의 교실에 들어온 것은 처음이었다. 프로젝트는 교육 실행을 가진 두 번째 해의 초에 각 지역에서 컴퓨터를 이용하는 방법을 학습하고 다른 지역과 상호작용하는 것을 돕도록 컨설턴트를 고용하였다. 교사와 학생들은 컴퓨터를 사용하고 전자우편을 보내기 시작하였다. 그러나 대다수의 교사에게 컴퓨터는 멘터 교사가 되기 위한 자극제로만 언급되었을 뿐, 수업을 변화시키는 것에 관련된 것은 아니었다.

학생에게 미친 영향 교사는 또한 학생에게서 관찰한 변화의 영향을 받았다. 한 교사는 변화에 대해 회상하면서, 다음과 같이 논평하였다. "지난 시간을 회고해 볼 때 나의 목표들 가운데 하나는 우리 반 아이들이 계약하고 공부하게 하는 것이었습니다. 나는 이 아이들이 매우 성공적이었고 매우 즐겼다고 생각합니다. 현재 나는 그것을 확장시킬 준비가 되어 있고 다른 반들 가운데서도 두세 반, 최종 목표는 다섯 개 반 모두가 계약을 이용하게끔 만드는 것입니다." 여섯 명의 영재를 대상으로 한 사례연구에서도 학습이 자기에게 적합한 속도로 이루어질 때와 학생이 선택할 수 있을 때 높은 만족도를 나타냈다(Davalos, 1996). 한 영재는 '21세기의 학교를 상상해 보기'라는 제목의 수필을 쓰면서 변형적 교실수업이 교실에서 실행되는 모습을 기술하였다. "그들은 즐겁게 학습하기 위해 다른 시간대에 다른 주제로 다른 프로젝트를 수행하고 있다. 학습한 과들은 어떤 방식으로 연결될 것이다. 그들은 어떤 학년으로든 갈 수 있도록 허용되고 지루함을 느끼지 않을 수업을 받을 것이며 자신의 속도로 학습할 수 있을 것이다."(p. 81) 수업을 변형시킨 교실에서 영재에게 미친 다른 긍정적인 효과는 학교에 대해 보다 많은 만족감을 갖게 하였고, 자신감과 수용 및 자기존중의 증진을 가져왔다 (Davalos & Griffin, 1999). 그러나 변화가 유지적이고 특별히 도전적이지 않은 보충 활동에 제한될 때 영재학생은 교실에서의 변화에 그다지 만족감을 나타내지 않았다(Davalos & Griffin, 1999).

현재의 수업   기초선의 관찰은 7명의 교사가 내용 면에서는 변형적 수준, 속도에서는 1, 선호도에서는 11, 환경적인 면에서는 8을 나타냈다. 한 명의 교사를 제외한 모두는 하나 이상의 영역에서 변형적 변화가 있었다. 대다수의 교사는 내용과 속도에서 변화하기 전에 선호와 환경에서 변화하는 경향이 있었기 때문에 그들의 현재 수업은 보다 어려운 단계를 실행할 수 있는 정도에 영향을 미쳤다. 하나의 수업에서의 변화가 다른 수업에 영향을 미치는 것으로 나타났다. 예를 들어, 보다 다양한 활동을 제공하기 시작한 교사는 그들의 환경 또한 바꾸는 경향이 있었다.

방해 요인들   교사와 연구 보조원은 다음의 요인들이 변화를 방해하는 것이라고 보았다. 학교의 세분화나 조직, 재정, 시간 부족, 동료들, 행정적 지원과 같은 것들이다. 예를 들어, 한 교사는 다음과 같이 말하였다. "나는 목표들을 실행하려고 합니다. 나는 어떤 새로운 활동들을 하고 있습니다. …세분화된 조직의 사람과 함께 일하는 것은 정말 어렵습니다. 그들은 깊이 있게 일할 수 없습니다." 다른 이들은 이렇게 말하였다. "나는 어떤 새로운 일을 시작할 충분한 시간을 갖지 못하리라 확신합니다." "내가 가졌던 유일한 좌절감은 다른 스태프가 내가 새로운 일을 하려는 한 지원하려 하지 않았다고 느낀 점입니다." 한 학교의 연구 보조원은 다음과 같이 관찰하였다. "다른 모든 것을 배제하면서 TAAS(주 평가)에 대한 끊임없는 토의가 있었습니다. 내가 초등학교에 갈 때마다 교장은 프로젝트에 대해 불평합니다. 그는 교사가 TAAS에 집중할 필요가 있다고 말하지요."

요약하면, 여러 요인들이 학교의 변화에 영향을 미치는 것으로 나타난다. 참가자들 다수는 스태프 개발 활동, 리더십, 멘터 교사, 프로젝트 지원을 '도움이 되는'부터 '아주 도움이 되는' 것으로 보았다. 프로젝트 훈련은 태도를 변화시키고, 공통의 비전을 설정하고, 각 참가자들을 위한 목표를 개발하는 데 효과적이었다. 학생에게 미친 효과는 교사의 변화에 영향을 미쳤다. 높게 평가받지 못했던 유일한 지원 팀 구성원은 지역 대표였다. 낮은 평가는 지역 대표들을 효과적으로 활용하는 방법에 대한 참가자들의 이해 부족뿐 아니라 학교에 대한 부모의 태도와 프로젝트 스태프의 일관성 있는 사후점검이 부족한 결과였다. 프로젝트의 스태프는 주로 학교 내의 문화, 즉 교장, 멘터 교사, 동료 교사에 초점을 맞추어 노력을 기울였다. 어떤 경우에 교사는 목표를 실행하기 위해 동료의 저항, 행정적 변화, 제한된 자원, 학교 구조를 극복해야 했다. 모의 훈련, 강한 사후점검, 리더십, 자료 자원, 교사 간의 협력이 없이는 변화가 대부분 일어나지 않을 것이다.

논 의

체계이론은 여러 체계로 구성된 학교와 함께 조직의 변화와 변형적 변화가 일어나는 상황을 기술한다(Lunenburg & Ornstein, 1991; Ouchi, 1982). 교육적 변화의 과정은 각 학교가 독특한 문화를 나타내기 때문에 복잡하다.

인간이 새로운 개혁을 시도할 때 요인들의 다중성은 변화가 일어나도록 조화롭게 작용해야 한다. Mustard Seed 프로젝트 이전에 교실은 영재에게 적절하게 대응하지 못한 채 주로 교사가 주도하였다. 짧은 기간에 프로젝트는 교실수업이 영재에게 적응할 수 있도록 변화시키는 데, 99%의 참가자들을 지원할 수 있었다. 교육개혁이 난관에 부딪히면, 변화 관리자였던 사람은 이러한 결과에 놀라워할지 모른다. 많은 요인들이 프로젝트의 성공에 기여한 것으로 나타난다.

첫째, 관찰도구의 민감성과 그것을 교실수업에서의 바람직한 변화에 활용하는 것은 연구자들로 하여금 교사의 아주 작은 변화라도 확인할 기회를 제공해 준다. 도구는 분명하게 수업의 특성을 설정해 주며 수업 실행 정도를 측정할 방법을 내포하였다. 그 외에도 연구 보조원과 멘터들은 변화 영역들 간의 관계를 확인하고, 이 지식을 새로운 목표를 설정하도록 교사를 지원하는 데 활용할 수 있었다. 환경과 선호에서 변형적 변화는 대다수의 교사에게 맨 처음으로 일어났는데 아마 그것은 보다 가시적이고 쉬웠기 때문으로 보인다. 환경이나 선호에서의 변화는 속도와 내용 측면의 보다 실제적인 변화의 전조인 것으로 나타났다. 이러한 변화가 계열적인가 주기적인가 하는 것은 후속 연구 없이는 알 수 없는 것이다. 작은 단계들이 영재학생의 만족에 많은 영향을 미칠 수는 없지만 긍정적 효과를 가졌던, 특히 두 번째 해의 실행에서 미래의 변화로 이끄는 것으로 나타났다(Davalos & Griffin, 1999). 예를 들어, 교사가 학생에게 개인연구나 심층연구를 할 수 있는 기회를 허용하면서, 속도를 변화시키고 보다 도전적인 개념과 믿을 만한 방법을 제공하여 내용을 변화시킬 때, 영재학생은 긍정적으로 반응하였다. 한 아동은 교사가 자신을 잘 지원해 주며 흥미 있었다고 하면서 다음과 같이 말하였다. "선생님은 대단하셨어요." 나중에 그 학생은 교사의 특성에 대해 더욱 상세히 말하였다. "이 선생님은 다른 수업의 선생님이 하게 하지 않는 프로젝트와 같은 것들을 하게 해 주었어요. 다른 수업의 선생님은 학습지를 모두 해야 한다고 생각하기 때문이지요. 거기에서는 얻을 게 별로 없어요. 수업에서 우리는 수업을 현실적인 것으로 만들려 하지요. 동굴 프로젝트에서 내 직업이 지질학자인 것처럼 행동하도록 말이지요."(Davalos, 1996, pp. 61-62) 이러한 사례연구는 속도와 내용에서의 변형적 수업이 자신감, 수용감, 자아존중감의 향상과 관련됨을 제시해 준다(Davalos & Griffin, 1999). 이러한 영역들에서의 변화가 성취와 일반적인 문제해결 전략과 같은 다른 학생의 수행이나 결과와 관련되는지의 여부는 여전히 알려져 있지 않다.

둘째, 모의 훈련 경험은 촉매제로 작용하였으며 구체적 예를 모방하였고 교사를 위한 비전을 분명히 정의해 주었다. 이러한 처음의 자극은 기존의 틀을 깨는 데 중요하였다. 새로운 수업방식이 채택되기 전에 개인들은 이전에 지녔던 태도, 즉 아동의 능력, 학습양식 또는 흥미보다 책을 중심으로 수업을 조직하는 태도로부터 스스로 자유로워져야 했다(Lewin, 1951). 그 밖에도 훈련하는 동안 개발되었던 공통의 언어는 내적·외적 지원 체계를 발달시키면서 교사 팀들과 다른 프로젝트 지역들 간의 협력을 촉진시켰다.

셋째, 교사는 훈련이 끝날 때쯤 되어 자신의 변화 목표를 설정하였다. 멘터와 연구 보조원은 이러한 모든 목표들을 지원하였고 각 교실교사와 협력하여 새로운 목표들을 개발하였다.

넷째, 각 학교에서 교장, 멘터 교사, 연구 보조원의 강하고 일관성 있는 사후점검은 교실수업에서의 교사의 변화에 기여하였고, 변화한 교사의 비율이 가장 큰 학교에서 분명하였다. 이와 동일하게 중요한 것은 교장을 포함한 동료 팀의 개발이었다. 이 팀은 서로를 신뢰하는 것을 학습하였고 긍정적이고 지원적이고 전문적인 작업 관계를 형성하였다. 리더십과 중앙 사무소 지원이 부족하거나 일시적으로만 있었던 지역에서는 변화한 교사가 더 적었다. 어떤 지역에서는 동시에 다중적인 혁신을 실행하려 노력하고 있었다. 그곳에서의 리더십은 각각을 분리된 실체로 보면서 '큰 그림'을 파악하지 못하였는데, 그런 경우 교사의 에너지를 모두 소모시켜 버렸다. 그러므로 리더십은 중요한 요소다.

질적 연구를 하는 어떤 연구에서나 이전의 경험은 편견을 낳을 수 있고 지각을 바꾸어 놓을 수 있다. 모든 시도가 여러 원천으로부터의 자료를 수집하고 과정을 표준화하기 위해 이루어질 수 있는 반면, 주관성은 관찰, 해석, 자료의 범주화에서 여전히 있게 된다.

많은 의문이 여전히 남아 있다. 경험 있는 스태프 개발은 다른 형태에 비해 보다 효과적인가? 변화를 지원하는 데 멘터와 동료 팀의 중요한 특성은 무엇인가? 체계 요인들의 어떤 배열이 단기 변화와 장기 변화에 가장 중요하게 영향을 미치는가? 어떤 변화가 시간이 경과해도 유지되는가? 영재에게 미치는 장기 효과는 무엇인가? 2년이라는 실행 시간은 학교와 지역사회의 변화를 제도화하는 데 너무 짧지는 않은가? 최근에는 교실 변화를 유지하는 데 어떤 요인이 정말로 중요한가를 결정하기 위해 여러 지역에서 종단적 연구가 수행되었다(Hay, 2000).

한 가지 결론은 문헌에서 일관성 있게 지지된다. 바로 변화의 성질은 복잡할 뿐 아니라 매우 개인적이라는 점이다. 교사가 그 과정에 관여하지 않는다면 어떤 변화도 효과적이거나 장기적으로 지속되지 못한다. Goodlad 와 Klein(1994)이 지적한 것처럼, "학교가 변화하기 위해서는 그곳에 있는 사람이 변화해야 한다. 사람을 변화시키는 것, 특히 성인들을 변화시키는 것은 가장 어려운 일이다."(p. 117) 그러므로 변화의 책임자는 개혁을 분명하게 확인해야 하고 책임 있게 그러한 노력의 효과, 특히 학생과 교사 편에서의 효과를 연구해야 한다.

참고문헌

Brody, L. E., & Benbow, C. P. (1987). Accelerative strategies: How effective are they for the gifted? *Gifted Child Quarterly, 31*, 105-109.

Connor, P. E., & Lake, L. K. (1994). *Managing organizational change* (Rev. ed.). Westport, CT: Praeger.

Davalos, L. R. A. (1996). *The impact of teacher training for individualization on highly gifted students in heterogeneous classrooms*. Unpublished doctoral dissertation, Texas A&M University, College Station, TX.

Davalos, P., & Griffin, G. (1999). The impact of teachers' individualized practices on gifted students in rural, heterogeneous classrooms. *Roeper Review, 21*, 308-314.

Daherty, E., & Evans, L. (1981). Independent study process: They can think can't they? *Journal for the Euducation of the Gifed, 4*, 106-111.

Feldhusen, H. J. (1986). *Individualized teaching of gifted children in regular classrooms*. East Aurora, NY: D.O.K.

Feldhusen, J. F., & Kolloff, M. (1986). The Purdue three-stage model for gifted education at the elementary level. In J. Renzulli (Ed.), *Systems and models for developing programs for gifted and talented* (pp. 126-152). Mansfield Center, CT: Creative Learning Press.

Ford, R. F. (1996). *A study of the effects of training on teacher attitudes and classroom instructional practices*. Unpublished doctoral dissertation, Baylor University, Waco, TX.

Fullan, M. G. (1993). *Change forces: Probing the depths of educatial reform*. New York: Farmer Press.

Gallagher, S. A., Stepien, W. J., & Rosenthal, H. (1992). The effects of problem-based learning on problem solving, *Gifted Child Quarterly, 36*, 195-200.

Glasser, B. G., & Strauss, A. L. (1967). *The discovery of grounded theory*. Chicago: Aldine.

Goodlad, J. L., & Klein, M. F. (1994). *Looking behind the classroom door*. Worthington, OH: Charles A. Jones.

Griffin, G. L. (1997). *The phenomenon of teachers mentoring teachers in the midst of change*. Unpublished doctoral dissertation, Texas A&M University, College Station, TX.

Hay, B. J. (2000). *A longitudinal study of factors sustaining changes in instructional practices*. Unpublished doctoral dissertation, Baylor University, Waco, TX.

Johnsen, S. K. (1992). *Classroom instructional practices scale.* Unpublished manuscript, Baylor University, Waco, TX.

Johnsen, S. K., & Johnson, K. (1986). *Independent study program.* Waco, TX: Prufrock Press.

Kaplan, S. (1986). The grid: A model to construct differentiated curriculum for the gifted. In J. Renzulli (Ed.), *Systems and models for developing programs for the gifted and talented* (pp. 182-193). Mansfield, CT: Creative Learning Press.

Lewin, K. (1951). *Field theory in social science.* New York: Harper and Row.

Lopez, R., & MacKenzie, J. (1993). A learning center approach to individualized instruction for gifted students. In C. J. Maker (Ed.), *Critical issues in gifted education: programs for the gifted in regular classrooms* (pp. 282-295). Austin, TX: PRO-ED.

Lunenburg, F. C., & Ornstein, A. C. (1991). *Educational administration: Concepts and practices.* Belmont, CA: Wadsworth.

Maykut P., & Morehouse, R. (1994). *Beginning qualitative research: A philosophic and practical guide.* Washington, DC: The Falmer Press.

Ouchi, W. G. (1982). Theory Z and the schools. *School Administrator, 39*(2), 12-19.

Parnes, S. J. (1979). Creativity: The process of discovery, In J. J. Gallagher (Ed.), *Gifted Children: Reaching their potential* (pp. 44-54). New York: Trillium.

Petrie, H. G. (1990). Reflections on the second wave of reform: Restructuring the teaching profession. In S. L. Jacobson & J. A. Conway (Eds.), *Educational leadership in an age of reform* (pp. 14-29). New York: Longman.

Reis, S. M., Burns, D. E., & Renzulli, J. S. (1992). *Curriculum compacting: The complete guide to modifying the curriculum for high-ability students.* Mansfield Center, CT: Creative Learning Press.

Reis, S. M., Gentry, M., Maxfield, L. R. (1998). The application of enrichment clusters to teachers' classroom practices. *Journal for the Education of the Gifted, 21,* 310-334.

Renzulli, J. S., & Reis, S. M. (1997). *The schoolwide enrichment model: A how-*

to guide for educational excellence (2nd ed.). Mansfield Center, CT: Creative Learning Press.

Ryser, G. R., & Johnsen, S. K. (1996). Toward more research on effective Practices with gifted students in general-education settings. *Journal for the Education of the Gifted. 19*, 481-496.

Sarason, S. (1995). *School change: The perrsonal development of a point of view.* New York: Teachers College Press.

Sergiovanni, T. J. (1995). *The principalship: A reflective practice perspective* (3rd ed.). Boston: Allyn and Bacon.

Southern, W. T., & Jones, E. D. (Eds.). (1991). *Academic acceleration of gifted children.* New York: Teachers College Press.

Sullivan, C. G. (1992). *How to mentor in the midst of change.* Alexandria, VA: Association for Supervision and Curriculum Development.

Treffinger, D. J. (1980). *Encouraging creative learning for the gifted and talented: A handbook of methods and techniques.* Ventura, CA: Office of the Ventura County Superintendent of Education for the National/State Leadership Training Institute on the Gifted and the Takented.

VanTassel-Baska, J. (1985). Appropriate curriculum for the gifted. In J. F. Feldhusen (Ed.), *Toward excellence in gifted education* (pp. 45-67). Denver. CO: Love.

VanTassel-Baska, J. (1994). *Comprehensive curriculum for gifted learners* (2nd ed.). Boston: Allyn and Bacon.

Ward, V. S. (1980), *Differential education for the gifted.* Ventura, CA: Office of the Ventura County Superintendent of Education for the National/State Leadership Training Institute on the Gifted and the Talented.

Westberg, K. L., Archambault, F. X., Jr., Dobyns, S. M., & Salvin, T. J. (1993). The classroom practices observation study. *Journal for the Education of the Gifted. 16*, 120-146.

영재학생의 언어 교과학습에 관한 교육과정 연구[1]

Joyce VanTassel-Baska, Li Zuo, Linda D. Avery, Catherine A. Little

(University of William and Mary)

영재학생의 언어 교과학습에 관한 교육과정 연구에서는 학습자 특성과 관련된 교육과정 효율성, 도입된 집단화 모형의 유형, 그리고 문학작품 분석과 해석 및 설득하는 글쓰기를 강조하는 교육과정 처치의 강점 등에 대한 의문점을 탐구한다. 또한 더 나아가 이 연구는 수업시간에 가르쳐지는 내용 단위(unit)를 향상시키기 위해 효율적인 자료를 사용한 교육과정의 활용에 대해 탐구한다. 연구결과, 교육과정 처치는 18개 학군에서 전반적으로 영재를 위해 의미 있고 중요한 학습결과를 산출하였음을 제시하였다. 후속 연구와 수업을 위한 시사점도 강조되었다.

도 입

영재들을 위한 수준 높은 교육과정에 대한 요구는 모든 학생을 위한 일반 교육 상황에서의 더 높은 기준 요구 때문에 유사하게 일치하고 있다. 미국

---

1) 편저자 주: VanTassel-Baska, J., Zuo, L., Avery, L. D., & Little, C. A. (2002). A curriculum study of gifted student learning in the language arts. *Gifted Child Quarterly*, 46(1). 30-44. ⓒ 2002 National Association for Gifted Children. 필자 승인 후 재인쇄.

의 교실은 회의론, 저항 그리고 여러 가지 관심에 따른 개편을 기반으로 표준을 마련하려는 시도를 한다(Cohen & Hill, 1998). 또한 영재교육에서 그 표준은 영재들을 위한 적절한 교육과정에서 이끌어 낼 수 있다는 관점이 이미 표명되었다(Reis, 1999). 영재교육을 위한 도전에는 그러한 표준과 표명된 전문적인 훈련을 검증하는 일이 남아 있는데, 이러한 일이 영재들을 위한 양질의 교육과정의 발산에 여과기로 이용될 수 있을 것이다.

영재교육의 의도, 교육 그리고 수업의 평가에 대한 기준의 연계는 이미 다른 연구들을 통해서 검증되었다(VanTassel-Baska, 1995; VanTassel-Baska, Bass, Ries, Poland, & Aery, 1998; VanTassel-Baska, Johnson, Hughes, & Boyce, 1996). 이 연구에서는 영재를 위한 건전한 교육과정과 규준이 존재한다는 것을 강조하며, 학습자에게 나타난 의미 있는 결과, 인증된 평가, 조사의 이용과 실제적 접근, 주요 내용, 높은 수준의 사고, 학제적 연계, 그리고 상위인지의 사용 등에 역점을 두는 것이 중요하다는 점에 대해 언급했다. 이러한 연계는 교육 대상인 영재학습자들을 위해 보다 차별화된 교육과정을 형성하는 데 기초를 제공한다.

비록 규준의 연계가 교육과정 설계에서 중요하게 요구된다고 해도, 특별한 학습자 집단을 위해 설계된 교육과정을 만들어 내기에는 충분하지 못하다. 또한 적절하게 학습에서의 이점이 있음을 확인하기 위하여 학습자들을 대상으로 하여 교육과정 효율성을 평가해야만 한다. 여기에서는 이 연구의 목적이 이 규준을 영재교육과정의 차별된 특징과 결합하여 특별히 설계한 언어 교과 교육과정을 사용한 결과로 나타나는 영재학습자의 학습효과를 평가하는 것이라는 점을 보고하였다. 구체적으로 이 연구의 연구문제는 다음과 같다.

- 특별 교육과정을 적용한 영재학생은 이 교육과정을 적용하지 않은 영재에 비하여 문학 분석, 해석, 설득적 글쓰기 능력에서 어느 정도 더 나은 향상을 나타내는가?

영재를 위한 차별화 교육과정

- 특별 교육과정의 적용은 성과 면과 사회경제적 측면에서 얼마나 효과가 있는가?
- 학생의 수행에서 집단화의 효과는 어느 정도인가?
- 수행 기반 평가 과제는 지속적인 수업 계획을 위해 얼마나 가치 있는 자료를 산출해 내는가?

연구의 활용도

이 교육과정 연구로부터의 발견들은 실제로 교육과정을 적용하는 실천가들에게 여러 가지 측면에서 도움이 된다. 첫째, 이 연구는 영재를 위한 학습을 향상시키기 위해 신뢰할 수 있게 적용되는 차별화된 교육과정의 역량에 관한 우리들의 이해에 확신을 준다. 결론적으로 이는 영재 프로그램을 방어할 수 있는 상당한 사례를 제공한다. 둘째, 이 연구는 질적으로 차별화된 교육과정이 발전된 내용, 구체적인 과정 그리고 효과 측면에서 통합된 높은 수준의 학제적 개념들을 제시할 수 있음을 제안한다. 따라서 속진과 심화교육과정이 영재의 효과적인 학습을 위한 강력한 기반으로 제공되기 위하여 제안되었다. 셋째, 이 연구는 능력에 따른 집단편성과 무관하게 학교에서 William and Mary 교육과정을 사용할 수 있다는 점을 지지할 수 있는 사례를 제공한다. 연구결과에서 학생은 도입된 집단화 모형과 무관하게 의미 있고 중요한 학습에 참여할 수 있다는 점을 제안한다. 넷째, 이 연구에서 이와 같은 실험 처치가 경제적으로 어려운 소수 민족 학생이나 특수교육 영역에서 특히 관심을 가지고 있는 특수 집단 학생에게 매우 효과적이라는 것이 증명되었다. 마지막으로, 이 연구는 오랜 기간 학습 증진을 위해 이용할 수 있는 효과적이고 지속적인 전략 사용에 대해 우리가 이해할 수 있도록 도움을 준다. 문학망의 지속적인 적용과 전 단원에 걸친 조사의 토론 모형에서 사전에 준비된 상위의 질문을 이용한다면 문학 분석과 해석에서의 학습활동에 도움을 줄 수 있을 것이다. 더욱이, 설득적 글쓰기를 위한 햄버거 모형의 반복적인 이용은 이 영역에서 검증된 학생의 성장을 촉진시킬 수 있을 것이다.

관련 문헌 개괄

언어 교과 영역에서 영재들에게 가장 효과적인 것이 어떤 중재인지에 관해 이해하기 위하여 우리는 우선 이미 연구된 몇 가지 요소에 관해 이해해야한다. 이러한 요소는 (1) 모든 학생에 대한 쓰기와 문학 교수에 대해 우리가아는 것은 무엇인지, (2) 높은 능력 수준의 학생의 반응에 대한 요구로써 새로운 기준을 따른 교수에 대해 우리가 아는 것은 무엇인지, (3) 영재를 위한교과로써 언어 교과에 대한 효과적인 교수적 접근에 대해 우리가 아는 것은무엇인지 등으로 특징지을 수 있다. 현 연구를 제안하기 위한 전조로 이와같은 연구 영역에 관해 개괄해 보았다. 유사한 문헌 개괄이 1990년의 교육과정 개발 연구의 시초에 수행되기도 하였지만, 새로운 연구들은 언어 교과의 교수-학습에 대한 이해를 위해 더 많은 정보를 제공한다.

모든 학생을 위한 문학과 쓰기 교수

문학 교수를 위한 반응 기반 접근은 지난 30여 년에 걸쳐 영어 교사의 활동을 통해 강력하게 옹호되어 왔으며(예, Langer, 1994; Rosenblatt, 1982), 초등 수준일지라도 교실 현장연구에서 나타난 것에 따르면, 교사가 시도한 활동과 학생의 반응 간에 균형이 맞을 때 학생의 사고에서 성장이 나타난다는것이 입증되었다(Baumann & Ivey, 1997; Jewell & Pratt, 1999). 영어를 가르침으로써 사고력을 향상시킨다는 주제에 대한 연구가 좀 더 나이 많은 학생을 대상으로 하여 수행되었다. Kral(1997)은 영어 교과에서 가설연역적(hypothetical-deductive) 사고를 위한 모형을 가르쳤으며, 문학과 쓰기 교과에서 이를 적용한 이후에 학생들이 미국대학시험(American Collage Test: ACT)에서 과학적 추론이 유의미하게 향상되었다는 것을 발견하였다. 이와유사하게 과학 교과에서 이러한 모형을 적용한 결과, 추론에서 이점이 있었

영재를 위한 차별화 교육과정

던 연구도 있었다(Lawson, 1995).

독해와 해석 수업에서 교수적 변화의 중요성은 Beck과 McKeown (1999)의 연구결과에서도 두드러졌다. 이 연구자들은 문학에서 토론을 할 때 학생에게 자제, 종합, 연결, 모델링 등과 같은 연구 기반 교수전략을 강조하였다. 그러한 기법은 효과적인 문학적 토론과 협동적 학생 학습에 중요한 기초를 제공한다.

또한 최근의 연구에서는 읽기와 쓰기 과제 통합의 이점을 제시하였다 (Bottomley, Truscott, Marinak, Henk, & Melnick, 1999; Henry & Roseberry, 1996; Newell, 1996). 지난 15년에 걸쳐 연구된 쓰기 교수에 관한 메타분석과 검토(Hillocks, 1986; Levy & Ransdell, 1996; Sadoski, Willson, & Norton, 1997) 는 그 과정에서 핵심적인 수업 변인의 중요성을 증명하였다. 첫째로 조사활동, 둘째로 문학에 대한 반응 혹은 분석, 셋째로 사전 쓰기 준비, 넷째로 세부적인 범주를 반영하는 척도의 이용 등을 조합하면 학생의 쓰기 실력을 향상시키게 한다는 것을 발견하였다. 또한 문학에 관한 쓰기를 수업에서 중점 내용으로 다루는 것은 쓰기의 질적인 측면에서 높은 점수를 획득할 수 있는 데 예언적임을 발견하였다(Applebee, Langer, Mullis, Latham, & Gentile, 1994). 수업적 접근에서 좀 더 절충적 조합은 질적인 향상을 가져오지 못하였다. 쓰기의 결과에 대한 피드백이 긍정적(.43)이면 적절하게 높은 효과크기를 조절했으며, 만일 조작적으로 명확한 수업목표와 연관되어 있으면 (.74) 더욱 중요하게 작용했다. 이러한 같은 연구결과에서 학생은 초등학교에서 중등학교, 대학으로 갈수록 쓰기에서의 이득이 감소된다는 것을 증명하지만, Hillocks(1986)는 이러한 감소는 학습자의 발달적 한계라기보다는 수업의 부재를 가장 잘 설명해 주는 것이라고 주장하였다.

따라서 통합된 문학과 영어 교사가 제안한 연구기반의 주요 특징을 혼합시킨 쓰기 모형의 사용은 특수한 영재학습자 집단에게 적용할 때 효과적임을 증명하였다. 더욱이 관련된 교수 모형 내에서 사고의 교수를 강조할 때 그 결과는 또한 긍정적이 되었다.

새로운 기준에 따른 교수

또한 연구자들은 학생이 높은 인지 수준에서 학습하는 것을 도울 수 있는 기준 기반의 개혁에 대한 기대에 근거를 둔 주요 요소들을 발견하였다 (Donovan, Bransford, & Pellegrino, 1999). 이러한 요소들 중 첫 번째는 이해와 지식 활용을 위한 교수(Gardner, 1991; Greeno, 1991; McLaughlin & Talbert, 1993)인데, 여기에서 학습자들이 활동에 대해 격려받을 수 있는 기반을 가진 강력한 지식에 대한 요구를 제안하였다. 두 번째 요소는 고등 수준의 사고에서 진행 중인 학습경험을 제공하는 수업에 대한 평가를 포함한다(Vye, Goldman, Hmelo, Voss, & Williams, 1998; Wiggins, 1993). 문학에 대해 깊이 있게 논의한 세 번째 구성요소는 학습 동아리의 형성(Brown & Campione, 1994), 문제해결에서 협동 체제 구성(Newstead & Wason, 1995), 논의를 위한 집단 구조 제공(Goldman, 1994; Salmon & Zeitz, 1995), 학생이 여가 시간을 어떻게 보내는지와 교실활동의 연계(Csikszentmihalyi, Rathunde, & Whalen, 1993), 그리고 가정에서 부모들이 어떻게 학습을 촉진시키는지(Moll, Tapia, & Whitmore, 1993) 등을 포함한 다양한 전망의 공부로써 맥락의 역할을 들 수 있다. 이와 같은 학생의 학습에 대한 이해는 어떤 주제 영역에서든지 학습 기준을 고양시키는 중요한 버팀목이 될 뿐만 아니라, 또한 능력이 높은 학습자들의 인지적 발달을 돕는 확실한 수업적 접근의 조정에 기여한다.

언어 영재학습자의 교수

영재교육에 도입된 교육과정 모형에 대한 최근의 분석에서는 도입에의 접근이 속진적이지 않다는 것에 대한 증거가 부족하다고 드러났으며(VanTassel-Baska & Brown, 2000), 아직까지 학군에서는 언어 교과에서 영재학습자들을 위한 속진 전략을 거의 도입하고 있지 않다. 더 일반적인 접근은 형식과 의미에서 복잡한 진보된 읽기 자료를 사용하고 있다는 것이다(Baskin &

Harris, 1980; Hauser & Nelson, 1988). 따라서 영재를 위한 많은 언어 교과 프로그램들은 교실에서 진보한 독자들을 만족시키기 위해서 『Junior Great Books』와 같은 추가적인 자료를 사용한다. 『Junior Great Books』는 영재 학습자들을 위한 가장 효과적인 문학 프로그램 중의 한 가지 구성요소가 되었다. 이는 Aldrich와 Mckim(1992)이 영재에게 효과적이라고 소문난 프로그램과 자료를 검토한 가운데 높게 평가한 유일한 프로그램이다. 또한 교사에게 강력한 탐구 기반 훈련 프로그램을 제공하며, 그 프로그램은 학생의 담화의 질을 향상시키고 문학에 대한 흥미를 고양시키는 데 가장 효과적이라는 것이 밝혀졌다(Nichols, 1992, 1993).

언어 교과 프로그램에서 어떤 작품이 영재를 위한 것인지에 관해서는 연구 증거가 제한되어 있다. 전형적으로 연구들은 쓰기 접근과 읽기 연습을 분리하여 검증하였다. 몇몇 조사연구에서는 영재들의 효과적인 읽기 연습과 혼합된 결과들에 초점을 두기도 하였다. 그중 조숙한 독자에 관한 한 연구(Henderson, Jackson, & Mukamal, 1993)에서 그러한 독자들은 언어 영역 내에서 강점을 갖는 세부적인 영역에 관해 신중하게 평가해야 할 필요가 있다고 하였는데, 이는 읽기와 쓰기 혹은 말하기와 읽기 영역에서의 기술(skill)이 연계되어 나타나지 못하였거나, 아직 발달되지 못한 그들의 기술에 관해서 가정하지 않도록 하기 위한 것이다. 다른 연구에서는 문학 분석 학급에 일주일에 한 번 참여한 5, 6학년 학생이 학년 구분이 없는 표준화된 성취검사를 치렀을 때 독해와 어휘에서 통제집단과 비교해 의미 있게 높은 점수를 획득하였다는 결과를 제시하였다(Aldrich & Mills, 1989).

영재를 위한 읽기 프로그램은 전문화되어야 하며 비판적이고 창의적인 읽기 행동에 초점을 두어야 하고(Collins & Alex, 1995), 수업 집단의 다양한 형태에 따른 요구를 적용해야 한다는 것에 대한 정당한 합의가 존재한다. 전체언어(whole-language)에 대한 지지는 수업 수준에서 읽기 집단의 모든 형태에서 제거되어야 하는 데, 이는 영재의 고급 학습을 방해한다는 문제 이상으로 수업에서 세부적인 기술을 이용하는 수업활동이 관련되어 있기 때문이다(예, Rosenblatt, 1982). 일반교실의 영재에 관한 한 기술적 연구에서, Matthews(1992)는 전체언어를 영재들의 차별화에 가장 효과적으로 사용하는 가장 효율적인 교사와 이 두 전략을 모두 사용하는 교수방법은 영재들에게 긍정적인 경험이 된다는 점을 발견하였다.

중·고등학교 수준의 문학 프로그램에는 읽기 능력이 뛰어난 영재가 높은 수준의 성인 문학을 읽을 수 있도록 이러한 작품을 포함시켜야 하며, 그들이 지적이고 미적인 문학에서의 경험을 통해 기술과 열정을 발달시킬 수 있도록 도움을 주어야 한다(Mallea, 1992). 이와 같이 어떤 성취는 좋은 청년 문학을 활용하는 가운데 존재하기도 한다(Rakow, 1991). 중등 영재에게 문학을 가르치는 세미나 접근의 활용은 강하게 지지되는데, 이는 그 맥락이 토론과 상호작용을 자극시키기 때문이다(Dixon, 1993; Taylor, 1996).

읽기 프로그램은 비판적 행동을 증진시키는 데 더 효과적인데, 잘 개념화된 쓰기 프로그램은 이와 유사한 지원을 제공할 수 있다. 저널 쓰기는 영재들에게 자기표현을 위한 중요한 방법을 제공하며, 자신과 타인에 대해 더 잘 이해할 수 있는 기회를 준다(Bailey, Boyce, & VanTassel-Baska, 1990; Hall, 1990). Schunk와 Swartz(1992)는 영재학생의 자기효능감과 성취가 증진된 과정에 대해 피드백을 함께하는 전달 전략을 통한 쓰기 모형의 교수법을 발견하였다. 전략을 가르치는 것은 피드백을 제공하지 않더라도 효과적임이 이미 확인되었다. 전략 목표 접근에서는 다음과 같은 과제 요구를 제시하였다. (1) 아이디어 적기, (2) 주요 아이디어 찾기, (3) 문단 계획하기, (4) 주요 문장 기술하기, (5) 다른 문장 기술하기다. 따라서 이 연구는 전략 수업이 영재학생의 성취와 학습 전이를 촉진시키며(Scruggs, Mastropieri, Jorgensen, & Monson, 1986), 자기효능감이 수행과 긍정적으로 관련되어 있다는 것에 대한 증거를 제공하였다(Schack, 1989). 더욱이 이는 다른 형태의 학습자 전체에 걸쳐 영재학생의 뛰어난 상위인지, 구체적으로 말하면, 그들의 학습 진보에 대한 점검과 자신의 전략에 대한 일반화와 같은 상위인지의 수행에 관한 초기 연구를 입증한 것이다(Rogers, 1986; Scruggs & Mastropieri, 1985).

영재를 위한 차별화 교육과정

더 최근 연구에서는 전형적인 글의 분석을 포함한 쓰기 양식에서 이를 반복하기 위한 구체적인 전략, 평가를 위한 항목의 명확한 교수, 그리고 동료와 교사의 피드백 등을 포함한 시각적 모형을 제공할 때 4~6학년 영재학습자들이 설득적 글쓰기에서 의미 있는 향상을 나타내었다는 것을 제시하였다(VanTassel-Baska et al., 1996). 그 외 다른 최근 연구에서 발견된 결과에 따르면, 학생과 글쓰기에 참여한 교사는 전반적으로 교실에서 글쓰기의 유창성이 향상되었으며(Armstrong, 1994), 전략 도입만큼이나 교사의 역할이 영재학습자들의 쓰기 행동을 증진시킨다는 점을 제안하였다.

영재학습자들에 대한 효과적인 차별화 수업을 연구한 최근 연구들은 압축(Reis & Purcell, 1993), 문제기반 학습(Gallagher & Stepien, 1996), 탐구 접근(Hertzog, Klein, & Katz, 1999), 그리고 독자적 연구(Delcourt, 1994; Renzulli, 1999)와 같은 전략에 초점을 두었다. 비록 이러한 연구들은 여러 가지 다양한 방법으로 단일 접근의 효과를 증명하였지만, 어떻게 그러한 접근을 통한 연구들이 중핵 교육과정의 준거 틀에서 함께 있는지 혹은 어떻게 그들이 시간과 다양한 교사와 교육과정 순서에 걸쳐 일관성 있게 지속되는지 등에 대한 증거는 그리 많지 않다.

언어 교과의 교수–학습에 관한 현행 연구들은 이 교과 영역에서의 교육과정 개발과 적용에 대한 중요한 고려점들을 검증한다. 명확하게 말하면, 우리는 언어 교과에서, 특히 쓰기에서 핵심적인 기술을 가르치기 위한 전략이나 효과적인 모형이 필요하다. 또한 본 연구는 과정에 대한 절충적 접근을 도입하기보다는 오랜 시간에 걸쳐 지속적이고 목적이 분명한 모형을 사용하는 것이 필요하다는 것을 제안한다. 아직까지는 영재학습자들에게 적용하는 효과적인 전략에 대한 연구들이 대안적 전략의 비교가 갖는 이점 없이 각각 분리하여 연구되긴 하였지만, 압축, 탐구, 그리고 독자적 연루와 같은 다양한 전략들이 영재학습자들에게 긍정적인 효과를 준다는 것을 계속 제시하고 있다. 언어 교과에서 영재학습자들이 효과적으로 활동하는 것에 대한 이해의 부족은 다른 주요 영역에서도 지속된다. 몇몇 연구들은 언어 교과에서 비판적 사고에서의 수행이 얼마나 증진되는지에 대한 검증된 연구가 없을지라도 능력이 높은 학습자에게 문학, 언어 혹은 구두의 의사소통에 대해 가르치는 효과적인 접근에 관해 연구하였다. 개념이나 주제 기반 교육과정이 언어 교과의 수업을 위한 것으로 알려져 있지만, 현재는 학습을 향상시키는 데 미치는 효과성에 대해서는 입증한 연구가 없다. 언어 교과에서 William and Mary 교육과정은 우리가 어느 정도 알고 있는 교육과정의 모든 차별화된 특징과 일치하지는 않을지라도, 탐구를 위해 실제 응용할 수 있는 일련의 연구문제를 제공한다.

그러나 본 논문에서 보고된 연구는 언어 교과에서 고등사고를 나타내는 문학 분석, 해석, 설득적 글쓰기 등의 수업을 위한 교육과정의 효과에 초점을 두고 있다. 따라서 이러한 연구결과는 우리가 고등사고 기술이 맥락과 연계되어야 하는 것과 쓰기 교수를 위해서 효과적인 연구 기반 전략에 대해 사전 이해를 형성해야 하는 것이 중요하다는 점을 이해할 수 있도록 도움을 준다.

연구의 목적 및 설계

준실험 설계 모형(Campbell & Stanley, 1969)을 사용함으로써, 연구자들은 초등 · 중등학교를 대상으로 하여 중등학교 수준의 영재학습자들에게 미치는 특별한 단원의 효과를 검증하는 연구를 하였다. 각 단원들은 통합교육과정 모형(Integrated Curriculum Model: ICM; VanTassel-Baska, 1986, 1995)을 중심으로 구성되었으며, 진보된 문학, 언어 교과를 가르치는 데 포함된 추론 모형, 질 높은 학생 산출물의 요구, 그리고 문학, 쓰기, 언어, 구두의 의사소통 등에 적용할 주요 변화 개념의 교수와 조직 등을 통하여 학습을 향상시키려고 하였다.

영재를 위한 차별화 교육과정

연구대상

이 연구를 위해 17개 공립 학군과 1개 사립학교에 다니는 학생의 자료가 수집되었다. 10개 주에서 선정된 대상 지역과 학교들은 매우 다양하다. 3개 지역은 도시, 3개 지역은 시골, 나머지 학교들은 외곽 지역으로 구분되었다. 사립학교는 시골에 있었다. 이와 같은 지역으로부터 총 46개 학교가 이 연구에 참여하였다.

이 연구에 참여한 학생 2,189명 모두는 지역 학군에서 2~8학년 때 영재로 사전 판별된 학생이었다. 영재에 대한 개념이 주별로 매우 다양하기 때문에 판별 절차에 적용시키기 위하여 영재에 대한 기준을 제시하였는데 (Stephens & Karnes, 2000), 연구대상들은 일반 능력의 범위와 언어 적성에서 매우 다양하였다. 판별 준거를 도입하는 데도 10개의 참여 주에서는 교사의 조언에 따른 능력과 적성 측정을 포함시켰다. 집단 능력의 판별을 위한 역치 점수의 범위는 94~99%였으며, 학년별 언어 적성 측정에서도 94~99%를 나타내었다.

교육과정 처치

본 연구에 사용된 교육과정 자료들은 1990년대 중반에 연방 정부로부터 Javits Grant를 수여받아 개발된 6개 내용 단원으로 구성된 4개 시리즈로 되어 있다. 모든 내용 단원의 교육과정 준거는 ICM을 기초로 하며, 향상된 내용, 높은 수준의 처리, 그리고 추상적 개념을 나타내는 것에 목표를 두었다. 내용 단원의 6개 목표는 다음과 같다.

- 문학에서 분석적이며 해석적인 기술의 개발
- 설득적 글쓰기 기술의 개발
- 언어적 역량의 개발
- 듣기/말하기 의사소통 기술의 개발

- 언어 교과에서의 추론 기술의 개발
- 언어 교과에서 변화 개념의 이해

각 단원(unit)에는 위에 기술한 기술을 개발시키기 위하여 학생을 격려하도록 이끄는 힘으로 진보된 문학을 도입하였으며, 추론의 세부적 모형(Paul, 1992)을 통합시켰고, 변화의 개념에 관한 논의와 활동을 포함하였다. 또한 문학적 분석과 해석, 그리고 설득적 글쓰기를 위한 세부적 모형이 전체 단원에 도입되었으며, 담화와 논의 이론(예, Beck & McKeown, 1999; Toulmin, 1958)이 기초가 되었다. 부가하여, 간학문적(interdisciplinary) 연계와 이슈를 기반으로 한 각 단원을 적용한 연구에 학생을 참여시켰다.

영재를 위한 단원의 차별화는 단원 분석의 다양한 수준에서 발생한다. 목표들은 상위 수준의 사고와 개념 발달에 초점을 두고 차별화되었다. 지적 영재학습자를 위한 기준에 적합한 문학의 이용은 더 나아가 자료의 차별화에 기여하고, 의도한 이용자들에게 맞출 수 있다. 조사, 연구 그리고 다양한 독자적인 학습 형태의 이용 등과 같은 전략의 지속적인 활용은 영재학습자의 교수를 차별화시킨다.

각 단원은 문학 분석과 해석을 위해, 그리고 설득적 글쓰기를 위해 사전검사와 사후검사를 포함하였다. 또한 형성평가와 총괄평가를 포함한 다른 평가도구들이 활용되었다.

이 연구에 포함된 네 단원은 '여행과 거리(Journey and Destination)' '문학 반영(Literary Reflection)' '자서전(Autobiographies)' '1940년대: 변화의 시기(The 1940s: A Decade of Change)'다. 첫 번째 단원과 두 번째 두 개의 단원은 4~6학년용이고, 마지막 단원은 7~9학년용이다. 이 연구는 문학과 글쓰기 검사의 사전·사후결과에 초점을 두었다.

이 연구에 참여한 모든 교사는 각자 교육과정 자료에 관해 1~4일 정도의 훈련을 받았다. 이와 같은 워크숍은 프로젝트의 스태프나 리더십 워크숍에서 훈련을 받은 지역 교사나 행정관이 실시하였다. 훈련 워크숍에서는 연구

영재를 위한 차별화 교육과정

에 참여할 교사에게 교육과정의 틀, 이 단원에서 사용할 구체적인 교수 모형, 목표 성취를 위하여 이러한 모형을 어떻게 활용할 것인지에 관한 논의 등이 소개되었다. 또한 이 워크숍을 통하여 구체적인 단원을 탐구하고 수업 활동 및 단원에 포함된 문학 작품을 개괄하였다. 이에 부가하여, 이 워크숍에는 적용된 이슈에 대한 논의가 포함되었으며 다양한 조직 사태에서 활용하기 위한 단원에 대한 제시가 포함되었다.

연구 도구

이 연구에는 문학 분석과 설득적 글쓰기 기술을 측정하기 위하여 두 가지의 측정도구가 사용되었다. 각 단원에 대해 학생 반응을 유도하는 자극은 다를지라도 전체 단원에 걸쳐 요구되는 과제는 동일하였다. 각 단원의 시작과 마지막 시점에서 학생에게 선정된 자료를 읽고 그 선정 자료에 기반을 둔 두 가지 평가를 완수하도록 요구하였다. 두 가지 평가는 초기의 교육과정 효과성 연구(VanTassel-Baska et al., 1996)에 기초하여 구성되었으며, 유사한 집단을 대상으로 파일럿 연구가 이미 수행되었다. 첫 번째 평가는 문학 분석과 해석에 대한 수행평가였다. 이 검사는 읽기에 관한 NAEP 평가(National Assessment Governing Board, 1992)의 모형을 기초로 하였는데, 여기에는 다음과 같은 네 가지 질문이 포함되었다. (1) 주요 아이디어, (2) 인용의 분석, (3) 선정 자료에서 변화 개념의 관련성, (4) 그것을 지지하는 이론적 근거를 가진 제목 정하기 등이다. 두 번째 평가는 모든 학생에게 학년에 적절하게 선정된 글을 주고 읽게 한 후 그 내용을 지지하는지 아닌지에 대한 논의를 발전시키도록 설득하는 글에 대한 수행평가를 실시하였다. 사전검사와 사후검사로 선정된 자료가 같은 장르를 표명하지만, 두 검사에 선정된 자료는 다른 내용으로 구성되어서 각 단원에서 학생은 이 글을 읽고 반응하였다. 두 가지 검사는 영재교육과 영어교육 전문가가 내용타당도를 확인하였다. 이들 전문가들은 두 검사에 대한 내용타당도에 관하여 호의적으로 평가하였다. 각 도구에 대한 평가자 내적 신뢰도는 채점 팀 각각에서 .90 이상의 점수를 나타내었다.

채 점

프로젝트의 스태프로 참여한 두 명의 훈련받은 채점자가 측정한 검사결과를 채점하였다. 문학 검사를 위해 사용된 채점 항목(rubric)은 프로젝트 연구진이 개발한 후, 파일럿 연구를 거쳐 초기 연구에서 활용되었다(VanTassel-Baska et al., 1996). 이 채점 항목은 네 가지 질문 각각에 대해 0~3점 범위로 구성되어 총 점수의 범위는 0~12이다. 각 문항에 대한 반응에서 0을 획득한 것은 반응이 없었다는 것을 의미하며, 1은 부정확한 반응임을 가리키고, 2는 정확하기는 하지만 문자 그대로의 의미임을 말하며, 3은 통찰력 있는 반응이라는 것을 지적한다. 이 채점 항목에 대한 평가자 내적 신뢰도는 .81로 나타났다(VanTassel-Baska et al., 1996).

쓰기 검사에 대한 채점 항목은 주장과 자료의 질적 평가를 위해 Toulmin(1958)의 범주를 기초로 하여 구성하였으며, 보증은 Burkhalter(1995)가 번안한 것이다. 이 채점 항목은 전체 점수의 경우는 0~20의 범위고, 각 주장과 자료와 보증의 각 요소에 대한 범위는 0~6이며, 결론에 대한 범위는 0~2이다. 주장, 자료 그리고 보증 영역에서의 반응에서 0을 획득한 것은 반응이 없었다는 것을 의미하며, 2는 반응에 대한 제한적 시도임을 지적하고, 4는 진술된 과제 요구에 대해서 명확하고 정확한 반응이라는 것을 말하며, 6은 기대 이상의 반응이라는 것을 나타낸다. 결론에서 0은 결론의 부재를 지적하고, 2는 결론이 있다는 것을 말한다. 쓰기 채점 항목에 대한 평가자 내적 신뢰도는 주장에 대해서는 .77, 자료에 대해서는 .56, 그리고 보증에 대해서는 .66으로 나타났다(Connor, 1990).

평가에 대한 채점 프로토콜에는 훈련을 위한 연습 채점이 포함되었으며, 평가자 내적 신뢰도를 확보하기 위한 합의 모형이 사용되었다. 채점자들은

영재를 위한 차별화 교육과정

단원 전반에 걸쳐 실시되는 워크숍을 통해 훈련을 받았으며, 읽기와 평가를 위한 자극용으로 선정된 자료에 대한 토론, 채점 항목에 대한 실험, 각 채점에 대한 샘플 반응 실시, 그리고 적어도 .90 수준에서 동의를 받을 수 있도록 최소 10개 검사에 대해 점수를 매겨 보고 검토를 받았다. 훈련받은 두 명의 채점자는 일련의 검사들을 각기 따로 채점하였으며, 세 번째 채점자는 의견 일치가 이루어지지 않은 그들의 반응에 대해서 합의에 이르도록 처음 채점한 점수를 비교 검토하였다.

방 법

사전검사 결과에서 차이가 나타났으므로, 실험처치 이후에 실시한 사후검사 결과에서 실험집단과 비교집단 간, 그리고 성별로 유의미한 차이가 나타나는지를 확인하기 위하여 공분산분석(ANCOVA)이 사용되었다. 또한 영재학생으로 구성된 집단화 모형에서도 사전검사 결과에서 차이가 났으므로, 실험처치 후에는 집단화 모형에서 어떤 유의미한 차이가 나타나는지와 사회경제적 지위(SES)가 높고 낮음에 따라서는 어떤 유의미한 차이가 나타나는지를 확인하기 위하여 공분산분석이 실시되었다. 한편 영재학생으로 구성된 각 집단 내에서의 집단화 모형 비교나 교육과정 중재 이후의 수행에서 집단 내에서 어떤 진보가 나타나는지를 조사하기 위하여 각 단원의 반복된 노출에 대한 대응 표본 t검정(paired sample t-test)이 실시되었다. 기술 통계치는 처치 이후에 학생의 강점과 약점을 진단하기 위하여 문항 수준 분석을 위해 사용되었다.

연구의 제한점

사회과학 연구에서는 통상 어렵게 여기는 이 연구의 첫 번째 제한점은 무선 선정 혹은 무선 할당이 되지 못했다는 것이다. 있는 그대로의 학급이 사용되었으며, 이 단원의 적용을 자원한 교사가 수업을 진행하였다. 이 연구를 위하여 프로젝트 연구진들은 시작부터 참여 교사를 어떻게 지도할 것인지와 적절한 비교집단을 어떻게 설정할지를 관리하였다. 실제 통계 분석에서, 처치 효과의 확인을 위하여 실험집단과 통제집단으로 선정된 학교로부터 얻은 자료가 사용되었으며, 공분산분석을 통해서 가설이 신중하게 검증되었다.

두 번째로 어려운 점은 자료 수집의 문제인데, 프로젝트 연구진은 참여교사의 협조와 헌신에 의존하여야만 했다는 문제와, 좀 더 확대하면 전체 처치 기간 동안 이루어진 학생 참여의 문제다. 본 연구에는 2,000명 이상의 학생이 참여하였으며, 자료 수집 기간도 5년에 걸쳐서 이루어졌다. 따라서 손실된 기록들과 변인들이 있음은 피할 수 없는 문제다. 그 결과 균형이 맞지 않는 집단 크기 때문에 분석 과정이 복잡해지기도 하였다.

마지막으로, 본 연구에서 사용된 수행 기반 평가도구들은 절차를 기초로 하여 공학적으로 철저히 기술되었으며, 가르쳐지는 교육과정과 매우 관련성이 높지만 부가적인 표준화된 평가도구를 이용한 측정이 학생의 성장을 위해서 더욱 강화되었다.

연구결과

본 연구의 결과는 다음과 같은 여섯 가지 주요 분석을 통해 도출되었다. (1) 처치집단과 비교집단 간의 비교, (2) 처치집단 내의 성별 비교, (3) 사전-사후검사 문항 분석, (4) 집단화 모형 내, 모형 간 비교, (5) 1년 그리고 몇 년간에 걸친 실험 결과 비교, (6) 사회경제적 지위(SES) 상하 비교다. 모든 분석에는 첫째로 문학 분석과 해석, 둘째로 설득적 글쓰기에서의 수행 측정 결과를 포함시켰다. 학생은 모든 경우에서의 단원 분석을 위해 이용되었다. 〈표 9-1〉에서는 다양한 분석을 수행하는 데 이용된 인구통계가 요약되어 있다.

실험집단과 비교집단 간의 비교를 통해 나온 결과는 〈표 9-2〉에 제시되

영재를 위한 차별화 교육과정

표 9-1 연구의 인구통계 요약

표	내용	분석	집단	수*	자료 출처
2	처치 효과	ANCOVA	실험, 비교집단	366	실험, 비교집단의 9개 학교
3	성별 효과	ANCOVA	실험집단	1,449	성 세분화된 사례들
4	하위 분석	기술 통계	실험집단	486	문항 점수가 가능한 2개 지역
5	집단화 모형	t검정	실험집단	534	집단화 모형 세분화된 2~5학년
6	집단화 모형	ANCOVA	실험집단	534	집단화 모형 세분화된 2~5학년
7	노출 효과	t검정	실험집단	52	차례대로 단원을 사용한 1개 지역의 8개 학교
8	SES 효과	ANCOVA	실험집단	171	SES의 상하가 극단적인 5개 학교의 5학년

주: *Before listwise deletion in analysis

어 있다. 이 하위 표본은 비교집단 구성과 비교하여 대집단에서 추출되었다. 따라서 분석을 위하여 비교집단 학생이 한 장소에서 선정되었다. 결과에 따르면, 실험집단과 비교집단 간의 사전검사에서의 차를 조정한 후 사후검사결과에 대해 ANCOVA를 이용하여 비교한 결과, 통계적으로 유의미한 차이가 있음이 나타났다($p < .001$). 더 나아가 에타 제곱(Eta squared) 통계를 이용한 효과크기는 문학(.070)에서 중간, 설득적 글쓰기(.242; Cohen, 1988)

표 9-2

A: 비교집단과 실험집단의 문학 평가에 대한 공분산분석

집단	수	사전검사 평균(SD)	사후검사 평균(SD)	조정된 평균(SD)	F	효과크기 (η^2)
비교	85	5.88(1.96)	5.88(1.72)	5.88(.19)	17.75*	.070
실험	155	5.88(1.81)	6.86(1.88)	6.86(.14)		

B: 비교집단과 실험집단의 쓰기 평가에 대한 공분산분석

집단	수	사전검사 평균(SD)	사후검사 평균(SD)	조정된 평균(SD)	F	효과크기 (η^2)
비교	76	7.24(3.56)	7.21(3.44)	7.59(.36)	70.00*	.242
실험	146	8.40(3.27)	11.53(3.59)	11.34(.26)		

*$p < .001$

표 9-3

A: 실험집단 남녀 학생의 문학 평가에 대한 공분산분석

집단	수	사전검사 평균(SD)	사후검사 평균(SD)	조정된 평균(SD)	F	효과크기 (η^2)
남	606	6.10(0.77)	7.33(1.99)	7.41(0.07)	1.056	.001
여	537	6.49(1.59)	7.61(1.86)	7.52(0.08)		

B: 실험집단 남녀 학생의 쓰기 평가에 대한 공분산분석

집단	수	사전검사 평균(SD)	사후검사 평균(SD)	조정된 평균(SD)	F	효과크기 (η^2)
남	561	8.87(3.30)	11.07(3.83)	11.22(0.15)	6.758*	.006
여	497	9.61(3.41)	11.94(3.63)	11.78(0.16)		

*$p < .001$

에서 크게 나타났으며, 교육과정 처치는 통계적로나 교육적으로나 모두 의미 있다는 것이 제시되었다.

단원 수준에 따라 분리하여 분석한 결과에 따르면, 전체 단원에 걸쳐서 일관성 있게 나타났다. 달리 말해서, William and Mary 교육과정 내의 어떤 언어 교과 단원이건 적용하면 의미 있는 처치 효과가 산출된다는 것을 기대할 수 있다.

성별로 비교한 결과는 〈표 9-3〉에 제시되었다. 그런데 문학에서는 성별 차이가 나타나지 않았으나 설득적 글쓰기에서는 통계적으로 유의미한 차이($p < .01$)가 나타났다. 그러나 효과크기를 산출했을 때는 실제적으로 중요한 차이는 크지 않았다. 이는 교육과정에 노출되었을 때 남녀 학생 간에 이점은 상당히 유사하다는 것을 말해 준다.

각 도구의 문항 분석은 어떻게 수업과정이 각 도구의 문항 수준에서 학생 수행 분석을 함으로써 알려질 수 있는지를 확인하기 위하여 수행되었다. 이 분석은 두 가지 단원(문학 반영과 자서전)에 제한되었으며, 두 개의 적용 지역으로부터의 자료가 추출되었다. 그 결과는 학습결과를 심화시키기 위하여 어떤 수업에 강화가 필요한지의 영역과, 동시에 상당한 차이를 가져온 수업

이 어떤 지역에서 수행되었는지 등을 제안하기 위한 근거를 제공하였다. 이러한 분석결과는 〈표 9-4〉에 제시되었다.

분석결과에 따르면, 학생의 수행은 문항마다 매우 다양하였다. 문학 반영(Literary Reflections) 단원의 경우는 문학적 글에 대한 해석에서 학생의 획득한 점수(.46)와 본문 자료(textual material)에서 변화의 개념을 설명하는 것(.38)에서 가장 향상되었음을 알 수 있었다. 중요한 아이디어의 기술에 대한 학생의 능력이 가장 진보되지 못하였으며(.19), 자극에 대해 새로운 제목을 붙이는 것에서는 변화가 나타나지 않았다. 그러나 마지막 문항에 대한 사전검사 점수는 다른 문항에 비해 점수가 더 높았으므로, 그 요인은 성장에 영향을 미쳤다는 것을 알 수 있다.

'문학 반영' 단원을 위한 설득적 글쓰기 도구에서는 문항들과 관련한 학생의 수행이 문항당 더 큰 점수를 획득하였는데, 채점 항목 전반에 걸쳐서 일관성 있게 더 큰 점수가 분포되었다. 그러나 여전히 도구에서 천장효과의 문제가 있었다. 가장 큰 향상이 나타난 문항은 견해의 진술을 다룬 것이었으나(.50), 그 문항은 채점 항목에 기준하여 쓰기에서의 정교성이 향상된 좋은 증거를 보여 주고, 정교화를 이용하였으며, 또한 매우 우세하다는 것을 드러내었다. 그러나 이 문항은 사전·사후검사의 점수는 가장 낮았으나, 또한 성장할 수 있는 여지가 많다는 것을 제시하였다. 조리 있게 추론하는 학생의 능력은 정교화의 또 다른 특징인데, 아주 적은 변화가 나타났으며 이 영역에 쏟기 위해서 더 많은 수업시간이 필요하다는 것을 제안하였다.

'자서전' 단원에서는 문학을 다루는 전 문항을 통해 학생이 획득한 점수가 세 문항에 대하여 .38~.42의 범위로 변화가 심하게 나타나지는 않았다. 그러나 본문 자료에서 변화의 개념을 설명하는 학생의 능력을 평가한 문항에 대해서는 성장에 무리가 있었다(.29). 이 학생 집단은 사전검사 중 문학 반영에서 상대 집단보다 약간 더 높은 점수를 획득하고 시작하였지만, 사후검사 수행은 실제적으로 낮았으며, 추상적 개념을 붙들고 씨름하는 것을 도와준다면 향상될 여지가 있다는 점이 제안되었다.

| 표 9-4 | 문학과 쓰기 평가 개별 문항의 기술 통계 |

| 검사 문항 | 단원(unit) | | | | | | | | |
| | 문학 반영 (Literary Reflections) | | | | | 자서전 (Autobiographies) | | | |
	최대 점수	수	평균	SD	Gain	수	평균	SD	Gain
중요 아이디어 (사전검사)	3	250	1.51	.64		212	1.65	.59	
중요 아이디어 (사후검사)	3	251	1.70	.68	.19	209	2.03	.73	.38
글 해석 (사전검사)	3	250	1.63	.61		212	1.60	.55	
글 해석 (사후검사)	3	251	2.09	.70	.46	209	2.01	.73	.42
변화 아이디어 (사전검사)	3	250	1.56	.67		212	1.63	.54	
변화 아이디어 (사후검사)	3	252	1.94	.71	.38	209	1.92	.69	.29
제목 붙이기 (사전검사)	3	250	1.85	.59		212	175	.54	
제목 붙이기 (사후검사)	3	251	1.91	.55	.06	209	2.16	.61	.41
견해/주장 (사전검사)	6	236	4.14	1.95		208	3.71	1.70	
견해/주장 (사후검사)	6	235	4.64	1.70	.50	204	4.34	1.68	.63
자료/지원 (사전검사)	6	236	3.03	1.11		208	2.77	1.05	
자료/지원 (사후검사)	6	235	3.14	1.21	.11	204	3.18	1.20	.41
정교화 (사전검사)	6	236	.70	1.04		208	.93	1.16	
정교화 (사후검사)	6	235	1.17	1.45	.47	204	1.61	1.69	.68
결론 (사전검사)	2	236	1.17	.99		208	.95	1.00	
결론 (사후검사)	2	235	1.40	.92	.23	204	1.23	.98	.28

영재를 위한 차별화 교육과정

자서전에 대해 설득적 글쓰기 도구의 문항에서 학생이 획득한 점수는 모든 문항에 걸쳐서 .28~.68의 범위로 나타나 성장의 지속적인 형태를 더 잘 보여 준다. 또한 정교화 영역에서 상당히 큰 이점을 획득했음에도 불구하고, 사전검사와 사후검사의 점수 모두가 여전히 상당히 무리가 있었으며 지속적으로 성장해야 할 여지가 있음을 나타내었다.

결론의 진술을 다룬 문항에서도 적게나마 이점이 나타났다(.28). 획득 점수는 문학 반영 단원의 대응 문항에서 획득한 점수와 상당히 일치하였다 (.23). 이 문항은 도구의 다른 문항과는 달리, 결론에서 2점을 받은 학생과 0점을 받지 않은 학생으로 양분된 점수가 나타났다. 두 가지 단원에 걸친 학생의 수행에 대한 형태에서, 사전검사 단계에서는 학생의 절반이 지도 없이 수행할 수 있었다. 사후검사 단계에서는 부가적으로 20% 혹은 그 이상의 학생이 이러한 기술을 증명하였다. 설득적 글쓰기를 가르치는 데 사용된 모형에서 이러한 요소들이 통합되었기 때문에, 학생이 사후검사에서 이러한 기술을 증명하지 못한다는 것은 흥미로운 일이다.

집단화 배열을 기반으로 한 비교결과는 〈표 9-5〉에 제시되어 있다. 집단화 모형의 변인은 William and Mary 교육과정을 이용한 수업에서 언어 교과에 대하여 학생을 집단화한 네 가지 대안적 방법을 기초로 하여 부호화하였다. (1) 자기 포함, (2) 풀 아웃, (3) 이질적 집단 내에서 영재집단, 그리고 (4) 언어 교과다. 이 연구에 참여한 학교는 그들 상황에 가장 적합한 학교로 지정하여 선정하였다. 실험의 단원이 적용되는 교실에서 영재학생의 집단화 모형 유형에 관한 정보는 교사 혹은 지역 조정관이 제공하였다. 부정확한 자료는 분석에서 제외되었다. 비교를 확실하게 하기 위하여 이 비교에 초등학년들만 포함시켰다. 연구결과들은 도입된 집단화 모형과 무관하게 문헌 분석과 설득적 글쓰기 모두에서 유의미하고 중요한 이익이 있었다는 것을 지적하였다.

더 나아가 연구자들은 도입된 집단화 모형들이 서로 의미 있게 다양화되었는지, 그리고 어떤 집단화 모형이 학생의 성취를 촉진시키는 데 효과적인

표 9-5

A: 각 집단화 모형 내 문학 평가에 대한 학생 수행의 비교

집단화 모형	수	사전검사 평균(SD)	사후검사 평균(SD)	t
자기 포함	171	5.77(1.58)	6.91(1.77)	7.15*
풀 아웃	54	5.11(1.56)	6.44(1.33)	7.21*
영재집단	160	6.92	8.08(1.82)	6.75*
언어 교과	113	6.19(1.52)	6.89(1.37)	4.21*

B: 각 집단화 모형 내 쓰기 평가에 대한 학생 수행의 비교

집단	수	사전검사 평균(SD)	사후검사 평균(SD)	t
자기 포함	168	7.92(3.20)	11.30(4.14)	9.89*
풀 아웃	54	6.04(2.71)	10.80(4.33)	7.87*
영재집단	152	9.34	11.03(3.08)	6.53*
언어 교과	100	7.30(2.85)	8.82(3.19)	4.01*

*$p < .001$

지를 결정하기 위하여 집단화 자료를 분석하였다. 그 결과가 〈표 9-6〉에 제시되었다. 집단 크기가 각기 달랐기 때문에 변인의 동질성을 가정하기가 어려웠다($F = 7.46$, $p < .001$: 문학 평가, $F = 10.64$, $p < .001$: 설득적 글쓰기). 더 큰 변인들은 더 큰 집단 크기와 관련되어 있으므로 문학 평가에서 유의미한 집단화 효과가 나타났으며, 도입된 통계적 검증에는 1종 오류의 측면이 추정되었다(Stevens, 1990). 소집단의 경우에는 쓰기에서 변수가 크므로 통계적인 방법을 사용하여 검증을 하면 엄격한 알파 수준이 적용되어 1종 오류를 피하기 어렵게 된다. Bryant-Paulson 사후검증 절차는 문학과 쓰기에서 다양한 검사에서 유의미한 결과를 나타내었다($F = 12.06$, $p < .001$: 문학, $F = 10.18$, $p < .001$: 글쓰기). 비무선화 설계에 대한 형식을 사용하여 짝지은 비교를 통한 결과와 조화된 평균에서 자기 포함, 풀 아웃 그리고 언어 교과의 집단화 모형에서 이질집단과 영재집단 간에 의미 있는 차이가 나타났으며, 사후검사의 조정된 평균점수가 가장 높았다. 자기 포함, 풀 아웃, 언어 교과 간에는 유의미한 차이가 나타나지 않았다(BP = -6.65: 자기 포함과 영재집단 간의

표 9-6

A: G/T 집단화 모형 간 문학 평가에 대한 학생 수행의 비교

집단화 모형	수	사전검사 평균(SD)	사후검사 평균(SD)	조정된 평균(SD)	F	효과크기 (η^2)
자기 포함	171	5.77(1.58)	6.91(1.77)	7.01(.13)		.068
풀 아웃	54	5.11(1.56)	6.44(1.33)	6.72(.23)	12.06*	
영재집단	160	6.92(1.55)	8.08(1.82)	7.88(.13)		
언어 교과	113	6.19(1.52)	6.89(1.37)	6.88(.15)		

B: G/T 집단화 모형 간 쓰기 평가에 대한 학생 수행의 비교

집단	수	사전검사 평균(SD)	사후검사 평균(SD)	조정된 평균(SD)	F	효과크기 (η^2)
자기 포함	168	7.92(3.20)	11.30(4.14)	11.34(.27)		.061
풀 아웃	54	6.04(2.71)	10.80(4.33)	11.57(.48)	10.18*	
영재집단	152	9.34(3.09)	11.03(3.08)	10.52(.29)		
언어 교과	100	7.30(2.85)	8.82(3.19)	9.10(.34)		

*$p < .001$

비교, BP = -6.15: 풀 아웃과 영재집단 간의 비교, BP = 7.04: 언어 교과와 영재집단 간의 비교). 모든 경우에서의 차이는 $p < .01$ 수준에서 유의미하게 나타났다.

쓰기의 짝진 비교에서 학생의 쓰기 수행의 관점을 통해 세 가지 집단화 모형과 비교하였을 때 언어 교과에서 유의미한 차이가 나타났는데, 사후검사의 조정된 평균에서 가장 낮은 점수를 보였다(BP = 8.30: 자기 포함과 언어 교과 간의 비교, BP = 6.82: 풀 아웃과 언어 교과 간의 비교, BP = 5.05: 영재집단과 언어 교과 간의 비교). 이러한 비교에서 차이는 $p < .01$ 수준에서 유의미하게 나타났다.

또한 단원에의 반복적 노출에 대한 분석 결과는 〈표 9-7〉에 제시하였다. 각 시기마다 단원에 노출되었는데 결과에 따르면, 학생은 대부분 유의미하게 진보되었다($p < .05$). 발달적 성숙의 효과를 통제하기 위하여 학년 수준에 따라 하위 분석이 수행되었으며, 그 결과는 단원의 반복적 이용에서 초래된 관찰된 향상이 인지에서의 자연적 성장에 심각하게 기여하지는 않았다는

평가	회기	수	사전검사 평균(SD)	사후검사 평균(SD)	t
문학	1회기	52	5.21(1.09)	6.48(1.60)	4.60**
	2회기	52	7.31(1.54)	8.38(2.20)	3.60**
쓰기	1회기	49	10.12(3.01)	11.37(3.61)	1.92
	2회기	49	12.24(3.78)	13.67(3.17)	2.55*

표 9-7 단원에 반복 노출된 결과

*$p < .05$, **$p < .001$

것을 보여 주었다.

〈표 9-8〉에 제시된 것은 학교의 사회경제적 수준에 따른 처치의 결과다. 낮은 사회경제적 수준(SES 하) 집단의 72%는 점심을 무료로 제공받는 학생이며, 그중 67%는 소수 민족 집단의 학생이다. 높은 사회경제적 수준(SES 상) 집단은 20%의 소수 민족이나 점심을 무료로 제공받는 학생보다도 더 적은 수의 학생으로 구성되어 있었다. 집단 간 비교는 5학년들을 대상으로 사용된 '자서전'이 단원을 기초로 하여 이루어졌다. 학생이 학교에서 이미 배우고 있는 William and Mary의 두 개 단원은 비교에서 제외되었다. 문학 평가에서의 검사점수는 SES 상 집단이 더 좋았으나 그러한 차이가 통계적으로 유의미하지는 않았다($p = .12$).

쓰기 평가에서 동일 변인 가정은 지지되지 않았으나, SES 효과는 유의미하지 않았다($p = .13$). 흥미로운 점은 표에서 제시된 것과 같이, 비록 SES 하 집단이 SES 상 집단에 비하여 사전검사에서 더 낮은 점수를 받고 시작하였으나, 교육과정 처치 후에 설득적 글쓰기를 위한 햄버거 모형을 효과적으로 완수했다는 점이다. 중요한 사항은 SES 하 집단과 SES 상 집단의 학생 모두가 교육과정 중재를 통해서 유의미하게 향상될 수 있었다는 점이다. 문학에서 SES 상 집단 학생이 획득한 점수의 차이가 1.04($t = -2.98$, $p < .001$)인 반면에 SES 하 집단 학생의 점수 차이는 1.32($t = -4.836$, $p < .001$)였다. 설득적 글쓰기에는 SES 상 집단 학생의 점수 차이가 5.00($t = -8.82$, $p < .001$)인 반면, SES 하 집단 학생이 획득한 점수의 차이는 5.36($t = -7.969$, $p < .001$)이었다.

영재를 위한 차별화 교육과정

표 9-8

A: SES 상하의 실험집단 학생의 문학 평가 결과 비교

집단	수	사전검사 평균(SD)	사후검사 평균(SD)	조정된 평균(SD)	F	효과크기 (η^2)
SES 하	57	5.89(1.47)	7.21(1.59)	7.28(.26)	2.50	.12
SES 상	49	6.49(1.38)	7.98(2.19)	7.90(.28)		

B: SES 상하의 실험집단 학생의 쓰기 평가 결과 비교

집단	수	사전검사 평균(SD)	사후검사 평균(SD)	조정된 평균(SD)	F	효과크기 (η^2)
SES 하	53	7.70(3.20)	13.06(4.85)	13.47(.56)	2.38	.13
SES 상	52	10.15(3.43)	15.15(3.15)	14.74(.57)		

논 의

자료는 William and Mary 언어 교과 단원의 사용이 영재학습자들의 수행 측정에서 고등사고 능력을 증명함으로써 평가된 것과 같이, 언어 교과의 핵심적인 측면에서 중요하고 의미 있는 이점을 산출해 낸다는 것을 제시하였다.

그러한 발견점들은 우리가 통합적인 방법으로 쓰기와 문학을 가르치는 것, 깊이 있는 이해를 위한 지도, 그리고 교과 영역 내에서의 사고를 할 수 있도록 하는 수업 등에 대해서 이해할 수 있도록 하며, 모든 관점에서 문학과 쓰기 모두를 가르치는 것에 대한 연구와 새로운 기준을 가지고 수업할 때 학습이 증진되는 점이 중요하다는 것이 발견되었다(예, Hillocks, 1986; McLaughlin & Talbert, 1993). 문학망, 햄버거 모형 그리고 교육과정 내에서의 Paul 추론 모형 등과 같은 수업 모형의 신중한 사용은 학생이 자동적인 사고를 하고 아이디어에 관해 글을 쓰는 것을 촉진시킬 수 있으며, 학생의 학습에 긍정적인 효과가 있다는 것이 나타났다. 이러한 발견점들을 강조하

기 위해서는 적절한 교사 훈련 기간과 수업의 통합 모형 자체가 얼마나 더 높은 수준의 학습을 위해서 기여하는지를 증명하는 것이 중요하다.

개별 문항에 대한 학생의 반응 패턴을 이해하기 위하여 수행된 하위 요인에 대한 분석은 학생의 취약 영역에 대한 진단과 추후 수업에서 강조를 해야 할 주요 사항에 대하여 검사결과를 사용하기 위한 중요한 기초를 제공했다. 분명히 이러한 자료는 추상적 사고기술과 정교화 기술에 초점을 두고 학생과 더 많은 활동을 할 필요가 있다는 점을 제시한다. 이는 또한 시간이 진행되면서 연속되는 학생의 수행을 추적하기에도 중요하다. 교사가 그 단원을 가르치는 데 더 많은 경험을 가졌을 때 학생은 더욱 성장하는가? 학생은 다양한 단원에 노출되어 차별적인 성취에서의 이점을 보이는가? 이러한 질문들은 동일 혹은 다른 학습자들에게 이 단원을 계속적으로 사용할지의 여부를 고려하는 데 중요하다. 또한 그 자료는 교사에게 그 단원을 광범위하게 이용할 수 있도록, 그리고 심도 있는 훈련이 학생의 더욱 심화된 학습을 증진시킬 수 있다는 점 등을 제시하기 위해 해석되었다. 따라서 더 많은 교사가 그 교육과정을 사용할 수 있도록, 그리고 현재 그 교육과정을 사용하는 교사를 위해서 한 단계 더 심화된 훈련을 실시하는 것에 대해서 더 고려할 필요가 있다.

이 연구에서 성차(gender differences)가 아주 미미하게 발견된 것은 언어 영역에서의 여학생의 우수성이 문학에서 전형적으로 보고되는 사실이 아니라는 점을 증명하는 것이다(Callahan & Reis, 1996). 확실하게 학습을 평가하기 위해서 수행 기반 측정을 가장 빈번하게 사용하는 것은 표준화 검사에서 밝혀내지 못하는 집단 간 수행에서의 미묘한 차이를 나타낼 수 있기 때문이다. 수행평가와 프로토콜은 한 영역에서 유창성을 격려하는 개방형 반응과 높은 수준의 사고를 증명하도록 요구하며(Wiggins, 1993), 학생에게 속도보다는 이해의 깊이를 나타내도록 기회를 제공한다. 이제 효과크기는 그 결과가 교육적으로 중요한 것은 아니라는 점을 제시한다. 따라서 남녀 학생에게 교육과정을 이용하여 학습할 기회들은 풍부하다.

영재를 위한 차별화 교육과정

집단화에 관한 결과는 집단화 모형의 이점을 이해한 교육과정 중재의 중요성을 언급한 Kulik과 Kulik(1992)의 연구와 견해가 일치하고 있다. 학생은 특정 집단화 모형을 도입하는 것에 대립되는 것으로써 교육과정의 중요성을 증명하는 집단화 모형을 통해 중요한 이득을 얻음을 보여 주었다. 그것은 이질집단으로 군집화된 교실에서 학생이 강력한 이득을 얻을 수 있음을 고무하는 것인데, 이는 많은 영재학생이 풀 아웃 프로그램에서의 강력한 이점만큼이나 수업 모형에서도 도움을 주기 때문이다.

또한 연구결과는 특별한 집단, 특히 낮은 SES의 배경을 지닌 소수 민족 학생에 대한 교육과정 사용을 지원하였다. 그러한 학생을 돕는 것에 대한 권고에는 개방적 활동과 다문화적 문학 그리고 소수 민족 집단과 경제적으로 어려운 집단 간에 학습 촉진을 위한 과제의 대안 등의 사용 요구를 포함하고 있다(Ford, 1996). William and Mary 교육과정에는 이러한 특징들이 모두 포함되었으며, 교사는 학생의 참여를 촉진시키는 모형의 적용을 위한 훈련을 제공받는다. 이러한 특징들을 결합시킴으로써 낮은 SES 배경의 학생의 동기를 유발시키고 참여를 이끌 수 있을 것이다. 더욱이 발견점들은 학생 주도 활동과 교사 주도의 직접 교수법 사용에 균형을 맞추도록 요구한다. 학습을 지원하기 위해 비계를 사용하는 교사 주도적 수업은 이러한 학습에 큰 도움을 주는데, 이는 단원을 시작할 무렵에는 능력이 낮았지만 점점 더 발전해 나가는 학생에게, 특히 설득적 글쓰기 영역에 중요하다.

또한 발견점들은 좀 더 높은 수준의 사고와 개념에 대한 이해를 학생이 더 깊이 있게 할 수 있도록 강화시키는 측면을 비교하는 데 두 단원을 사용한 것과 관련되었다. 영재학생은 의도적으로 수업에서 안내를 하거나 강력한 학습에 대한 자극이 없어도 스스로 자신의 수준을 개발시킨다는 가정이 이러한 결과에 명확하게 도전받게 되었다. 효과적인 조사 기반의 내용을 사용하고 교수전략에 초점을 두는 강력한 교육과정은 영재학습자들의 지속적인 성장을 위해서 최선의 기회를 제공하였다. 그러한 접근들은 이미 수학과 과학 개혁 프로젝트에서 학생 학습에 핵심적인 것으로 밝혀졌다(Kennedy, 1999).

결 론

William and Mary 언어 교과 교육과정의 활용은 5년 이상 다양한 학군에 걸쳐 사용된 다양한 단원에서 도출된 누적 자료를 기반으로 한 문학 분석과 해석 기술 및 설득적 글쓰기에 관하여 차이를 가져왔다. 중요한 것은 연구에서의 처치가 경제적인 차이와는 상관없이 학생 누구에게나 효과적이었다는 점이다. 이는 또한 작은 차이가 시험되는 데 범주로 교육적 중요성이 사용되었을 때 남녀 간의 차이가 없이 동일하게 효과적이었다. 집단화 모형의 사용은 학생의 수행에 최소한의 영향을 보여 주었으며, 모든 집단화 모형은 학습에 도움이 된다는 것을 확인시켜 주었다. 각 도구에서 집단 수행의 문항 분석은 학생 수행의 내적 다양성을 제시하였으며, 이는 기술 평가와 관련된 학생의 프로파일에서 강점과 약점을 부각시키는 데 사용될 수 있을 것이다. 학생은 언어 교과의 William and Mary 교육과정에 노출됨으로써 분명 이점을 얻었으며, 수행 기반 평가에서 통계적으로나 교육적으로 의미 있는 학습결과를 증명했다. 더 나아가 이 연구는 표준을 기반으로 한 개편을 통해 구성된 교육과정이 어떻게 언어 교과 영역에서 상위 수준의 추론을 증명하도록 요구하는 도구를 사용하여 평가될 수 있는지를 보여 주었다.

연구에 대한 시사점

이와 같은 연구를 통해 도출된 몇 가지 시사점들은 이론가들과 실제 적용하는 교사 모두에게 의미를 지닌다. 그러나 계속적으로 남아 있는 몇 가지의 의문점들은 William and Mary 교육과정 적용에 관한 더 깊은 수준에서 대답될 것이다. 예를 들어, 어떻게 처치 시간의 길이를 다양하게 하며, 처치를 심도 있게 하고, 핵심적인 교수 모형의 사용을 다른 자료와 언어 교과 이외 교과 맥락에 전이시켜서 학생의 학습결과에 영향을 미칠 것인가? 더욱이

영재를 위한 차별화 교육과정

몇 년간에 걸친 교육과정 적용의 장기적인 효과는 무엇이며, 나중에 심화 과정으로 하는 것보다 오히려 초등학교 수준에서 조기에 시작하는 것이 유리한 점은 무엇인가? 영재교육의 영역에서 특별히 흥미로운 다른 영역은 경제적으로 불이익을 받고 있다는 것 이상으로 학습부진과 같은 다양한 특별한 집단에게 교육과정을 적용해야 할 것이다. 또한 어떻게 이 교육과정이 소수의 영재에게 효과적으로 작용할 것인지와 관련된 질문에 대답해야 할 과제가 남아 있다. 이 연구는 국가적 기준에 따른 검사를 기초로 하였으며, 학령기 학습자 전집의 6% 이상을 차지하고 상위 10%의 성취 수준을 보이는 낮은 사회경제적 지위의 학생을 대상으로 하여 연구 활동이 진행되었지만, 이는 광범위한 능력 범위의 학생을 위한 효과적인 학습효과를 증명하지는 못하였다. 또한 연구는 학생의 학습 수준에 영향을 미치는 요소로 배경에 대한 효과를 반영하는 교사 변인, 영재교육과 언어교육에서의 훈련, 그리고 단원 적용에 대한 구체적인 훈련을 더 다양하게 하여 조사를 실시할 필요가 있다. 또한 집단화 효과는 이 연구에서보다 통제집단에서 더 연구될 필요가 있다. 마지막으로, 이 연구결과들은 발달의 다양한 단계에 있는 영재학습자에게 각 주제 영역에서 최선의 교육과정과 수업 접근이 어떤 것인지에 대해 더욱 비교 가능한 중재 연구를 실시하도록 요구한다.

또한 이 연구가 현장 교사에게 주는 시사점들은 명확하다. 국가와 주 수준에서 판별된 영재학습자를 위한 차별화 교육과정의 사용은 이 연구를 통해서 지지되었으며, 영재 프로그램에 초점을 두어야 함을 명확하게 요구하였다. 또한 이 연구는 영재를 대상으로 한 효과적인 접근으로써 쓰기를 통합한 한 단계 발전된 문학의 가치를 명확하게 설명하였다. 더 나아가 이 연구는 분리시키기보다는 내용에 포함시켜 상위의 사고를 가르치는 것이 효과적이라는 연구결과를 지지하였다. 그리고 이 연구에서 사용된 수행 기반 평가도구들은 이에 수반되는 고등 사고를 요구하는 과제로 구성되었다. 이 연구가 현장 교사에게 주는 또 다른 시사점은 문학 분석과 해석 그리고 설득적 글쓰기에서 전반적으로 인지발달을 증진시킬 수 있는 체계적인 방법을 활용하는 학습모형을 가르치는 것이 중요하다는 것이다. 다른 연구들(예, Hillocks, 1986)에서 학습효과가 증명된 강력한 조합 모형의 이용은 언어 교과 지도에서의 광범위한 선발이 연구로 지지되지 않는다는 전제를 지지한다. 마지막으로 이 연구는 강력한 힘을 지닌 교육과정은 학습자 특성 혹은 도입된 집단화 모형에 무관하게 영재학습자를 위해 성장에서 이점을 산출할 수 있다는 사실을 제안한다. 그러한 이해는 학교 기반 프로그램에 대한 주의의 초점을 프로그램의 행정적인 측면으로부터 적절한 교육과정과 수업이 적용되는 교실 현장으로 이동시키는 데 도움을 줄 것이다.

📐 참고문헌

Aldrich, P., & McKim, G. (1992). *The consumer's guide to English-language arts curriculum.* New York: Saratoga-Warren Board of Cooperative Educational Services.

Aldrich, P., & Mills, C. J. (1989). A special program for highly able rural youth in grades five and six. *Gifted Child Quarterly, 33,* 11-14.

Applebee, A. N., Langer, J. A., Mullis, I. V. S., Latham, A. S., & Gentile, C. A. (1994). *NAEP 1992 writing report card.* Washington, DC: Office of Educational Research Research and Improvement.

Armstrong, D. C. (1994), A gifted child's education requires real dialogue: The use of interactive writing for collaborative education. *Gifted Child Quarterly, 38,* 136-145.

Bailey, J. M., Boyce, L. N., & VanTassel-Baska, J. (1990). Writing, reading, and counseling connection: A framework for serving the gifted. In J. VanTassel-Baska (Ed.), *A practial guide to counseling the gifted in a school setting* (pp. 172-189). Reston, VA: Council for Exceptional Children.

Baskin, B. H., & Harris, K. H. (1980). *Books for the gifted child.* New York: Bowker.

Baumann, J. F., & Ivey, G. (1997). Delicate balances: Striving for curricular

영재를 위한 차별화 교육과정

and instructional equilibrium in a second-grade, literature/strategy-based classroom. *Reading Research Quarterly, 32*, 244-275.

Beck, I. L., & McKeown, M. G. (1999). Comprehension: The sine qua non of readig. *Teaching and Change, 6*, 197-211.

Bottomley, D. M., Truscott, D. M., Marinak, B. A., Henk, W. A., & Melnick, S. A. (1999). An affective comparison of whole language, literature-based, and basal reader literacy instruction. *Reading Research and Instruction, 29*, 115-129.

Brown, A. L., & Campione, J. C. (1994). Guided discovery in a community of learners. In K. McGilly (Ed.), *Classroom lessons: Integrating cognitive theory and classroom practices* (pp. 229-270). Cambridge, MA: MIT Press.

Burkhalter, N. (1995). A Vygotsky-based curriculum for teaching persuasive writing in the elementary grades. *Languae Arts, 72*, 192-196.

Callahan, C., & Reis, S. (1996). Gifted girls, remarkable women. In K. Arnold & R. Subotnik (Eds.), *Remarkable women* (pp. 171-192). Cresskill, NJ: Hampton Press.

Campbell, D. T., & Stanley, J. C. (1969). *Experimental and quasi-experimental designs for research*. Chicago: Rand McNally.

Cohen, D., & Hill, H. (1998). *Instructional policy and classroom performance: The mathematics reform in California* (Research Report NO. RR-39). Philadelphia: University of Pennsylvania, Consortium for Policy Research in Education.

Cohen, J. (1988). *Statistical power analysis for the behavioral scuences* (2nd ed). Hillsdale, NJ: Erlbaum.

Collins, N. D., & Alex, N. K. (1995). *Gifted readers and reading instruction*. Bloomington, IN: ERIC Clearinghouse on Reading, English, and Communication. (ERIC Document Reproduction Service No. ED 379 637)

Connor, U. (1990). Linguistic/rhetorical measures for international student writing. *Research in the Teaching of English, 24*, 67-87.

Csikszentmihalyi, M., Rathunde, K. & Whalen, S. (1993). *Talented teenagers: The roots of success and gaikure*. New York: Cambridge University Press.

Delcourt, M. (1994). Characteristics of high-level creative productivity: A longitudinal study of students identified by Renzulli's three-ring conception of giftedness. In R. F. Subotnik & K. D. Arnold (Eds.), *Beyond Terman: Contemporary longitudinal studies of giftedness and talent* (pp. 401-426). Norwood, NJ: Ablex.

Dixon, F. A. (1993). Literature seminars for gifted and takented students. *Gifted Child Today, 16*(4), 15-19.

Donovan, M. S., Bransford, J. D., & Pellegrino, J. W. (1999). *How people learn: Bridging research and practice.* Washington, DC: National Academy Press.

Ford, D. Y. (1996). *Reversing underachievement among gifted black students: Promising practices and programs.* New York: Teachers College Press.

Gallagher, S. A., & Stepien, W. J. (1996). Content acquisition in problem-based learning: Depth versus breadth in American studies. *Journal for the Education of the Gifted, 19*, 257-275.

Gardner, H. (1991). *The unschooled mind: How chikdren think and how schools should teach.* New York: Basic Books.

Goldman, A. I. (1994). Argument and social epistemology. *Journal of Philosophy, 91*, 27-49.

Greeno, J. (1991). Number sense as situated knowing in a conceptual domain. *Journal for Research in Mathematics Education, 22*, 170-218.

Hall, E. G. (1990). Strategies for using journal writing in counseling gifted students. *Gifted Child Today, 13*(4), 2-6.

Hauser, P., & Nelson, G. A. (1988). *Books for the gifted child* (Vol. 2). New York: Bowker.

Henderson, S. J., Jackson, N. E., & Mukamal, R. A. (1993). Early development of language and literacy skills of an extremely precocious reader. *Gifted Child Quarterly, 37*, 78-83.

Henry, A., & Roseberry, R. L. (1996). A corpus-based investigation of the language and linguistic patterns of one genre and the implications for language teaching. *Research in the Teaching of English, 30*, 472-489.

Hertzog, N. B., Klein, M. M., & Katz, L. G. (1999). Hypothesizing and

영재를 위한 차별화 교육과정

theorizing: Challenge in an early childhood curriculum. *Gifted and Talented International, 14,* 38-49.

Hillocks, G., Jr. (1986). *Research on written composition: New directions for teaching.* Urbana, IL: ERIC Clearinghouse on Reading and Communication Skills and National Conference on Research in English.

Jewell, T. A., & Pratt, D. (1999). Literature discussions in the primary grades: Children's thoughtful discourse about books and what teachers can do to make it happen. *The Reading Teacher, 52,* 842-850.

Kennedy, M. (1999). Form and substance in mathematics and science professional development. *NISE Brief, 3*(2), 1-7.

Kral, E. A. (1997). Scientific reasoning and achievement in a high school English course. *Skeptical Inquirer, 21*(3), 34-39.

Kulik, J. A., & Kulik, C. L. (1992). Meta-analytic findings on grouping programs. *Gifted Child Quarterly, 36,* 73-77.

Langer, J. A. (1994). *A response-based approach to reading literature* (Report Series 6.7). Albany, NY: National Research Center on Literature Teaching and Language.

Lawson, A. E. (1995). *Science teaching and the development of thinking.* Belmont, CA: Wadsworth.

Levy, C. M., & Ransdell, S. (Eds.). (1996). *The science of writing: Theories, methods, individual differences, and applications.* Mahwah, NJ: Erlbaum.

Mallea, K. (1992). A novel approach for the gifted reader. *Middle School Journal, 24,* 37-38.

Matthews, M. K. (1992, April). *Gifted students and whole language: A descriptive study of four classrooms.* Paper presented at the annual meeting of the American Educational Research Association, San Francisco.

McLaughlin, M, W., & Talbert, J. E. (1993). *Teaching for understanding: Challenges for policy and practice.* San Francisco: Jossey-Bass.

Moll, L. C., Tapia, J., & Whitmore, K. F. (1993). Living Knowledge: The social distribution of cultural sources for thinking. In G. Salomon (Ed.), *Distributed cognitions* (pp. 139-163). Cambridge, England: Cambridge

University Press.

National Assessment Governing Board. (1992). *Reading framework for the 1992 national assessnent of education progress.* Washington, DC: U.S. Department of Education.

Newell, G. E. (1996). Reader-based and teacher-centered instructional tasks: Writing and lerning about a short story in middle-task classrooms. *Journal of Lieracy Research, 28,* 147-172.

Newstead, S. E., & Wason, P. C. (Eds.). (1995). *Perspectives on thinking and reasoning: Essays in honor in honor of Peter Wason.* Hillsdale, NJ: Erlbaum.

Nichols, T. M. (1992). A Program for teachers and students: The Junior Great Books program. *Gifted Child Quarterly, 15*(5), 50-51.

Nichols, T. M. (1993, November). *A study to determine the effects of the Junior Great Books program on the interpretive reading skills development of gifted/able learner children.* Paper presented at the annual meeting of the Mid-South Educational Research Association, Knoxville. TN.

Paul, R. (1992). *Critical thinking: What every person needs to survive in a rapidly changing world.* Sonoma, CA: Foundation for Critical Thinking.

Rakow, S. R. (1991). Young adult literature for honors students? *English Journal, 80,* 48-51.

Reis, S. M., (1999, Winter). Message from the president. *National Association for the Gifted Communique,* 1.

Reis, S. M., & Purcell, J. H. (1993). An analysis of content elimination and strategies used by elementary classroom teachers in the curriclum compacting process. *Journal for the Education of the Gifted, 16,* 147-171.

Renzulli, J. S. (1999), What is this thing called giftedness and how do we develop it? A twenty-five year perspective. *Journal for the Education of the Gifted, 23,* 3-54.

Rogers, K. B. (1986). Do the gifted think and lean differently? A review of recent research and its implications for instruction. *Journal for the Education of the Gifted, 10,* 17-39.

영재를 위한 차별화 교육과정

Rosenblatt, L. M. (1982). The literary transaction: Evocation and response. *Theory Into Practice, 21*, 268-277.

Sadoski, M., Willson, V. L., & Norton, D. E. (1997). The relative contributions of research-based composition activities to writing improvement in the lower and middle grades. *Research in the Teaching of English, 31*, 120-147.

Salmon, M. H., & Zeitz, C. M. (1995). Analyzing conventional reasoning. *Informal Logic, 17*, 1-23.

Schack, G. D. (1989). Self-efficacy as a mediator in the creative productivity of gifted children. *Journal for the Education of the Gifted, 12*, 231-249.

Schunk, D., & Swartz, C. (1992, April). *Goal and feedback during writing strategy instruction with gifted students.* Presentation at the annual meeting of the American Educational Research Association, San Francisco.

Scruggs, T. E., & Mastropieri, M. A. (1985). Spontaneous verbal elaboration in gifted and nongifted youths. *Journal for the Education of the Gifted, 9*, 1-10.

Scruggs, T. E., & Mastropieri, M. A., Jorgensen, C., & Monson. J. (1986). Effective mnemonic strategies for gifted learners. *Journal for the Education of the Gifted, 9*, 105-121.

Stephens, K. R., & Karnes, F. A. (2000). State definitions for the gifted and talented revisited. *Exceptional Children, 66*, 219-238.

Stevens, J. P. (1990). *Intermediate statistics: A modern apprach.* Hillsdale, NJ: Erlbaum.

Taylor, B. (1996). The sutdy of literature: Insights into human understanding. In J. VanTassel-Baska, D. T. Johnson, & L. N. Boyce (Eds.), *Developing verbal talent* (pp. 75-94). Boston: Allyn and Bacon.

Toulmin, S. E. (1958). *The uses of argument.* Cambridge, England: Cambridge University Press.

VanTassel-Baska, J. (1986). Effective curriculum and instructional models for talented students. *Gifted Child Quarterly, 30*, 164-169.

VanTassel-Baska, J. (1995). The development of talent through curriculum. *Roeper Review, 18*, 98-102.

VanTassel-Baska, J., Bass, G. M., Ries, R. R., Poland, D., & Avery, L. (1998). A national pilot study of science curriculum effectiveness for high-ability students. *Gifted Child Quarterly, 42*, 200-211.

VanTassel-Baska, J., Brown, E. F. (2000). An analysis of gifted education curriculum models. In F. A. Karnes & S. M. Bean (Eds.), *Methods and materials for teaching the gifted* (pp. 93-131). Waco, TX: Prufrock Press.

VanTassel-Baska, J., Johnson, D. T., Hughes, C., & Boyce. L. N. (1996). A study of language arts curriculum effectiveness with gifted learners. *Journal for the Education of the Gifted, 19*, 461-480.

Vye, N. J., Goldman, S. R., Hmelo, C., Voss, J. F., & Williams, S. (1998). Complex mathematical problem solving by individuals and dyads. *Cognition and Instruction, 15*, 435-484.

Wiggins. G. (1993). Assessment: Authenticity, context, and validity. *Phi Deta Kappan, 75*, 200-208, 210-214.

영재 및 학문적으로 다양한 학습자와 관련된 예비교사 훈련[1]

Carol Ann. Tomlinson, Ellen M. Tomchin, Carolyn M. Callahan,
Cheryll M. Adams, Paula Pizzat-Tinnin, Caroline M. Cunningham, Barbara Moore,
Lori Lutz, Chris Roberson(University of Virginia)
Nancy Eiss(Radford University)
Mary Landrum(The College of William and Mary)
Scott Hunsaker(The University of Georgia)
Marcia Imbeau(University of Arkansas)

예비교사는 교사로 처음 교실에 들어갈 때 계획과 관리라는 엄청난 임무를 부여받는다. 그들은 가르치는 것과 학습이 어떤 것인지에 대해 정신적인 청사진을 가지게 되는데, 이는 직업 준비 교육 프로그램을 통해서가 아니라 학생으로 수년간 시간을 보내면서 얻은 것이다. 일단 교사로서의 역할을 수행하게 되면, 실습 기간의 상황에 따라서 그러한 견해는 더욱 강해진다. 본문의 질적인 연구는 10명의 예비교사의 실습 교육 경험에서 나타난 다섯 가지 주제에 대해 다루고 있는데, 이는 영재교육, 치료교육, 특수교육 학습자 등과 같이 학문적으로 다양한 학습자들의 독특한 학습 요구를 이해하고 진술하는 것을 방해하고, 학교교육에 대한 전통적인 견해를 더욱 공고히 해 줄지도 모른다.

1) Tomlinson, C. A., Tomchin, E. M., Callahan, C. M., Adams, C. M., Pizzat-Tinnin, P., Cunningham, C. M., Moore, B., Lutz, L., Roberson, C., Eiss, N., Landrum, M., Hunsaker, S., & Imbeau, M. (1994). Practices of preservice teachers related to gifted and other academically diverse learners. *Gifted Child Quarterly*, *38*(3). 106-114. © 1994 National Association for Gifted Children. 필자 승인 후 재인쇄.

도 입

신임교사는 학생의 차이점을 파악하고 그러한 차이점을 수용하는 교육을 하는 것에 대해 자주 어려움을 토로한다. 또한 초보로서 복잡한 수업은 너무나 어려운 일이기 때문에 이들은 학문적으로 다양한 학생의 요구를 이해하고 처리하는 데 종종 좌절감을 느낀다. 교실에서 이질성에 대한 요구가 증가할수록, 초보교사가 영재를 포함하여 학문적으로 다양한 학습자들의 요구를 교실에서 어떻게 이해하고 처리하는지를 알아볼 필요가 있다. 더 나아가서 단일한 특수학생 집단보다는 학문적으로 다양한 학습자들을 대상으로 하는 초보교사의 태도를 살펴보는 것이 유용할 것이다. 그 이유는 다양한 특수 학습자들의 그룹에 대한 초보교사의 태도의 공통점과 차이점을 이해하는 것이 견습 수준이나 재직 중에 있는 초보교사의 발달을 촉진하는 데 도움이 되기 때문이다.

학생의 다양성과 관련된 초보교사의 태도와 훈련에 대한 연구는 양적으로 충분하지 않지만, 초보교사가 전문가로 발전하는 방법과 다양한 학습 요구를 가진 학생을 고려하는 방법들이 있다는 사실은 명백하다.

관련 문헌 개관

예비교사에 대한 교사교육의 영향

예비교사가 비교적 변하지 않는 신념을 갖고 교사 준비 프로그램에 참여하고 끝마친다는 많은 증거들이 있다(Book, Byers, & Freeman, 1983; Copeland, 1980; Finlayson & Cohen, 1967; Kagan, 1992; Lasley, 1980; Jordell, 1987; Lortie, 1975; Zeichner & Gore, 1990). 또한 전문적 훈련을 통해서도 신

넘의 변화가 없다는 것과 관련된 다양한 가정들이 있다. 하나의 제안은 예비교사들이 학생으로서 학교생활을 하는 동안 학교의 이미지와 자신의 학교교육에 대한 모형을 발달시키는 데 많은 시간을 소비해 왔다는 것이고, 그 결과로 만들어진 신념들은 너무 강해서 다시 조형될 수 없다는 것이다 (Bullough, 1989; Jordell, 1987; Lortie, 1975; Zeichner & Gore, 1990). 이러한 사실은 교직을 직업으로 선택하는 대다수의 젊은이들이 '실습 과정에서의 관찰'(Lortie, 1975) 동안 접하는 보편적인 학교교육의 모델(Pajares, 1992)을 통해서 안정감과 성공감을 느낀다는 사실을 생각해 볼 때 더욱 혼동스러울 수도 있다. 두 번째 가설은 교사교육 프로그램이 사실상 예비교사의 태도를 변화시키지만 학교에서의 매일매일의 경험은 어떤 변화든 일어나면 다 없애 버린다는 것이다. 그러나 Koehler(1985)는 교사교육 프로그램이 초보교사에게 연관성이 없거나 필수적이라고 생각되지 않는 교육 기술과 태도를 다루고 있다고 주장했다. 다른 학자들은 교사 준비 프로그램의 많은 부분이 보수적이고, 교육을 막 시작하는 초보자에게 적합하며, 실제 학교교육을 그대로 담고 있는 신념과 훈련을 구현하고 있다고 믿고 있다(Giroux, 1980; Zeichner & Tabachnick, 1981). 이 가설이 옳든 혹은 복합적인 가설이 옳든 간에, 학교교육에 대한 초보교사의 태도가 교사 훈련 프로그램에서의 경험을 통해 갑작스럽게 형성되지는 않는 듯하다. McDiarmid는 신임교사가 교사 준비 과정과는 상관없이 또는 그것을 통해 강화되어 교육에 관해 계속적으로 가지고 있는 신념들을 다음과 같이 기술하였다(1990).

1. 주제를 가르치는 방법은 말과 보여 주는 것을 포함한다.
2. 모든 아이들은 특별하며 자신들의 특정한 필요에 맞춘 교육을 받을 권리가 있다.
3. 각기 다른 목적과 기준이 각 학생에게 적용되어야 한다.
4. 몇몇 아이들은 읽기와 수학에서 기본적인 기술을 학습할 능력이 없다.
5. 적절한 가정환경, 적절한 태도, 적절한 능력이 뒷받침되지 않았기 때

문에 학생은 학교에서의 실패에 대해 책임이 있다.

6. 학생은 더 많이 연습할수록 더 많은 것을 배운다.

7. 초등학교 수준에서의 주제는 '단순해서' 교사들은 전문적 연구를 하기 전에 가르치는 데 충분한 지식을 가지고 있다(p. 13).

영재와 학문적으로 다양한 학습자들에 대한 예비교사의 태도

예비교사가 교실에서 수업을 할 때의 태도는 영재, 치료 대상 학생, 학습 장애나 정서장애가 있는 학생, 전형적인 동년배들이 학습하는 것과 다른 방식으로 학습하는 학문적 특수학생들과 관계된다. 이러한 태도들은 초보교사들이 교실에서의 경험을 해석하는 방법을 형성할 것이다(Wood & Floden, 1990).

Panda와 Bartel(1972)은 어떤 수준까지 깨달은 이후의 훈련은 특수학생에 대한 베테랑 교사의 지각을 바꾸는 데 별 도움이 되지 않는다는 사실을 발견하기도 했지만, 특수학생을 가르쳐 본 경험이 없는 베테랑 교사는 특수교육 훈련을 받은 교사에 비해 특수 학생에 대해서 참을성이 없는 것으로 나타나고 있다(Bryan, 1974; Copenhaver & McIntyre, 1992; Hanninen, 1988; Leyser & Abrams, 1982; Sachs, 1990; Starko & Schack, 1989). 또한 예비교사의 태도는 영재에 대한 지식(Morris, 1987; Nicely, Small, & & Furman, 1980)이나 영재학생의 요구를 충족하는 데서 오는 자기효능감(Jordan, Kircaali-Iftar, & Diamond, 1993)과 긍정적으로 연관되었을 것이다.

일반적으로 경험이 풍부한 교사는 치료가 필요한 학생보다는 일반학생이나 보통 이상의 능력을 가진 학생을 교육하는 것을 선호한다(Khan & Weiss, 1972; Leyser & Abrams, 1982; Panda & Bartel, 1972). 그럼에도 불구하고 많은 교사는 영재를 덜 호의적이고 고정관념적인 방법으로(Crammond & Martin, 1987; House, 1979; Jacobs, 1975)으로 보거나 그들을 위한 교육 프로그램 또는 규정들을 평가절하하는 경향이 있다(Colangelo & Kelly, 1983). 어본 연구에서 초보교사는 학생이 학문적인 준비 상태 및 요구에서 서로 다르다고 믿고 있다. 더 나아가서 초보자는 다양한 학습자들에게 도전감을 불어넣을 수 있는 수업방법을 찾아야 한다고 믿고 있다. 하지만 이러한 믿음을 실행으로 옮기는 일은 매우 힘들다.

초보교사가 다양한 학생의 특성과 요구를 이해하고 반응할 수 있는 기술을 발달시키도록 도와주는 데 관심 있는 지도교사는 세 가지 수준에서 개입을 고려하여야 한다. 첫 번째, 교사교육 프로그램은 평가자, 문제해결자로서의 교사, 의미를 구성하는 과정으로서의 학습, 촉진하는 역할로서의 가르침에 중점을 두어야 한다. 이러한 학교에 대한 견해는 교사를 하나의 지식 체계를 배포하는 역할로, 모든 학생을 그 지식 체계를 재생산하는 역할로 바라보는 보편적인 견해에 대한 대안으로 작용할 수 있다. 두 번째, 교사 준비 프로그램은 협동교사 혹은 주임교사가 학문적으로 다양한 학습자들을 위해 교실을 차별화할 수 있는 기술을 정교화하는 데 도움을 주어야 한다. 다양한 학생에게 적절하게 반응할 수 있는 협동교사는 신임교사가 학생의 학습 요구를 파악하고 반응할 수 있는 기술과 교실 관리에 맞는 학문적 적절성, 다양한 학생을 성공적으로 이끌 수 있는 교실 내 학습 태도의 초기 습관을 키울 수 있도록 경험이 적은 교사를 도와줄 수 있다. 세 번째, 공립학교 수준에서 교직원들을 포함한 교육 지도자들은 영재교육, 특수교육, 보수교육에서 전문가 자원을 신임교사에게 집중시켜야 한다. 다양한 학습 요구를 교실수업에 적용하는 데 숙련된 교사와 부임한 지 얼마 되지 않아 교육방법에 관한 태도가 아직 고착화되지 않은 신임교사 사이에 오가는 조언은 수업을 차별화하는 데 촉매제가 될 수 있을 것이다.

떤 연구는 예비교사의 영재들에 대한 태도가 베테랑 교사보다 훨씬 적극적이라는 것을 보여 주고 있으며(Buttery, 1979), 몇몇 연구는 교사로서의 경험이 영재들에 대한 긍정적인 태도를 가져온다고도 하고(Hanninen, 1988; Rubenzer & Twaite, 1979), 다른 연구는 영재에 대한 예비교사와 경험이 많은 교사의 태도의 차이가 별로 유의하지 않음을 지적하고 있다(Crammond & Martin, 1987; Guskin, Majd-Jabbari, & Peng, 1988).

더 흥미 있는 지적은 예비교사들이 학생들마다 학습 프로파일과 요구가 다르다는 것을 믿으며 이러한 요구들을 의미 있는 방법으로 다루기를 원하지만(McDiarmid, 1990; Veenman, 1984), 경험의 부족으로 그 시도가 어렵다(Fuller & Brown, 1975; Paine, 1990)는 것이다.

예비교사에게 교실 생활의 복잡성

예비교사는 학교교육에 대해 비슷한 신념을 가지고 교사 준비 교육 프로그램에 참여하고 끝마치지만, 신임교사는 경험이 많은 교사나 전문교사처럼 교육을 수행할 수 없다. 따라서 교실수업의 새로운 환경에 순응하는 과정을 자각하는 것은 신념을 실행으로 옮기는 신임교사의 능력에 영향을 미치고, 가르침과 학습에 대한 신념을 궁극적으로 형성하거나 강화할 수도 있으므로 중요하다.

예비교사는 전형적으로 개인적인 적합성, 학급 통제, 학생에게 사랑받기, 관리자들의 의견이나 평가 등과 관련된 '생존 문제'를 중요하게 여긴다. 칭찬을 받거나 실패할지 모른다는 것이 초기 수업 단계에서 예비교사의 생각을 지배한다. 초기 수업에 대한 부담감의 결과와 '공립학교의 보편적인 정신'(Fuller & Brown, 1975, p. 41)에 대한 반응에서, 예비교사는 이상적이고 인간적인 장점에서 통제적이고 관리적인 것으로 변화하여 더욱 부정적이고 경직된 원리원칙주의자가 되어 버린다.

수업 조건에 대한 관심들(예, 학생 수, 교육과 상관없는 업무들, 융통성 없는 상황들, 수업 자료들)과 학생에 대한 관심들(예, 학생의 사회정서적 요구의 인식, 특정 학생에게 교육과정 자료의 부적절성의 인식, 개별 학생을 위한 맞춤교육 등)은 초보자가 훨씬 많은 교육 경험을 가지게 된 이후에 나타난다(Fuller & Brown, 1975).

초보자는 학생의 수행 단서에 반응하기보다 학생의 요구나 흥미에 반응하여 교육 내용을 수정하고(Clark & Peterson, 1986), 교육할 때 학생의 특성

영재를 위한 차별화 교육과정

을 고려하기보다는 환경과 물리적인 특성(예, 하루의 시간, 학과 교육의 중요성 등)을 주목하고 조절하며(Calderhead, 1991), 교육 관련 정보보다 학급 관리 관련 정보(Clark & Peterson, 1986)에 초점을 두는 경향이 있다. 그 이유는 그들이 단서를 더 적게 지각하고, 제한적인 방법으로 해석하며, 경험이 풍부한 베테랑 교사보다 추론할 능력이 떨어지기 때문이다. 더 나아가서 초보자는는 가르치는 레퍼토리와 학생의 이해를 측정하는 방법이 전문가들보다 적고, 교육 계획에 얽매이는 경향이 있으며, 학생의 질문이 사전에 계획되지 않은 설명을 요구할 때 문제에 봉착하는 경우(Livingston & Borko, 1989)가 많다. Shulman(1987)은 교사가 학생의 요구에 맞춘 수업을 하기 위해서는 학생의 능력, 문화, 동기, 사전 지식, 기술들에 대한 주요 측면을 정의하고 평가해야 한다고 주장한다. 따라서 교실에서 교육적인 리더십을 어렵게 만드는 신임교사의 기술 수준은 보통과 다른 학생을 효율적으로 다루는 신임교사의 능력에 중요한 영향을 미친다. 본 연구는 영재들이 포함된 학문적으로 다양한 학생의 교육과 관련하여 10명의 예비교사의 교수 경험에서 나타난 요소들을 다루고 있다.

배 경

버지니아 대학교의 국립영재연구소에서는 예비교사가 영재를 포함한 특수교육 대상자들의 요구에 대한 인식을 발달시키고, 요구를 충족시키는 방법에 대한 이해를 촉진하기 위해 3단계 연구(기초, 개입, 첫해의 수업, 추수 과정)를 진행하고 있다. 본 연구에서 협력하려는 의지, 학문적으로 다양한 학습자들을 가르치는 교생이 있는 교실로의 접근성, 연구의 현장 지휘자로 봉사하기 위한 스태프의 능력을 기초로 선발된 5개 대학의 교사교육 프로그램을 살펴보았다. 5개 대학은 대서양 지역의 남부, 남동부, 중부 3개의 주에 있으며, 대, 중, 소규모의 대학들로 구성되어 있다. 3단계의 연구 기간 동안,

약 70명의 초보교사와 협동교사가 질문에 응답했고 관찰 대상으로 인터뷰에 응했다. 본 연구는 학문적으로 다양한 학습자들과 관련된 초보교사와 그들의 협동교사의 태도와 수업을 조사한다. 이들은 (a) 연구 개입이 없거나, (b) 예비교사가 학문적으로 다양한 학생의 요구를 충족시키기 위한 인식과 전략을 개발하도록 돕는 워크숍 개입을 받았거나, (c) 학문적으로 다양한 학습자들의 요구에 초점을 둔 워크숍 개입과 멘터십 개입을 받았거나, (d) 교생 신분에서 전일제 교육을 시작하는 첫해를 맞은 예비교사 그룹으로 구성되었다. 좀 더 광범위한 연구를 위해 자료 수집은 두 가지의 양적 도구(태도와 수업에 관한 질문지와 구조화된 교실관찰 형식)와 두 가지의 질적 도구(반 구조화된 교실 관찰 프로토콜, 반구조화된 인터뷰 프로토콜)를 사용하였다. 연구는 다섯 가지의 질문에 대한 대답을 찾는다. (a) 영재들을 포함한 학문적으로 다양한 학습자들의 본성과 요구에 대한 집중적인 오리엔테이션과 교육, 또는 멘터링을 통해 그러한 요구를 충족시키기 위한 전략들이 교생 기간 혹은 전임 교육의 첫해 동안에 예비교사의 태도와 수업의 변화를 가져올 것인가, (b) 개입이 협동교사의 태도 혹은 수업에 영향을 미칠 것인가, (c) 어떻게 예비교사가 교실에서 차별화가 필요한 학생을 찾아낼 것인가, (d) 어떻게 예비교사가 교육과정과 수업의 차별화를 위한 다양한 교육 전략의 효율성을 평가할 수 있을 것인가, (e) 어떻게 예비교사가 자신을 학문적으로 다양한 학생의 교육적 요구를 평가하고 충족시킬 수 있는 문제해결사로 자각하도록 발전시킬 것인가? 등의 질문이다.

　여기에 보고하는 것은 전체 연구의 1단계(기초 단계)에서 4개 현장으로부터 발견한 질적 연구결과들이다. 4개의 현장은 2개 주에 있는 대, 중, 소규모의 대학이다. 자료는 전체 연구 가운데 우선 수집된 자료이며, 향후 광범위한 전체 연구를 위해 자료 수집 과정을 세련되게 하고, 자료 분석 과정을 개발하며, 우선 점검해야 할 주제를 정의하고 검증하는 기회를 제공하였다.

영재를 위한 차별화 교육과정

절 차

참여자 선정

각 대학 현장에 참여하는 예비교사는 무선 표집 절차에 따라 선정되어, 그들의 교실에 학문적으로 다양한 학생이 참여할 수 있도록 나누었다(예를 들어, 전일제 특수교육을 담당하는 예비교사는 교실에 영재학습자와 전형적인 학습자들이 없거나 과소하게 있을 수 있기 때문에 잠재적인 지원자의 명단에서 제외되었음). 그리고 기관의 교사교육 프로그램의 수에 비례하여 초등학교, 중학교, 보조 예비교사가 참여하도록 나누었다. 참여 후보자들은 연구자들에게서 본 연구에 대한 설명과 참여를 위해 필요한 조건, 참여에 대해 동의하거나 거절할 수 있는 선택 사항들에 대해 설명을 들었다. 선정된 예비교사가 참여를 거절한 몇몇 경우(일반적으로 교실에 관찰자를 둔다는 것에 대한 걱정 때문에)는 동일한 유층 무선 표집 절차와 뒤이어 수반되는 연구자 접촉을 통해 다른 참여자가 선정되었다. 연구자들은 학교의 교장과 학군 관리자들로부터 연구를 수행할 수 있는 권한을 부여받았다. 협동교사도 본 연구의 참여에 대한 동의 또는 거절의 선택을 할 수 있었다. 협동교사 중 2명의 교사가 거절을 하였는데, 그 이유는 예비교사의 경우와 마찬가지로 교실에 관찰자를 두어야 한다는 걱정 때문이었다. 이러한 경우에 앞에 기술한 절차에 따라 대체 예비교사가 선정되었다.

본 연구의 자료를 수집하는 관찰자와 인터뷰 수행자들은 학문적으로 다양한 학습자들의 교사로서의 훈련과 경험을 위해서, 그리고 질적 연구 또는 교실 관찰 훈련의 목적을 위해서 선발되었다. 모든 관찰자들은 영재학생, 그리고/또는 특수교육 학생과 함께한 심화교육과 수업 경험이 있었고, 대부분은 질적인 연구와 관찰에 대해 앞서 준비가 되어 있었다. 연구자들은 관찰자들이 연구에서 중요한 원칙과 훈련에 익숙해질 수 있도록 질적인 관찰과 인터뷰의 기본 원칙에 따라 모든 관찰자/인터뷰 수행자들에게 최소 반일제 훈련을 제공했다. 프로젝트에 대한 광범위한 정보와 절차, 질적인 방법의 사용을 담고 있는 훈련 매뉴얼이 모든 관찰자와 인터뷰 수행자들에게 제공되었다.

방 법

질적인 연구는 연구자들이 실생활 사건의 특징들을 알 필요가 있을 때 (Yin, 1989), 그리고 교육 실습 문제점을 다루고 교육 실습의 다양한 측면에 관한 지식 기반을 확장하려 할 때(Merriam, 1988), 조사된 현상과 그것이 조사된 맥락 간의 경계가 분명하지 않을 때, 다양한 증거 자원들이 사용될 때 (Yin, 1989), 원하는 최종 산물이 기술적 형태일 때 적절한 방법이다. 이러한 각각의 특성들이 본 연구를 묘사한다.

관찰자/인터뷰 수행자들은 자료 수집을 위해 아래와 같은 몇 가지 방법을 사용하였다. (a) 관찰 기간에 영재학습자와 치료/특수교육 대상자들이 받는 내용, 과정 또는 산물의 차별화된 정도를 기록하기 위한 교실수업 기록(CPR, Westberg, Dobyns, & Archambault, 1990)의 수정된 버전, (b) 교실 방문 시간 동안 학문적으로 다양한 학습자들의 교육적 요구를 충족시키려는 시도나 이에 대한 초보자들의 이해와 관련될 수 있는 교사와 학생 상호작용과 교육의 어떤 측면에 대한 코멘트를 하기 위해 있어야 할 관찰 현장 노트, (c) 연구 문제와 인터뷰 수행자들이 관찰한 것에 기초하여 주제에서 벗어나지 않도록 하는 CPR의 내용을 기반으로 한 반구조화된 인터뷰 프로토콜 등이다.

예비교사의 관찰은 동일한 관찰자가 최소 3번 관찰하였고, 관찰할 때마다 대략 1시간 반 동안의 인터뷰를 했다. 첫 번째 관찰은 수업 경험의 초기 단계에, 두 번째는 중간 단계에, 마지막은 거의 끝 단계에 이루어졌다. 인터뷰는 각 관찰이 끝난 후 초보자들의 인터뷰를 녹취해서 이루어졌다. 인터뷰는 30분 정도 소요되었다.

영재를 위한 차별화 교육과정

관찰자-인터뷰 기간이 끝나면, 자료 수집자들은 현장 노트를 펼쳐 놓고 관찰과 인터뷰 각각에 대한 생각들을 살펴보고, 그것들 사이의 관계를 생각해 보고, 같은 초보교사들에게 한 초기, 관찰과 인터뷰와의 관계를 숙고하였다. 가능하다면 관련 문서들도 취합하였다(예, 초보교사 기록, 수업 계획, 과제 표본 등).

인터뷰는 속기로 기록되었으며, 인터뷰 속기 기록, CPR 양식, 현장 노트, 관찰된 교실의 인구학적 자료, 현재 연구에는 사용되지 않은 양적 자료 수집을 위한 도구(학생의 다양한 요구 사항을 담고 있는 질문지)의 사전 및 사후 운영 자료를 보관할 수 있는 케이스 폴더가 각 초보교사를 위해 마련되었다.

자료 분석

질적 자료 분석을 위한 컴퓨터 프로그램을 사용해서, 연구자들은 연구의 질문들을 반영해 미리 정해진 코드와 자료 분석 기간 동안 도출된 코드들을 기초로 인터뷰 내용을 부호화하였다. 중복되어 나타나는 코드는 실제 사례에서 반복적으로 발생하는 주제를 개발하는 데 기여하였다. 코드와 주제는 CPR 형태의 사용, 인터뷰/관찰자 현장 노트, 교사 문서들을 통해 검증되고, 확장되고, 수정되었다. 마지막으로, 연구자들은 사례들의 추가 분석을 위해 코드화된 기록 내용이 담겨 있는 각 신임교사에 대한 사례 요약을 작성했다.

7명의 연구 팀은 최소한 1주일 단위로 코딩에 대해 논의하기 위해 만났고, 서로 간의 코드, 주제, 사례 보고를 검토하기 위해 1주일 또는 2주일 단위로 만나 동료들 간에 서로 보고하였다. 원 자료(law data, Lincoln & Guba, 1985), 부호화된 자료, 주제, 사례 보고의 흔적들은 자료 분석 절차의 신뢰성을 확립하는 데 도움이 된다.

여기에서 발표되는 연구결과는 몇 개의 사례들과 현장에서 반복적으로 나타난 주제들을 반영한다. 어떠한 결과도 연구된 모든 초보자들에게 적용할 수는 없지만, 여기에 기술된 주제들은 가장 보편적인 사례들이다.

연구결과

연구된 예비교사의 사례 전체에 걸쳐 있는 다섯 가지 가장 보편적인 패턴 혹은 주제는 다음과 같다. (a) 학생의 개인차와 요구가 존재하고 중요하다는 사실에 대한 신념의 진술, (b) 학생의 개인차와 요구를 인식하는 데서의 모호함, (c) 학생의 개인차 요구에 대한 반응으로써 수업을 차별화하는 데서의 미숙함, (d) 차별화를 이행하는 전략 부족, (e) 학생의 개인차와 요구를 이해하고 다루는 것을 복잡하게 하고 어렵게 하는 요인들의 존재 등이다. 이러한 주제들을 소개하는 데, 예비교사가 학문적으로 다양한 학생을 가르칠 때 앞으로 어떻게 할 것인지 얘기하는 것과 같은 예비교사의 육성을 담기 위한 노력이 총동원되었다. 이러한 목적을 위해 각 주제에 대한 소개는 다른 교사들의 실습과 이야기를 대표하는 한 예비교사의 말을 인용하는 것으로 시작한다.

학생 간의 차이에 대한 신념 진술

> "모든 학생들이 성공할 수 있다는 것을 보기 위해서, 많은 시간을 할애해 개인차를 가진 많은 학생들을 위한 다양하고 많은 것을 포함하여 모든 것을 해야 합니다."

마치 민주주의의 정통한 교리를 암송하는 것처럼, 예비교사는 학생 간의 차이에 대해 그 존재와 정당성을 주장하고 있다. "학생은 각기 차이점을 가지고 있으며, 이는 당연한 것이다. 나는 그것에 대해 무엇을 해야 할지 알아야만 한다." 하지만 그 모호한 관념이 현실이 될 경우, 실제는 신념보다 훨씬 명쾌하지 않은 경우가 종종 있다. "계획을 할 때 내가 두려워하는 것은 중간 수준에 맞추어 목표를 세우려 한 나머지, 교실에서 일어나는 다른 수준 학생

영재를 위한 차별화 교육과정

들의 변동성을 감안하지 못하고, 각 학생에게 적합하도록 맞추지 못한다는 것이다. 한 수업시간에 23명의 학생을 가르치는 경우 차별화는 너무 어려운 일이다.""당신도 알다시피, 내가 할 수 있는 일은 교실 내에서 학생 모두에게 보조를 맞추기 위해 노력하는 것이다""모든 학생에게 적절한 수업을 진행하는 데 많은 어려움을 겪고 있기 때문에 나는 서로 양립할 수 없는 문제를 가지고 있다. 똑똑한 아이들은 5분 내에 과제를 마치고, 다른 아이들은 수업의 전 시간을 필요로 한다는 것을 알았을 때 어려움을 느꼈다. 모든 아이들이 이해할 수 있도록 더 쉽게 해야 할까? 아니면 더 어렵게 해서 똑똑한 아이들에게 도전 의식을 불어넣어 줘야 할까? 아니면 그 중간 형태를 취해야 할까?""여기의 대여섯 명의 아이들은 과제를 훌륭하게 소화해 낸다. 4명의 아이들은 아예 읽지도 못한다. 나는 어떻게 해야 할까?"

학생의 흡입력은 젊은 교사의 능력을 넘어설 정도이기 때문에, 학생의 요구를 충족시키기에 부족하다. 젊은 교사는 학생 모두의 요구를 들어주기 위해 계획하거나 임기응변하는 기술, 시간, 통찰력이 부족하기 때문에, 다양한 특수학생들이 심각한 문제일 수 있다. 예비교사는 의식적이든 혹은 게으름 때문이든 간에 어떤 아이들을 포기해야만 한다고 느낀다. 때때로 신임교사는 자신의 에너지를 학업적인 성과가 높은 성취도를 보이는 아이들에게 사용해야 한다고 이야기한다. "내 교실에서의 기대치는 보통 중간부터 상위까지인데, 대부분은 높지만 낮은 아이들도 있어요. 내 생각에는 보통의 능력을 가진 아이들은 꽤 잘 해내고 있어요. 학업적 성과가 낮은 아이들은 내 학급에서 잘 못하고 있고 그들을 위해 내가 할 수 있는 일은 과제를 따라잡을 수 있는 시간을 주는 것이에요. 과제를 할 수 있는 시간을 더 주고, 계속 일깨워 주는 것이죠." 그러나 예비교사에게 더 많이 나타나는 것은 낮은 성취도를 가진 학습자들을 돌보는 데 분명한 공감과 선호가 있다는 것이었다. "낮은 수준의 학생에게 더 많은 관심을 쏟죠. 그 아이들이 얻을 수 있는 게 있다는 걸 확실히 알려 주려고 노력하고, 아니면 아이들이 그것을 하는 동안 적어도 즐거워할 수 있도록 해 주려고 합니다.""내 도움을 필요로 하는 아이들을 더 돌보는 자신을 발견합니다. 내가 선택을 강요당하는 곤란한 입장에서는, 낮은 수준의 아이들을 돌보고 머리가 좋은 아이들은 스스로 하도록 내버려 둡니다." "내 생각에는 교사가 영재들에게는 많은 관심을 기울이지 않는 것 같습니다. 왜냐하면 그 아이들은 과제를 어떻게 하는지 알고 잘 수행하기 때문이죠." "낮은 수준의 아이들에게 더 많은 관심을 기울이는 이유는, 그 아이들이 성취하는 데 내 도움을 필요로 하고 많은 시간을 요구하기 때문이죠." "당신이 특수교육 학생들을 대상으로 교육을 수행한다면 다른 아이들이 가려진다는 것을 알 수 있습니다." "영재아들은 도전을 받으면 단기 목적을 갖지만, 그 결과 때문에 상처받지 않는다는 것을 알고 있습니다."

견습 과정 내내 예비교사는 학생이 그들의 요구에 차이점을 가지고 있다는 신념을 가지고 있었다. 하지만 초기 인터뷰를 살펴보면, 사실상 모든 젊은 교사 사이에서 그러한 요구를 들어주는 것은 거의 실현 불가능한 것이라고 느끼는 것으로 나타났다. 관찰에 따르면, 예비교사들은 수업이 가능한 다수의 학생들에게 맞추어 진행되어야 한다고 생각하고 있었다. 맞춤교육은 대부분 학습부진아 등의 몇몇 학생들을 위해서만 제한된 방식으로 수행될 수 있을 것이다.

학생들의 학문적 차이를 확인하는 것의 모호성

> "나는 예외성을 정의하고 다루는 데 주관적인 판단에 근거하고 있습니다. 인정하긴 싫지만 사실입니다."

예비교사가 영재들 혹은 다른 아이들보다 앞선 학생, 치료/특수교육이 필요한 학생이나 '힘겨운' 학생에 대해 자유롭게 이야기하고는 있지만, 특수학생들을 판별하는 데 사용하는 표현을 보면 학생의 특징을 읽어 내고 반응하는 데 경험이 부족하다는 사실을 드러낸다. 수업에 어려움을 겪는 학생 또는 치료 대상의 학생들은 '과제를 수행하지 못하거나' '늦게 과제를 제출하거나' '얌전히 앉아 있지 못하고' '반응이 없거나' '멍한 생각을 가지고 있고' '멍하게 쳐다보고' '함께 과제를 수행하는 방법을 모르거나' '늘 주시해야만 하는 대상이거나' '연민을 불러 일으킨다'. 반면에 영재학생은 '과제를 수행하고' '얌전히 앉아 있고' '교육 내용을 경청할 줄 알며' '더 많은 것을 기억하고' '제때 과제를 제출하고' '동일한 시간에 더 많은 일을 하고' '높은 수준의 문장 구조를 가지고 있으며' '답변에 대답하고' '자료를 파악하고' '충동적이지 않고' '그들의 생각을 논리적으로 돌이켜 볼 줄 알며' '질문에 대답하도록 할때 옳은 대답을 하고' '방향성을 이해하고, 교육 행위의 목적을 올바로 이해할 줄 안다'.

예비교사가 학문적으로 다양한 학습자들의 특징을 해석할 때, 몇 가지 재미있는 일들이 공통적으로 발생한다. 첫 번째, 교사는 종종 학습 준비도를 순종적인 태도와 동일시한다. 똑똑해 보이는 어떤 학생이 '잘못된 행동을 하는' 경우에 예비교사는 특히 혼란스러워한다. '과다행동'을 하고 '매우 머리가 좋은' 잭(Jack)의 경우와 '질문에는 대답을 잘하지만, 글을 쓸 줄 모르는' 샘(Sam)의 경우를 들어 보자. 이 학생은 두 가지 명칭을 가진 학습자들(double-labeled learners)의 특성(예, 영재이면서 학습장애)을 보이며, 젊은 교사에게 혼동을 준다. 젊은 교사는 순종적이지 않은데 머리는 좋은 학생 또는 순종적이지만 반응이 없는 학생의 모순을 접하게 된다. 교사는 그 모순에 좌절감을 느낀다. "이 아이는 헷갈려요. 잠재력이 뛰어난 아이죠. 당신도 알지만 나는 샘을 영재라고 생각하고 수업시간에 지적인 토론을 할 때 많이 의지를 하는 편인데, 글쓰기 능력은 형편없어요. 글쓰기 기술도 안 좋고 언제나 문제가 있죠. 이론적인 것을 좋아해요. 사고과정을 가지고 있는 것 같은데 종이에 옮겨 적지는 못해요. 글쓰기를 할 때면 그냥 포기를 하죠. 글쓰기는 너무 어려워하지만, 이 수업이 온통 글짓기 관련이라 샘은 글쓰기를 해야 하는데, 대안을 줄 수가 없네요."

두 번째, 영재학습자들에 대해 예비교사는 거의 과제를 행복하게 끝마치거나 적어도 성공적으로 마치는 것을 높은 능력과 동일하게 여긴다. 그래서 매우 창의적이고 독립적인 영재학습자들이 과제를 놓고 오거나 미숙하고 지시에 따르지 않기 때문에 능력이 없다고 간과될 수 있다. "잭은 과제를 제출하지 않았어요. 당신도 알다시피 그는 우리 반에서 최우수 학생도 아니고, 성공적인 학생도 아니에요."

세 번째, 치료가 필요하거나 어려움을 겪고 있는 학습자들은 이해할 수 없는 것으로 평가된다. 그 이유는 그들이 성공적으로 '교육 자료를 다루지 못하고' 세부 요구 사항에 맞게 과제를 완성하지도 못하기 때문이다. "이것은 마치 앞에 서 있는 사람도 없는데 '이걸 해야지'라고 말하는 것과 같아요. 그 아이들은 자리에 앉아서 이야기하고 시간을 그냥 때우죠." 어떤 예비교사는 학생의 행동과 학생이 느끼는 학문적인 좌절감 사이의 연관성을 발견하지만("이 아이는 자리에서 일어나서 여기저기 돌아다니고 모든 것을 다 하죠. 과제를 제외하고요. 내 생각엔 그 아이가 과제를 어렵다고 생각하는 것 같아요."), 많은 신임교사는 주어진 과제 수행 중 느끼는 좌절감을 학습능력이 없는 것이라고 여기거나("그 아이는 과제를 묵묵히 수행하지 못해요. 기본적인 개념을 이해하지 못하죠.") 비타협적인 태도라고 생각한다("치료가 필요한 학생들이 자리에 앉아서 주의를 기울였으면 해요. 수업을 시작할 수 있게요." "내가 특수교육 학생들에게 해 줄 수 있는 최선은 눈을 떼지 않고 바라보는 것입니다.").

수업 차별화에 대한 편협한 견해들

"학생은 본질적으로 언제나 같은 종류의 과제를 요구받습니다. 그것을 하기 위해 어떤 것을 선택하느냐 하는 것은 전적으로 그들에게 달려 있습니다. 학생은 모두 기본적으로 같은 것, 같은 양을 하도록 요구받습니다."

학생의 능력과 요구 사항을 파악하는 것이 미흡하기 때문에, 많은 예비교사들은 그들의 학급 내에서 차별화가 의미하는 것이 무엇인지 논의할 때 역시 부정확함을 보인다. Shulman(1987)은 학생들 간의 능력과 배경의 다양

영재를 위한 차별화 교육과정

성에 맞춰 수업을 차별화하는 데는 두 가지 요소가 있을 것이라고 주장하였다. 그는 의류 생산에 비유하여 먼저 주어진 학생 또는 아이들 집단에 맞는 옷(교육과정/교육)을 만들어야 한다고 언급했다. 이러한 사실은 학급 아이들의 다양한 사이즈를 고려해서 한 벌 이상의 옷을 준비해야 한다는 것을 의미한다. 그리고 교사가 특정 학습자에게 완벽하게 맞는 옷으로 주어진 옷을 수선해야 한다고 주장한다. 교육과정의 차별화는 다양한 옷의 사이즈를 갖춘 옷장(미래를 내다보고 내용, 과정, 산물에 대해 차별화된 접근을 계획하는 것)을 만드는 것과 같으며, 수업의 개별화는 아이들에게 최대한 딱맞게 잘 맞는 옷을 만드는 것(속도 조절, 선호하는 학습방법을 통한 표현)과 같다.

대부분의 예비교사들의 대화나 실습에는 교육과정을 차별화하는 개념이 드러나지 않았다. 약간의 예외만이 있을 뿐이었다. 한 교사는 영재를 위해 속진 과제를 사용하였다. 어떤 신임교사는 한 학급에서 1학년 읽기 시간에 각각 다른 상자에 난이도 수준이 다른 책들을 준비하는 협동교사의 교육방법을 이용해서, 상자를 학생의 학습 준비도와 연결시켰다. 유치원 환경에서는, 감각을 가르치는 한 신임교사가 모든 학생에게 맛에 대한 네 가지 분류를 가르치고, 우수한 학생에게 그 수업을 확장하여 혀의 모델을 보여 주면서 혀의 어느 부분에서 네 가지 분류된 맛이 감지되는지를 맞추도록 하였다. 하지만 대부분의 경우에 교육과정의 차별화는 기껏해야 수업의 개별화와 동일한 의미로 사용되었다. 수업을 계획하기 위해 한 사이즈로 모든 크기를 감당하려는 형태의 올바르지 못한 접근이 나타났으며, 개별화는 오직 그렇게 하는 것이 필요한 경우에만 임기응변적으로 이루어지고 있었다("내가 어떻게 차별화할 수 있을까? 시행착오를 통해서다.").

학문적으로 특수한 학생에게는 그 옷이 '너무 크거나' 혹은 '너무 작아서' 옷을 맞추는 수선 자체가 불가능한 일이다. "수학 수업에서 모든 아이들이 비슷한 양의 문제를 해결합니다. 어떤 아이가 먼저 풀면, 그 아이에게 심화 문제지를 줍니다. 치료가 필요한 학생에게는 이해할 수 없는 문제일 수 있지만 적어도 그렇게 문제를 푸는 데 노출은 되니까요." "문제는 모든 아이들에게 동일합니다. 하지만 나는 다른 능력 수준을 가진 아이들을 다르게 바라봅니다." "과제가 다른 것은 아니지만, 그 기대치는 다릅니다. 어떤 아이들에게 훌륭한 성과라고 여겨질 수 있는 것이 다른 아이들에게는 훌륭한 것이 아닐 수 있습니다." "아이들은 모두 같은 것을 씁니다. 하지만 글은 타이프로 칠 수도 있고, 펜으로 쓸 수도 있습니다. 어느 것이 더욱 편한지에 달려 있습니다." "나는 실제로 개별화한 적이 없습니다. 아이들을 서로 떨어뜨려 놓고, 그들에게 다른 것을 요구한 적이 없습니다." "나는 영재들에게 같은 정보를 가지고 어떤 것을 좀 더 하라고 요구할 수 있다고 생각합니다." "만약 영재학생이 먼저 끝내면, 나는 아마도 별 수 없이 그들에게 다른 장을 읽으라는 등의 바쁘게 하는 과제를 줄 것입니다." "내 생각에 그 여자 애는 너무 지겨운 시간을 많이 보내서 이리저리 돌아다니기를 원합니다. 그 아이에게는 움직일 수 있다는 것이 보상입니다. 이런 경우에 당신은 무엇을 하시겠습니까? 과제를 훌륭히 수행했다고 더 많은 과제를 주시겠습니까?"

학문적 다양성에 반응하기 위한 전략의 부족함

"난 동시에 모든 곳을 돌볼 수는 없기 때문에, 학습이 떨어지는 아이들을 봐 주거나 가르칠 수 있는 똑똑한 아이들을 활용합니다."

모든 아이들이 동일한 것을 배울 수 있고 동일한 과제를 마칠 수 있다는 목표를 감안할 때, 차별화에서 압도적으로 선호되는 수업 전략은 바로 협력 학습 그룹을 사용하는 것이다. 한 예비교사는 "차별화는 각기 다른 능력을 가진 아이들을 한 협력 그룹으로 묶는 것을 의미한다."라고 밝혔다. 예비교사들이 협력적인 학습 상황을 수행할 때, 학문적으로 특수한 아이들에게는 일정한 역할 기대들이 있다. 학업에서 뛰어난 아이들은 교사 역할을, 치료가 필요한 아이들은 학습자의 역할을 한다. "내 생각엔 아이들이 그룹으로 묶여 있을 때 영재학생들이 일종의 교사 역할을 하는 것 같습니다. 그 아이는 그룹에서 아이들이 필요로 할 때 당신도 알다시피 도움이 됩니다." 경우에 따라 '교사들'이 독창적이고 도전적인 학습기회를 제공하지 못하고 '학습자'들이 매우 미숙한 안내자에게 의존하고 있다고 여겨지는 경우가 있다. "나는 아이들을 집단화합니다. 한 아이는 매우 뛰어난 능력을 가지고 있고, 또 다른 아이는 많이 떨어지는 아이입니다. 그들을 함께 묶으면 전체가 중간으로 섞이는 겁니다." "그룹을 이용하는 것은 좋습니다. 왜냐하면 낮은 수준의 아이들은 스스로 과제를 해낼 수 없거든요." "아이들이 서로를 돕는 데 책임감을 가진다면 좋은 것입니다. 하나와 대조적으로 여러 명의 어린 튜터 또는 교사가 있는 셈이니까요." "가르치는 아이들에게도 좋은 겁니다. 이 아이들은 자신들이 배우고 있다는 걸 인식하지 못하지만, 아이들이 어떤 것을 설명할 때 그 설명을 통해서 더 잘 배우기 때문입니다." "영재는 단어를 이미 알고 있기 때문에 지루해 하기 시작합니다. 하지만 이 아이가 다른 아이들을 도와줄 수 있기 때문에 좋습니다." "문제를 해결하는 전략을 아는 아이와 생각을 잘할 수 없는 아이를 같이 데리고 있는 것이 더 좋습니다. 그 아이들은 서로에게서 배울 수 있기 때문입니다." "바로 지금 우리는 집단을 함께 만들어야 합니다. 그러면 낮은 능력의 아이들과 높은 능력의 아이들이 집단에 함께 있어 서로를 도울 수 있게 됩니다. 하지만 어떤 때는 높은 능력을 가진 아이들이 너무 지나친 영향력을 끼쳐서 낮은 수준의 아이들이 필요로 하는 도움을 얻지 못하는 것 같습니다." 이러한 교사들의 말은 협력학습이 예비교사들의 생각으로는 학문적으로 '능력을 가진' 아이들과 '그렇지 않은' 아이들 사이의 차별의 경계를 약화시키기보다는 창조하는 것 같다는 사실을 드러낸다.

학문적 다양성의 처리를 어렵게 하는 요인들

"나는 지금 너무도 많은 것을 생각하고 있어서, 어떤 하나의 문제에 집중할 수가 없습니다. 그저 지금 있는 것을 처리하려고 노력할 뿐이죠. 내가 언제쯤 시간을 내서 한 문제에 집중할 수 있을지 모르겠습니다."

교사가 된다는 것은 복잡한 과업이며, 다양한 기술의 개발과 적용을 동시에 요구한다. 우리가 여기에서 연구한 예비교사들은 에너지가 넘치고, 열심히 일하며, 훌륭한 교육자로 성장하려는 열정을 보여 주었다. 그들에게 문제가 되는 것은 노력 부재보다는 수업의 복잡성 그 자체다. 그들의 인터뷰와 관찰에서, 학문적으로 다양한 학습자들의 요구를 이해하고 처리하는 능력을 복잡하게 만드는, 최소한 다음의 네 가지 요인이 발견되었다. (a) 관리 문제, (b) 교수-학습에 대한 견해, (c) 평가와 관련된 힘 없는 역할, (d) 상급자들의 차별화에 대한 강조 부족이다.

학생의 행동을 다루는 것이 이들 예비교사의 최우선 과제라는 사실은 놀라운 일이 아니다. 각기 다른 수준, 각기 다른 방법으로 다른 자료를 사용하여 아이들을 가르친다는 것은 예비교사에게는 너무나도 위험스러운 일이다. "교실은 전체로 많이 작업을 합니다. 혼란을 피하기 위해서 강의를 많이 합니다." "치료가 필요한 아이들은 분명히 일대일 교육을 필요로 하지요. 하지만 우리는 그럴 수가 없어요. 아이들이 너무 많거든요." "수업시간 동안 꾸준히 모든 아이들을 한데 모으고 모든 아이들이 함께 움직이도록 노력합니다. 그래야 학급 전체가 다음 단계로 넘어갈 수 있으니까요." "한 아이를 다른 아이보다 먼저 앞서게 할 수 없어요. 그러면 일 년 내내 힘들어요." 학생의 다양한 요구를 만족시키려면 관리하는 데 다양한 변수들을 끼워 넣어야 하기 때문에, 예비교사는 그러한 위험을 거부하려고 한다. "나는 한 교실에 있는 다양한 그룹에게 읽고 논의할 두 가지 자료를 주려고 하였는데, 그건 큰 잘못입니다. 왜냐하면 전체 교실 단위로 논의하려고 하면 특정 자료를 읽지 않은 그룹의 아이들은 주의를 집중하지 않습니다. 그 내용을 이해하지 못하니까요. 나는 그들을 비난하지 않습니다."

학문적 다양성을 다루는 데 두 번째 복잡한 요인은 전통적으로 지식을 분배하는 사람으로서의 교사("영재들이 어려운 질문을 했을 때, 내가 그들에게 만족스러운 대답을 해 주면 뭔가 훌륭한 일을 한 것 같은 생각이 듭니다."), 지식의 소비자로서의 학생("아이들은 내가 말하는 것을 얻기 위해 배워야 하고, 그걸 받아 적어야 합니다."), 특정한 기간 내에 습득해야 하는 미리 짜여진 정보들의 조직으로써의 내용("동시에 한 교실에서 너무 많은 내용을 가르쳐야 할 때 자발적으로 되기 어렵습니다.")의 이미지가 분명히 있다는 것이다. 이러한 견해는 예비교사들이 다양화가 수용될 수 있는 교실을 구상하고 구축하도록 하는 것을 어렵게 만든다.

학문적으로 특별한 아이들의 요구를 평가하고 다루는 과제를 더 힘들게 만드는 세 번째 요인은 평가전략을 이해하고 적용하는 방법의 부재다. 학생이 무엇을 알거나 이해하는지에 대한 명확한 그림 없이, 그 수업이 모든 아이들에게 적합했다고 가정하기 쉽다. "어떻게 내가 그들을 평가할 수 있습니까? 난 그들에 대해 그렇게 많이 알지 못합니다." "적절한 반응들이라는 것이 무엇인지 잘 모르겠습니다." "본질적으로 '얼마나 잘했는지'와는 대조적으로 '그걸 했는지'로 평가가 이루어집니다. 그런 방식으로 할 때 더 많은 학생이 성공합니다." "내 생각에 평가라는 것은 과제를 제대로 제출하였는지 확인하는 것입니다." "'준비성'이란 게 어떤 의미입니까? 그들이 과제를 했는가와 같은 것입니까?"

학문적인 다양성을 다루는 데 걸림돌이 되는 네 번째 장애물은 협력교사와 대학의 지도 교수들의 조언과 격려 부재, 그 목적을 향한 교사 준비 프로그램 과정의 부재로 인식된다. "나는 대학에서 각기 다른 수준의 아이들을 어떻게 다루는지에 대해 배운 것 같지 않습니다. 영재교육이 있다는 것과 LD 프로그램과 BD 프로그램이 있다는 것을 배우고, 또 각 그룹에 대해 사소한 것들을 배웁니다. 낮은 수준의 학생에게 계속 과제를 시키고, 그들이 과제를 수행할 수 있게 하라고 배웁니다. 높은 수준의 아이들을 가르치고, 그 아이들이 지루해하지 않게 해 주고, 보통 아이들은 알맞은 속도로 학습하게 해 주라고 합니다. 하지만 정작 어떻게 하는지는 이야기하지 않습니다." "지도 교수님도 거기에 대해서 아무 언급이 없었습니다. 그러한 사항이 있었는지 전혀 모르겠습니다. 대부분의 조언들은 행동에 대한 조언들인 것 같습니다." "학생의 차이를 다루는 것에 대해 받은 조언이라고는 내가 학습장애 학생을 그룹의 리포터로 임명했을 때 좋은 생각이 아니었다는 것입니다." "아무도 학생의 차이점을 차별화하는 것에 대해 이야기해 주지 않았습니다." "내 협력교사에게, 세 번째 시기에는 좀 더 진보된 것, 약간 특별한 것을 해 보자고 했습니다. 왜냐하면 그들은 앞서 있으니까요. 하지만 그녀는 우리가 아이들 모두를 함께 다뤄야 한다고 했습니다. 왜냐하면 그해 말에 같은 시험을 치러야 하기 때문입니다." "우리는 특별한 아이들에 관한 과정을 가졌습니다. 1주일에 2시간 안에 많은 것을 가르쳐야 하는 것을 제외하고는 좋은 수업이었습니다. 그래서 세세하게 가르치는 것은 어려웠습니다." "나는 우리가 어떤 일을 해야 하는지 모르겠습니다. 아무도 내게 어떤 충고도 해 주지 않았습니다."

논 의

　예비교사의 역할은 아무리 잘해도 어렵기 마련이다. 학문적으로 다양한 학습자들의 요구를 이해하고 충족시키려는 노력은 계획과 관리의 문제들을 어렵게 만들고, 내용과 교육 모두에 대해 민감한 이해와 적용을 필요로 한다. 하나의 수준에서, 예비교사가 영재학습자, 특수교육 대상자, 치료가 필요한 학습자들과 같이 학문적으로 특수한 학생의 요구를 충족시켜 주는 적절한 학급을 만들어 내는 과업에 대해 아직 준비되지 않았다고 말하는 것은 쉬운 일이다. 오히려 실습 교육 경험이, 젊은 교육 실행자들이 그들의 이전 일반 지식으로부터 전문화하는 것을 배울 수 있다는 점에서, 의학의 인턴 제도나 레지던트 제도와 같다고 주장할지도 모른다.

　하지만 이러한 가정에는 두 가지 위험 요소가 있다. 첫 번째, 이러한 예비교사는 교사 중심의, 학급 전체를 중시하는 관행적인 수업 이미지를 가지고

영재를 위한 차별화 교육과정

수업을 시작하는 것처럼 나타난다. 이렇게 예비교사가 수업에서 얻은 '일반론자'들의 기술은, 학교교육의 주 대상자인 전형적인 학습자들에게조차도 가치가 의심스러운 학교교육의 현 상태를 유지하게 한다. 개인적인 차이점이 분명히 존재하며 그들의 요구를 충족시켜야 하는 것은 교사의 책임감이라는 주장에도 불구하고, 기본적인 실습은 영재, 치료가 필요한 아이들, 특수교육을 받는 학생의 요구를 다루는 데 필요한 '특별화'의 방법을 막아 버린다. 두 번째 위험은 예비교사들이 학교교육에 대한 이미지나 한 가지 방법을 모든 학생에게 적용하는 수업방식을 바꾸는 데 지원이 없다는 분명한 현실에 있다. 예비교사들은 교사 교육기관, 협력교사, 대학 지도 교수들이 학문적으로 다양한 학생을 위해 교육을 차별화하는 것에 낮은 우선순위를 둔다고 느끼고 있다. 만약 그 경우라면, 학문적으로 다양한 학습자들의 요구를 다루기 위해 특별 진단과 기술을 개발하려는 인턴 시기와 레지던트 시기보다 예비교사들은 모든 학생들이 동일한 처방 혹은 취급을 필요로 하는 것처럼 수업을 진행하도록 암묵적인 허락을 얻게 될 것이다.

질적인 연구가 일반화를 확실하게 보장할 수 없기 때문에 다른 예비교사를 대상으로 그들의 경험에서 비슷한 문제가 있는지 없는지를 알아보기 위하여, 본 연구와 유사한 연구를 수행하는 것은 중요하다. 또한 예비교사의 첫해 교육을 추적하여 전일제 교육을 실시하는 첫해에 본 연구에서 언급된 패턴들이 유지되는지 혹은 변화되는지를 살펴보아야 한다. 마지막으로 영재들, 특수교육이 필요한 학생, 치료가 필요한 학생에 대한 교사효능감을 촉진하는 예비교사들의 전략을 개발하기 위하여, 학문적으로 다양한 학습자들을 대상으로 하는 예비교사의 수업에 영향을 미치는 특별히 설계된 개입 방법의 효과를 검증하는 것이 중요하다.

참고문헌

Berliner, D. (Ed.). (1987). Ways of thinking about students and classrooms by more or less experienced teachers. In J. Calderhead (Ed.), *Exploring teachers' thinking* (pp. 60-83). London: Cassell.

Book, C., Byers, J., & Freeman, D. (1983). Student expectations and teacher education traditions with which we can and cannot live. *Journal of Teacher Education, 34*(1), 9-13.

Bryan, T. (1974). An observational analysis of classroom behaviors of children with learning disabilities. *Journal of Learning Disabilities, 7,* 26-34.

Bullough, R. (1989). *First-year teacher: A case study.* New York: Teachers College Press.

Buttery, T. (1979). Pre-service teachers' attitude regarding gifted children. *College Student Journal, 12,* 288-289.

Calderhead, J. (1991). The nature and growth of knowledge in student teaching. *Teaching and Teacher Education, 7,* 531-535.

Clark, C., & Peterson, P. (1986). Teachers' thought processes. In M. Wittrock (Ed.), *Handbook of research on teaching* (3rd ed., pp. 255-296). New York: Macmillan.

Colangelo, N., & Kelly, K. (1983). A study of student, parent, and teacher attitudes toward gifted programs and gifted students. *Gifted Child Quarterly, 27,* 107-110.

Copeland, W. (1980). Student teachers and cooperaitng teachers: An ecological relationship. *Theory into Practice, 18,* 194-199.

Copenhaver, R., & McIntyre, D. (1992). Teachers' perception of gifted students. *Roeper Review, 14,* 151-153.

Crammond, B., & Martin, C. (1987). Inservice and preservice teachers' attitudes toward the academically brilliant. *Gifted Child Quarterly, 31,* 15-19.

Finlayson, D., & Cohen, L. (1967). The teacher's role: A comparative study of the conceptions of college of education students and head teachers.

영재를 위한 차별화 교육과정

British *Journal of Educational Psychology, 37*, 22-31.

Fuller, F., & Brown, O. (1975). Becoming a teacher. In K. Ryan (Ed.), *Teacher education* (74th Yearbook of the National Society for the Study of Education. Part 2, pp. 25-52). Chicago: University of Chicago Press.

Giroux, H. (1980). Teacher education and the ideology of social control. *Journal of Education, 162*, 5-27.

Guskin, S., Majd-Jabbari, M., & Peng, C. (1988). Teachers' perceptions of giftedness. *Gifted Child Quarterly, 32*, 216-221.

Hanninen, G. (1988). A study of teacher training in gifted education. *Roeper Review, 10*, 139-144.

House, P. (1979). Through the eyes of their teachers: Stereotypes of gifted pupils. *Journal for the Education of the Gifted, 2*, 220-224.

Jacobs, J. (1975). Teacher attitude toward gifted children. *Gifted Child Quarterly*, 17, 23-26.

Jordan, A., Kircaali-Iftar, G., & Diamond, C. (1993). Who has a problem, the student or the teacher? Differences in teachers' beliefs about their work with at risk and integrated exceptional students. *International Journal of Disability, Development, and Education, 40*(1), 45-62.

Jordell, K. (1987). Structural and Personal influences in the socialization of beginning teachers. *Teaching and Teacher Education, 3*(3), 165-177.

Kagan, D. (1992). Professional growth among preservice and beginning teacher. *Review of Educational Research, 62*, 129-169.

Khan, S., & Weiss, J. (1972). Teaching of affective responses in R. Travers (Ed.). *Second handbook of research on teaching* (pp. 759-804). Chicago: Rand Mcnally.

Koehler, V. (1985) Research on preservice theacher educaion. *Journal of Teacher Education, 36*, 23-30.

Lasley, T. (1980). Preservice teacher beliefs aboout teaching. *Journal of Teacher Education, 31*(4), 37-41.

Leyser, Y., & Abrams, P. (1982). Teacher attitudes toward normal and exceptional groups. *The Journal of Psychology, 110*, 227-238.

Lincoln, Y., & Guba, E. (1985). *Naturalistic inquiry.* Beverly Hills, CA: Sage.

Livingston, C., & Borko, H. (1989). Expert-novice differences in teaching: A cognitive analysis and implications for teacher education. *Journal of Teacher Education, 40*(4), 36-42.

Lortie, D. (1975). *School teacher.* Chicago. IL: University of Chicago Press.

McDiarmid, G. (1990). Challenging Prospective teachers' beliefs during early field experience: A Quixotic undertaking? *Journal of Teacher Education, 41*(3), 12-20.

Merriam, S. (1988). *Case study research in education: A qualitative approach.* San Francisco: Jossey-Bass.

Morris, S (1987). Student teachers' attitudes toward gifted students. *Creative Child and Adult Quarterly, 12,* 112-114.

Nicely, R., Jr., Small, J., & Furman, R. (1980). Teachers' attitudes toward gifted children and program: Implications for instructional leadership. *Education, 101,* 12-15.

Paine, L. (1990). *Orientation towards diversity: What do prospective teachers bring?* East Lansing. MI: National Center for Research on Teacher Education. (ERIC Document Reproduction Service No. ED320 903)

Pajares, M. (1992) Teachers' beliefs and educational research: Cleaning up a messy construct. *Review of Educational Reseaarch, 62,* 307-322.

Panda, K., & Bartel, N. (1972). Teacher perception of exceptional children. *The Journal of Special Education, 6,* 261-266.

Ross, E. (1988). Becoming a teacher: The development of preservice teacher perspective. *Action in Teacher Education, 10,* 101-109.

Rubenzer, R., & Twaite, J. (1979). Attitudes of 1,200 educators toward the education of the gifted and talented: Implications for teacher preparaion. *Journal for the Educaion of the Gifted, 2,* 202-213.

Sachs, J. (1990). The self-efficacy interaction between regular educaors and special education students: A model for understanding the mainstream dilemma. *Teacher Education and Special Education, 13,* 235-230.

Shulaman, L. (1987). Knowledge and teaching: foundations of eh new reform. *Harvard Educational Review, 57*(1), 1-22.

Starko, A., & Schack, G. (1989). Perceived need, teacher efficacy, and

영재를 위한 차별화 교육과정

teaching strategies for the gifted and talented. *Gifted Child Quarterly, 33*, 118-122.

Tabachnick, B., & Zeichner, K. (1984). The impact of the student teaching experience on the development of teacher perspectives. *Journal of Teacher Education, 35*(6), 28-36.

Veenman, S. (1984). Perceived problems of beginning teachers. *Review of Educational Research*, 54, 143-78.

Westberg, K., Dobyns, S., & Archambault. F. (1990). *The training manual for The Classroom Practices Record*. Storrs. CT: The National Research Center on the Gifted and Talented.

Wood, E., & Floden, R. (1990). *Where teacher education students agree: Beliefs widely shared before teacher education*. (ERIC Document Reproduction Service No. ED 331-781).

Yin, R. (1989). *Case study research: Design and methods*. Newbury Park, CA: Sage.

Zeichner, K., & Gore, J. (1990). Teacher socialization. In W. R. Huston (Ed.), *Handbook of research on teacher education* (pp. 329-348) New York: Macmillan.

Zeichner, K., & Tabachnick, B. (1981). Are the effects of university teacher education 'washed out' by school experience? *Journal of Teacher Education, 32*(3), 7-11.

11

중등학교에서의 차별화 수업 결정: 학교 사례연구[1]

Carol Ann Tomlinson(The university of Virginia)

많은 학교들이 이질적인 환경을 통해 학생의 광범위한 요구들을 만족시키는 방향으로 나아가는 것은 교사가 학문적으로 다양한 학생의 요구에 반응할 수 있는 교실환경을 발전시켜 나갈 수 있도록 한다는 점에서 중요하다. 만약 학교에서 한 가지 방법을 모든 학생에게 적용하는 교수방법에 대한 생각을 바꾸거나, 영재, 학습부진아 그리고 특수교육 대상자 같은 특별한 학생에게 이질적인 교실을 마련해 줄 수 있다면 적절하게 차별화된 교수방법을 촉진하고 방해하는 것을 이해하는 것은 교육 지도자들을 위해 필수불가결할 것이다. 본 사례연구는 차별화된 교수방법을 적용한 어느 중학교의 사례를 검증해 보고, 적절하게 차별화된 교실을 지향하는 데 이를 촉진하거나 방해하는 요소들에 대해 알아본다.

"학생이 서로 다르다는 것이 불편할 수 있다는 것은 적절하지 않은 말이다. 즉, 다양성을 인정한다는 것은 생산성, 높은 기준, 학생에 대한 공정성을 위해 필수불가결한 가치를 지닌다." (Sizer, 1984, p. 194) 오랜 시간에 걸쳐서

---

1) 편저자 주: From Tomlinson, C. A. (1995). Deciding to differentiate instruction in middle school: One school's journey. *Gifted Child Quarterly*, 39(2), 77-87. ⓒ 1995 National Association for Gifted Children. 필자 승인 후 재인쇄.

미국의 학교들은 학업상의 다양성을 포함하여 학생의 다양성을 해결하기 위해 여러 가지 해결 방안을 찾고 있었다.

최근 몇 년 동안 교육학계에서는 학교에서 학생의 동일 능력별 집단 구성의 포기와 감축에 대한 많은 요구가 있었다. 이러한 요구들은 학습기회의 평등에 기초한 교실을 만들어 나갈 것을 주장하였다(예, Kozol, 1991; Okes, 1985 ; Page, 1991; Slavin, 1987; Wheelock, 1992). 특히 학교에서 이질집단을 구성하는 것은 보통교육 옹호론자들이 주장하여 왔다(Carnegie Task Force on the Education Of Young Adolescents, 1989; National Middle School Association, 1992). 이와 함께 한 집단 안에서 정상아와 특수아를 포함해야 한다는 철학이 특수교육 영역 내에서 널리 행해졌다. 따라서 자신들의 다양한 요구에 맞추어진 특별한 교실 또는 자료실을 통하여 특별한 학습 요구들을 가졌던 많은 우수한 학생과 학습부진 학생에게 현재 거의 완전한 이질집단 교실환경이 제공되고 있다.

학교교육에 관한 연구 논문 결과들에 따르면, 미국 학교들은 중간 수준으로 가르치라거나, 한 가지 방법을 모든 학생에게 적용하는(one-size-fits-all) 교육과정으로 학생을 이끌거나, 이를 발전시키는 경향이 있다는 것이다 (Darling-Hammond & Goodwin, 1993; Goodlad, 1984; Welsh, 1986). 또 연구들에 따르면, 이러한 학교의 교사는 영재학생(Archambault et al., 1993; Westberg, Archambault, Dobyns, & Salvin, 1993) 또는 학습부진 학생 (Bateman, 1993; International Institute for Advocacy for School Children, 1993; McIntosh, Vaughn, Schumm, Haager, & Lee, 1993)을 위하여 수업을 거의 수정하지 않고 있다는 것이다.

이와 같이 학생의 이질집단 구성에 대한 광범위한 논쟁은 교사가 정규학급에서 학문적 다양성을 적절하게 맞추어 나갈 수 있는지, 중간 수준에 맞추는 수업(teach-to-the-middle)을 지속시켜 나갈 것인지에 대한 것이다. 한 학교가 학생의 학습 요구에 기초한 적절하게 차별화된 수업을 시도하였을 때 발생하는 것이 무엇인지 이해하는 것은 중요하다. 학문적 다양성에 대한

영재를 위한 차별화 교육과정

교사의 적응을 촉진하는 것에 대한 통찰은 이질성이 다양한 요구를 가진 다른 학생과 마찬가지로 오랫동안 영재를 위해 성공적일 수 있는지를 결정하는 첫 번째 단계가 될 것이다.

방 법

질적 사례연구는 연구의 초점이 '왜' '어떻게' 일 때, 다양한 증거 자료가 사용될 때, 실재에 대한 다양한 관점들이 존재하는 것 같을 때, 그리고 연구된 현상과 그것이 실제로 일어나는 배경 사이의 경계가 흐릿해질 때, 실생활에서의 교육 현상을 이해하고 탐색할 때 적합한 연구방법이다(Glesne & Peshkin, 1992; Merriam, 1988; Yin, 1989).

본 탐색적, 질적 사례연구는 이질집단 교실에서 학업 면에서 다양성을 가진 학생을 위한 차별화된 수업을 주도하는 학군에 대해 중학교 교사가 어떠한 반응을 하는지를 알고자 하였다. 또한 그 주도에 대해 교사가 왜 그렇게

연구의 활용도

만약 한 학교 또는 학군의 목표가 정규 교실의 교사가 학업상 다양한 학습자의 요구에 적절히 대응하는 교실을 확립하는 것이라면, 철저하고 지속적인 교직원 개발이 필요할 것이다. 교사는 차별화된 수업에 대한 이론적 근거를 발전시키기 위하여 지원을 필요로 하고, 모든 학생이 같은 기간 동안, 같은 시간에, 같은 방식으로, 같은 정보를 학습한다고 가정하는 전체학급(whole-class) 수업의 견고한 패턴을 버릴 때와 학생과 수업에 대해 생각하는 새로운 방법을 개발하려고 할 때 도움과 지원을 필요로 한다. 교직원 개발은 교사를 위하여 차별화된 수업이 학생의 각기 다른 프로파일에 반응하는 것처럼, 학생의 준비도, 흥미, 욕구를 수립하게 하고, 개별적 목표 설정을 보장하고, 개별적 시간 계획들을 확립하게 하고, 개별적 진보를 평가하는 모형 차별화에 대한 기회를 가진다.

반응했는지를 조사하였다.

본 사례연구는 미들랜드 중학교(가명)에서 수행되었다. 연구 자료는 18개월이라는 오랜 기간(Lincoln & Guba, 1985)에 걸쳐서 연구자가 학생과 부모, 미들랜드 교직원들을 통하여 수집하였다. 자료 수집은 교사, 관리자, 학생, 부모들에 대한 면접(전체 28시간), 교실 관찰(전체 30시간), 교사 모임 참여(전체 11시간), 교직원들 모임(전체 4시간 30분), 교직원 개발 수업(전체 34시간), 그리고 문서들(예, 지역 메모들, 교사 수업 계획, 학생을 위한 숙제들, 교사와 부모들이 연구자들에게 보낸 노트들과 편지들)을 통해서 이루어졌다. 모든 자료 수집과 분석들은 연구자들이 하였다. 다양한 자료들과 방법을 통한 삼각측량법(Triangulation)은 연구결과의 신뢰성을 증가시키고 새로운 주제들에 대한 융통성 있는 연구를 가능하게 하였다(Lincoln & Guba, 1985). 연구 자료에 대한 추적검사 자료와 자료 분석결과들은 면접 녹음 자료, 면접 사본, 관찰 기록들, 현장 기록 노트와 문서들, 전개된 주제에 대한 기록과 모든 형태의 원본 자료 등과 함께 보존되었다.

면접 상황은 교사가 녹음기를 사용하지 말 것을 요청한 한 번의 경우를 제외하고 테이프에 녹음되었다. 녹음된 것과 현장 노트들은 연구 기간에 주제에 따른 코딩 범주(Bogdan & Biklen, 1982)를 통해 코딩되고 분석되었다(Strauss, 1989). 연구과정에서 나타난 몇 가지 중요한 문제에 대해 연구원들의 이해를 확장시키고 증명하기 위해서 몇 명의 미들랜드 학생과 교사에게 체크리스트(Lincoln & Guba, 1985)가 사용되었다. 이와 함께 사전연구결과들은 크고 작은 집단의 미들랜드 교직원과 지역 관리자들과 마찬가지로 관리자와 개별 교사와 함께 반복적으로 논의되고 공유되었다.

연구자인 나는 관찰자로 참여하였다(Bogdan & Biklen, 1982). 연구 기간의 처음 6개월 동안 나는 주로 면접, 교실 관찰, 모임을 진행하기 위한 인터뷰 대상자들과 상호작용하는, 관찰자에 좀 더 가까운 역할이었다. 연구 후반 몇 개월 동안 교사와 행정가들이 나와 함께 차별화 수업에 관한 대화를 통해 적극적으로 정보를 찾기 시작했고, 그래서 나의 역할은 연구과정의 참가자로 바뀌었다. 워크숍 대화 과정과 교직원 개발 수업과정은 미들랜드 관리자가 나와 함께 진행하였고, 이 과정에서 그동안 내가 주장해 온 형식적인 면접과 교실 관찰의 경우보다 좀 더 세부적이고 특수한 차별화된 교실을 발전시키는 데 대한 교사의 생각과 의문들을 궁극적으로 이해하기 위해 이들의 의견을 듣고 기록하는 기회를 가졌다.

연구지인 미들랜드의 배경 정보

미들랜드 중학교는 미국 서부의 비교적 상류 지역에 있는 학교다. 교사 월급은 다른 지역과 비교해서 높은 편이고, 교사들은 건실하고 숙련되어 있다. 이 학교 학생은 학습문제를 가진 학습자들, 상급의 학습자들 또는 높은 능력을 가진 학습자들로 구성되어 있다. 높은 능력이나 상급의 학습자들로 명명된 집단은 a) 학력고사에서 지역 기준(미들랜드 기준은 전국 기준보다 상위)보다 최소 2년이 앞선 성적과 교사 추천, b) 교실 내 연구과정에서 지식과 기술 면에서 급우보다 앞선 수행을 통하여 교사가 구분하였다. '학습문제를 가진 학습자들' 또는 '노력하는 학습자들'로 명명된 학생은 a) 전문적 자격을 가진 아동 연구 팀의 아동 관찰과 개별적 진단 도구 결과와 학습부진이나 정신지체와 같이 학습에서 특수한 요구를 가진 학생의 부모에 대한 정보를 통하여, b) 교실 내 연구과정에서 지식과 기술 면에서 급우보다 지체된 수행을 통하여 교사가 구분하였다. 학교와 지역사회가 학생의 성취와 적성에 대한 형식적인 평가를 수행하였다 해도 이질적인 학생으로 이루어진 교실의 교사는 여전히 특수한 과제에 대한 개별 학생의 준비도에 대한 정확한 진단을 필요로 한다.

과거 미들랜드 지역에서는 동질집단을 구성하는 것이 학업상의 다양성 문제를 거론하는 수단으로 이용되었다. 많은 학군의 경우처럼 미들랜드 학교의 지도자들은 이질집단을 구성하는 것이 학생의 광범위한 학문적 요구에 대한 수용과 동시에 동질집단 구성으로 나타날 수 있는 학생의 사회적 계층화를 피할 수 있다고 믿으면서, 좀 더 이질적인 집단 구성 쪽으로의 움직임을 보이고 있다. 미들랜드는 상급 학생이나 학습부진 학생에 대한 특별 프로그램을 제공함으로써 교실 내에서 모든 동질성을 포기하지는 않았으나 여전히 학업상 다양한 학생이 공존하는 이질적 교실 방향으로 나아가고 있다.

학업적으로 다양한 학생에게 주어지는 프로그램에 대한 공동연구위원회로부터 온 건의서에 따르면, 미들랜드 교육장은 만약 이질적 교실 집단 구성이 효과적이라고 한다면 그들은 광범위하게 다른 학생의 학문적 요구에 맞는 입에 발린 서비스만 좀 더 제공할 것이라는 입장을 나타냈다. 그래서 교육장과 교육위원회는 미들랜드에서 교실 내의 적절하게 차별화된 수업을 보장하고, 교사가 교실에서 차별화된 수업에 대한 기술을 사용하고 발전시킬 수 있도록 권고하였다.

미들랜드 중학교는 약 50명의 교직원과 550여 명의 6~8학년 학생 집단으로 구성되어 있다. 미들랜드 지역의 학교들 중에서 미들랜드 중학교는 교사가 함께 이질적 교실에서 차별화된 수업을 가장 적극적으로 지향하였다. 이질성은 보통교육 옹호론의 특징이고 미들랜드 중학교의 행정가들은 그러한 보통교육과정이 일반적이고 그들의 학교에는 특히 그렇다는 것을 명확하게 나타냈다.

미들랜드는 매력적인 연구 장소였다. 왜냐하면 이질적인 집단에 한 가지 방법을 모든 학생에게 적용하는(one-size-fits-all) 교육과정이 아닌, 폭넓은 리더십 프로그램을 지원받을 수 있는 곳이었기 때문이다. 그리고 그곳의 교사들을 숙련되고 교직원들을 건실하다. 또한 이 학교에서는 학생과 교사를 위해 풍부한 자료를 제공하고 있으며, 이 학교 학생들은 빈곤, 폭력, 마약, 낮은 성취 등 교수-학습과정을 좀 더 어렵게 만들 수 있는 유사한 상황으로부터 비교적 자유롭다. 이질적 교실 상황에서 학문적 다양성을 다루는 많은 방법들 중에서 가장 좋은 방법은 사례연구인 것 같다. 미들랜드 관리자는 "만약 우리가 유능한 교직원, 건강한 학생, 협조적인 부모들, 그리고 도움을

영재를 위한 차별화 교육과정

주는 전문가가 있는 이 학교에서 이것을 달성할 수 없다면, 그 어디에서도 이것은 일어나지 못할 것이다."라고 하였다.

미들랜드 연구는 풍부한 정보를 산출하게 하였다. 연구자들은 학문적으로 다양한 교실에서 차별화된 수업을 향해 나아가는 교사를 지원하는 역할을 가진 교육지도자들에게 도움을 줄 수 있는 중요한 통찰력을 가져야만 한다. 교사의 의견은 연구원들의 통찰력에 현실성과 다양성을 제공할 수 있다. 연구 보고서의 시작은 그 부분의 주제에 대한 주요한 관점을 제시하는 몇 가지 방법 중에서 미들랜드 중학교 교직원의 의견으로부터 시작한다.

차별화된 수업을 위한 요구

"우리는 시험에서 좋은 점수를 받게 될 것이다. 그것으로 충분하지 않은가?"

미들랜드 중학교에서 차별화 수업에 초점을 맞춘 초기 며칠 동안, 많은 교사는 미들랜드에서는 그동안 획일적인(single-size) 학교교육이 광범위하게 실행되어 왔으며, 여기에는 학업상 다양성을 가진 학습자들에게 의미 있는 수업 적용에 대한 요구가 거의 없었다는 것에 대한 분명한 확신을 갖고 표현하였다. 어떤 교육자는 직접적으로 차별화 수업에 대해 반대 의견을 나타냈다. 때때로 이러한 반론은 "우리는 여기서 좋은 직업을 가지고 있다. 우리는 높은 학업성적을 내고 있으며, 부모들은 만족하고 있다. 나는 불만을 가진 어떤 학생도 볼 수가 없었다."라는 현상에 대한 만족 때문이며, 또한 반대는 어떻게 실제로 차별화 교육을 행할 수 있는지에 대한 파악이 부족할 때 나타난다. "나의 직업은 모든 아이들이 자료를 가지고 있다는 확신을 하는 것이다. 만약 그들이 같은 것을 모두 할 수 없다면 나는 어떻게 해야 하나?" "만약 서로 다른 학생에 대하여 내가 각각 다른 기대를 한다면 어떻게 내가 공정할 수 있을까?" "이것은 도리에 맞지 않다. 이론상으로 한 아동이 교실에서 하나의 문제를 가지고 모든 시간을 보낼 수 있다. 그러나 우리는 이를 감당할 수 있는 교재를 가지고 있다."

다른 미들랜드 교육자들(초기에는 아주 소수의)은 학습자들의 요구에 적절히 응하는 수업에 대해 지지를 표현하였다. "만약 우리가 동질집단 교실을 더 이상 받아들이지 않는다면, 우리는 이질집단에 있는 아동을 위한 방법을 생각해 내야만 할 것이다." "우리는 교실을 넘어서 그 이상의 것을 보고, 학생의 개별적 특성과 교과서를 넘어서서 개별 학생의 요구를 알기 위해 노력하고 있다." "중학교는 개별 학생에게 집중하기 때문에 차별화는 중학교에 속한다." "연구 선언문에서, 우리는 마음으로 학생에게 관심을 가지고 우리는 학생이 도전할 최고 수준에 따라 나아갈 수 있도록 할 것이라고 하였다. 또한 우리는 우리가 정말로 그것을 의미하는지 확신할 수 없다고 하였다." 또 다른 교사는 이렇게 얘기했다. "학생은 서로 다른 지점에서 출발하고 우리는 다양한 지점으로부터 성공적으로 확장시키기 위해서 도와줄 수 있도록 해야 할 것이다. 이렇게 말하는 것은 쉽다. 그러나 이를 실현하기는 너무나 어렵다." 세 번째 교사는 비슷한 감정을 나타냈다. "우리는 교과서로 1년을 보낸다. 나는 우리 반 학생 중 몇몇은 반 년 안에 이것을 끝낼 수 있다는 것을 안다. 반면에 2년을 필요로 하는 학생도 있다. 나는 이들 중 누구에게도 부당하지 않은 방법으로 이를 해결할 수 있는지 잘 모르겠다."

만약 일찌감치 교육자가 차별화된 교수방법을 수용하는 것에 대한 다양한 의견이 있었다면, 이에 대하여 주어진 교과에서 능력을 보이는 학생과 부진한 학생과 이들 부모들 사이에서 일치된 지지가 있었을 것이다. 여러 교과에서 기대 이상의 능력을 나타낸 한 학생은 이렇게 말하였다. "사회과학연구 교재는 정말 쉬워서 많은 내용을 우리에게 설명할 수 없다." 또 다른 학생은 이렇게 말하였다. "우리 모두가 과학을 공부한다는 것은 그 장을 주욱 훑어보는 것이고 그 시험은 너무 쉬워 100점을 충분히 받을 수 있다." 세 번째 학생은 이렇게 말하였다. "우리의 프로젝트는 단지 제우스처럼 가장하는 것이고 우리는 그것에 대해 어떤 것도 알 필요가 없다. 그 프로젝트는 본

질적 내용이 없다." 차별화의 개념을 불분명하게 이해하는 듯한 또 다른 학생은 이렇게 설명하였다. "때때로 교사가 차별화된 수업을 할 때, 그들은 나에게 단지 더 많은 내용을 준다. 나는 그들이 더 어려운 내용을 주기 바란다(강조하는 목소리로). 나는 정말로 그러한 도전적인 과제를 좋아한다."

학습부진으로 어려움을 겪는 학생은 이렇게 말했다. "때때로 나는 정말 좌절을 느낀다. 나는 교사가 말을 그만하고, 내가 어떤 것을 할 때 조금 더 시간을 주길 원한다. 그래야만 나는 그 일을 완수할 수 있다고 생각한다." 정규학급에서보다 학문적으로 적합하게 특별한 서비스를 제공하는 교실에서 더 학문적 어려움을 느끼는 한 학생은, "나는 학습 센터가 없이는 상실감을 느낀다. 그곳에 있는 사람은 언제나 내가 어떤 일을 하는 데 다른 방법을 생각할 수 있도록 도와준다. 그들은 여러 책들을 가지고 있으며, 나만의 시간을 가지도록 한다. 하지만 나의 학급에서는 그렇게 하지 않는다."

한 부모가 신중하게 말하였다. "때때로 나는 아이가 부담스럽고 위협적인 존재로 여겨진다. 만약 한 학생이 교실에서 어떤 일도 할 수 없다고 느낀다면 슬픈 일이다. 어떤 어른이 이런 상황에 있길 원하겠는가?" 학문적으로 다양한 학생의 특성에 근거해서 수정된 교수방법에 대한 필요성에 대해 다른 부모의 의견은 다음과 같다. "나는 나의 아이가 진정한 도전에 직면해서 이를 극복하는 것과 좌절과 실망감을 잘 다루는 것을 배우고, 최선의 노력에 대해 적절하게 보상받기를 원한다. 이런 것들은 그가 교실에서 배울 수 없는 중요한 능력이다. 그는 최소한의 것만을 하고, 노력 부족에 대해서도 칭찬받는 것을 학습하였다."

미들랜드는 생각 그 자체로 그들에게 의미를 지닐지라도 현실적으로 차별화를 어떻게 다룰지에 대한 일반적인 이해 부족과 함께, 그리고 이러한 생각에 대한 개방성과 다양한 정도로 나타나는 교직원들의 반대와 더불어 학업상 다양한 학습자들을 위한 수정된 수업으로의 여정을 시작하였다.

명료한 정의에 대한 요구

"똑똑한 아이들에게 이 의미를 다음 책에서 제시할 것인가?"

초기 단계에서 차별화된 수업에 관련된 애매함의 한 요인은 모든 집단에게 적용할 수 있는 널리 보급된 차별화의 정의가 없다는 것이었다. 그래서 교사가 계속 언급하는 사항은 '아무도 차별화가 무엇을 뜻하는지 모른다'는 것이었다. 공통된 정의의 부족함은 명백했다. "차별화란 최고 수준의 학생을 위한 심화와 속진을 의미하는가? 그것은 학습하기 어려워하는 학생을 위해서 다른 자료를 사용하는 것처럼 수준을 낮추어 자료를 제시하는 것을 의미하는가?" "우리가 아이들이 스스로 선택할 수 있게 해야 하는가 또는 그들을 위해 선택을 해 주어야 하는가?" 이러한 의미의 모호함 속에는 오해가 있었다. "우리가 수업을 차별화한다면, 학생이 아무도 실패하지 않도록 기준을 낮출 것이다."

조작적 정의가 없는 상태에서 대부분의 미들랜드 교사들 간에는 "우리는 이미 저런 방식으로 하고 있다."라는 억측이 자주 반복되고 있었다. 한 교사의 다음과 같은 표현은 많은 것을 함축한다. "좋은 교사는 언제나 차별화된 교수방법을 사용해 왔다. 사실 이것은 도시의 어떤 사람이 새로운 이름을 제시한 것 말고는 우리에게 그리 새로운 것은 아니다."

흥미로운 초기 미들랜드 연구결과는 우리는 이미 그렇게 하고 있었다는 것으로부터 나왔다. 면접에서 만난 많은 교사는 중학교에서 차별화된 교수방법이 널리 전파되어 있다고 주장하였기 때문에 차별화 교수방법의 많은 실제 사례들을 볼 수 있다는 기대를 가지고 관찰을 시작했다. 그러나 사실 나는 이에 대해 거의 아무것도 발견하지 못했다. 교사가 그들의 주장이 부정확하다는 것을 안다면 차별화에 대한 우리의 정의는 반드시 달라야 한다는 결론을 내렸다. 나는 다시 관찰 전에 각 교사에게 질문을 시작하였다.

영재를 위한 차별화 교육과정

"언제 내가 당신의 교실에서 차별화된 수업을 볼 수 있으며, 무엇을 볼 수 있을 것인가?" 대부분 교사는 즉시 대답하였다. 그들이 차별화라고 말하는 것은 Shulman(1987)이 '개별화(individualization)' 혹은 '맞춤식(tailoring)'이라고 부른 것이다. Shulman은 옷걸이에 비유해서 수업의 차별화는 서로 다른 학습자들이 자신의 학습 준비도에 기초하여 다른 사이즈의 옷(다른 투입량 혹은 내용, 다른 과정 혹은 감각 기능, 다른 산출물 혹은 결과)을 필요로 한다는 것에 대한 교사의 이해를 내포한다는 것을 주장하고 있다. 이러한 차별화에 대한 관점은 한 교사가 다양한 학습방법을 계획하고, 학생의 준비도를 평가하고, 학생의 흥미와 요구에 적합한 학습 선택을 하게 하고, 도전감과 공정성을 보장하는 융통성 있는 집단 구성을 고안하고, 융통성 있는 학습환경을 구성하고, 개별적 목표를 설정하도록 학생을 지원하고, 학생이 그들의 목표를 달성하도록 코치와 멘토로서의 역할을 하고, 학생의 개별적 목표와 성장에 따른 학생의 진보 과정을 평가하는 태도를 가질 것을 가정한다.

미들랜드에서 교직원들이 차별화 수업이라고 말하는 것은 주도적인 학습보다는 더 많은 반응적인 학습을 의미하였다. 즉, 모든 학생에게 동일한 내용, 과정 그리고 결과를 포함하는 단 한 개의 수업이 적용되고 있었다. 그러나 학생이 그 수업에 대해 다른 요구를 나타내면, 그 교사는 최소한의 변화를 가져올 것이다. 예를 들면, 작문 능력이 뛰어난 학생이 과제를 완성했다고 교사에게 자신의 작품을 가져갔을 때, 교사는 "이걸로 되었는데 왜 너는 돌아가지 않고 내게 말을 하지?"라고 할 것이다. 한 학생이 수학 학습에서 어떤 문제를 풀 수 없다는 심각한 좌절을 보여 주었을 때, 그 수학 교사는 "집에 가져가고 내일 다시 가져와."라고 말할 것이다. 사회 과목 수업에서 학생이 워드프로세서를 이용하여 리포트를 작성해도 되는지를 물었을 때 교사는 승인할 것이다. 더욱이 교사는 학생을 등급화하여 차별화된 수업을 하고 있다고 설명하는데, 즉 다른 학생보다 조금 더 어려워해서 곤란을 경험하고 있는 학생에게는 노력에 따른 보상을 주고, 많이 알고 있는 학생에게는 과제를 면해 준다. 이러한 '개별화(individualization)' 혹은 '맞춤식'은 '미시적 차별화(microdifferentiation)'의 한 종류로써 확실하게 차별화가 이루어지지 않은 교실보다는 좀 더 학생에 대한 자각과 융통성을 보여 준다 해도([그림 11-1] 참조), 이러한 수업은 '한 가지 방법을 모든 학생에게 적용하는(one-size-fits-all)' 교실을 주장하는 교사가 받아들였다. 그리고 이러한 수업방식은 교실 내 집단 목표의 복잡성 또는 단순성 때문에 좌절을 경험하거나, 아이디어를 처리하는 특별한 방식을 필요로 하거나, 배우는 내용이 너무 자신을 압도하거나 도전할 만하지 않다고 느끼거나, 수업 속도가 너무 빠르거나 느리다는 것을 경험한 학습자들의 학업적 요구들을 충족시킬 수 없을지도 모른다. 몇몇 학생들은 자신들의 학습에서의 차이를 감추려고 하거나 교실 내 변화에 대한 촉매제로써의 기질이나 기술이 부족하기 때문에, 교사보다 학생이 수업 변화를 자극하는 책임감을 갖게 될 때 확실하게 문제가 될 수 있다.

차별화 관점에서 다양하게 계획된 과정에서 나타난 두 번째 연구결과는 차별화된 교실을 만드는 것은 예/아니요의 명제가 아니라, 오히려 교사가 반응적 교수기술을 발전시키는 연속선상에 있다는 것이다. 즉, 극히 소수의 교사가 학생에 대한 차별적인 관점에 대하여 매우 완고한 태도를 나타내었다. 좀 더 많은 교사는 학생의 학문적인 다양성을 인정하기 위한 전략을 개발하는 방향으로 움직이고 있었다. 이러한 집단의 몇몇 교사는 보다 적게 교육과정과 수업에 대한 수정을 하였고, 다른 교사는 더 많은 것을 수정하였다. 미들랜드에서 교사가 연속선([그림 11-1] 참조)을 보는 것은 학생의 요구에 맞추어서 수업을 수정해 나갈 때 개인적으로 다음 단계를 결정하는 한 가지 방법으로써 사용되고, 또한 이를 통해 자신의 현재 위치를 파악하는 데 도움이 된다. 한 교사는 "나는 더 나은 기분을 느낄 수 있다. 왜냐하면 나는 내가 가르치는 방법들이 발전하고 성장하고 있음을 볼 수 있기 때문이다. 또한 나는 그 다음 단계에서 내가 어디로 가야 하는지 알 수 있기 때문이다."라고 언급하였다. 그 연속선은 변화의 움직임이 좀 더 튼튼하거나 거시적인 측면이 추가되고 있다는 것을 나타낸다. 즉, 개별화나 미시적 차별화

영재를 위한 차별화 교육과정

차별화가 안 됨	미시적 차별화	거시적 차별화
학급의 모든 구성원이 같은 수업 자료와 숙제, 과제를 한다.	토론을 통해 문제해결	학생에 대한 차별화된 교육철학
집단 모두가 같은 속도의 학습	개별 학생에게 과제 이상의 것을 하도록 격려	계획된 평가/압축
집단의 등급 매기기	기대 이상의 등급 변화 수용	다양한 학습 속도 수용
학급의 모든 학생에게는 같은 교수-학습과정이 필요하다는 교육철학 적용	학생이 자신의 학습 집단을 선택	이동 가능한 물리적 환경 (가구)
기 타	학생이 빨리 학습 수행을 하게 되면 책을 읽거나 퍼즐게임 등을 할 수 있다.	내용과 학습 투입에서 계획된 변화
	때때로 기준 속도 이외의 경우, 모든 수학 문제를 해결했을 경우 더 이상 학습을 하지 않을 수 있다.	학습과정과 결과 산출에서 계획된 변화
	학생의 노력이나 능력을 반영하는 등급 설정 조정 가능	지속적으로 융통성 있는 집단 구성
	기 타	개인적 목표 설정과 등급 평가
		개인의 성장과 진보에 반영되는 등급 평가
		멘터 역할 승인
		기 타
	보다 반응적	보다 순행적
	학생의 반응에 보다 의존	교사의 지도에 보다 의존
	보다 고정적	보다 유동적
	보다 폐쇄적	보다 개방적

[그림 11-1] 미들랜드 교사에게서 발견된 차별화된 수업의 연속선

는 학생의 흥미와 요구를 견지하는 새로운 전략이 추가되는 동안에 계속 이어질 것이다. 한 교사는 "우리가 하고 있었던 것이 시작이다. 그렇지 않을까?" "그것은 끝난 것이 아니다."라고 말하였다.

미들랜드에서 차별화 수업의 정의는 현재 발전하고 있으며 폭넓게 논의되고 보급되고 있다. 차별화는 "다양한 수업을 통하여 학업상 다양한 학생

의 흥미와 학습 준비도에 대응하여 수업의 내용, 과정, 결과를 수정하기 위하여 지속적인 수행을 하고 있다."

장애 형성과 장애 제거

"1년 동안 우리가 여러 개의 장들을 감당해 주기를 기대한다면 차별화 수업은 하나의 문제가 된다."

획일적인(single-size) 교실수업에서 학업적으로 다양한 학습자들의 학습 양식과 학습 요구를 좀 더 융통성 있게 받아들이도록 교사에게 요구하는 것은 실제 수업방식의 주요한 변화를 필요로 하는 것을 의미하기 때문에 많은 미들랜드 교사를 놀라게 하였다. 변화는 동요와 혼란을 가져온다. "우리가 학생의 자아존중감에 대해 관심이 있기 때문에 이를 실행해야만 할 것이다. 자, 그럼 나의 자아존중감은 어떠한가?" 라고 한 교사가 말하였다. 가능한 변화에 대한 하나의 반응은 그것의 유용성을 부정하는 것이다. 미들랜드 교사는 "네, 그러나." "어떻게 그들이 이미 학생으로 넘치는 교실에서 우리에게 여러 가지 것들을 진행해야만 한다고 기대할 수 있는지 알 수가 없다." "만약 그들이 우리가 이것을 하길 원한다면, 많은 자료들을 제공해야만 할 것이다." "한 교실의 모든 학생이 모든 요구를 가지고 있을 때 어떻게 그들이 우리에게 차별화 수업을 기대하는지 알 수가 없다." "중학생은 더 많은 구조화를 필요로 한다." "우리는 이미 너무나 많은 것들을 하고 있다." 등의 주목할 만한 목록을 만들었다.

차별화를 비방하는 이러한 사람들은 미들랜드 교실에서의 차별화에 대한 계획이 그 무게 때문에 무너질 것이라고 초기에 예상하는 동시에 현저한 관심과 함께 차별화의 장애 요인들을 제시하였다. 미들랜드 교직원이 생각하는 차별화된 교실의 장애 요인들을 이해하는 것은 개별적인 학생의 요구

영재를 위한 차별화 교육과정

에 반응하는 교실로 발전시키기 위하여 교사가 필요로 하는 지원이 무엇인 가를 이해하는 데 중요하다. 미들랜드 교직원이 차별화한 교실수업에 대한 장애물로 받아들인 요인들은 다음과 같이 분류될 수 있다. a) 관리자의 쟁점, b) 변화하는 기대의 쟁점, c) 전문적 지원의 쟁점이다. 이러한 각각의 경우에 장애 요인들은 문제해결을 암시하고 있거나 적어도 적절하게 차별화된 이질집단의 교실을 발전시키는 목표를 촉진시킬 수 있는 필적할 만한 접근을 내포하고 있다.

관리상의 장애들

여기서 관리상의 장애들은 교사가 자신의 권한 밖에 있는 것으로 받아들이고 있는 행정가가 만들거나 실행하는 것들을 의미한다.

상명하달 대 하명상달 결정들 한 관리자는 미들랜드에서 차별화의 시작은 '교과서 변화 모형이 아니라 지역사회의 현실성을 반영한 것'으로 상명하달식의 명령에 따른 것에 주목하였다. 또 다른 사람은 "교사에게 그들이 해야만 하는 것이 무엇인지 말하는 것은 고된 방식으로 나아가라는 뜻이다. 그러나 나는 우리 학교 교직원들이 그러한 변화의 움직임에 대한 준비가 될 때까지 기다려야 한다면 차별화된 교실로 나아가는 움직임을 과연 볼 수 있을지 나 자신에게 자문해 본다."라고 하였다. 한 교사는 "이러한 것들에 대한 지시가 있을 때 이것은 문제가 된다."라고 진술한 많은 동료들의 목소리를 반영하고 있다. Bandura(1986)는 자기효능감이 동기부여와 긍정적인 행동을 이끌어 낸다는 것을 주장하였다. 자기효능감이 결여되어 있을 때, 그 결과는 예측할 수 있다. "내가 운전석에 있지 않다면, 다만 협력할 수는 있을 것이다."라고 미들랜드의 한 교사가 말하였다. 또 다른 교사는 "이렇게 대단한 일을 실행하기 전에 몇 년간에 걸쳐 교직원 개발 교육을 해야만 했다. 그래야 문화적 충격이 없을 것이다."라고 제안하였다. 상명하달 방식의 명령이 실제로 주어졌을 때 미들랜드 관리자들은 교사를 위해서 그 제안을 탐색해 보고, 이에 대해 의문을 제기하고, 느낌을 공유할 수 있는 많은 기회를 제공하였다. 이러한 기회 제공은 어느 정도 도움이 되었으나, 한 교사는 "나는 의견을 표출한 후에 기분이 좀 나아졌지만 이것은 그런 방법으로 해결되지 않았어야 했을 것이다. 이것은 역행하는 것이다."라고 설명하였다. 미들랜드에서의 경험은 만약 변화의 주도권이 관리자나 위원회로부터보다는 장시간에 걸쳐 교사의 반응으로부터 나온다면 교사의 많은 부분에 대한 변화를 요구하는 데 대하여 분쟁을 덜 일으킬 수 있다는 것을 깨닫게 했다. Fullan (1993)은 무엇이든지 명령하는 것은 어려운 일이라는 의견을 제시했다. 위로부터의 작용은 유용한 촉매작용을 할 수는 있지만 현명한 지도자는 명령 없이도 동기로 전환할 수 있다는 것과, 이러한 명령 방식은 긍정적이고 장기적인 변화에 대한 가망성이 없다는 것을 고려할 필요가 있다.

일시적 유행에 대한 공포 미들랜드 교사와 관리자들 사이의 지속적인 주제는 학교가 '일시적 유행(Fad of the Month)' 클럽이 되어 가고 있다는 의식이었다. 그러므로 차별화된 교실에서 요구되는 변화를 마지못해 받아들인 교사는 그들의 망설임에 대한 정당성을 확인하였다. "이것은 단지 올해의 일이다. 그리고 내년에는 또 다른 일이 일어날 것이다."라고 한 교사가 말하였고, 또 다른 교사는 "나는 우리가 변화하는 시간 동안 언제나 최후의 것까지 수행한다는 것을 사람에게 보여 주어야만 한다고 누군가가 생각하기 때문에 단지 이 일을 하고 있다고 생각한다."라고 하였다. 한 관리자는 "여기서 우리에게 가장 어려운 일은 변화를 오랫동안 충분하게 가능하게 하는 중요한 그 무엇에 초점을 맞추고 유지하는 것이다."라고 말하였다. 이렇듯 널리 퍼져 있는 회의론을 해결하는 방법으로써 교육 지도자들은 차별화된 이질적 교실의 성장을 위해서 장기간의 시간 계획을 공유하고 발전시키고 있다. 한 교사는 "매년 우리는 지난해의 것들이 점차 사라지고 있다는 것을 알고 있다."라고 여전히 의심한다. 만약 이것이 현실이라면, 사실상 교사가 이렇게 될 것이라고 믿는다면, 미들랜드 경험은 수년의 기간에 걸쳐서 차

영재를 위한 차별화 교육과정

별화에 초점을 두어 널리 전파될 필요가 있다는 것을 나타낸다.

　　융통성 있는 시간 편성에 대한 요구　미들랜드 중학교에서의 차별화 수업은 7일에 걸쳐서 대략 같은 시간대에 시작하게 되었다. 이론적으로는 중학교에서 융통성 있게 시간 편성을 할 기회가 있다고 되어 있다. 현실적으로 엄격한 시간 계획표는 그날의 규칙이었다. "과학 수업에서 나의 차별화된 수업은 융통성 있는 시간 계획의 부재와 짧은 시간 때문에 무너져 버린다. 우리는 구획화된 시간 계획을 가지고 있으나, 만약 우리가 규정 외의 시간을 사용한다면 다음 수업 교사는 매우 화를 낼 것이다. 이러한 일이 나에게 자주 일어난다면 나도 아주 화가 날 것이다. 나는 학생에게 어떤 일이 마무리되기 전에 다른 것을 시작하라고 할 수는 없다. 어떻게 내가 그런 짧은 시간 안에 다양한 활동을 시작할 수 있겠는가?" 교실을 관찰한 결과들은 획일적인 교실에서조차도 짧은 수업시간 때문에 붕괴된 느낌에 대한 증거들을 제시하고 있다. 학생에게 적합한 시간과 과제로 이루어진 교실에서는 시간 구획과 융통성 있는 시간 사용을 통한 유익함을 필요로 한다.

변화하는 기대에 관련된 쟁점들

　　학생 간의 폭넓은 학문적 다양성에 대한 적절한 태도를 가지고 이를 인정할 수 있는 교실로 발전하기 위해서는 좀 더 오래되고 전통적인 학교교육의 상황이 어떻게 학생이 학습하는지에 대한 당시의 이해에 근거하여 포기되어야만 한다. 주요 개념을 적용하고 이를 통해 학생이 다양한 방식으로 학습할 수 있는 학습자 중심의 교실로 발전하는 것은 주요한 변화를 필요로 한다. 전통적인 접근방식들은 편안하지만 새로운 접근방식은 위협적이다. "나는 오랫동안 좋은 지역에서 학생이 좋은 성적을 얻도록 가르쳐 왔다. 그것과 비교해서 틀린 것은 아무것도 없다." "우리는 부당한 것이 아니라 단지 과거 모든 사람이 기초기술이 학습이라고 사용해 온 방식대로 이를 어떻게 학교에서 사용할 수 있는가를 알고 있을 뿐이다." [그림 11-2]는 미들랜드 교

차별화 기술	설 명	필요한 지원
1. 차별화의 근본적 원리 전개	교사는 이미 자신들이 차별화 수업을 하고 있다고 생각하고 표준화된 검사평가의 함정에 빠져서 확고하게 적응하는 데 많은 시간이 걸렸다.	학생의 다양성에 대하여 학생, 부모와 논의할 기회, 학습할 것을 결정하도록 학생의 준비도를 진단할 수 있는 기회
2. 차별화된 교실을 위한 학생과 부모에 대한 준비	교사는 서로 다른 과제가 학생에게 주어질 때 학생과 부모가 자신을 공정하지 않다고 생각하는 것과 개별적 성장에 근거한 등급 평가에 대한 그들의 반응을 두려워하고 있다.	차별화된 교실에 대한 부모와 학생의 준비지도; 대안적 평가기술; 개인, 교실, 학교, 전국 평가로부터의 정보를 연결시킬 수 있는 다양한 등급 형식에 대한 연구지원
3. 차별화된 교실 관리	교사는 교실 안에서 다양한 활동을 할 준비가 되어 있지 않다고 느낀다.	융통성 있는 교실에서 학생의 행동에 대한 기대 형성에 대한 지도와 정보, 모델; 융통성 있는 집단 구성을 사용하고, 융통성 있는 집단에 학생을 배정하고, 집단의 기능과 개인적 진보를 모니터하고, 기록을 보관
4. 가르쳐야 할 것에 대한 일반화와 주요 개념에 대한 정의	교사는 직선적인 방식으로 교재와 교육과정을 운영하는 데 익숙해져 있다. 모든 책과 지침서는 중요하다. 모든 학생의 범위는 높게 책정되었다. 교사는 차별화 수업에 초점을 둔 일반화와 중요한 개념을 인지하는 데 익숙하지 않다.	개념화에 따른 교수기술의 이론적 근거를 위하여 주요한 일반화에 따른 교수방법의 지도, 기술 개발, 학습 단원의 일반화와 주요 개념을 인지하기 위한 교과 전문가와의 협동작업의 기회 제공
5. 가르쳐야 할 것에 대한 차별화	교사는 정보를 제공하기 위하여 단일 자료 접근방식을 사용한다.	교수과정의 주요한 아이디어(교재, 일반용 책, 컴퓨터 프로그램, 실사회 연구 등)에 따른 다양한 자료의 유용성과 이를 어떻게 사용하는지에 대한 이해 지원, 학생이 다양한 자료들을 사용하려고 했을 때 수업시간의 분배와 교실 토론을 다루는 데 필요한 기술 지원
6. 가르쳐질 것에 대하여 학생이 어떻게 생각하는지에 따른 차별화	대부분의 사례에서 교사는 학생의 주제에 대한 이해 수준과 상관없이 단일 활동만을 제공하고 있었다. 활동들은 요약 수준이거나 연습이나 숙련과정 또는 주요한 개념에 대한 이해 없이 재미만 있을 수 있다.	상급의 학습자들에게는 확장된 활동을 제공하고, 주요한 사고를 하는 학생을 위하여 활동의 범위를 발전시키고, 사고를 자극하기 위한 다양한 교수전략을 사용하는 교수방법에 대한 지도와 정보 제공
7. 학생이 자신이 아는 것을 어떻게 표현할 수 있는가에 대한 차별화	대부분의 교사는 모든 학생에게 단일한 과제를 부여한다. 이러한 과제는 학생의 주제에 관해 중요한 이해에 대한 확장과 재음미를 필요로 하지 않는다.	학생의 학습 준비도와 흥미에 대한 준거와 산출 범위의 다양화, 결과 개발에 학생에게 권한 부여, 실사회에 초점을 둔 산출물 계발, 단일 주제에 관해 다양한 산출 과제를 개발시키는 데 대한 지도와 정보 제공
8. 차별화된 수업 계획을 위한 모형 계발과 이해	대부분의 교사는 자신들의 교실에 적용될 수도 있는 차별화된 교수방법에 관한 사고의 틀이 결여되어 있다.	적합하게 차별화를 지원하는 다양한 모형으로부터 구성된 차별화 수업의 본보기와 차별화된 수업 계획으로 발견 학습을 발전시키는 여러 교사 간의 협동연구 기회 제공

영재를 위한 차별화 교육과정

차별화 기술	설 명	필요한 지원
9. 차별화된 수업 과 단원 간의 제휴 (다학문 간) 수립	다학문 간 수업은 미들랜드의 목표였다. 이 수업은 학생의 지식의 연결성을 촉진시켰으며, 수업에서 차별화의 구실을 하였다. 미들랜드 교사는 어떻게 적절한 개념을 선택하고, 교사 간의 계획을 조정하고, 다학문 간 수업을 개발하는지에 대해 확신이 없었다. 표준화된 검사가 방해물이었다.	다학문 간 수업을 지원하기 위해 적합한 개념을 선택하는 데 대한 정보 제공과 지도; 다학문 간 단원에 대한 평가와 수행, 학습집단 구성에 대한 지원; 다학문 간 중심/선택과 함께 교육과정 지도
10. 차별화된 내용 – 과정 – 산출에 대한 교수전략의 확장	일반적으로 교사는 차별화된 교실의 관리를 촉진하는 교수전략의 범위에 대한 지식이 결여되어 있다.	차별화를 지원하는 (압축, 자율학습, 계약서, 창의적 문제해결 방법, 시각예술 구성 등) 다양한 교수전략에 대한 정보 제공과 지도

[그림 11-2] 미들랜드 교사들이 어려움을 경험한 차별화 기술

사가 차별화된 교실수업에서 다루기 힘들었던 사항들에 대한 기술이다.

차별화 수업을 촉진하는 연구를 하는 리더들은 대다수의 교사가 통상적으로 사용하는 수업이 아닌, 폭넓은 교수기술이라고 불리고 학문적으로 반응적인 교실수업을 발전시키는 미들랜드의 수업을 택할 수 있다. 이것은 그들이 차별화 수업의 핵심적 기술을 개발한 것처럼 개별 교사의 요구에 직접적으로 반응하고 진단한다는 점에서 중요하다.

다양한 학습방법 대 단일한 학습방법 학생의 준비도를 평가하고, 단일 검사나 단일 프로젝트보다는 다양한 방식으로 학습하는 것을 격려하고, 단하나의 교재보다는 다양한 자료를 가지고 가르치는 것과 학생이 원하는 학습기회를 제공하는 것은 학업상 다양성을 수용하는 교실의 해답이다. 그들은 또한 미들랜드의 다른 교사에게 익숙하지 않았다. 한 관리자는 "우리는 물총을 가지고 총을 쏘았다. 교실의 가운데 밑으로 자그마한 냇물이 생겼다. 우리는 어떻게 스프링클러가 돌아가고 때때로 어디에서 물을 뿌리는지를 알아내었다."라고 말하였다. 한 교사는 "만약 한 학생이 새로운 것을 충분하게 잘 알았을 때 이를 우리가 어떻게 알 수 있는지 정말로 확신할 수 없

다고 생각한다. 우리가 평가방법을 알 수 있을 때까지, 우리는 정말 한 학생이 수행할 준비가 되어 있고 또 다른 학생이 그 요점을 놓쳤는지 알 수 없는 것이다. 우리는 이 모든 것을 어떻게 시작하는지 알 수가 없다. 우리는 어떻게 그것을 계속할 수 있을지도 알 수 없다."라고 말하였다.

　　관리 대 통제　　많은 미들랜드 교사가 차별화된 교실에 대해 가장 어려움을 느낀 점은 통제력을 상실할지 모른다는 두려움이었다. 대부분의 교사는 '획일적' 교실을 통제할 수 있도록 숙련되어 있었다. 그들은 학생의 자기관리를 도와주고, 다양한 활동을 조화롭게 하는 기술에 대한 자기확신이 없었다. 한 교사는 "학생이 과제에 대해 그들 스스로 자신을 연마할 수 있는 충분한 연령이라고 생각하지 않는다. 매 시간 나는 학생이 할 수 있는 집단 과제를 주는데 그들은 과제와 관련 없는 온갖 종류의 부질없는 얘기를 하면서 과제를 시작한다. 그리고 그러한 상황은 그들이 같은 과제를 같이하고 있을 때다." 라고 이야기하였다. 같은 팀의 동료도 "이것(다양한 활동들이 일어날 수 있는 교실을 갖고 있다면)은 교사 임용 첫해에 가르쳤던 기억을 떠오르게 한다. 나는 다시 무기력한 느낌을 이겨낼 수 있을 거라고 생각하지 않는다." 라고 덧붙였다. 많은 미들랜드 교사에게는 같은 활동을 하고 있는 다수 집단을 관리하는 것은 교사가 다음 단계를 진행하기 전에, 그리고 다양한 학생의 요구를 위한 활동들을 결정하기 전에 완수해야만 하는 기술이었다.

　　학생 중심 대 교사 중심　　초기 관찰을 할 때, 미들랜드 학교에서는 상대적으로 전체 집단의 수동적 과제 완성이 만연되어 있었고, 학생보다 교사가 좀 더 적극적으로 교실에서 주도권을 갖는 것으로 나타났다. 한 교사는 "나의 수업은 대략 적절하다고 생각한다. 나는 종 모양의 곡선 분포를 이루는 학생과 수업을 한다. 나는 이 분포 내의 모든 학생과 부딪쳐야 한다."라고 진술하였고, 또 다른 교사는 "현재 수업의 진도를 맞추는 것은 교사의 권한이다. 이러한 새로운 아이디어는 학생이 각자의 속도대로 수업을 하는 것인데, 이는 교실에서 불가능한 일이다."라고 말하였다. 교사 중심의 핵심 요소는 표준화된 시험을 위해 준비된 교과서를 통해 체계적으로 이루어지는 수업이다. 미들랜드 교사는 학생이 지역 평가와 연말까지의 정해진 교육과정을 순조롭게 진행되는 것을 보장하는 것이 그들의 역할이라고 믿고 있다. "만약 성적이 떨어지면 어떻게 될까?"라고 한 교사가 걱정하였다. "그러면 그것은 나의 실수가 될 것이다. 왜냐하면 학생에게 모든 것을 가르치지 못했기 때문이다. 그 후에 이러한 사실들은 감추어질 것이다." 이러한 두려움은 차별화의 주요인으로 개념에 기초한 수업이 제공될 때 좀 더 악화될 것이다. 수업에서 앞서 나가는 학생을 위한 활동들을 좀 더 확장시키고, 수업을 이해하는 데 어려움을 경험하는 학생에게 의미 있는 학습을 보장하기 위해서는, 학습부진 학생을 압도하고 능력 있는 학생이 이미 오래전에 성취한 학습자료를 수행하는 것보다는 개념에 따른 수업에 중점을 두는 것이다. 미들랜드 교사는 다른 교실 자료와 교과서 내의 주요 개념들을 이해하는 것에 익숙하지 않은 데 좌절감을 느낀다. "차별화가 무엇인지 우리에게 말하는 것은 우리가 단원 내의 주요한 개념들이 무엇인지, 어떻게 다양한 방식으로 그러한 개념들을 학습에 적용할지를 알아야만 한다는 것이다. 나는 그렇게 할 수 있다고 생각하지 않는다. 적어도 아직은 아니라는 것이다." 또한 개념에 따른 수업은 표준화 시험 준비를 위협하고 있다. "개념에 따른 수업은 연말 시험을 걱정하게 만든다. 우리는 아마도 모든 것을 가르치지 못할 것인데 표준화된 시험 성적은 어떻게 할 것인가?"

여전히 사실 중심의 표준화 시험으로 평가된 학생의 성공이 자신의 성공이라고 생각하고 있는 미들랜드 교사는 학생 중심 수업을 발전시키는 요구를 받았을 때 그것은 불가능한 요구라고 생각하고 있다. 아마도 그들이 옳을지도 모른다. 따라서 교육 지도자들은 교사가 그렇게 해야만 한다고 하기 전에 그러한 갈등적인 메시지를 잘 처리해야 할 것이다.

전문적 지원과 관련된 쟁점들

요구되는 변화에 대한 미들랜드 교사의 두려움을 해결하기 위한 몇 가지 대책은 교실에서 새로운 시도에 대한 위험으로부터 자신들이 도움을 받을 수 있다고 느끼는 지원책을 마련하는 것이다.

보호에 대한 요구 어떤 계획안에서든 미들랜드 교사는 차별화된 교실로 발전시키도록 요구된 노력이 버겁다고 생각할 수 있다. 그들은 자주 붕괴되는 느낌을 언급하였다. "우리는 너무나 많은 방향으로 가고 있다. 우리는 하나의 초점을 가져야만 한다." "나는 너무나 힘들게 수업하고 있다." 한 교사가 말하였다. "나는 어떻게 내가 다른 것을 첨가할 수 있을지 모르겠다." "이것은 나에게 주어진 또 하나의 다른 일이고, 나는 이미 압도당하고 있다." 이러한 교사를 도울 수 있는 보호의 틀은 다양한 학교와 지역사회의 연결망을 통해 학생을 위한 통찰력과 개념을 함께 다루는 다학문 간 단원을 통하여 그들의 경험을 알게 하는 것으로, 이것은 분명히 미들랜드 교사를 도와줄 수 있을 것이다. 예를 들어, '학생 중심의 교실로의 발전'에 대한 보호는 미들랜드 교직원들에게 추천된 많은 훈련들과 다문화성, 다학문 간 교육과정, 협동학습, 차별화, 교사 상황 보고, 쓰기 워크숍 같은 주도권을 제시할 수 있다. 그러한 포괄적인 변화에 대한 틀이 없이 미들랜드 교사는 분리되었다고 느꼈다. "나는 이미 완전히 지쳐 버렸다." "이것은 우리가 모든 모자이크 조각들을 가졌지만 그들이 만들도록 요구하는 그림을 볼 수 없는 것과 같다." 불안정한 대기의 자이로스코프(gyroscope)처럼 보호의 틀은 변화에 활기를 띠게 하고, 비전과 에너지, 노력 등을 제공할 수 있을 것이다.

모형에 대한 요구 초기에 미들랜드 교사는 차별화에 대한 비법을 원했다. "무엇을 해야 할지 말해 주기만 하면 우리는 그대로 할 것이다. 어딘가 종이에 적혀 있는가?" 때맞춰서 많은 교사는 학생의 요구와 흥미, 교과의 본질, 이용할 수 있는 교수방법 전략의 범위 등에 기초한 교수방법을 수정할 수 있는 다양한 방법들이 있다는 것을 이해하기 시작하였다. 몇몇의 팀들은 차별화를 토론하기 위해 규칙적인 팀 미팅에 시간을 투자하기 시작했다. 한 팀의 구성원 중 하나는 "나는 서로서로 차별화에 대한 것을 이끌어 내는 팀으로 그해의 초반부를 보냈다고 생각한다. 그리고 그것은 우리에게 수업에서 확실하게 몇 가지 기술을 가져야만 한다는 생각을 일깨워 주었다. 우리는 물론 우리가 무엇인가를 하고 있다는 것과 서로에게 자원이 되어 가고 있다는 것을 발견했다." 이러한 점에서 교사는 차별화를 수행하는 데서 구체적인 지원의 필요성에 대해 분명하게 선언하고 이에 따라 기꺼이 앞장서서 차별화를 행할 수 있다. "우리는 우리 교과에 이를 적용하는 방법을 보여 주고 정규적으로 우리와 함께 토론할 사람이 필요하다." "우리는 차별화된 교실에서 우리와 함께 수업을 도울 수 있는 사람이 필요하다. 이것은 대학에서 당신이 앉아서 들은 수업에 대한 모든 내용을 그들이 당신에게 질문하는 것과 같으며, 당신이 그것을 시작하기 전까지는 전혀 이해가 되지 않는 것이다." 차별화 수업의 비디오테이프에는 미들랜드에서 중요하게 간주되고 있는 리더십 영역, 차별화의 요소를 활용했던 교사와 함께 이야기하는 상황들, 차별화된 수업과 단원 계획의 예들이 명확하게 나타나고 있다. "이것은 정말 놀라웠다. 차별화 교수방법의 리더인 그녀는 우리 팀과 같이 앉아 있었고 한 시간도 안 되어 실제로 우리는 우리 학생을 위한 차별화된 결과에 관해 진전을 이루고 있었다. 우리는 정말 흥분하였다." "나는 내가 눈에 보이는 학습자라고 생각했으나, 처음으로 나는 어떻게 같은 개념을 가지고 서로 다른 방식으로 하는 개별적 학습을 하고 서로 다른 집단을 가질 수 있었는지를 볼 수 있었다."

차별화된 학습에서 학생, 교사, 관리자 교사가 모두 같은 것처럼 간주하는 것은 개별 준비도와 기술의 중요성을 다루는 비효과적인 방법이다. 사실, 미들랜드 중학교 각각의 교사는 가르쳤던 학생이 학업적으로 커다란 도약을 하게 하는 다양한 준비도를 가지고 있었다. 교과 전문가로서 고등학교

교사와 같은 배경을 가진 몇몇의 교사들이기에 융통성 있는 교수방법은 유례 없는 것이었지만 안정감의 원천이었다. 융통성이 좀 더 일반적인 초등학교 교사 경력을 가진 또 다른 교사는 가끔 교과 내용에 대한 자신감이 부족하였다. 대부분의 교사는 우수한 학생과 부진한 학생에게 최소한의 훈련과 수업을 했고, 극소수가 전문성을 가지고 그들을 지도하였다. 물론 몇몇의 교사는 제안된 변화에 대하여 여전히 반대하고 있다.

이런 상황 속에서, 행정가들은 그들의 스태프들과 함께 차별화 학습원리에 따른 모형화를 이루어 냈다. 학습자(교사를 의미)와 교사(교수학습 교육의 리더) 간에 차별화된 교실 내에서의 공통적인 목표와 개별집단의 목표가 협의되었다. 그것은 교사와 학습자 간의 대화와 학습자 반응, 교실 관찰과 더불어 사전평가된 학습자의 준비도에 따라 수립된 진보를 위한 시간 계획일 수 있었다. 다양한 학습 자료들은 학생의 흥미, 학습방식, 필요에 따라 제공될 수 있다. 일 년 내내 학생과 교사는 작거나 큰 집단 안에서 작업과 통찰을 공유하고, 개인의 목표에 초점을 두는 학습을 하면서 화해할 수 있었다. 이것은 자신들이 다양성을 받아들이고 수립한 것처럼 교직원들에게 차별화의 개념이 분명해지고 강력해지는 것과 같다. "우리 각자는 타고난 재능을 가졌다." 한 미들랜드 교사가 말하였다. "우리는 우리가 잘할 수 있는 것을 하는 것에 대해 신임받기를 원한다. 우리는 승인이 필요하고, 이에 따라 계속해서 수행해 나갈 수 있다.

초기 성공의 개요

"이러한 종류의 교실에서는 무력했던 학생은 탁월해지고 유능했던 학생은 도전을 받게 된다."

많은 중학교 교실에는 유능한 학생이 있으며, 역시 미들랜드 교직원들 사

영재를 위한 차별화 교육과정

이에서도 차별화 수업과정에서 유능한 학습자들이 발견된다. 한 행정가가 '초기 지원자(early subscribers)'라고 부른 이들에게는 차별화에 대한 개인적 발견을 발전시키려는 초기 시도의 프로파일과 이질적 상황에서 수업방식을 수정하기 위하여 노력한 교사의 프로파일이 제공되었다. 이 두 가지 모두 학문적 다양성을 위해서 적절하게 차별화된 교실을 향해 발전적으로 이끌어 가려고 계획하는 교직원들에게 유익한 것이다.

차별화된 수업을 하는 교사의 프로파일

미들랜드에서 차별화가 시작되던 첫해 동안, 교사 대부분은 학업상의 다양성에 적합한 교실을 발전시키는 데 사소한 진척만을 보여 주었다. 그러나 적어도 그들의 동료들과 비교해서 교실에 차별화된 수업을 적용하는 데서 유능하고, 그들의 교실 관리와 수업에서 주요한 변화를 만들어 낸 교사 집단이 있었다.

본 연구의 이 부분에 대한 자료는 프로젝트의 두 번째 해 동안 차별화 연구에서 미들랜드 관리자와 스스로 우수하다고 평가한 대략 15명의 교사 집단을 관찰하고 인터뷰를 통해서 나온 것이다. 미들랜드 중학교에서 온 교사 집단의 우세에도 불구하고 몇몇은 다른 지역의 중학교에서 온 교사들이다. 그래서 그들은 저항자라기보다는 지원자의 관점을 나타낸다. 차별화된 교실을 수립하는 발전과정을 입증하는 교사를 보는 것은 차별화 수업에 대한 준비를 보이고 있는 교사를 지원하는 데 유용하다.

미들랜드의 교사와 관리자 모두는 젊은 교사가 좀 더 빠르게 변화되는 일반적인 이론처럼 교사의 연령과 경력, 전문적인 경험에 따라 초기 성공을 예측할 수 있다는 것을 예상하였다. "우리 중 몇몇은 너무나 나이가 들었다." 수년 동안의 교육 경력을 가진 교사가 생각에 잠겨 말하였다. "당신이 25년간 어떤 방식으로 무언가를 계속해 왔다면, 이것을 바꾸기는 어렵다." "우리는 경력이 많은 교사에게 슈퍼스타라고 말해 왔다."라고 행정가가 말하였고, "그리고 현재 우리는 그들로부터 그러한 위치를 빼앗으려 하고 있는데, 이것은 공정하지 않을 수 있으며, 우리는 그들에게 변화하지 말라고 가르쳐야 할지 모른다."라고 하였다. 어느 한 젊은 교사는 다른 우월한 관점에서 비슷한 결론을 제시했다. "경력이 많은 고참교사가 변화하는 것은 어려운 일이다. 그러나 나는 새롭고, 나에게 모든 것도 새롭다. 그래서 나는 발전하기 위해서 변화해야만 한다."

그러나 연구가 진행되면서 '새로운 지원자(new subscribers)'는 연령에 정의되지 않는다는 것이 명백해져 갔다. 미들랜드 교사 중에서 가장 경력이 높은 교사와 가장 경력이 낮은 교사 중 몇몇이 '상급 집단'에 있었다. 가장 우수하게 차별화 교실로 변화시키는 능력과 성향을 나타낸 교사의 두 가지 특성은 다음과 같다. a) 학생에 대해 탐구하고, b) 학교교육을 성장의 촉매 작용을 하는 불안정과 장애를 가진 하나의 유기적 체계라고 본다. 미들랜드에서 첫해의 차별화 기간에 자신의 수업에서 관찰할 만한 학생의 빠른 변화를 만들어 낸 한 교사는 "나는 많은 곳을 다니면서, 도시의 빈민가와 상류층의 학생을 가르쳐 보았다. 나는 학생이 있는 곳에서 그들을 만나는 것과 학생을 탐구하는 것에 대해서 학습하였다."라고 하였다. 또 다른 교사는 "나의 목표는 학생이 어디에서 능력이 강한지 약한지를 알도록 하는 것이고, 이에 따라 학생이 자신의 능력의 강점, 약점을 알고 이를 토대로 자신들의 목표를 세울 수 있도록 돕는 것이다."라고 말하였다. 모험적인 가르침의 역할에 관해서, '유능한' 교사는 이렇게 말하였다. "만약 내가 오늘 학생과 함께 벽돌로 된 벽에 부딪쳤다면, 그걸로 괜찮다. 나는 내일 이것을 피하는 것을 알 것이다. 그리고 나는 이러한 과정에서 벽돌에 대해 많은 것을 배울 것이다. 나는 역시 교사로서 나 자신에 대해 학습하게 될 것이다. 그리고 만약 내가 운이 좋다면, 학생이 학습은 답을 소유하는 것이 아니라 그것을 발견하는 것이라는 것을 알게 될 것이다." 또 다른 교사는 이렇게 말하였다. "앞에 나와서 얘기하는 것이 우리에겐 좋을지도 모른다. 하지만 아마도 그건 아닐 것이다. 사람은 차별화의 모든 것에 대해 이해하기 위해서 참가했을지 모른

영재를 위한 차별화 교육과정

다. 여러분이 알고 있는 것처럼 나는 목표로 나아갈 준비(ready-fire-aim)를 하고 지원하였다. 나는 그것을 시도하고 나서 무엇이 잘 실행되고 무엇이 잘못되고 있는지 알 수 있었다. 사실, 미들랜드에서 차별화 수업의 첫해 동안 많은 교직원들 사이의 변화는 실행하는 그들의 방법을 믿는 것보다 소신 대로 그들의 방법을 실행하는 사람의 생각을 지지한다는 것이었다. 이것은 주어진 교실수업에서 성공적인 경험은 그 수업이 유용하다고 교사에게 납득시키는 것보다는 수업과 관련된 교사 행동 변화를 달성하는 것임을 제안한다(Guskey, 1986).

초기교사의 프로파일 – 발전된 발견학습

차별화 시작 초기에 미들랜드 교사의 주요한 쟁점은 어떻게 차별화된 교실을 '볼 수 있는지', 이를 다른 말로 하면 '나는 어떻게 당신이 서로 다른 학생이 각기 다른 시간에 다른 과제를 수행할 수 있도록 했는지 볼 수 없다. 그것은 그렇게 어려운 일인가?'를 중심으로 나타났다.

'초기 지원자'들은 자신들의 수업방법, 학생의 요구, 그리고 교과 내용에서 차별화의 원리로 전환시켰다. 그들이 어떻게 차별화를 적용시켰는지를 토론할 때, 그들의 처음 모델 또는 발견학습은 그들의 대화 안에 포함되어 있었다. [그림 11-3]은 세 명의 미들랜드 교사가 차별화의 개념(생각)을 관례화한 실례다.

이 모형에서는 공통적으로 중요한 이해들을 확인하고, 학습자에게는 학습자의 준비도에 맞추어 학습내용, 과정, 결과에 부합되는 전략을, 교사는 이를 다양한 방식으로 자신의 교실에 적용시키려는 의도를 제시하고 있다는 것이 흥미롭고 중요하다. 효과적인 수업의 요소들을 이해하고 적용하는 이러한 능력은 형식적 수업을 떠나 교사가 그들 학생의 요구에 대한 지식들을 적용하는 전문가의 수준으로 가는 중요한 단계다(Darling-Hammond & Goodwin, 1993).

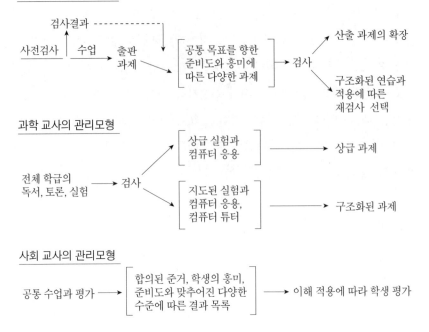

영어 교사의 관리 모형

검사결과

사전검사 │ 수업 │ 출판 과제 → 공통 목표를 향한 준비도와 흥미에 따른 다양한 과제 → 검사 → 산출 과제의 확장 / 구조화된 연습과 적용에 따른 재검사 선택

과학 교사의 관리모형

전체 학급의 독서, 토론, 실험 → 검사 → 상급 실험과 컴퓨터 응용 → 상급 과제 / 지도된 실험과 컴퓨터 응용, 컴퓨터 튜터 → 구조화된 과제

사회 교사의 관리모형

공통 수업과 평가 → 합의된 준거, 학생의 흥미, 준비도와 맞추어진 다양한 수준에 따른 결과 목록 → 이해 적용에 따라 학생 평가

[그림 11-3] 차별화 수행의 우수성을 나타낸 미들랜드 교사의 관례적인 차별화된 교실 관리 방법

요 약

질적 연구는 폭넓은 일반화를 요구하지 않는다. 그럼에도 불구하고, 미들랜드의 차별화 경험은 다른 상황에서 후속 연구에 공헌할 수 있는 잠재적으로 유용한 통찰과 몇 가지 흥미로운 점을 이끌어 냈다.

1. 학문적으로 다양한 능력을 보이는 학생(우수하거나 열등한 학생)은 한 가지 방법을 모든 학생에게 적용하는(one-size-fits-all) 교실에서는 자신들에게 적합한 도전의 수준을 발견할 수 없다고 한다.

영재를 위한 차별화 교육과정

2. 이질집단에 있는 교사는 이런 환경 내에서 어떻게 학업상의 다양성을 다룰 것인가와 이를 다루기 위해 교사행동을 변화시켜야 할 필요가 있다는 것을 알지 못한다.

3. 적절히 차별화된 수업을 구성하는 것이 무엇인지에 대한 명확한 정의 없이 교사는 이따금 수업에서 보다 작은 수정을 하는 것이 학문적 다양성을 다루는 데 적합하다고 믿고 있을 수도 있다.

4. 차별화된 교실을 확립하는 데서 교사를 지원하기 위해 교육 지도자들은 교실수업과정에서 요구되는 새로운 방법인 패러다임의 변화로 나타난 행정상의 장애들을 포함하여 교사가 지각하는 차별화에 대한 구체적 장애를 알아야만 한다.

5. 행정가들은 교사가 여러 방향으로 끌려간다는 느낌을 갖지 않도록 주요 수업목표를 달성하는 데 관련된 방법으로 세부적인 교실 주도권을 교사에게 제공하여야만 한다.

6. 교사는 장기간에 걸쳐 자신의 교실 내에 차별화의 원리가 적용될 때 지속적으로 현장에서 조력자 역할을 할 수 있는 차별화 수업 모형을 필요로 한다.

7. 행정가들은 교실에서 학업상 다양한 학생에게 이득을 줄 수 있게 하기 위해 그들과 같은 절차와 형식, 이론적 근거를 사용하여 차별화 수업으로 나아가는 교사를 위해 차별화 모델링에 대한 고려를 하여야 할 것이다.

8. 이질적인 교실 내에서 차별화된 수업에 대한 준비도 측면에서 능력을 보인 교사는 차별화된 수업을 향하여 움직이고 있는 지역이나 학교에게 차별화 수업 모형과 차별화 수업에 대한 계기를 제공할 수 있다.

차별화 방향으로 나아가는 데 효과적인 변화의 지원자인 행정가의 특성과 차별화 수업에 대한 모형과 발견학습을 발전시킨 교사, 스스로 차별화 수업을 학습함으로써 교사가 발전시킨 일상적 관리, 참여자나 계속해서 저항하는 사람 모두를 통하여 심층적인 변화의 연속선에 대해 연구하고, 학문적 다양성 차별화 수업을 시작한 교사에 대한 탐색적 연구를 넘어서야 할 필요가 있다. 더불어 특수하게 구성된 교실환경과 마찬가지로 차별화된 교실과 그렇지 않은 교실에서 영재를 포함하여 학업의 다양성을 보이는 학습자를 위해 비교적 장기적인 학습자 성과를 검증하는 것이 중요하다.

📖 참고문헌

Archambault. F., Westberg, K., Brown, S. Hallmark, B., Zhang, W., & Emmons, C. (1993). Classroom practices used with gifted third and fourth grade students. *Journal for the Education of the Gifted, 16,* 103-119.

Bandura, A. (1986). *Social foundations of thought mid action: A social cognitive, theory.* Englewood Cliffs, NJ: Prentice-Hall.

Bateman, B. (1993). Learning disabilities: The changing landscape. *Journal of Learning Disabilities, 25*(1), 29-36.

Bogdan, R., & Biklen, S. (1982). *Qualitative research for education: An introduction to theory and methods.* Boston: Allyn & Bacon.

Carnegie Task Force on the Education of Young Adolescents. (1989). *Turning points: Preparing American youth for the 21st century.* Washington, DC: Carnegie Council on Adolescent Development.

Darling-Hammond, L., & Goodwin, A. (1993). Progress toward professionalism in teaching. In G. Calweti (Ed.). *Challenges and achievements of American education* (pp. 19-52). Alexandria, VA: Association for Supervision and Curriculum Development.

Fullan, M. (1993). *Change forces: Probing te depths of educational reform.* London: Falmer.

Glesne, C., & Peshkin, A. (1992). *Becoming qualitative researchers: An introduction.* White Plains, NY: Longman.

Goodlad, J. (1984). *A place called school: Prospects for the future.* New York:

McGraw-Hill.

Guskey, T. (1986). Staff development and the process of teacher change. *Educational Researcher, 15*(5), 5-12.

Hallahan, D., & Kauffman, J. (1994). From mainstreaming to collaborative consultation. In J. Kauffman & D. Hallahan (Eds.), *The illusion of full inclusion* (pp. 3-17). Austin, TX: Pro-Ed.

International Institute for Advocacy for School Children. (1993). Heterogeneous grouping as discriminatory practice. *Effective School Practices, 12*(1), 61-62.

Kozol, J. (1991). *Savage inequalities: Children in America's schools.* New York: Crown.

Lincoln, Y., & Guba, E. (1985). *Naturalistic inquiry.* Beverly Hills, CA: Sage.

McIntosh, R., Vaughn, S., Schumm, J., Haager, D., & Lee, O. (1993). Observations of students with learning disabilities in general education classrooms. *Exceptional Children, 60*(3), 249-261.

Merriam, S. (1988). *Case study research in education: A qualitative approach.* San Francisco: Jossey-Bass.

National Middle School Association. (1992). *This we believe.* Columbus, OH: Author.

Oakes, J. (1985). *Keeping track: How schools structure inequality.* New Haven, CT: Yale University Press.

Page, R. (1991). *Lower track classrooms: A curricular and cultural perspective.* New York: Teachers College Press.

Shulman, L. (1987). Knowledge and teaching: Foundation of the new reform. *Harvard Educational Review, 57*(1), 1-22.

Sizer, T. (1984). *Horace's compromise: The dilemma of the American High school.* Boston: Houghton Mifflin.

Slavin, R. (1987). Ability grouping and student achievement in the elementary schools: A best evidence synthesis. *Review of Educational Research. 57,* 293-336.

Strauss, A. (1989). *Qualitative analysis for social scientists.* New York: Cambridge University Press.

Welsh. P. (1986). *Tales out of school.* New York: Vikng.

Westberg, K., Archambault, F., Dobyns, S., & Salvin, T. (1993). The classroom practices observational study. *Journal for the Education of the Gifted. 16,* 1120-146.

Wheelock, A. (1992). *Crossing the tracks: How "untracking" can save America's schools.* New York: The New Press.

Yin, R. (1989). *Case study research. Design and methods.* Newbury Park, CA: Sage.

인 명

내 용

편저자 소개

Sally M. Reis

Sally M. Reis는 코네티컷(Connecticut) 대학교의 교육심리학과 학과장이며, 국립영재연구소의 책임 연구원으로 활동하고 있다. 15년 동안의 교사 재직 기간 중에서 11년을 초·중·고등학교에서 영재를 가르쳤다. 130여 편의 논문, 9권의 책, 그리고 수많은 연구 보고서를 집필하였다.

연구대상은 학습장애 학생, 여성 영재, 재능 있는 학생 등 영재와 재능을 지닌 학생이다. 특히, 영재를 위한 학교전체 심화학습모형의 확장뿐 아니라, 이전에 영재로 판별되지 않은 학생의 잠재력과 재능을 확인하기 위해 일반적인 강화를 제공하고 강의를 늘리는 데도 노력을 기울이고 있다.

또한 워크숍을 운영하며, 학교에 영재교육, 심화 프로그램, 재능발달 프로그램의 전문적인 발전을 위해 여러 곳을 다니며 힘쓰고 있다. 『The Schoolwide Enrichment Model』 『The Secondary Triad Model』 『Dilemmas in Talent Development in the Middle Years』의 공동 저자이며, 1998년에는 여성의 재능 발달을 다룬 『Work Left Undone: Choices and compromises of Talented Females』를 출판하였다. 그리고 『Gifted child Quarterly』를 포함한 여러 저널 위원회의 편집 위원으로 활동하면서, 미국영재학회 회장을 역임하였다.

Carol Ann Tomlinson

Carol Ann Tomlinson은 21년간 공립학교 교사로 재직하였으며, 12년간은 특수교육 영역에서 행정관으로 종사하였다. 1974년에는 '버지니아 올해의 교사(Virginia's Teacher of the Year)'로 선정되기도 하였다. 그 후 오랫동안 버지니아 대학교 교육학부에서 교육리더십, 교육재정 및 정책 등을 담당하며 교수로 재직하였다.

Tomlinson의 경력을 살펴보면, 학교 부적응 학생 및 영재학생을 위한 교육과정과 수업, 이질집단 상황에서의 효과적인 수업, 그리고 교실에서 창의적이고 비판적인 사고 격려하기 등에 특별한 관심이 있었음을 알 수 있다.

Tomlinson은 8개 저널의 책임 감수를 맡고 있고, 동시에 1개 저널은 편집자로 활동하고 있다. 또한 100여 편의 논문과 저서 및 다양한 전문적 자료들을 출판하였다. ASCD를 한 저서 『How to Differentiated Classroom: Responding to the Needs of all Learners』를 포함하여 7권의 책을 저술하였으며, 차별화에 대한 전문교사 도구와 4가지 비디오 교사개발 세트로 안내서를 출간하였다. 미국영재학회에서 발간하는 『The Parallel Curriculum Model: A Design to Develop High Potential and Challenge High Ability Learners』의 공동 저자였으며, 미국영재학회(National Association for Gifted Children: NAGC)의 전 회장으로도 활동하였다.

 역자 소개

이 경 화
숙명여자대학교 독어독문학과 졸업
숙명여자대학교 대학원(교육학 석 · 박사)
(현재) 세종영재교육연구원 원장
         숭실대학교 평생교육학과 교수

〈주요 저서 및 논문〉
창의성 계발과 교육(공역, 학지사, 2004)
유아영재교육(공저, 동문사, 2004)
영재교육(5판, 공역, 박학사, 2005)
영재교육과정론(공역, 시그마프레스, 2006)
우리아이 영재로 기르기(공저, 학지사, 2007) 외 저 · 역서 다수
유아의 창의성에 미치는 문제해결 토의활동의 효과(교육심리연구, 2005)
한국 4, 5세 유아의 창의적 능력, 창의적 성격, 영역 창의성의 발달적 특성 연구(유아교육
     연구, 2006)
언어영재교육 프로그램의 개발과 적용(영재와 영재교육, 2006) 외 논문 다수

고 진 영
숙명여자대학교 교육학과 졸업
숙명대학교 대학원(교육학 석 · 박사)
(현재) 세종영재교육연구원 부원장, 숭실대학교 교육대학원 겸임교수

<주요 저서 및 논문>
아동발달과 상담 (공저, 학문사, 2001)
효과적인 교수-학습을 위한 교육심리학 (공저, 학지사, 2004)
유아기에서 성인초기의 자아개념 특성에 관한 탐색 연구(교육심리연구, 2003)

성 은 현

이화여자대학교 교육심리학과 졸업
이화여자대학교 대학원(문학 석사)
프랑스 파리 5대학교 문학 박사
(현재) 호서대학교 유아교육과 교수

<주요 저서 및 논문>
창의성-사람, 환경, 전략(공저, 학지사, 2005)
동서양의 창의성 차이 고찰(영재와 영재교육, 2005)
내외동기, 자기효능감, 창의성의 관계(아동학회지, 2006)
영재판별과 창의성 검사(영재와 영재교육, 2006)

한 순 미

숙명여자대학교 교육학과 졸업
서울대학교 대학원(교육학 석사)
숙명여자대학교 대학원(교육학 박사)
숙명여자대학교 연구교수 역임
(현재) 가톨릭대학교 의과대학 연구교수

<주요 저서 및 역서>
현명한 엄마가 스스로 공부하는 아이를 만든다(역, 아울북, 2004)
평생학습사회에서의 자기주도적 학습전략(저, 양서원, 2004)
창의성-사람, 환경, 전략(공저, 학지사, 2005)

영재교육필독시리즈 제5권

영재를 위한 차별화 교육과정
Differentiation for Gifted and Talented Students

2008년 1월 8일 1판 1쇄 인쇄
2008년 1월 15일 1판 1쇄 발행

엮은이 • Carol Ann Tomlinson
옮긴이 • 이경화 · 고진영 · 성은현 · 한순미
펴낸이 • 김진환
펴낸곳 • **학지사**

121-837 서울시 마포구 서교동 352-29 마인드월드빌딩 5층
대표전화 • 02-326-1500   팩스 • 02-324-2345
등록 • 1992년 2월 19일 제2-1329호
홈페이지 www.hakjisa.co.kr
ISBN 978-89-5891-545-4   94370
        978-89-5891-540-9   (전13권)

가격 17,000원

인터넷 학술논문 원문 서비스 뉴논문 www.newnonmun.com